인성교육의 이론과 실제

도승이 · 이명준 · 조영하 · 지은림 · 한석훈 공저

학지사

머리말

21세기 급변하는 사회 · 문화적 환경 안에서 치열한 학업경쟁에 내몰리고 있는 우리의 아동과 청소년의 전인적 성장이 위협받고 있다. 이들이 건강한 마음과 건전한 자아를 형성하여 타인들과 서로 배려하고 협력하며 살아가는 성인으로 성장할 수 있도록 도와주어야 한다는 취지에서 최근 인성교육의 중요성이 부각되고 있다. 그런데 우리 교육계는 인성교육의 중요성을 당연시하면서도 정작 인성교육의 실천에 대해서는 자신감을 갖지 못하고 있는 듯하다. 이는 아직 교원 양성 과정에서 교사 지망생들로 하여금 인성교육의 주체가 되도록 이끌어 줄 길이 정립되지 못하였기 때문이기도 하다. 그래서 이 책은 인성교육의 중요성과 의의를 이론적으로 설명하는 한편, 교사, 학부모, 교육복지사, 시민단체 활동가에게 인성교육에 앞서서 자신을 돌아볼 수 있는 성찰의 기회를 제공하고, 교육 현장에서 응용할 수 있는 실제적 방안을 예시할 것이다.

'인성교육'이란 과연 무엇인가? 그 정의에 대해서는 제1장에서 중점적으로 다루겠지만, 우선 서두에 최소한의 가치중립적 정의를 제시해 보면 인성교육은 '사회 구성원들의 사람됨을 공동선에 부합하는 방향으로 키워 주는 교육'이다.

21세기의 민주화된 다극화 사회에 처해 있는 우리는 과연 '사람됨'이 어떠해야 하는

지, 그리고 우리 사회의 '공동선'은 무엇을 지향해야 하는지에 대한 결정적인 '정답'을 합의하기가 대단히 어렵다. 이렇듯 인성교육이 무엇이어야 하는지 정답이 없다는 말은 이 책의 기본적 지향점과도 일치한다. 이 책은 쉽사리 정론과 정답을 정할 수 없고 또 정해서도 안 되는 인성교육이라는 미답의 길을 걸어가려는 교육자들에게 간편한 해답이 아닌 고민스러운 철학적 성찰을 주문한다. 오늘날의 인성교육, 아니 어떠한 교육 활동이라도 단순한 도식과 공식에 의존해 실행해 버릴 경우 대단히 비교육적인 결과를 가져온다는 경험적 사실을 부시할 수 없기 때문이다. 복잡하고 다양해지는 이 시대의 모든 교육적 문제를 대함에 있어서 교육자는 깊은 성찰과 철학적 질문하기를 통하여 자신과 자신의 일을 되돌아보며 다가가야 할 것이다. 이 책은 인성교육에 대해서 이러한 자세로 다가간다. 책 전체의 내용을 간략히 소개하면 다음과 같다.

제1부는 '인성'과 '인성교육'이 어떤 개념과 활동을 의미하는지 그 정의에 접근해 보고, 동양과 서양의 전통 속에서 인성교육의 역사적 전범을 조감해 본다. 인성교육의 이론과 실제를 논하기 위해서는 인성교육을 개념적으로 정의하는 작업이 선결되어야 할 텐데, 학계에서건, 사회에서건 이에 대해서 아직껏 만족스러운 합의에 이르지 못하고 있다. 그래서 제1장 '인성과 인성교육의 개념'에서는 인성과 인성교육의 개념을 우리의 일상적 언어생활의 용례를 통하여 귀납적으로 파악해 가는 작업에서 시작하여, 교육자가 덕성이나 성선설과 같은 과학적 시각을 벗어나는 가치 지향적 논의를 인성교육에 녹여내야 하는 연유를 살펴보고, 나아가 다극화된 현대 사회에서 교육자가 흑백론을 뛰어넘는 통합적 태도로 인성교육에 대한 정의를 끊임없이 갱신해야 하는 이유를 생각해 본다. 교육자가 인성교육의 의미를 확충하고 심화하기 위한 가장 유용한 지침으로 선현들이 수천 년에 걸쳐 축적해 놓은 교육의 지혜를 들 수 있다. 제2장 '인성교육 사상의 변천'에서는 우리가 현대 중심적 편견에 사로잡히지 않고 동서양의 지혜의 전통에 귀 기울임으로써 현대적 인성교육이 놓치고 있는 면을 파악할 수 있다는 인식하에, 과학적 세계관을 넘어서는 전통 사회의 교육 사상이 오늘날의 인성교육에 제시하는 함의를 살펴보고, 20세기 이후에 우리나라와 서구에서 개진된 인성교육에 대한 다양한 접근 방식을 비판적으로 조명해 본다.

인성과 관련된 이론을 소개하는 제2부는 도덕성, 시민성, 사회정서성 등을 중심으로 오늘날 인성교육 담론의 동향을 살펴본다. 제3장 '도덕성 이론: 인성과 도덕교육'에서는 인성과 도덕교육에 탁월한 견해를 남긴 동서양의 철인과 사상가들의 도덕과 인성에 대한 이론을 요약하고 양자의 관계를 논한다. 이를 통하여 인성과 도덕의 관계, 도덕교육과 인성교육의 관계를 역사적 발전 과정에서 논의하고, 인성교육과 도덕교육의 정체성 논의를 통하여 양자의 공통 요소를 분석하고 비판하며, 인성교육의 토대로서 도덕교육을 살펴서 인성교육의 새 지평을 열어 보려 한다. 이를 근거로 우리나라에서 2007년 이후 강조된 도덕교육을 배제한 인성교육이 가져올 혼란의 불가피성을 논하고, 효과적이고 바람직한 인성교육을 위한 도덕교육 역할의 중요성을 알아보며, 세계화 속에서 동서를 아우르는 글로벌 인성교육이 도덕교육에 근거하여 발전하여야 하는 이유를 코메니우스의 교육 이론을 중심으로 살펴본다. 제4장 '시민성 이론'에서는 코메니우스적 보편 교육 정신을 이어받아, 전통적인 국민국가사회의 맥락과 지구화의 진전에 따른 지구시민사회의 맥락에서 시민성을 이해하기 위하여 두 가지 관점의 시민성 개념을 분석해 보고, 시민성을 구성하는 개념 요소들은 무엇인지 살펴본다. 다양하고 위협적인 대내외적 도전과 문제로 얽힌 현대의 지구시민사회가 우리에게 요구하는 시민성은 근대 국민국가사회의 시민성과는 엄연한 차이가 있는바, 우리의 후대가 '한국인'이면서 세계시민으로 성장하도록 돕는 교육 속에서 시민성 개념이 재정립되어야 할 것이다. 제5장 '사회정서성 이론'에서는 현대 사회의 병리 현상들로 인해 인성교육의 개념이 점차 사회정서 영역으로 확대되고 있는 상황에서, 학습을 통해 사회정서적 유능함을 증진시키고자 등장한 개념인 사회정서성 이론을 소개한다. 자신의 정서를 인식하고 조절하며 타인에 대한 관심을 보여 주고, 긍정적인 대인관계를 형성하며 책임 있는 의사결정과 생산적인 문제해결 방식을 위해 필요한 지식, 기술, 태도를 획득하는 과정을 의미하는 사회정서 학습은 학생들의 학업성취 향상뿐만 아니라 학교 및 일상생활의 정의적·행동적 영역의 능력을 증진시키는 성과를 보여 준다.

　제3부는 가정, 학교, 또는 그 밖의 활동 공간에서 부모와 교사가 인성교육의 실행을 위하여 유념해야 할 바를 짚어 보고, 학교의 교과 및 비교과 영역에서 실제로 활용할 수 있는 인성교육 프로그램들을 소개한다. 제6장 '학부모가 실천하는 인성교육'에서는 학생의 인성 형성의 토대가 되는 가정에서 부모가 자녀의 인성 함양을 위하여 참고해

야 할 사안들을 제시하고, 제7장 '교사가 실천하는 인성교육'에서는 학교 현장에서 교사가 학생들의 인성을 지도하는 교육자로서 어떤 시각과 태도를 갖추고 어떤 방식으로 교과 및 비교과 활동에 임해야 할지를 논한다. 이어서 제8장 '교과수업과 연계된 인성교육 실천사례'에서는 중등교육 현장에서 경험 많고 우수한 교사들이 거둔 교육적 성과의 두 사례를 제시하고 있다. 첫째, '주제통합형 수업을 활용한 인성교육'에서는 학교 전체 차원에서 전교생을 대상으로 여러 학기에 걸쳐 추진한 인성교육 프로그램을 소개하고, 둘째, '역사 교과 수업을 활용한 인성교육'에서는 독특한 학생들 간의 토의 및 탐구학습 과정을 동반한 역사 수업에서 인성교육이 효과적으로 병행될 수 있음을 보여 준다. 제9장 '비교과 활동을 위한 인성교육 실천사례'는 주로 학생 지도를 위하여 적용하거나 참고할 수 있는 두 가지 내용을 담고 있다. 첫째, '중학생 대상 인성 플래너 프로그램'은 담임교사가 학생들과 글로써 의사소통하며 상호 이해에 다가가는 방식을 선보이고, 둘째, '학생 지도를 통한 인성교육'은 한 중학교 교감이 오랜 세월 학생 지도를 통하여 얻은 통찰을 나눠 준다. 또한 제10장 '방과후 활동을 위한 인성교육 프로그램'은 교사, 교육복지사, 시민운동가 등이 다양한 상황에서 참고하고 실행할 수 있는 인성교육 프로그램 3회분을 소개한다.

제4부는 국제사회 및 국가정책의 장에서 논의되고 추진되어 온 인성교육 방안들을 보고하고, 이들에 대한 비평을 제공한다. 제11장 '인성교육에 대한 국제사회의 대응'에서는 OECD와 유네스코 등 국제사회의 교육 담론을 주도해 온 대표적인 국제기구가 최근에 인성 역량을 주제로 추진한 대규모 연구를 소개한다. 학생의 인성을 사회인으로서 갖추어야 할 역량을 키워 줄 필수적 기반으로 강조하는 국제사회의 시각은 우리나라의 인성교육 법제 과정에도 영향을 끼쳤다. 제12장 '세계 각국의 인성교육 사례'에서는 서양의 대표적 선진 국가이자 교육의 선도 국가인 미국, 프랑스, 독일의 인성교육을 살펴봄으로써 우리의 인성교육의 발전에 도움이 되는 장점을 찾아 활용하고자 한다. 인성교육의 사례를 미국은 초 · 중학교(6~8학년)와 고등학교(9~12학년)를 중심으로, 프랑스는 초 · 중 · 고교(1~12학년)를 중심으로, 독일은 2개 고등학교(김나지움)를 중심으로 살펴보는데, 3개국 학교의 인성교육은 우리와 실행 방식은 다르지만 인성에서 도덕적 덕목이나 도덕적 가치를 중시한다는 공통점이 있다. 제13장 '인성교육에 대

한 정책적 접근'에서는 「인성교육진흥법」이 발효된 현 시점에서 인성교육을 국가정책으로 실행할 때 발생하는 다양한 함의를 해외 사례를 참고하며 비판적으로 살펴보고, 우리 정부의 인성교육 정책의 추이에 대해서 분석한다.

마지막 장에서 상세히 소개하고 있는 「인성교육진흥법」 및 후속 정책들에 대해서는 그간 우리 사회의 각계각층에서 다양한 긍정적 · 부정적 반응이 쏟아져 나왔다. 이는 서두에 논한 것과 같이 인성교육의 정의에 대하여 우리 사회가 충분한 합의에 이르는 것이 결코 쉽지 않은 과정일 것임을 암시하는 것이다. 비록 다양성이 존중되는 오늘의 세계에서 특정 교육적 지향에 대하여 사회적 합의에 이르는 것이 불필요하다고 볼 수도 있겠으나, 우리의 교육이 우리가 최소한도로 합의할 수 있는 공동선 쪽으로 우리의 후대를 이끌어 주기를 희망해야 하지 않을까? 우리가 합의할 수 있는 공동선에는 당연히 생명, 인권 등에서 출발하여 「헌법」이 보장하고 있는 여러 가치를 포함시켜야 할 것이다. 이러한 공동체적 합의를 학교 현장에 적용하는 과정에는 당연히 교육자들의 진지한 교육적 전문성이 요청될 터이고, 이 책은 교사의 그러한 전문성 제고에 미력이나마 보태고자 한다.

교사들을 위한 인성교육에 대한 지침이 요청되는 현 시점에 여러 교육학자의 지식과 지혜를 모아 교재를 제작하는 기회를 만들어 주신 학지사 김진환 사장님, 원고 집필 과정 내내 독려해 주신 이규환 과장님, 서로 다른 개성의 원고를 모아 편집해 주신 김은지 편집자께 고마움을 표한다. 원고의 수합, 정리에 힘을 보태 준 경희대학교 인성교육센터의 안희진 연구원의 노고에도 고마움을 전한다. 경희대학교 인성교육센터와 합동으로 제작한 인성교육 프로그램의 일부를 수정하여 활용하도록 허락해 주신 (사) 한국국제기아대책기구에도 감사의 뜻을 표한다. 그리고 현장 경험에서 우러난 교육적 실천의 지혜를 후배 교사들을 위하여 기꺼이 나눠 주신 현직 교사인 강승태, 김성수, 남광현, 박일승 선생님께 각별히 고마운 마음을 전한다.

2018년 8월
저자 일동

차례

◆ 머리말 _ 3

PART 02 인성 이론

PART 03 인성교육의 실제

PART 04 인성교육에 대한 국제사회의 대응과 정책 동향

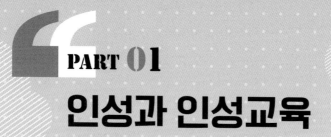

PART 01

인성과 인성교육

Chapter 01

인성과 인성교육의 개념

한석훈

학습목표

- 인성의 다양한 중층적 의미를 살펴본다.
- 인성교육의 활동 범위를 조망해 본다.
- 인성, 본성, 덕성 등 개념의 공통점과 차이점을 이해한다.
- 인성교육을 성선설적 관점과 성악설적 관점에서 접근할 때 발생하는 차이점을 이해한다.
- 전인교육, 자아실현 교육과 인성교육 간의 개념적 공통점을 인식한다.

학습개요

인성교육을 정의하는 일은 '인성'의 정의에 대하여 학계가 합의를 보기 어렵다는 점을 고려할 때 충분히 그 어려움을 예상할 수 있는 과업이다. 인간 본성과 덕성 등을 아우르는 인성과 관련된 기본 개념을 살펴봄으로써 학교 현장에서 인성교육을 실행한다고 할 때 교육자는 학생 내면의 어떤 부분을 건드리게 될지 숙고해 봐야 한다. 비록 학계가 인성교육을 확정적으로 정의하기는 어렵다 하더라도, 학교교육의 개선이라는 실제적 필요성을 유념하여 인성교육의 범위를 어디까지 넓히거나 제한해야 할지 고찰해 본다.

토의질문

- 일상생활에서 '인성'은 무슨 의미로 사용되는가?
- 일반적으로 '인성교육을 한다'는 것은 학생에게 무엇을 가르친다는 의미일까?
- 인성과 성품, 성격, 본성, 덕성 개념의 유사점과 차이점은 무엇일까?
- 인성교육을 성선설적 관점에서 실행할 경우와 성악설적 관점에서 실행할 경우, 교육적 실천에 있어서 둘 사이에 어떤 다른 현상이 발생할 수 있을까?
- 전인교육, 자아실현 교육, 창의성 교육, 역량배양 교육 등은 인성교육과 어떻게 관련될까?

공교육 현장에서 인성교육(character education)이 강화되어야 한다고 믿는 교육자들은 말할 것도 없고, 학교를 주로 지식과 기술을 전수하는 장으로서 인식하는 교육자들 또한 인성과 인성교육을 잘 이해할 필요가 있다. 그 이유는, 이 책을 처음부터 끝까지 한 차례 숙독한 뒤에는 대부분의 교육자가 동의하겠지만, 학교는 교육자의 의도와는 상관없이 언제나 학생의 인성에 복잡다단한 영향을 끼치는 환경일 수밖에 없기 때문이다. 교육자인 내가 학생들의 인성에 모종의 영향을 끼치게 되는 것을 피할 수 없다면, 그 영향이 교육적으로 바람직하고도 긍정적인 것이 될 수 있도록 노력하는 것이 도덕적으로 마땅한 태도이겠다. 그러므로 이 장에서는 교육자가 자신의 책무를 보다 충실하게 이행하도록 돕기 위하여, 과연 인성이란 무엇이고 또 그 인성을 교육한다는 것은 어떤 함의를 지니는지 기본적이면서도 근본적인 질문들을 던져 보고, 그에 대한 다양한 가치 있는 대답을 알아볼 것이다. 이런 과정을 통하여 교육자의 인성에 대한 이해가 깊고 풍부해질 때 학생을 대하는 교육자의 방식 또한 깊고 풍부해질 것인데, 이는 이 책을 통틀어 제시될 인성교육의 핵심 요건이기도 하다.

1. 인성교육이란 무엇인가

1) 인성의 일상적 정의

이 책의 주제인 '인성교육'이라는 어휘에는 '인성'과 '교육'이라는 두 가지 개념이 들어 있는데, 우선 '인성'이라는 개념을 이해해 보자. 먼저, 학계 권위자가 규정해 놓은 기존의 정의에 따라 인성 개념을 이해하는 연역적 방식을 채용하기에 앞서, 평범한 성인의 상식 수준에서 인성에 대한 정의를 시도하는 귀납적 방식을 써 보자. 즉, '우리는 대개 인성을 무엇이라고 보는가?'라는 질문에 대한 답들을 수집하여 그 공통 요소에 다가가 보는 것이다. 여기에서 우리가 흔히 '인성'이라는 단어를 집어넣어 만드는 다음과 같은 일상의 표현들을 살펴보는 것이 도움이 될 것이다.

- 인성이 좋은 사람
- 인성이 나쁜 사람

이 두 표현의 보기가 되는 인물들을 나열해 보면 우리가 어떤 것을 '좋은 인성'이라고 평가하고, 또 어떤 것은 '나쁜 인성'이라고 평가하는지 파악할 수 있을 것이다. 예를 들어, 동서고금을 통틀어 혼히 '인성이 좋은 사람'으로 꼽히는 인물들은 다음과 같다 (2015년에 서울 소재 대학의 교직과정에 속해 있는 학부생 및 대학원생들이 제시한 응답에 기초함).

4대 성인(석가, 공자, 소크라테스, 예수), 이황, 신사임당, 율곡,
이순신, 간디, 슈바이처, 프란치스코 교황 등

사람들이 이들 인물의 인성이 좋다고 판단하는 이유는 무얼까? 여러 이유가 있겠지만 대체로 이들이 평생에 걸쳐 말과 행동을 통하여 자신의 훌륭함을 드러냈기 때문이라고 할 수 있겠다. 그리고 그 훌륭함에는 다음과 같은 속성이 있다고 동의할 수 있다.

자비로움, 관대함, 타인에 대한 애정, 연민, 배려, 신의, 정의로움,
예의 바름, 겸손, 타인을 존중함, 현명함, 용기, 희생정신, 봉사, 강한 주관 등

아마도 우리는 이 속성들을 '좋은 인성'을 이루는 요소들로 여기고 있을 것이다. 그렇다면 우리가 '인성이 나쁜 사람'으로 간주하는 이들의 속성들을 살펴봄으로써 '나쁜 인성'을 이루는 요소들도 확인하고, 이와 대비하여 '좋은 인성'의 성격을 더욱 명료화할 수 있다. 우리가 혼히 '인성이 나쁜 사람'으로 꼽는 인물로는 다음과 같은 이들이 있다 (흥미롭게도 이 경우에 학생들은 허구의 인물도 종종 거론함).

진시황, 네로 황제, 연산군, 변 사또, 놀부, 히틀러, 괴벨스, 이기붕, 임화수 등

어쩌면 '4대 성인'의 반대 측에 속한다 함직한 이들 인물의 인성이 나쁘다고 판단하는 이유는 그들의 삶 속에서 언행을 통해 다음과 같이 우리가 훌륭하지 않다고 여기는 속성들이 확인되기 때문이다.

무자비, 잔인함, 인명 경시, 연민의 결핍, 공감력 결핍, 정의롭지 못함,
교활함, 이기심, 독선과 아집, 폭력성 등

우리가 교육을 통하여 이와 같은 '나쁜 인성'을 지양하고 '좋은 인성'을 지향해야 한다는 점을 군이 거론한다는 것 자체가 활자 낭비라고 할 수도 있을 정도로, 이는 너무도 상식적인 논점이다. 그럼에도 일반인의 상식적인 의견을 기초로 수합할 수 있었던 '좋은 인성'의 속성들을 살펴보면서 다음과 같은 의미 있는 논점들을 뽑아낼 수 있다.

첫째, 인성교육은 21세기 초반의 한국 사회라는 특수한 환경에 적합해야 한다. 우리가 '인성교육'이라는 어휘를 사용할 때에, 이 어휘에는 '좋은 인성'이 함의되어 있음을 의심할 수 없다. 교육을 통하여 '나쁜 인성'을 키우겠다는 것은 말이 되지 않기 때문이다. 따라서 인성교육은 무엇이 좋고, 무엇이 나쁜지를 규정하는 가치판단을 내포한다. 그런데 가치판단은 시간과 장소라는 환경에 따라 변화하기 마련이어서, 예컨대 아마존강 유역 열대우림의 원주민들과 뉴욕의 월스트리트에서 근무하는 금융인들의 가치판단은 현저하게 다를 수 있다. 그렇다면 우리의 인성교육은 우리가 속한 시간적 · 공간적 **환경에 적합한 가치**판단에 근거해야 할 것이라는 하나의 전제를 끄집어낼 수 있다.

둘째, 인성교육은 한국 사회보다 더 거대한 **인류 보편의 가치**와 연결되어야 한다. 비록 우리의 인성교육이 우리 사회의 특수성에 기반을 둬야 하지만, 동시에 21세기 한국이라는 환경에 속해 있는 우리가 동서고금의 다양한 성현의 훌륭함에 동의한다는 것은 시간과 공간을 뛰어넘는 보편적 가치도 있으리라는 예상을 배태한다. 그러므로 우리의 인성교육에 대한 논의에는 우리가 처한 시공간적 환경뿐 아니라 인류 공통의 가치에 대한 숙고도 포함되어야 할 것이다. 또는 한발 더 나아가 21세기 한국 사회에서 지지받는 가치를 인류 보편의 가치와 연계시켜 보고 양자를 통합하는 시도가 필요하

리라는 예상도 해 볼 수 있다. 왜냐하면 오늘의 지구촌 공동체의 수많은 삶의 영역에서 다양한 사회를 통합하는 보편적 가치관이 실제로 요청되고 있기 때문이다. 타국과 교역을 하거나 타국의 이주자와 공생하는 것은 오늘날의 자연스러운 삶의 모습이 되었고, 이런 삶에서 우리 사회에만 통용되는 가치관만을 고수할 수는 없는 것이다.

(1) 인성 개념의 양면성

'좋은 인성'에 대하여 모아 본 상식적인 의견들로부터 추출할 수 있는 세 번째 논점은, 한국 사회와 인류 공동체 양자에 의하여 공통으로 지지받는 '좋은 인성'은 양면성을 띠고 있다는 점이다. 우리는 인성교육에 대해서 4대 성인이라든가 간디처럼 오늘날 우리 사회에 속해 있지는 않지만 어떤 보편적 가치에 기초해 볼 때 훌륭하게 여길 만한 인물들의 성질을 우리의 아동과 청소년에게 함양시켜 주겠다는 의지를 품고 있다고 하겠다. 그런데 이처럼 훌륭한 인간 표본의 성질 또는 보편적으로 '좋은 인성'은 실제로 다양한 지향성을 갖고 있다. 예컨대, 공자는 어진 마음인 '인(仁)'을 강조했으나 부덕한 군주를 비판했고 예수는 사랑을 외쳤으나 성전의 상인들을 쫓아낸 것처럼, 좋은 인성의 표상인 인물들은 타인들에게 자신을 내어 주는 연민의 마음과 더불어 불의에 맞서 싸우는 정의로움도 갖고 있었다. 그런데 연민은 이타심의 요체라고 하겠으나 정의로움은 호전성 또는 공격성처럼 순전히 이타심으로만 규정하기는 어려운 지향성을 수반한다. 따라서 '좋은 인성'에는 양면성이 있다.

상식 수준에서 우리의 인성에 대한 이해를 검토하며 추출할 수 있었던 좋은 인성 개념의 범주 안에 양면성이 포함되어 있다는 점은 앞으로 우리의 인성과 인성교육에 대한 탐구의 길에 의미심장한 함의를 지닌다. 즉, 흑백논적으로 선과 악을 칼로 무 베듯 자르기보다는 고대 중국의 사상가 노자가 말한 '대극의 합일'이라는 단순하지 않은 개념에 익숙해질 필요가 있을 것이다. 이는 세상사의 밝고 긍정적인 면뿐 아니라 어둡고 부정적인 면 또한 수용하는 **통합적인 태도**를 말한다.

일견 모순적으로 보이는 이러한 통합적 태도에 혼란을 느낄 수도 있다. 그러나 좋은 인성을 규정하는 작업은 '정답'을 갖는다기보다는, 어쩌면 우리의 상식과 통념 수준의 가치판단에 도전하는 과정이 될지도 모른다. 일례로, 앞에서 살펴본 인성이 '좋은'

성인들과 그렇지 않은 역사적 악인들은 반드시 정반대의 성질을 갖고 있기보다는, 호전성과 강한 주관과 같은 공통된 성질 역시 갖고 있다는 점을 기억하자. 우리는 어떤 이가 호전적이거나 주관이 세다고 그의 인성이 나쁘다고 함부로 결론 내릴 수 없고, 마찬가지로 섬세한 감수성과 예술적 기질이 있다고 그의 인성이 좋다고 속단할 수도 없다. 수많은 로마인을 처형한 네로 황제는 리라 연주를 즐겼고, 히틀러는 자신의 예술적 감수성을 화폭에 담았다.

앞서 언급한 '우리의 상식과 통념 수준의 가치판단에 도전하는 과정'은 **철학적 사유**의 과정이라고 바꿔 말할 수 있다. 그런데 인성교육을 실행하는 교육자에게 이처럼 혼란스러운 철학적 사유가 필요한 이유 하나는, 우리의 지적 성장은 세상을 단순하게 이분법적으로 심판하는 수준을 뛰어넘어 엄청나게 다양하고도 복잡한 면모를 더 깊이 이해해 가는 쪽으로 확장해 나가는 과정이고, 이런 과정은 모순되어 보이는 입장들을 포용하는 힘겨운 노력을 필히 요청하기 때문이다. 세상만사가 단순하기만 하다면 더 깊고 정교한 배움이 왜 필요하겠는가? 철학적 사유가 필요한 또 다른 이유는, 우리가 세상의 통념을 무비판적으로 좇을 때 힘의 논리에 따라 인성의 개념이 고정되고, 이는 다양한 사회 구성원의 입장을 평등하게 수렴한다는 민주주의적 원리에 맞지 않기 때문이다. 한 사회의 가장 힘 있는 집단의 가치관만을 존중하는 것은 민주적이지 않다.

다음 사례들을 살펴보면서 이러한 인성의 양면성에 대해서 좀 더 구체적으로 생각해 보자.

교육부 보고서에서 천명한 덕목의 리스트

교육과학기술부는 2014년에 「인성교육진흥법」이 제정되기 이전에 실행한 사전 연구를 바탕으로 종합적인 보고서를 발간했는데, 그 안에는 학계가 제시한 다음과 같은 주요 인성 덕목의 리스트가 게재되어 있다.

정직, 신뢰, 약속 지킴, 배려, 봉사, 나눔, 소통, 협동, 좋아하는 마음, 공감, 연민, 지적 호기심, 헌신, 탐구, 개척정신, 자존감, 긍정, 자율, 도전, 비판, 포용, 협력, 존중, 인내, 회복, 융통성, 평화, 평등, 변별, 책임, 창의, 조화, 개방, 독립, 관리, 갈등관리, 다양성, 공동체, 민주, 적응, 유연, 능동, 대화, 타협, 민감, 정의, 시민 의식, 청렴, 관용, 참여, 공존, 공유, 공정, 상생, 공생, 통합, 성실, 근면, 자조(교육부, 2014, p. 35)

적지 않은 이들이 이 리스트의 덕목이 지나치게 많다고 비판하기도 하지만, 하나씩 차분히 짚어 나가다 보면 사실 이 중 어느 한 가지라도 중요치 않으니 제외해도 되겠다고 쉽사리 말하기 어렵다는 것을 깨닫게 된다. 어쩌면 한 사회의 적절한 구성원이 되기 위하여 우리는 평생 이토록 많은 덕목을 갖춰야 하는 것이리라. 그런데 흥미롭게도 위에 제시된 덕목들의 지향성이 크게 두 갈래로 나뉜다는 점을 어렵지 않게 식별할 수 있다. 이를테면 전반부의 '배려, 봉사, 나눔, 소통, 협동, 좋아하는 마음, 공감, 연민' 등은 타인을 위한 이타성을 띤 반면, 그 뒤를 따르는 '탐구, 개척정신, 자존감, 긍정, 자율, 도전, 비판' 등은 딱히 이타적이라기보다는 오히려 자기중심적 측면이 강한 덕목이라 하겠다. 즉, 우리가 좋은 인성을 함양하며 갖추게 되는 덕목들은 이타주의와 자기주체성이라는 양대 축의 구조를 갖는다. 언뜻 보기에 남을 먼저 생각하는 마음과 나를 먼저 생각하는 마음은 모순적인 것처럼 여겨질 수 있다. 그러나 실제 삶에서 우리는 양자를 다 갖춰야 잘 살 수 있고, 나아가 훌륭한 사람으로 성장할 수도 있음을 부인할 수는 없다. 자신이 바로 선 사람이 타인도 제대로 공경할 줄 안다. 자기를 사랑할 줄 아는 사람이 타인도 제대로 사랑할 수 있다. 그러므로 인성교육에 대하여 사고하는 과정에서 양면성을 흑백론적이고 이분법적으로만 대하는 것은 바람직하지 못하다.

놀부 인성론

우리의 전래동화 중 가장 인기 있는 것 중에 『흥부전』이 있다. 흥부라는 인간형은 자신의 이타주의적 인성을 일관되게 밖으로 드러내는 인물이라 볼 수 있다. 그에게 베풀어지는 제비의 박씨는 '보상'이라기보다는 자신의 선함을 끊임없이 드러내는 한 사람의 삶이 가져오는 당연한 귀결로서 발생한다. 삶이라는 것이 내면의 선함을 드러내는 여정이고, 그런 일관된 드러냄은 최선의 결과를 부산물로 가져올 수밖에 없다는 것을 이 설화에서 읽을 수 있다. 그런데 1960년대에 우리나라 교육학계의 거장인 정범모 교수가 독특한 '놀부론'을 주창한 일이 있었다. '근대화'에 박차를 가하고 있던 우리 사회에 바람직한 인간형으로 놀부를 부각하고 놀부의 '진취적'이고 '합리적'인 성향을 옹호하는 논지였다. 결국, 산업화와 자본주의의 팽창과 더불어 서구에서 일어난 현대성(modernity)의 획득에 적합한 인간형은 놀부일 수밖에 없었는지 모르겠다. 자신의 최고의 속성인 연민과 사랑을 드러내는 인물인 흥부는 현대에는 부적합한 무능한 인물로 평가절하되는 것이다. 실로 현 사회는 놀부가 보이는 부지런한 재화 축적 노력을 칭송하지 않는가. 우리의 선한 최상을 드러내는 것에 제재를 가하는 '현대성'이란 것은 아마도 전술한 4대 성인의 관점으로는 문명의 매우 제한된 모델에 불과할지도 모르겠다. 그런 점에서 20세기에 현대의 발원지인 서양이 고대의 지혜를 품은 동양으로 눈을 돌린 것을 이해할 수 있을 성싶기도 하고, '현대'가 끝나고 '탈현대(post-modern)'로 넘어온 것을 다행으로 여길 수도 있겠다. 어쨌든 1970년대의 '고도 경제성장기' 이래로 우리 사회에서는 비록 이기적이고 자비롭지 못하지만 주관이 강하고 공격적이며 타산적인 놀부의 인성이 현실적으로 각광받았을 것이라는 점에 유의하자. 여기에서 우리는 인성 덕목과 가치관이 시대적 제약을 동반한다는 점을 인식하고, 나아가 불완전할 수도 있는 시대의 덕목과 가치관을 무비판적으로 수용하는 것이 교육적으로 합당할지에 대한 질문을 제기할 필요가 있다.

2) 인성의 학문적 정의

(1) '성품'으로서의 인성

이번에는 학계 권위자들이 제시한 인성에 대한 정의를 바탕으로 인성을 이해해 보는 연역적 방식을 써 보자. 여기에서는 사전적 정의, 인간 본성론, 덕성론과 함께 상이한 학문별 접근 방법 등을 고려해 보겠다.

먼저, 우리말 사용에서 권위 있는 국어사전은 인성을 다음과 같이 정의한다(네이버 국어사전).

1. 사람의 성품
2. 각 개인이 가지는 사고와 태도 및 행동 특성

여기에서 1의 '성품'은 사전적으로 '사람의 성질이나 됨됨이'라고 정의된다. 따라서 '인성'이란 한 사람의 성품, 성질, 됨됨이 또는 그가 가지고 있는 사고와 태도 및 행동 특성이라고 종합할 수 있겠다. 여기에서 우리가 한 개인의 성품이나 됨됨이를 강조할 때는 영어의 'character' 개념이 적합할 것이고, 그의 행동 특성이나 성격을 강조할 때는 'personality' 개념이 적합할 것이다. 우리가 '인성교육'을 실행한다고 할 때 둘 중 어느 것이 보다 적합한 개념이 될지에 대해서는 학자들 사이에 여러 논란이 있지만, 한 개인의 심리적 특성이나 유형을 보다 더 강조하는 '성격(personality)' 개념보다는 그러한 성격에 국한되지 않는 도덕성까지 포괄하여 그의 사람됨 전체를 의미하는 '성품(character)' 개념이 의미상으로 좀 더 종합적이며 교육 활동에 적합할 것이라고 본다. 예를 들어, 내향적이거나 꼼꼼한 '성격'은 한 사람의 인격적 특성으로서, 그 자체로 바람직하거나 바람직하지 못하다 할 수 없기에 가치중립적이면서도 개인의 기능적인 측면이라 하겠다. 반면, 타인의 사정을 배려해 주거나 이끌어 주는 '성품'은 인간 사회를 위하여 바람직하다 할 수 있기에 가치지향적이고 도덕적 당위성을 띤다.

「인성교육진흥법」의 이론적 기초를 다진 이명준 등(2011)의 보고서에서는 인성의 개념적 정의를 다루면서, 미국의 경우 최근의 긍정심리학 분야에서 '성품(character)'을 더 많이 사용한다는 점을 관찰하고, 또한 인성을 그다지 명료하게 정의하지 않고 '모종의 일관된 내적 상태' 정도로 본 리코나(Thomas Lickona)의 접근법을 예시한다. 양쪽 다 인간을 분석하기 위한 이론적 개념으로서 인성을 규정하는 데 그치지 않고 인간이 지향해야 할 더 나은 것, 즉 훌륭한 성품을 갖춘다든가 도덕적 행위를 실천하기 위한 수단으로서 인성 개념을 활용한다는 점에서 가치판단과 불가분의 관계이다. 대학의 연구실이 아닌 교육 현장에서 인성을 함양하는 실질적 과제를 담당하는 교사와 교육 전문가들에게는 학문적 분석의 개념에 가까운 '성격'보다는 포괄적이고 가치지향적인 '성품'이라는 개념을 갖고 인성교육에 접근하는 편이 더 유용할 것이다.

미국 인성교육에서 권위 있는 토머스 리코나의 이론

미국의 발달심리학자 토머스 리코나(Thomas Lickona, 1992)는 한 사람이 훌륭한 인성을 갖추기 위하여 포괄하여야 할 세 영역을 인식과 감정과 행동의 영역으로 나누고, 각 영역의 세부 요소들을 제시함으로써 인성의 개념을 둘러싼 학계의 복잡다단한 논의를 종합적으로 다룰 수 있는 교육적 실천의 물꼬를 텄다. 세 영역과 그 하위 요소들은 다음과 같다.

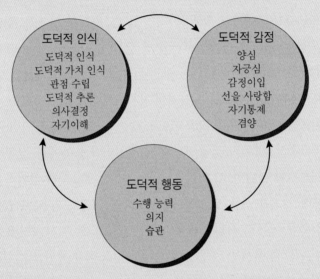

우리는 나와 타인을 위하여 바람직한 것이 무엇인지 알고(도덕적 인식), 머리로 알고 있는 것을 마음으로 공감하여야 하며(도덕적 감정), 나아가 이를 행동으로 실천할 때(도덕적 행동) 비로소 좋은 인성을 형성하고 있다고 말할 수 있다. 여기에서 리코나가 제시한 세 영역을 기반으로 삼아 제2장에 나오는 인성교육의 변천사를 조망해 보면 인성 함양이라는 교육적 과제에 접근하는 동양과 서양 간 방식의 차이를 보다 뚜렷하게 볼 수 있을 것이다.

(2) 인간 본성으로서의 인성

여기에서 잠시 인성에 대한 사전적 정의를 다시금 거론해 보면, '인성'이 '인간성' 또는 '인간 본성'을 줄인 어휘라고 추정할 수 있을 것이다. 인간 본성은 '인간의 본래적 성품이나 성질'이라는 사전적 의미가 있는데, 비록 영어에서는 인간 본성의 'human nature'와 성품의 'character'를 상이한 영역에서 다루는 경우가 많지만, 우리말의 용법에서는 '맹자의 인간 본성론'과 '맹자의 인성론'을 같은 의미로 사용하듯이 두 어휘를 의미상 뚜렷이 분리하기가 어렵다. 그런데 우리말에서는 '인성'을 주로 한 개인에 국한된 성질로 간주한다면 '인간 본성'은 모든 인간, 즉 인류에게 보편적으로 나타나는 성질을 의미하는 경우가 대부분이다. 한 개인의 성품이 아닌 인류라는 종 전체의 성질이라는 '인간 본성'의 의미를 고려할 때 인성교육의 논의에 대하여 또 다른 함의가 파생된다.

인간 본성의 개념은 항상 논란의 대상이 되어 왔고, 오늘날에는 그런 본성 따위는 없다는 철학적 입장도 대두되고 있지만, 예로부터 수많은 사상가가 본성의 다양한 성질 중 어느 한쪽을 부각해 다채롭게 표현해 왔다. 이를테면 인간의 사고 능력, 생물학적 특성, 정치사회적 속성, 경제적 생존력, 종교성, 윤리성, 유희의 경향 등 각각을 부각하여 호모 사피엔스(homo sapiens), 호모 에렉투스(homo erectus), 호모 폴리티쿠스(homo politicus), 호모 에코노미쿠스(homo economicus), 호모 렐리기오수스(homo religiosus), 호모 에티쿠스(homo ethicus), 호모 루덴스(homo ludens) 등의 개념들이 제시되어 왔다. 이와 같은 다양한 성질 중 어느 것이 인간을 인간으로 만드는 주도적인 성질인지는 결론 내릴 수 없는 문제일지 모르나, 인류 전체의 보편적 성질과 하나의 개체인 인간의 성질을 완전히 분리된 것처럼 다루는 것이 이치에 맞지 않는다고 할 때 인간 본성에 대한 방대한 논쟁의 역사로부터 우리의 인성교육에 관한 논의를 위하여 다음과 같은 주안점들을 끄집어낼 수 있다.

첫째, **다양한 본성** 전부를 논의해야 하고 어느 한 가지를 누락시킬 수 없다. 왜냐하면 인간의 성품을 바람직한 방향으로 키워 주는 인성교육의 과업은 인간의 사고력과 지력에 의하여 이끌려야 하고, 성장, 건강, 번식의 바탕이 되는 생물학적·육체적 차원과 손잡아야 하고, 공동체 안에서 함께 생활하는 정치적 역량에 도움을 줘야 하고, 경제적 생존을 외면해서는 안 되며, 생과 사 너머의 의미에 대한 종교적 통찰의 도움을 고려해야 하고, 윤리성과 도덕성을 앙양해야 하며, 놀이에서 드러나는 즐거움과 명랑함을 배척하는 것은 바람직하지 않기 때문이다. 즉, 인간 본성론의 복잡다단함을 고려할 때,

교육자가 인성을 단순하게 규정한다든가 인성교육을 협소한 범위에 국한시킨다든가 하는 것은 지양해야 할 것이다.

둘째, **다양한 본성** 자체에 대한 탐구는 인류학자든, 생물학자든, 철학자든 각 분야의 전문가의 몫이겠으나, 본성들 각각에 대하여 '좋은 인성'을 키우겠다는 가치 지향적 기준을 가지고 접근하는 것은 인성교육에서 간과해서는 안 될 과제이다. 각 분야의 전문가나 과학자는 각각의 본성의 개념을 가지고 인간을 더 깊이, 더 정확히 이해하기 위해 탐구하는 일을 담당하는 한편, 인성교육을 연구하고 실행하는 교육자는 각각의 본성이 '좋은 인성'으로 꽃피울 수 있도록 연계시키고 확장하고 발효시키는 일을 담당해야 한다. 쉽게 말해서, 한 개인이 사회 속에서 정치적으로 효과적으로 참여하고 경제생활의 장에 적극적으로 가담하면서도 자신의 생물학적·성적 속성을 왜곡하지 않고 도덕적인 인물로 삶을 영위할 수 있도록 도와준다는 인성교육의 가치지향성을 보존해야 한다는 말이다.

본성을 보다 바람직한 방향으로 계도해 준다는 가치 지향적인 논의를 풀어 가기 위하여 **성선설**, **성악설**의 논쟁을 짚어 보자. 인간 본성을 본디 선한 것으로 보는 입장과 본디 악한 것으로 보는 입장 중에서 어느 한쪽에 절대적으로 동의하는 것은 앞에서 제기한 '대극의 합일'이라는 정신에 비춰 볼 때 그다지 바람직하지 않을 것이다. 그러나 인간의 본래적 사악함과 이기심을 통제하기 위한 사회적 장치와 법적 규제를 강조하는 성악설적 입장에 힘을 실어 줄 경우, 인성교육의 담론이 추구하고 확장해 나갈 수 있는 여지는 줄어들 수밖에 없다. 왜냐하면 원래 이기적인 인간의 마음의 성질 또는 성품은 아무리 교육한다 해도 크게 변화한다고 볼 수 없으므로, 이기적이거나 악한 행위를 타율적으로 통제하는 법제 등의 외부적 장치에 더 치중하게 되기 때문이다. 그런데 우리는 지금 완전한 체계를 갖춘 이해와 실천의 틀 위에서 인성교육을 실행하는 입장이 아니라, 인성교육의 체계와 논리를 확장·심화해 가면서 발전시켜야 하는 입장이므로 시작부터 성악설의 분위기로 인성교육을 비관적으로 제한하는 것은 바람직하지 못하다. 그러므로 인성교육을 발전시켜 공동선에 기여한다는 낙관적이고 긍정적인 프래그머티즘의 시각에 기초하여, 교육을 통해 인성을 제고해 줄 가능성을 더욱 지지해 주는 성선설에 의존하는 비중을 키워야 하지 않을까? 이명준 등의 연구에서도 인성교육의 현실적 효과성을 염두에 두고 성선설적 입장에 비중을 둔다.

> 인성교육은 자연스럽게 맹자의 관점과 더 잘 어울린다. 인성교육이 본성을 선으로 보는지 또는 악으로 보는지를 명시하지는 않지만, 대부분의 인성 덕목에 포함되어 있는 자기존중(self-respect), 자기애(self-love), 도덕적 정체성(moral identity) 등은 자신의 내면 어딘가에 존재하는 도덕성 회복의 어떤 가능성을 전제하지 않고는 불가능하다(이명준 외, 2011: 20).

우리의 내면에 존재하는 선한 본성의 가능성을 전제하고 인성교육을 실행하는 것이 그렇지 않은 쪽에 비하여 교육적으로 더 풍부한 발전 가능성을 품고 있을 것이다.

(3) 인성과 덕성

인간 내면의 선함의 가능성에 대한 믿음을 쉽사리 버리는 것은 인성교육에 도움을 주기 어려울 것이다. 그렇다면 앞에서 언급한, 우리 내면 어딘가의 선함에서 솟아 나오게 되는 도덕성이라든가 **덕성** 등은 인성교육과 어떻게 관련지어 볼 수 있을까?

덕성에 대한 고전적 접근은 아리스토텔레스의 덕 이론에서 출발한다. 플라톤의 수제자로 서양 학문 체계 전반에서 아버지 역할을 했다는 평을 받을 만한 아리스토텔레스는 매우 이성적인 논의 속에서 덕이란 자신의 본질적 기능을 탁월하게 수행해 내는 것이라고 규정했다. 예를 들어, 마치 도끼가 날이 잘 서서 나무를 잘 쪼개는 것이 도끼의 덕인 것처럼 인간의 본질적 기능을 잘 수행해 내는 것이 인간의 덕이라고 본 것이다. 그런데 인간의 본질적 기능이 무엇이든 간에 나무를 잘 쪼개는 것만은 아닐 터이므로, 도끼의 예리함과는 다른 인간만의 성질이 필요하다. 아리스토텔레스에 따르면 인간은 매사에 이성을 발휘함으로써 가장 탁월하게 제 기능을 수행하고, 탁월하게 수행해 내는 것이 인간의 덕이다. 따라서 인간의 덕의 핵심 요소는 이성이다.

그러나 과연 이성이 우리로 하여금 인간의 기능을 가장 잘 수행하도록 해 주며, 그렇기 때문에 인간의 덕의 핵심 요소일지에 대해서는 시대와 장소에 따라 다양한 이견이 있을 수밖에 없다. 아리스토텔레스가 중시한 이성적 논변이 그가 활동했던 기원전

4세기의 그리스 도시국가 시대부터 로마제국의 융성기까지 지중해 연안의 헬레니즘 문명에서는 각광받았을 수 있으나, 로마의 멸망 이후에 중세 유럽에 성립된 '기독교 왕국'에서는 이성보다는 신앙심을 중시하면서 종교적 순종이 주된 덕으로 등극했다. 비슷한 시점인 7세기경에 유라시아 대륙 반대편의 신라에서는 원광법사가 설파한 세속오계가 충절, 신의, 용맹 등 화랑의 덕목을 부각했는가 하면, 같은 한반도에서도 세월이 흐르고 또 흘러 사대부가 정권을 잡게 되는 조선에서는 인, 의, 예, 지에 기초한 유교적 덕목을 배타적으로 추앙하게 되었다. 그런데 조선이 스러지고 서구의 근대문명이 도래하며 전통적 덕들은 점차 변방으로 밀려나게 되면서 근면, 성실, 자조와 같은 '현대적' 또는 자본주의적인 덕목이 사회 전면으로 부상한다.

아리스토텔레스의 실천적 덕성 개념을 계승한 매킨타이어(McIntyre, 1981)도 한 사회의 덕목이 시대 변천에 따라서 변화함을 관찰한 바 있다. 미국의 교육사가인 타이액과 핸숏(Tyack & Hansot, 1982)이 덕과 가치를 전파하는 공교육 기관의 역할을 '덕의 관리자(managers of virtue)'라고 일컫기도 했듯이, 덕은 한 사회의 관리를 받게 되며 공동체의 영향하에서 그 지향성이 이쪽에서 저쪽으로 옮겨 가곤 한다. 성선설적 입장에서 볼 때에는 덕이란 인간의 선한 본성이라는 선천적 조건으로부터 자연스럽게 싹트는 것이겠으나, 덕이 특정 사회라는 현실적 여건에서 채택되는 과정에서는 그 사회만의 특수한 관심 사안들에 의하여 채색되어 버린다.

그러므로 인성교육이 인간의 선한 본성을 키우기 위하여 덕성을 함양할 것을 추구한다 하여도, 그 방향은 공동체의 시대적 가치 지향성에 따라 좌우되기 쉽고, 이는 종종 세계 각국의 교육정책 및 교육 개혁의 논의에서도 드러나곤 한다. 일례로, 2015년 1월 20일에 제정된 우리나라의 「인성교육진흥법」은 대한민국 공동체의 '핵심 덕목'을 다음과 같이 제시하고 있다.

'핵심 가치·덕목'이란 인성교육의 목표가 되는 것으로 예(禮), 효(孝), 정직, 책임, 존중, 배려, 소통, 협동 등의 마음가짐이나 사람됨과 관련되는 핵심적인 가치 또는 덕목을 말한다.

「인성교육진흥법」에서 제시한 앞의 여덟 가지의 덕목 역시 시대적·사회적 영향하에 선택된 것이며 대한민국 공동체의 시대적 가치관의 산물이다. 따라서 이 대표 덕목들이 시대를 초월하는 불변의 덕목이라고 결론짓는 것은 성급한 일이고, 각각 나름의 장단점을 지니고 있으며 시대상의 변화와 함께 더욱 강조되거나 아니면 아예 덕목 리스트에서 제외될 가능성 또한 있다는 점을 기억할 필요가 있다.

서구의 학계와 교육계에서는 대체로 개혁이나 변화를 원하는 정치 세력이 특정 덕목을 법이나 제도로 지정하는 것에 반대하는 데 비하여, 안정과 보수적 정책을 선호하는 세력이 특정 덕목을 부각하는 것을 지지하는 경향이 있다는 점을 놓고 볼 때 우리나라의 「인성교육진흥법」의 경우는 보수적 입장과 상통한다고 함 직하다. 이런 점에서 개혁 성향의 정치적·사상적 진영에서는 「인성교육진흥법」의 핵심 덕목들이 정치적으로 보수적이고도 편향된 관점에 기초하여 시민사회에 강요되었다는 비판을 제기하기도 한다. 예컨대, 효와 예 등의 유교적 덕목은 종적 위계질서를 강조하는 수구적 가치관을 반영하고 있다는 것이다. 그런데 비록 유교 덕목이 과거에 지배 세력의 통제를 강화해 주는 이념적 수단으로 악용된 사례들이 있고, 이런 전과에 대하여 현대의 한국인들이 반감을 품게 된 역사적 정황도 이해할 만하지만, 효와 예에 채색된 수직적·일방적 위계성을 걷어 내고 유교 본래의 의미에 천착해 볼 때 효와 예 안에는 부모와 자녀 간의 사랑과 사람들 사이의 배려와 존중과 같은 인류 보편의 가치가 담겨 있음을 부인할 수 없다. 이렇게 볼 때 덕목의 역사적 가변성에 대한 인식에 기초하여, 현 시점에서 부각된 덕목을 무조건 임시적이고 상대적인 것으로 폄훼하는 태도를 취하기보다는, 그 덕목에 내재한 본질을 인지하고 그것이 시대와 장소를 초월한 보편성에 맞닿아 있는지 탐구해 보는 신중함 역시 요청된다.

(4) 인성교육의 개념 종합

이제 전술한 '인성'의 정의를 '교육'의 정의와 결합해 보자(출처: 네이버 국어사전).

- 인성: 한 사람의 성품, 성질, 됨됨이, 또는 그가 가지는 사고와 태도 및 행동 특성
- 교육: 지식과 기술 따위를 가르치며 인격을 길러 주는 것

이렇게 볼 때 '인성교육'이란 한 사람의 성품, 성질, 됨됨이 또는 그가 가지는 사고와 태도 및 행동 특성과 관련된 지식과 기술 따위를 가르치며 인격을 길러 주는 것이라고 정의할 수 있다. 그런데 교육에 대한 매우 기능적인 국어사전의 정의는 지나치게 축약된바, 그 원래의 정의 속에는 '사회와 개인에게 바람직한 방향으로'와 같은 삽입구가 당연히 포함되어 있을 것으로 추정해 볼 수 있다. 한 사회의 교육이 이와 같은 가치지향성을 내포하고 있을 것으로 추정하는 것은 인류학적·역사적·사회과학적 이해에 비추어 볼 때 반박하기가 거의 불가능할 것이다. 설사 철저하게 몰가치적인 기계론적 우주관을 기초로 인간의 성장을 냉정하게 구상하는 인간 사회가 있다고 가정해 본다 하여도, 그러한 성장관 속에 현 질서의 유지라는 가치가 감춰져 있을 수도 있다. 그러므로 우리의 인성교육의 정의에는 어떤 식으로든 사회와 개인에게 득이 되는 것을 지향하는 뚜렷한 가치관이 포함될 수밖에 없을 것이고, 이는 이 장의 주된 논지 중 하나이다.

그런데 인성교육의 개념적 정의에 포함되는 가치 지향성은 21세기의 한국 사회라는 특수성과 함께 지구촌의 인류 전체라는 보편성 양자를 포괄한다. 그래서 인성교육의 논의 속에는 특수성과 보편성을 연계시키기 위한 고민이 담긴다. 즉, '과연 학생에게 이러한 성품을 키워 주는 게 우리나라에서뿐 아니라 아프리카나 유럽에서도 바람직한 것일까?'와 같은 질문이 수반된다. 또한 보편적인 가치에 부응하는 인간의 성품 속에는 이타적이거나 심지어 희생적인 성향마저 함유되어 있으며 동시에 공격적이거나 자기중심적인 성향 또한 부재하지 않다는 점도 앞에서 짚어 봤다. 여기에서 인성의 양면성을 인식하고 양면 사이의 조화를 구하는 교육자의 철학적 태도가 제기된다.

인류 전체에게 적용되는 보편적 인성이 무엇인가는 결론 내릴 수 없는 항구적 질문일 수 있으나, 수많은 고금의 사상가가 이 질문을 '인간 본성'에 관한 논의로 견지해 온바, 이러한 논의의 역사에서 수확한 다양한 견해를 인성교육을 이해하고 성숙시키는 과정에 포괄시키는 것이 유익하겠다. 그런데 인간 본성을 선하게 보는 것과 악하게 보는 것 양편이 문명의 발전에 유용한 도움을 줘 왔지만(일례로, 전자에 해당하는 맹자가 왕도정치의 기틀을 세웠고 후자에 해당하는 법가가 통치 체제의 정교화에 기여했듯이), 이제 미약한 출발점에 서 있는 인성교육의 담론 성장을 위해서는 법제에 치중하는 성악설보다는 인간 인성의 개선 가능성을 믿는 성선설적 관점의 긍정성으로부터 얻을 바가 있으리라 본다.

나아가 우리의 본성이 지향하는 삶의 목적이 있다면, 그 목적에 다다르는 데 기여할 덕을 키우는 것 또한 인성교육의 내용에 포함해야 할 것이다. 비록 덕목이 시대에 따라 변화하지만, 만약 인성교육의 실행자들이 유구한 세월을 버티는 보편적 도덕성을 손에 쥐어 보고자 하는 열망을 품게 된다면 그들이 교육 현장에서 어떤 가능성을 볼 수 있고, 어떤 문제들에 직면하게 될 것인지를 이 책 전반의 논의를 통하여 탐색해 보려 한다. 한마디로, 이 책은 도덕성이 경전에 새겨진 유구 불변의 덕목들의 리스트가 아니라 끝없이 변화하는 인간사 속에서 지속해서 재정의되고 갱신되어야 할 가치 지향적 요소들이라고 보고, 인성교육의 실행자들이 이러한 재정의와 갱신의 과정에 능동적으로 참여함으로써 교육적 실천의 주도자가 될 가능성을 엿보고자 한다.

2. 인성에 대한 21세기의 다양한 담론

환경의 변화에 따라 끝없이 변화하는 덕목의 성격처럼 인성교육의 담론도 오늘날에 이르기까지 계속 변화하고 있다. 그런 현대의 변화 중에서 우리의 교육 현장에 중요한 함의를 지닌 분야들을 이 책의 각 장에서 다루고 있는데, 거기에 포함되지 않은 현대의 인성 담론 몇 가지를 여기에서 잠시 살펴보고, 그들이 제시하는 인성교육의 실천에 대한 시사점을 짚어 보고자 한다.

1) 전인적 성장론

앞에서 보았듯이 인성을 개인적 성품에 국한해 접근하든, 인간 본성을 요체로 삼아 접근하든 간에, 단순한 선악의 기준만을 갖고 선한 성품이나 선한 본성만을 강조하는 식의 인성교육은 인간의 복잡성을 간과하는 약점을 드러내게 된다. 인간의 성품과 본성을 인간이 함유한 모든 속성의 포괄 또는 통합의 관점에서 이해하고자 하는 '전인(whole person)'과 같은 개념을 제시하면 이런 약점을 더 뚜렷이 볼 수 있다. 인성교육의 변천사를 살피는 다음 장에 제시되겠지만, 사실 전인교육은 이미 근대 이전의 세계에서 다양한 형태로 주창된 것으로 현대에 그 중요성이 다시금 부각되고 있다. 현대의 전인성에 대한 논의를 정리한 것 중 유네스코 아태지역본부에서 발간된 자료집 『Learning to Be』에서 인간 존재의 다양한 차원과 양태에 대한 개념 틀을 살펴보자.

한 인간을 사회의 구성원이자 하나의 독립된 개체로서 바라본 이 개념 틀에 의하면, 인간은 먼저 사회의 구성원으로서 가족, 국가, 지역(일례로, 동아시아), 그리고 세계(지구촌)에 속해 있다. 동시에 인간은 독립된 개인으로서 정치적, 경제적, 사회·문화적, 미학적, 도덕적·윤리적, 지적, 육체적, 그리고 영적인(spiritual) 존재의 양태를 갖는다. 즉, 한 인간의 다양한 사회적 소속을 두루 살려 내는 동시에 그의 삶에서 펼쳐지는 다양한 존재 양태를 두루 충족시켜 줄 때 그 인간은 전인적(全人的)으로 존재한다고, 바꿔 말해서 자기를 충족시키는 삶을 영위하고 있다고 볼 수 있다. 유네스코가 앞의 개념도를 갖고 주창하는 바는, 교육이 한 개인으로 하여금 이렇게 자신의 전 존재성을 채워 주는 방식으로 개선되어야 한다는 것이다. 이러한 주장은 유네스코가 1972년에 발표한 영향력 있는 보고서인 『Learning to Be』에서의 주장의 연장선상에서 이해할 수 있겠다(Faure et al., 1972).

『Learning to Be』, 즉 존재를 위한 학습, 또는 존재론적 배움의 주된 내용은 일종의 **전인적 자아실현**이라고 말할 수 있다. 한 개인이 가족 구성원에서부터 세계시민에 이르기까지의 여러 존재 차원에서 자신의 전인성을 충족하고자 한다면, 정치적인 측면에서 영적인 측면까지 자신의 다양한 삶의 양태 각각에 있어서 구체적으로 어떤 이상을 추구할 수 있을지 [그림 1-1]에 제시되어 있다. 즉, 정치적으로는 국가적 통합과 전 지구적 연대, 경제적으로는 지속 가능한 인간 계발, 사회·문화적으로는 평화와 정의, 심미적으로는 창의성과 미적 감수성, 도덕·윤리적으로는 사랑과 자비, 지적으로는 진리와 지혜, 육체적으로는 건강 및 자연과의 조화, 그리고 영적으로는 전 지구적 영성 등이 그 이상이다. 여기서 제시된 사해동포주의적이고도 이타주의적인 이상들은 물론 지극히 가치 지향적이다. 이러한 전인적 이상들에 비추어 우리 교육에서 추구해야 할 인성 덕목들을 다듬어 볼 수 있을 것이다. 또 인간을 정치적이기도 경제적

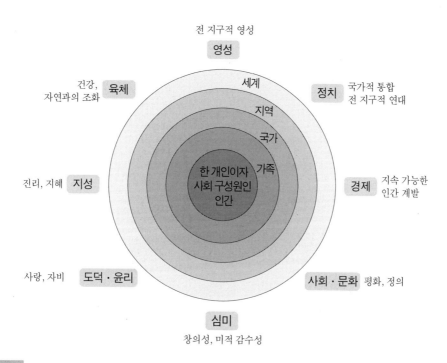

그림 1-1 인간의 다양한 존재 차원 및 전인성의 영역

출처: UNESCO APNIEVE(2002).

이기도 하지만 육체적이기도 영적이기도 한, 복잡한 존재 양태에 걸쳐 있는 존재로 바라보는 태도와 시각을 도구로 삼아 인성교육에서 다뤄야 할 분야, 요소, 논점 등을 확충하고 보완할 수 있을 것이다.

유네스코의 관점과는 다르지만, 인간의 전인성을 실현한다는 개념을 인간 정신의 이해 및 정신병리 치유를 위한 목적으로 체계화한 칼 구스타프 융(Carl Gustav Jung) 의 **자기실현**(self-actualization) 이론이 있다. 스위스 태생의 정신의학자 융은 프로이트 (Sigmund Freud)와 더불어 인간 무의식의 역동성에 천착하였고, 자신만의 독자적인 연구를 통하여 인간 내면의 모순적인 복잡성을 체계적인 자아관으로 통합하였다. 인간의 대사회적 자아인 페르소나 이면의 무의식 영역을 설명하기 위하여 숨겨진 부정적 감정인 '그림자', 남성의 무의식적 여성성인 아니마와 여성의 무의식적 남성성인 아니무스, 무의식 심연의 '자기' 등의 개념을 상정하면서 개인의 고유성 또는 개성을 인식하고 건강하게 발현시키는 개성화(individuation) 개념을 강조한 바 있다(이부영, 2002, 2011).

융의 심층심리학에서 **개성화**는 자기실현으로 바꿔 말해도 무방한데, 개성화 과정에서 중요한 것은 자신만의 고유한 개성에 대한 인식이다. 사람은 자신의 개성을 발휘함으로써 자기 자신의 전부를 활용하게 되고, 자신을 전부 쓰는 전인적 성장을 거치며 사회에 기여하는 실천의 주체로 성장할 수 있다는 것이다. 즉, 청년기의 성장 단계에서는 자기 자신만 보지만 중년을 넘어서는 단계에서는 공동체 내에서의 자신을 인식하고 규정하게 되는데, 이 인식의 기저에는 자기의 고유성 또는 개성에 대한 심층 인식이 자리 잡고 있다고 한다. 자신의 고유한 개성을 꽃피우겠다는 깊은 자기인식으로부터, 즉 자기실현 지향성으로부터 세상에 도움을 주는 창조적인 활동(봉사, 정원 가꾸기, 예술, 교육 등)에 대한 열의가 생성된다. 온전한 자기를 완성해 가는 과정에서 인간에 대한 봉사가 필수적 요건임을 깨닫게 되기 때문이다. 35~40세경에는 그 이전의 재물, 섹슈얼리티, 자식 등에 대한 관심이 서서히 공동체와 영성 등으로 옮겨 간다(Mayes, 2005). 한 개인이 깊은 긍정적 자기인식을 통하여 세상의 변화 가능성을 상상할 수 있게 되고, 따라서 변화에 기여하겠다는 목적의식을 품고 자신을 성숙시키는 과정을 개성화 개념으로 설명하는 융의 분석심리학적 접근은 삶의 의미와 목적성을 상실하고 방황하는 현대 청소년의 인성교육에 기여할 바가 많다. 융과 더불어, 이 책의 제6장에서는 프로이트주의자인 에릭슨(Erik Homburger Erikson)의 정신분석학적 성장론에 대해서도 살펴볼 것이다.

2) 역량론

20세기의 꽤 오랫동안 교육계는 인성의 함양 자체를 교육의 중요한 목적으로 여겼으나 21세기로 넘어오면서 인성 함양이 교육의 목적임과 동시에 또 다른 부차적 성과를 낳는 수단이기도 하다는 점이 점차 부각됐으니, 그 성과를 서구의 연구자들은 '역량(competency)'이라고 부르기 시작했다. 일반적으로 이러한 역량에는 의사소통능력, 협동력, 문제해결 능력, 창의력 등이 포함된다. 사회에서 다양한 역할을 맡는 21세기 인재의 주요 역량에 관한 종합적인 연구인 OECD의 DeSeCo(Definition and Selection of Key Competencies, 2003) 보고서에서는 이러한 핵심 역량으로 자기성찰 능력, 의사소통 능력, 협동 능력, 비판적 사고력, 창의성 등을 꼽는다.[1] 즉, 긍정적 태도를 가지고 타인과 잘 화합하는 좋은 인성을 가진 사람은 그렇지 못한 사람에 비하여 직업사회에서 훨씬 더 의사소통을 잘하고 협동을 잘하며, 따라서 현명한 판단을 할 줄 알고 창의적으로 자신의 과업을 수행한다는 것이다. 즉, 좋은 인성은 뛰어난 역량의 바탕이 된다는 말이다.

쉬운 예로, 어릴 적부터 공부에만 매진하여 늘 전교 1등만 한 학생이 직장인이 되었을 때 꼭 타인들과 잘 화합하며 생산적인 과업을 수행해 낼 것인가를 상상해 볼 수 있겠다. 오히려 성적은 다소 떨어지더라도 교우관계가 원만하고, 적극적으로 다양한 활동을 경험해 봤으며, 삶과 세상에 관해 때로는 고민도 해 본 학생이 직장에 들어가 더 훌륭한 성과를 낼 것 같지는 않은가? 미국의 최고 대학들이 선별하는 인재가 바로 후자와 같은 특성을 지닌 청소년이다. 단순한 지적 능력이 아니라, 지적 능력을 포함한 한 개인의 모든 영역의 능력, 즉 육체적·심리적·정서적·사회적·도덕적·예술적 영역의 능력을 다 발휘할 줄 아는 학생, 즉 '전인적으로 성장한' 학생, 다시 말해 인성을 균형 있게 함양한 학생이 사회에 진출하여 타인들과 힘을 합쳐 훌륭한 성과를 만들어 낼 수 있다고 보는 것이다.

이와 같이 인성을 역량의 바탕으로 보는 관점은 우리나라의 「인성교육진흥법」에서도 나타난다. '예, 효, 정직, 책임, 존중, 배려, 소통, 협동' 등의 인성 덕목은 도덕성을 함양하는 차원에서뿐만 아니라, 학생들이 성인이 되어 직업 세계에 진출하여 의사소통을 잘하고 팀원들과 협력하며 창의성을 발휘하는 등의 역량을 배양하는 바탕이 되기 때문에 더욱 중요하다는 것이다.

3) 지성과 감정의 통합

전술한 OECD의 DeSeCo 보고서에서는 타인에 대한 공감 능력이 반성적 성찰의 단

---

1) OECD의 DeSeCo 보고서의 내용은 제11장에서 상술한다.

초가 됨을 강조하고, 동시에 타인의 상황을 이해하는 지적인 능력이 갈등 해결의 주된 요소임도 천명하고 있다. 즉, 감정과 지성이 함께 작용하여 인간사에서 가치 있는 성과를 만든다는 것으로, 이런 관점으로 볼 때 지성과 감정 중 어느 한쪽에 치우치기보다는 양자가 조화를 이루어 함께 작용하도록 할 필요가 있다는 시사점을 얻을 수 있다. 즉, 우리가 인성교육을 추진하면서 지성과 감정을 분리하여 다루기가 어려울 것을 예상할 수 있다. 그러니까 통상적으로 순전히 지식의 습득이나 인지적 성장의 관점에서만 대했던 교과목에서 학생들의 감정을 건드리는 작용에 대한 인식이 필요하고, 지성과는 무관하게 여겨졌던 정서적 활동에는 지적 접근이 요청될 수 있으리라는 말이다.

지성과 감정의 통합을 교육 현장에서 추구한 의미심장한 예들은 많다. 제3세계의 피억압자들을 위한 교육적 해방을 주창한 파울로 프레이리(Paulo Freire, 1990)는 개인이 사회 속의 자신의 위치에 대한 비판적 사고를 통하여 주체성을 키우고 용기와 능동성을 갖추게 된다고 봤다. 같은 맥락에서 시카고의 얼 쇼리스(Earl Shorris, 2006) 교수가 창시한 클레멘트 코스(clemente course)는 사회적 약자들의 철학적 사유 훈련이 삶에 대한 긍정과 자주성을 유발함을 보여 줬다. 기실, 우리의 전통교육인 유교교육에서 가장 중시하는 덕성인 인, 의, 예, 지 중 앞의 세 항목이 감정과 관련되어 있고 지(智)는 지성과 관련되어 있는 것처럼 감정과 지성이 불가분의 관계 속에서 상호 영향을 끼치며 인성을 형성한 전통이 존재한다. 인간의 학습 활동을 지적 영역과 정의적 영역으로 구분하여 파악하려 한 20세기의 서구 교육학은 기본적으로 주지주의적으로, 이러한 인식하에서 인성교육은 첨가물 범주에 머물게 되지만, 근대 이전의 문명에서는 동과 서를 막론하고 지성과 감정을 아우르는 전인적 인성 함양을 교육의 목표로 삼았다. 예를 들어, 17세기의 코메니우스(Johann Amos Comenius)는 학교교육이 지, 덕, 성의 통합적 성숙을 지향할 것을 천명했는데, '성(聖, pietas)'이라는 신앙심의 모색에서 감정을 배제할 수는 없겠다. 앞으로 우리의 교육 현장에서 지적인 학습과 감정적이고 정서적인 활동을 조화롭게 통합하는 교육적 실천에 대하여 고민해 보아야 하겠다.

4) 창의성

영국의 정신분석가 스카이너(R. Skynner)는 "상이한 세계관 사이에서 화해를 구해야 할 때 사람들은 창의적이 된다."라고 말했다. 21세기 들어서 스티브 잡스(Steve Jobs)가 아이폰으로 세계인의 정신을 사로잡으며 창의력의 화신으로 등극한 이래 시장과 학교 할 것 없이 창의성을 교육의 최고 목표로 상정하는 데 주저함이 없었고, 앞서 제시한 DeSeCo 보고서의 주장에서도 나타났듯이 인성교육 담론에도 창의성이라는 '역량'이 큰 자리를 차지하게 되었다. 따라서 창의성을 배양하는 길에 인성교육이 도움을 줄 바를 모색할 현실적인 필요성이 대두되었다. 한데 스카이너의 말처럼 창의력은 이질적인 두 가지 성향을 끌어안으려는 동기와 깊게 관련되어 있고, 이는 우리의 인성교육의 논의의 중요한 논점인 양면성의 통합과도 일맥상통한다.

미국의 심리학자 칙센트미하이(Mihaly Csikszentmihalyi, 1997)는 창의적 인물들이 일견 상충해 보이는 자신의 양면성인 활동성과 침잠, 외향성과 내향성, 남성성과 여성성 등을 있는 그대로 인정하고 그 모순됨을 평화롭게 받아들이는 성향이 있다는 점에 주목한 바 있다. 인성교육이 현실적 성취에 기여하는 역량에 도움을 줘야 하고, 그 역량 중에서도 창의성이 중요하다는 이즈음의 논지를 고려할 때, 양면성과 모순성을 소화한다는 것은 인성교육을 실행하는 교육자에게 피할 수 없는 과제가 되어 버린 것 같다. 이 장의 앞쪽에서도 양면성의 인식과 '대극의 통합'이 제기된 바 있다. 그러므로 이 책을 통하여 인성교육의 실천을 위한 역량을 확보하려는 교육자들을 위하여 양면성의 통합이라는 난해한 개념에 대한 이해를 제고해 주는 매력적인 사례 두 가지를 여기에 제시해 두고자 한다.

2015년, 흥미롭게도 미국의 영화 〈인터스텔라(Interstellar)〉가 유독 우리나라에서 대단한 흥행을 거두었다. 이 영화의 주인공인 용감한 우주비행사 쿠퍼의 대사 한마디에 인간성이 지향하는 양대 모순이 정확하게 녹아 있다. "우리(인류)는 탐험가이고 개척자였지 청지기(돌보는 이)가 아니었지요." 과연 인간은 새로운 세계를 헤쳐 나가는 개척자이지, 자신에게 주어진 세상을 돌보는 청지기는 아닌 것일까? 서구인 쿠퍼의 진취적이지만 다소 공격적인 견해는 다분히 현대적 가치에 들어맞는 것으로 보이는데, 이에 반하는 현대적이지 못한 '청지기적' 가치를 고수하는 글을 다음에 제시한다.

북미 원주민 시애틀 추장의 명문

위싱턴에 있는 대통령은 우리에게 편지를 보내어 우리 땅을 사고 싶다는 뜻을 전합니다. 하지만 하늘을 어떻게 사고팝니까? 땅을 어떻게 사고팝니까? 우리에게 땅을 사셨다는 생각은 이상하기 짝이 없어 보입니다. 맑은 대기와 찬란한 물빛이 우리 것이 아닌 터에 어떻게 그걸 사겠다는 것일는지요?

이 지구라는 땅덩어리의 한 조각 한 조각이 우리 백성에게는 신성한 것이올시다. 빛나는 솔잎 하나하나, 모래가 깔린 해변, 깊은 숲 속의 안개 한 자락 한 자락, 풀밭, 잉잉거리는 풀벌레 한 마리까지도 우리 백성에게는 신성한 것이올시다. 이 모든 것이 우리 백성의 추억과 경험 속에서는 거룩한 것이올시다.

우리는 나무껍질 속을 흐르는 수액을 우리 혈관을 흐르는 피로 압니다. 우리는 이 땅의 일부요, 이 땅은 우리의 일부올시다. 향긋한 꽃은 우리의 누이올시다. 곰, 사슴, 독수리…… 이 모든 것은 우리의 형제올시다. 험한 산봉우리, 수액, 망아지의 체온, 사람…… 이 모두가 형제올시다.

반짝거리며 시내와 강을 흐르는 물은 그저 물이 아닌 우리 조상의 피올시다. 만일에 우리가 이 땅을 팔거든 그대들은 이것이 얼마나 거룩한 것인가를 알아주어야 합니다. 호수의 맑은 물에 비치는 일렁거리는 형상은 우리 백성의 삶에 묻어 있는 추억을 반영합니다. 흐르는 물에서 들리는 나지막한 소리는 우리 아버지의 음성입니다.

강 역시 우리의 형제입니다. 강은 우리의 마른 목을 적셔 줍니다. 강은 우리의 카누를 날라 주며 우리 자식들을 먹여 줍니다. 그러니까 그대들은, 형제를 다정하게 대하듯 강 또한 다정하게 대해야 합니다.

만일에 우리가 이 땅을 팔거든 공기가 우리에게 소중하다는 것에, 대기의 정기가 그것을 나누어 쓰는 사람들에게 고루 소중하다는 것에 유념해 주어야 합니다. 우리 할아버지에게 첫 숨결을 불어넣어 주었던 바람은 우리 할아버지의 마지막 한숨을 거두어 갑니다. 이 바람은 우리 자식들에게도 생명의 정기를 불어넣습니다. 그러니까 만일에 우리가 이 땅을 팔거든, 다른 땅과는 달리 여겨 신선한 땅으로 여겨 주십시오. 풀밭의 향기로 달콤해진 바람을 쐬고 싶은 사람이나 찾아가는 신성한 땅으로 여겨 주십시오.

그대들의 자식들에게, 우리가 우리 자식에게 가르치는 것을 가르쳐 주시겠어요? 우리는 자식들에게 땅은 우리의 어머니라는 것을 가르칩니다. 땅을 낳은 것은 이 땅의 모든 자식을 낳았다는 것을 가르칩니다.

우리는 땅이 사람에게 속하는 것이 아니라 사람이 땅에 속한다는 것을 압니다. 우리는 이 세상 만물이 우리가 핏줄에 얽혀 있듯 그렇게 얽혀 있다는 것을 압니다. 우리는 사람이 생명의 피륙을 짜는 것이 아니라는 것을 압니다. 우리는 우리의 삶이라고 하는 것이 그 피륙의 한 올에 지나지 않는다는 것을 압니다. 우리는 사람이 그 피륙에 하는 것은 곧 저에게 하는 것임을 잘 알고 있습니다.

우리는 우리의 신이 그대들의 신이라는 것도 알고 있습니다. 이 땅은 신에게 소중합니다. 그러므로 이 땅을 상하게 하는 것은 창조자를 능멸하는 짓이라는 것을 우리는 압니다. 그대들의 운명이 우리에게는 수수께끼입니다. 들소가 모두 살육되면 도대체 어떻게 되는 것이지요? 야생마라는 야생마가 모두 길들여지면 도대체 어떻게 되는 것이지요? 은밀한 숲의 구석이 수많은 사람의 냄새에 절여지고, 언덕의 경치가 말하는 줄(wires)로 뒤엉킨다면 도대체 어떻게 되는 것이지요? 수풀은 어디에 있나요? 사라지고 말았나요? 그러면 독수리는 어디에 살지요? 사라졌나요? 저 발 빠른 말과 사냥감에게 이제는 그만 작별 인사를 하는 것이 어떨지요? 누리는 삶의 끝은 살아남는 삶의 시작이랍니다.

마지막 붉은 인간이 황야에서 사라지고 그 추억이 초원을 지나가는 구름의 그림자 신세가 될 때도 이 해변과 이 숲이 여기 이렇게 있을까요? 거기에 우리 백성의 혼이 조금이라도 남아 있게 될까요?

우리는 이 땅을, 갓난아기가 어머니의 심장 소리를 사랑하듯 사랑합니다. 그러니 만일에 우리가 이 땅을 팔거든 우리가 사랑했듯이 이 땅을 사랑해 주십시오. 우리가 보살폈듯이 보살펴 주십시오. 그대들의 것이 될 때 이 땅이 간직하고 있던 추억을 그대들 마음속에 간직해 주십시오. 자식들을 위해서라도 이 땅을 잘 간직하면서, 하느님이 우리 모두를 사랑하듯 이 땅을 사랑해 주십시오.

우리가 이 땅의 일부이듯, 그대들도 이 땅의 일부올시다. 이 지구는 우리에게 소중합니다. 이것은 그대들에게도 소중합니다. 우리는 하느님이 한 분뿐이라는 것을 압니다. 홍인종이 되었든 백인종이 되었든 인간은 헤어질 수 없다는 것도 압니다. 우리는 결국 형제인 것입니다.

(Campbell & Moyers, 2002: 78-81)

'탐험 vs. 정착, 개척 vs. 보존, 개발 vs. 보호…….' 어쩌면 인류는 이처럼 한쪽으로만 기울 수 없는 딜레마에 빠질 때 창의력을 발휘하여 새로운 해법을 모색하는 존재일지도 모르겠다. 양면성의 통합이라는 인성교육의 중요한 과제에도 이러한 인식으로 다가갈 수 있지 않을까? 그뿐만 아니라 인성교육을 통하여 창의성을 진작하기를 구상하는 교육자라면 자신 안의 창의성을 보고 끄집어낼 수 있어야 하겠다. 다음의 글 또한 현대적 진취성과 성공 신화의 반대 극단에 서 있는 한 시인의 사유를 보여 준다.

평범한 이의 창의성, 'Little C(reativity)'

오늘날 우리가 속한 문명에서는 온갖 분야의 스타들만을 절대적으로 높이 띄우고 있다. 그 결과, 보통 사람과 보통의 일, 보통의 경험이 무시당하고 창피한 것으로 여겨지게 되었다. 더 큰 문제는 교육과 관련해서 '높은 성취'만을 강조하는 것은 학생들에게 거짓말을 하는 것이나 다름없다는 점이다. 교육의 목적은 높은 전문직 월급을 받는 것이다. 젊은 사람들은 누구나 '원하는 대로 될 수 있다'는 말을 들으며 성장한다. 그리고 모든 학생이 리더십을 위한 준비가 되어 있어야 한다고 주입받는다. 이건 모두 거짓말이다. [중략] 그런 거짓말들은 보통의 직업을 가지고 있거나 육체노동을 하는 사람, 농부나 주부, 기계공, 혹은 목수로 살아가는 많은 멀쩡한 젊은이로 하여금 자신을 별 볼 일 없는 존재라고 느끼게 만든다. …… [중략] …… 철학자 C. P. Snow에 따르면 산업주의의 한 가지 결과는 '겸손한 직업을 택할 총명하고 능력 있는 사람이 점점 없어진다는 것'이다.

(Berry, 2006: 88-89)

과연 인성교육은 '높은 성취'라는 이 시대의 거부할 수 없는 목표를 어떻게 대해야 할 것인가? 우리가 교육자로서 학생의 성품을 바람직한 방향으로 이끌어 주려 할 때, 그 학생의 입시경쟁 구도 속에서의 '성취'는 어떻게 포용해야 할 것인가? 인성인가, 성적인가? 상충하는 두 입장, 그 사이의 딜레마, 양자의 통합을 위한 고민 등은 우리를 철학적 사유로 이끌어 간다. 이 시대는 교육자에게 인성교육이 창의성을 키워 주는 기회가 되어야 한다고 요구하지만, 교육자가 의미 있는 인성교육을 실천하기 위해서는 이상과 현실 사이의 접합점을 모색하는 창의성이 필요하다. 현대가 요구하는 인성교육을 실행하는 길에는 이처럼 교육자가 주도적으로 사고하여 자신의 교육관을 재정립해야 할 지점이 자주 등장한다.

5) 최근의 인성교육 담론의 종합

현대의 학문이 본래 수많은 의견 불일치와 논쟁을 통하여 발전해 가고 있지만, 인성을 정의하려는 학문적 논쟁이 조만간 종결될 것이라고 예상하기는 어렵겠다. 사람됨과 사람의 본성에 대한 질문 던지기는 끝없이 지속될지도 모른다. 그래서 인성교육은 모호하고, 깊이를 가늠할 수 없으며, 시공간에 따라 변화한다. 이에, 인성과 인성교육을 이해하는 교육자들의 태도는 프래그매틱(pragmatic, 실용주의적)이어야 하지 않을까 하는 생각이 든다. 즉, 어떤 인성에 대한 정의와 개념이 실제 우리의 교육적 실천에 도움이 되는지 아닌지를 기준으로 삼아 인성교육의 이해를 꾸준히 갱신해 나가야 하지 않을까 하는 말이다. 이러한 정의의 갱신 과정에서 인간에 대한 다양한 학문 분야의 이해를 융·복합적으로 포용할 때 우리의 인성에 대한 이해가 깊고 넓어지며, 이를 바탕으로 우리의 인성교육의 실천이 보다 의미 있고 유효하게 될 것이다. 즉, 최첨단 뇌과학의 연구에서부터 가장 오래된 인류의 지혜를 탐구하는 철학에 이르기까지, 방대한 사회적 영향을 고려하도록 촉구하는 사회과학에서부터 인간 의식 깊은 곳의 작동 방식을 드러내고자 하는 심층심리학에 이르기까지, 현대의 학문적 성과를 의미 있게 교육의 장으로 끌어들여 보다 복합적이고 정교한 인성교육의 이론을 구축해 갈 때 우리의 교육적 실천력이 강화될 것이다.

인성교육은 사회와 조화를 이루어 잘 사는 성인으로 성장시키자는 다소 소박한 목적과 더불어 사회에서 탁월한 역량을 발휘하는 직업인으로 성장시키자는 적극적인 목적까지 끌어안게 되었다. 우리는 우리의 학생과 우리의 자녀를 도덕적이고 배려심 많은 시민으로 키우기 위해서만이 아니라, 그들이 뛰어난 역량을 갖추고 나름의 직업 세계에서도 성공하는 인재로 키우기 위해서도 인성교육의 실행을 필요로 하고 있는 것이다.

이 시점에 융·복합적 학문 활용을 통하여 인성교육의 정의를 갱신하는 작업은 저간의 인성교육 방식을 비판적으로 해부하는 데서 출발할 수 있는데 이에 대해서는 제7장에서 상술할 것이다. 그런데 데이비스(Davis, 2003)는 미국과 유럽의 인성교육의 실행 방식이 대체로 다음의 세 가지 유형으로 나뉜다고 논평한다.

① 단순한 도덕교육: 어떤 상황에 대한 최상의 도덕적 판단에 이르기 위해 아동으로 하여금 도덕적 상황 속에서 어떻게 사고해야 할지 가르친다(Kohlberg).
② 공정한 공동체 도덕교육: 학교가 '공정한 공동체'로 변화되고 학생들은 학교생활의 모든 분야에 관해 논하는 민주적 과정에 참여할 것을 요청받는다(Dewey).
③ 단순한 인성교육: 특정 가치관들이 사전에 결정되고 학생들은 그것들을 반복적으로 실천할 것을 강요받는다.

우리가 전인적 성장을 목표로 삼고 역량을 배양하는 바탕이 될 덕성을 함양하는 인성교육을 구축하고자 한다면 앞의 각 유형이 지닌 제약을 파악하고 그것을 배제할 방도를 모색하는 한편, 각 유형의 강점을 수용하려는 노력을 강구해야 할 것이다. 이 책의 여러 장에 등장하는 이러한 각 유형에 대한 비판적 고찰이 그런 노력을 위한 준비 작업이 될 것이므로 여기에서는 이런 전형적 인성교육 유형들의 부작용을 불식시키고 21세기의 인성교육 담론을 포괄하는 인성교육의 방향을 요약해 보겠다.

3. 요약

전인적 성장을 통하여 자기실현을 지향하는 역량 있는 인재를 양성하는 길을 제시하면 다음과 같다.

유·아동기와 청소년기를 거쳐 한 개인이 자신의 인성을 형성하는 과정은 예, 효, 정직과 같은 추상적인 가치나 덕목을 개별적으로 함양해 가는 방식일 수 없고, 환경 속에서 인간의 내적 의식과 가치관이 형성되는 극도로 복잡한 과정을 수반한다. 고도로 복잡한 과정을 단순화시켜 요약하자면, 한 개인의 생물학적 본성 및 주어진 천성, 또는 개성과 같은 내적 영역이 부모, 또래, 학교, 매스미디어 등의 요구와 같은 외적 영역과 상호작용하며 자신만의 정서적 성향과 도덕성을 형성해 가는 과정에서 개인의 인성이 틀을 잡게 된다고 하겠다.

이와 같은 상호작용, 예컨대 부모의 요구와 아이의 욕구 사이의 갈등과 조정의 과정에서 발생한 감정적 억압은 표면적 감정의 표출로 연계되지 못하고 무의식에 숨어들기도 하는데, 표출되지 못한 감정적 억압은 개인의 인성 발달과 성숙에 장기적으로 긍정적·부정적 영향을 끼치게 된다. 무의식 안에서 억압된 감정이 개인의 고유성, 또는 개성과 충돌·화합하여 개인이 의식하지 못하는 방식으로 그의 정서적 건강, 사회성, 도덕성 등에 항구적으로 영향력을 행사한다.

사고력과 자기성찰 능력이 향상되는 사춘기 이후에는 지적 사유가 도덕성 등의 인성 형성에 영향을 끼치기도 하는데, 이는 무의식 영역의 고유한 개성과의 통합이 전제될 때 가능하다. 자신의 내적인 고유성과 외적인 사회의 요구 사이의 조화로운 통합을 이루어 가는 청소년은 자신의 개성을 안정된 정서를 바탕으로, 사회적으로 능동적이고 도덕적으로 적정한 방식으로 드러내고 키워 가는 자기실현 성향을 보이게 되며, 사회에 기여할 수 있는 성인으로서의 핵심 역량을 갖추게 된다. 이와 같이 자신의 내면과 외부 세계 사이의 건강한 통합을 이루며 인성을 심화·확장한 개인은 전인적 역량을 발휘함에 따라 그 부산물인 행복감을 맛보게 되고, 자신보다 큰 세상과 타인을 위해 개성을 활용할 수 있음에 감사하는 사람이 된다.

종합하자면, 한 개인이 건강한 인격체로 성숙하기 위해서는 우선 **자신**을 긍정하고 사랑할 수 있어야 한다. 자신의 당당한 주인이면서 자신을 사랑할 줄 아는 사람이 타인도 존중하고 사랑할 줄 안다. **자신의 주인**이 못 되는 사람, 자신을 사랑하지 못하는 사람은 겉으로는 타인들과 잘 어울려서 지내는 것으로 보일 수는 있어도, 진정으로 타인과 화합하고 타인을 위하며 애정을 나누지 못한다. 자신을 긍정하고 사랑하는 건강한 개인이 결국 사회와 조화를 이루어 잘 살게 되는 법이다. 따라서 인성교육이란 우리의 학생, 자녀로 하여금 자신을 사랑하는 건강한 인격체로 성장하여 타인들도 사랑하는 사회인이 되도록 가르치는 일이다. 그러므로 이 책에서 우리는 학생과 자녀의 인성 함양을 위해 그들에게 가르쳐 줘야 할 지식과 기술뿐 아니라 그들이 자신과 타인을 사랑할 줄 아는 사람이 되도록 이끌어 줄 방도에 대해서도 고민해 봐야 한다.

참고문헌

교육부(2014). **인성교육 비전 수립을 위한 정책연구**. 서울: 진한엠앤비.

이명준, 김병준, 김정우, 박혜정, 서민철, 이주연, 진의남(2011). **교과 교육과 창의적 체험 활동을 통한 인성교육 활성화 방안**(연구보고 RRC 2011-7-1). 서울: 한국교육과정평가원.

이부영(2002). **자기와 자기실현-분석힘리학의 탐구 03**. 서울: 한길사.

이부영(2011). **분석심리학-C.G. 융의 인간심성론**. 서울: 일조각.

Berry, W. (2006). **삶은 기적이다**(*Life is a Miracle*). (박경미 역). 대구: 녹색평론사. (원전은 2000년에 출판).

Campbell, J., & Moyers, B. (2002). **신화의 힘**(*The Power of Myth*). (이윤기 역). 경기: 이끌리오. (원전은 1991년에 출판).

Csikszentmihalyi, M. (1997). *Creativity Flow and the Psychology of Discovery and Invention*. New York: Harper Perennial.

Davis, M. (2003). What's wrong with character education? *American Journal of Education*, *110*(1), 32-57.

Faure, E. Herrera, F., Kaddoura, A., Lopes, H., Petrovsky, A., Rohnema, M., & Ward, F. (1972). *Learning to be: The world of education today and tomorrow*. Paris: UNESCO.

Freire, P. (1990). *Pedagogy of the Oppressed*. New York: Continuum.

Lickona, T. (1992). *Educating for Character: How Our Schools Can Teach Respect and Responsibility*. New York: Bantam Books.

McIntyre, A. C. (1981). *After Virtue*. Notre Dame, IN: University of Notre Dame Press.

Mayes, C. (2005). *Jung and Education: Elements of an Archetypal Pedagogy*. Lanham, MD: Rowman & Littlefield.

OECD DeSeCo(Definition and Selection of Key Competencies) (2003). *Executive*

Summary. (www.oecd.org/edu/statistics/deseco).

Shorris, E. (2006). 희망의 인문학(*Riches for the Poor: the Clemente Course in the Humanities*). (고병헌, 이병곤, 임정아 공역). 서울: 이매진. (원전은 2000년에 출판).

Tyack, D., & Hansot, E. (1982). *Managers of Virtue: Public School Leadership in America, 1820-1980*. New York: Basic Books.

UNESCO, APNIEVE (2002). *Learning to be: A holistic and integrated approach to values education for human development*. Bangkok: UNESCO Asia and Pacific Regional Bureau for Education.

Chapter 02

인성교육 사상의 변천

한석훈

학습목표

- 인성의 다양한 중층적 의미를 살펴본다.
- 현대의 도래 이전에 동양과 서양의 교육 전통에서 형성된 인성교육의 실례를 살펴본다.
- 근대 이전의 인성교육적 전통의 강점과 약점을 분석한다.
- 현대의 인성교육적 시도의 강점과 약점을 분석한다.
- 동서와 고금을 통합하는 바람직한 인성교육의 개념을 구상해 본다.

학습개요

우리가 발달된 문명으로 자부하는 20~21세기의 현대 이전에도, 동양과 서양의 전통 사회에서는 공히 다양한 유형의 인성교육의 내용과 체계를 축적해 왔다. 과연 현대의 인성교육은 전통적 인성교육을 벗어나 진보해 왔는지 그 강점과 약점을 파악해 보고, 우리가 근대 이전의 인성교육적 전통에서 배울 수 있는 바를 짚어 보아야 한다. 선진국의 최근의 인성교육 사상은 전통적 방식의 강점을 어느 정도 계승·수용하고 있는지 분석해 본다.

토의질문

- 우리가 살고 있는 '현대(modern era)'는 근대 이전의 시대보다 어떤 면에서 우월한가? 현대는 모든 면에서 근대 이전보다 발전한 시대인가?
- 『공자가 죽어야 나라가 산다』라는 제목의 책이 있다. 이 책의 주장에 동의하는가?
- 유교적 인성교육이 현대인이 생각하는 인성교육과 다른 점은 무엇일까?
- 도가 및 불교 사상은 21세기의 현대인에게 어떤 호소력을 갖고 있을까?
- 서양 문명에서 이성과 신앙이 충돌한 역사를 볼 수 있는데, 이러한 구체적 사건으로 무엇을 들 수 있을까?
- 우리나라의 관 주도적 인성교육 이외에 민간에서 시도한 인성교육의 예가 있을까?
- 선진국의 인성교육의 변천상이 우리의 인성교육에 제시해 줄 수 있는 교훈은 무엇일까?

학교 현장에서 아동과 청소년에게 인성교육을 실행할 교육자라면 오늘날 어떤 내용의 인성교육을 어떤 방향성을 가지고 실행해야 할지 합당한 이유를 갖고 결정할 수 있어야 하겠다. 어느 시대에나 사상과 교육에도 유행이 있어서, 우리는 21세기 초반의 '첨단정보화' 사회에 유행하는 인성교육의 방식들도 목격할 수 있으나, 유행하고 있다는 현상만으로 그러한 인성교육이 가장 바람직하다는 결론에 이를 수는 없다. 제1장에서 짚어 봤듯이 사회와 문화의 변화에 따라 그 사회의 인성교육의 방향과 방식도 변화하기 마련이므로, 교육자는 자신의 사회와 문화에 가장 합당한 인성교육은 무엇이며, 또 그것이 단지 지금의 사회와 문화에만 적합한 것이 아니라 인류 보편의 가치관과 상통할 수 있을지도 숙고해 봐야 한다.

이러한 숙고에 도움을 주는 것이 인성교육 사상의 역사적 변천에 대한 고찰이다. 이 장에서는 우리가 인류의 통사를 거론할 수는 없는 만큼, 현재 우리의 교육 전반에 가장 큰 영향을 끼쳤다고 할 수 있을 동양의 인성교육적 전통과 서양의 그것 중에서 우리의 일상의 교육적 실천에 가장 큰 실용적 도움이 되면서도 필수적인 철학적 질문과 사유를 유발할 수 있을 만한 대표적인 사상의 줄기들을 살펴보려 한다. 이는 옛 지혜를 갖고 우리의 인성교육적 실천을 보완해 보고자 함이다.

이 과정을 통하여 교육자들이 시간의 저편에 묻혀 있던 과거를 오늘의 현실에 맞춰 되살려내는 주체적 재구성 작업을 감행할 것이 요청된다. 과거, 또는 자신의 뿌리를 모르는 문화는 쉽사리 말라죽는다. 그렇기 때문에 우리는 한편으로는 '최신'의 인성교육 방법을 좇으면서도 다른 한편으로는 우리의 문화에 생명력을 불어넣고 우리의 과거를 되살려 내야 한다. 우리가 과거에 말을 건넬 때 과거는 되살아난다. 신화학자 조셉 캠벨(Joseph Campbell)이 옛 전통을 가꾸는 유일한 방법은 시대의 상황에 맞게 그것을 쇄신하는 길뿐이라고 말했듯이, 과거와의 대화를 통하여 인류 선대의 인성교육의 전통에 깃든 힘을 우리 것으로 만듦으로써 주로 속도와 효율의 기준을 강조하는 현대교육의 유행을 능가하는 상상 외의 교육적 힘을 얻을 수 있다.

이 장의 전개 방식은 다음과 같은 세 가지 기준에 근거하고 있다. 앞 장에서도 판단의 준거로 쓰였던 프래그머티즘의 원리가 여기에도 적용된다. 첫째, 피상적으로 과거의 수많은 사상을 나열하지 않고 우리의 교육 현장에 가장 의미 있는 시사점과 통찰을 제공해 줄 주요 논점을 선별하여 제시한다. 둘째, 현대인인 우리가 홀대하거나 간과하는 근대 이전의 인성교육의 흔적을 독자가 편견 없이 볼 수 있도록 제시한다. 셋째, 오늘의 교육 현장에서 학습 자료로 활용하기에 용이하고, 학생들과 공유할 가치가 높은 과거의 자료를 제시한다. 즉, 이 장에 제시되는 텍스트들은 다양한 교육 현장에서 교수자가 활용할 수 있는 내용을 담고 있다.

1. 근대 이전의 시대

20세기와 21세기를 현대로 보는 우리는 18, 19세기를 현대에 근접한 근대로 보고, 이러한 근대 이전까지의 시대를 우리 시대와는 명확히 구분되는 전통 사회로 본다. 서양에서 출발한 현대 역사학의 전통에서는 통상 고대와 중세 및 근세 초기인 15~17세기 정도까지의 역사를 모두 이러한 전통 사회 범주에 집어넣기도 한다. 현대인인 우리는 이런 '옛날'을 미발달하고 낙후되었다고 여기는데, 물론 과학기술 면에서 현대는 과거와 비할 수 없을 만큼 진보했지만 인성교육 면에서도 그러할까? 인성 또는 사람됨 또는 인간성에 대한 전통 사회의 이해는 현대에 비하여 미발달된 것일까, 아니면 현대와는 '다른' 것일까? 만약에 후자에 해당하는 것들이 있다면 그것으로부터 우리는 도움을 얻을 수 있을 것이다.

한데 교육의 역사를 헤집어 보면 의외로 인성교육에 대해서는 현대가 소극적인 데 비하여 전통 사회가 훨씬 적극적으로 다채로운 시도를 했음을 목도하게 된다. 그래서 우리보다 선현들이 인성교육에 대하여 말해 줄 수 있는 것들이 더 많을지도 모른다. 그러니 현대인 중심으로만 역사를 바라볼 게 아니라 조금 열린 마음으로, 사실 상당 부분 미지의 상태인 근대 이전의 세계에서 일어난 인성교육 전통에 다가가 보자. 전술한 것처럼 현대와 과거를 비교할 때 열린 마음으로 선입견을 배제할 필요가 있듯이 동양과 서양의 전통을 바라볼 때도 문명적 우열에 대한 고정관념의 폐단을 인지하여 서양의 근현대 발전상만을 강조하는 오리엔탈리즘적 편견에 빠지지 말고 동양과 서양을 공평무사한 태도로 바라볼 것을 권한다. 그렇게 할 때 우리는 옛 전통에 숨어 있는 유용한 통찰과 지혜를 놓치지 않을 수 있다.

1) 근대 이전의 동양

(1) 유교의 인성교육 사상

기원전 6세기 중국의 춘추전국시대에 공자의 사상에서 출발한 유교는 우리나라의 역사를 통틀어 사회와 문화 전반에 심대한 영향을 끼쳤고, 우리의 전통 사회의 인성교육의 중심축을 이룬다. 유교 교육은 옛 성현의 가르침을 따라 인격을 수양하고 덕을 쌓아 더 나은 인간으로 성장하여 세상에 이로움을 주는 성인(聖人)이 되는 것을 배움의 궁극적 목표로 삼았다는 점에서 유교 교육 자체가 인성교육이라 일컬어도 지나치지 않다. 바로 이 점이 유교 교육과 현대적 교육 사이의 가장 큰 차이라 할 수 있으니, 현대의 교육은 지식의 습득과 인지적 성장을 중심으로 삼아 발전한 데 비하여, 유교 교육에서 지식 습득은 결국 덕성을 키우고 성인을 닮은 인격을 도야하는 수단이었다. 그러나 바로 이런 연유로 유교 교육에서는 성현의 사상을 공부하는 지식 습득 과정을 인성교육의 필수적인 부분으로 포함했고, 따라서 지식과 인성을 통합하여 교육한 것인데, 이는 지식과 인성을 분리하여 보는 현대의 교육 이론에 시사하는 바가 크다 하겠다(황금중, 2014).

유교적 인성교육 사상은 인간 내면의 복잡성을 전제로 삼고 있다. 우리나라 유교의 주류가 된 조선의 성리학자들은 인간의 본성과 기질을 구분하고 분류하여 인간 내면의 복잡함에 대한 이해를 촉구하였다. 성리학에 의하면 인간과 사물의 본성은 기질지성과 본연지성으로 나누어지는데, 기질지성은 개인에 따라 다른 양상으로 나타나는 개인적 성품인바, 퇴계 이황은 이처럼 기질에 좌우되는 성품 이전의 본질적인 성품, 즉 본연지성의 회복과 부정적인 기질의 개선을 강조하였다(안경식, 2002). 그런데 이황은 성리학이 내면의 가장 고귀한 본연의 성품에 집중할 것을 대단히 중시하였지만 도덕적 당위만 내세워 인간 내면의 복잡한 성질을 부정하거나 책망하지 않았음을 이황은 다음과 같이 알려 준다.

자기를 허물하고 자신을 책망하는 것은 선한 단서가 발로한 것으로 사사로운 뜻이 아니다. 그러나 이러한 일을 가슴속에 두고 잊지 않으면 또한 마찬가지로 사사로운 뜻과 인색한 습관으로 돌아간다. 반드시 천리와 융화하여 흠이 없어야 하니, 그런 뒤에야 마음이 그 올바름을 얻을 것이다(성백효, 2002: 89).

복잡다단한 내면을 들여다보고 자신의 단점과 흠결에 관하여 성찰하며 본성을 밝히는 방법으로서 이황이 강조한 거경(居敬)은 한마디로 **마음 공부**의 방법이라고 일컬을 수 있다. 이런 방법이 필요한 이유는 일차적으로 인간의 내면이 단순하지 못하고 혼탁하기까지 하기 때문이다. 자기의 올바른 인식에 이르기까지 내면의 혼란, 또 부정성과도 조우하는 과정이 필요하고 그래서 폭넓고 깊은 **자기성찰**이 필수적이라고 본 유교의 인성교육 사상에서 현대의 심층심리학적 자기성찰과 소통할 수 있는 면모를 엿볼 수 있다. 정신의학 기반인 후자도 무의식 안의 어두운 영역에 손을 뻗친다는 점에서 그러하다. 나아가 거경궁리(居敬窮理)는 하나의 사물이나 대상에 자신을 온전히 몰입시켜 최상의 본질을 인식하는 수양법으로 현대의 '마음챙김(mindfulness)' 방법의 시조 격이라고 할 수 있는데, 후자의 활용에 관해서는 제6장에서 상술하겠다.

유교의 인성교육에는 이타주의가 명백히 나타난다. 유교의 제사를 생명의 연속성에 대한 숭앙의 의례로 해석하는 가지 노부유키(加地伸行)는 유교가 공동의 조화로운 생존을 추구하는 학문이자 종교라는 것이 잘 드러나는 예로 제사와 효 사상을 꼽는다. 현대의 한국인이 흔히 수구적 위계의 표상처럼 간주하는 제례와 효가 전통 사회에서 인성 함양의 핵심이 된 이유를 숙고해 보면 유교가 우리의 인성교육에 조언해 줄 바를 찾아낼 수 있을 것이다.

유교의 종교성이 동북아시아인의 감성이나 마음속 깊은 곳에 있는 죽음에 대한 의식에 바탕을 두고 있다면, 유교의 도덕성은 동북아시아인의 지성을 교육으로 일깨움으로써 개인(사실은 개체)의 행복을 기초로 사회의 행복을 함께 이루려고 한다. 그것은 자신의 행복만을 바라는 태도가 아니라 가족과 사회와 더불어 살아가려는 '공생의 행복론'인 것이다. 유교란 무엇인가. 그것은 침묵의 종교이며, 공생의 행복론이다(加地伸行, 2002: 211).

그러므로 거경궁리를 통하여 개인의 **마음 공부**를 최우선시했던 성리학은 궁극적으로는 공동체를 지향하고 있었던 것이다. 이타심과 공동체 존중 정신은 우리의 인성교육에서 제외할 수 없는 가치이다. 성리학의 후예인 현대의 한 서당 훈장의 말을 들어 보자.

> 학문은 내적으로 자신의 수양을 위해 존재하고, 외적으로 공동의 선을 위해 존재한다. 만약 자신의 수양도 공동의 선도 아니면, 그것은 학문일 수가 없다. 단지 학문을 도용할 뿐이다. 그런데 여기에서 유념할 사항은 자신의 수양과 공동의 선 이 둘이 아니라는 점이다. 둘이 서로 하나가 되려면 동일한 원소를 갖고 있어야 한다. 어떤 유전자의 조작에도 변형되지 않는 그런 무엇을 갖고 있어야 한다(송주복, 1999: 153).

그런데 유교 교육이 이타주의를 표방하는 이유가 현대의 교육관처럼 공리주의의 원리라든가 민주적 가치관에 기반을 두고 있는 것이 아니라 종교적 깨달음과 신념에 맞닿아 있음을 짚어 두어야 하겠다. 유학은 학생으로 하여금 인간세의 영욕과 이익을 넘어가는 덕성을 키우도록 이끌어 주려 하였고, 성리학에서는 하늘이 학생에게 준 덕성을 발견하고 가꾸는 일을 공부의 중핵으로 삼았다. 그러므로 유교적 인성교육은 '하늘', 즉 현세의 이해 득실을 초월하는 보편적이고도 본질적 가치를 지향하는 종교적 차원과 이어져 있다.

> 성인의 학문을 소중히 여기는 까닭은 하늘이 나에게 주신 것을 온전히 하기 위해서일 뿐이니, '하늘이 나에게 주었다'는 것은 덕성이 바로 이것이다. 이것이 인의예지의 근본이 되며 이것이 형질혈기의 주재가 되니, 이것을 버리고 달리 구한다면 배우는 것이 무슨 배움이겠는가(성백효, 2002: 407).

제한된 지면에 유교 교육 사상을 상세히 다룰 수는 없으나, 유교에 대한 선입견이 많은 오늘의 한국인들이 앞에 제시한 유교적 인성교육 사상의 특징들을 의미 있는 한국인 됨의 일부분으로 재해석하여 계승할 수 있도록 돕기 위하여 흔히 간과하는 두 사항만 강조하겠다. 첫째, 유교가 본래 권위주의적이고 위계질서만 강조하는 고루한 사상이 아니거늘, 일본의 제국주의 체제가 폭압적 군국주의 통치를 정당화하기 위한 수단으로 유교를 악용했기 때문에 후대인이 권위주의와 유교를 동일시하는 오해를 품게 되었다. 둘째, 공자는 획일적 교육의 반대 지평에 서 있는 사상가로, 자신의 제자들 각각의 고유성을 존중하여 일종의 '개성화' 교육을 실행한 교육 선구자였다. 『논어』의 「자로」 편에 "군자는 화이부동(和而不同)하고, 소인은 동이불화(同而不和)한다."라는 구절이 나오는데, 이는 군자는 타인과 조화를 이루어 화합하지만 타인과 같아지지는 않고, 소인은 타인과 똑같아지려 하지만 타인들과 조화를 이루어 화합하지도 못한다는 뜻이다. 즉, 유학이 지향하는 군자는 자신만의 개성을 키워('개성화'하여) 덕을 갖춘 이로, 그저 남들이 가는 길을 따라가기만 하는 소인과 달리 참된 자기 자신으로서 진정으로 타인들과 조화를 이루고, 그리하여 세상에 득을 주는 성숙한 인물이라고 할 수 있다.

이러한 사안들을 염두에 두고 유교적 인성교육 사상이 담긴 텍스트와 잠시 대면해 보자. 1577년, 조선 인조 때 천재 성리학자 율곡 이이가 유학 공부의 길에 접어든 아동과 청소년을 위하여 지은 『격몽요결』의 몇 구절을 먼저 보겠다. 이이가 42세에 집필한 이 책은 왕명으로 전국의 향교에 배포되었다.

격몽요결(擊蒙要訣)

〈시작하는 글〉

배우지 않은 사람은 마음의 본바탕이 막혀 있고 식견이 어둡기 때문에, 반드시 글을 읽고 이치를 연구하여, 그로써 마땅히 나아가야 할 길을 밝힌 뒤에라야 아는 것이 바르고 행동하는 것이 한쪽으로 치우치지 않게 되는 것이다. 지금 사람들은 학문이 일상생활에 있다는 것을 알지 못하고, 멋대로 높고 멀어 행하기 어려운 것이라 생각한다.

〈1장 3절〉

사람의 얼굴이 추한 것은 곱게 만들 수 없다. 힘이 약한 것을 강하게 만들 수도 없다. 몸이 짧은 것을 길게 만들 수는 더욱 없다. 이것은 이미 정해진 분수이기 때문에 고칠 수 없는 것이다. 그러나 오직 마음과 뜻만은 어리석은 것을 바꾸어 지혜롭게 할 수 있고 어질지 못한 것을 바꾸어 어질게 할 수 있다. 이것은 마음의 허령(虛靈)함이 타고난 것에 구애되지 않기 때문이다.

〈2장 2절〉(革舊習: 낡은 습관을 고침)

[공부하는 이가 고쳐야 할 낡은 습관들은 다음과 같다.]

첫째, 마음과 뜻을 게을리하고 몸가짐을 함부로 하여, 다만 한가하고 편한 것만을 생각하고 구속하는 것을 아주 싫어하는 것이다.

둘째, 항상 움직이고 돌아다니는 것만을 생각하고 고요함을 지킬 수 없어 분주히 들락날락하며 이야기나 하고 날을 보내는 것이다.

셋째, 자기와 같은 사람을 좋아하고 다른 사람을 싫어하여 속된 무리들에 빠져, 몸을 가다듬을 생각이 약간 들다가도 무리에게 배반당할까 두려워하는 것이다.

넷째, 문장으로 그 시대 세간의 칭찬을 얻기 위해 경전에 있는 것들을 몰래 따다가 겉모양을 꾸미는 것이다.

다섯째, 글씨에 교묘하며 저속한 음악이나 술 마시기를 일삼아 공연히 세월을 보내고 스스로 맑은 운치로 아는 것이다.

여섯째, 일 없는 사람들과 어울리기를 좋아하여 바둑이나 두고 노름이나 하며 하루 종일 배불리 먹고 다만 다투고 겨루는 일만 하는 것이다.

일곱째, 부귀를 그리고 부러워하며, 가난하고 천한 것을 싫어하고 부족하게 여겨, 나쁜 옷 나쁜 음식을 몹시 부끄러운 것으로 생각하는 것이다.

여덟째, 즐기는 것이 절도가 없어 능히 끊거나 억제하지 못하고, 재물과 이익과 음악과 여색에 빠져 그 맛을 사탕같이 여기는 것이다.

버릇이 마음을 해치는 것은 대개 이런 것들이고, 그 나머지는 일일이 들기 어렵다.

(이이, 2008: 529-532)

배움의 중요성을 강조하며 들어가는 서문과 **마음 공부**의 가능성을 설파하는 제1장을 거쳐 나쁜 습성을 뜯어고칠 것을 주문하는 제2장의 내용을 따라가며 생각해 볼 때, 현대를 살아가는 우리가 수백 년 전의 인성 함양을 위한 가르침에 얼마나 공감할 수 있을까? 어쩌면 얼핏 보아 구시대의 고루한 말씀으로 여겨질지 모르나, 하나하나 곱씹어 볼 때 수긍할 수 있는 가치가 내재되어 있지는 않은가? 옛 전통을 오늘에 맞게 쇄신하여 계승한다는 자세로 선조가 남겨 주신 이 주문에 관하여 토론해 보면 오늘의 청소년 인성에 다가갈 수 있는 교육자적 심성에 불을 지필 수 있을지도 모른다. 일례로, 우리는 매사에 '무리에게 배반당할까 두려워'하여 늘 타인의 시선에 신경을 쓰며 살아가고 있지는 않은가? 즉, 우리는 '동이불화'하는 소인은 아닐까? 이 질문에 답하기 위해서는 거경궁리와 같은 **자기성찰** 방법이 요청되는 바, '경'의 용도는 제6장에서 다루겠다.

　다음은 19세기 초, 강진으로 유배를 간 다산 정약용이 제자 황상에게 공부의 길을 권하며 건네줬다는 가르침의 말씀이다. 어린 황상은 공부에 의욕이 있었으나 자신이 공부하기에는 능력이 미치지 못한다며 자괴감에 빠져 있었는데, 다음과 같은 스승의 말씀에 감명받아 진지한 수학의 길에 오르게 되었다고 한다. 정약용의 말은 지성과 인성의 통합이 필요한 이유를 뚜렷이 보여 준다.

정약용이 황상에게 준 '권학문': 공부하는 이들의 세 가지 병통

첫째, 기억력이 뛰어난 결점 — 뜻을 음미할 줄 모름
둘째, 글 짓는 재주가 좋은 결점 — 경박하고 들뜬 글
셋째, 이해가 빠른 결점 — 곱씹지 않으므로 깊이가 없음
둔하지만, 계속 열심히 하면 지혜가 생기고
막혔지만, 마침내 뚫리면 그 흐름이 성대해지고
답답하지만, 꾸준히 하면 그 빛이 반짝반짝하게 된다.

(정민, 2011: 34-35에서 재구성)

　이는 기억력이 상대적으로 떨어지고, 글솜씨가 둔하며, 이해의 속도가 느린 학습자에게 '낮은 성취도'라는 꼬리표를 붙이는 현대의 학교교육이 별처럼 반짝거리는 수많은 인재를 얼마나 포기해 왔는지, 그 만행에 대하여 반성하도록 이끌어 주는 것이라 할 만하다. 황상은 성인이 되어 세상에 불을 밝히는 훌륭한 시인이 되었다.

(2) 도가와 불교의 인성교육 사상

동아시아의 3대 전통 사상으로 유, 불, 도를 꼽지만 실상 우리나라 교육의 역사에서 가장 큰 흐름은 유교 교육이었고, 따라서 현대 한국인의 의식과 가치관에 가장 큰 영향을 끼친 유교 교육의 사상에서 우리가 계승하고 재해석할 인성교육의 자원을 가장 용이하게 발굴할 수 있을 것이다. 그러나 유교의 사상적 독점에도 불구하고 불교와 도가(道家)의 사상 또한 2천 년이 넘는 세월을 관통해 흘러왔고, 한국의 교육 전통에 끼친 영향의 정도와는 상관없이 인간의 심성, 인싱, 덕성 등에 관한 귀중한 시각과 통찰을 제공한다는 점에서 관심을 기울일 가치가 충분하다.

유교와 도교의 본산인 중국에서는 과거에 중국인들 자신을 일컬어, '밖에서는 유교 신자, 집에서는 도교 신자'라고 했다고 한다. 즉, 중화문화권의 공적인 영역은 유교가 지배했지만, 사람들의 사적이고도 내밀한 심성과 의식의 세계는 노자, 장자의 사상에서 자라난 도가의 영향하에 있었다는 말이다. 유교라는 주류와는 또 다른 줄기로 연면히 우리 선조들의 의식에도 영향을 끼쳐 온 도가 사상의 전통 중 노자의 대표적 텍스트인 『도덕경』의 구문 몇 편을 살펴보도록 하자. 도덕경의 판본에 따라 차이는 있으나, 흔히 '도가도비상도(道可道非常道)'라는 문장이 도덕경의 첫 문장이면서 핵심 철학을 담고 있다고 말한다. 워낙 다양하게 해석되어 숱한 논쟁을 일으키기도 한 이 유명한 문장은 궁극 진리를 언설로 표현하는 것의 부적합성을 지적한다고도 해석되는데, 우리가 세간의 통념에 기반을 두어서는 설명할 수 없는 무한대로 오묘한 우주의 이치에 대하여 겸허한 태도를 취할 것을 주문하는 것으로도 들린다(노자, 1999; 이부영, 2012).

세상 사람들이 훌륭하다고 하는 사람을 떠받들지 말라니, 인간의 훌륭함을 판별하는 기준이 '세상'에 있지 않다는 말인가? 귀한 것을 귀히 여기지 말라니, 귀·천의 기준은 또 어디에 있다는 말인가? 노자 사상은 이와 같은 **역설**로 가득 차 있다. 왜 역설인가? 세상 사람들이 즉각적으로 눈에 보이는 단편적 근거만 갖고 만사를 판정하기 때문이다. 눈앞의 이득을 움켜쥐기 위하여 더 큰 손해를 보거나 해악을 초래하기도 하는 것이 이기적 속성에 휘둘리는 인간 아니겠는가. 그래서 노자는 우리에게 우리가 너무도 당연시하여 의문도 품지 않는 매사에 대하여 질문을 던지도록 철학적 촉구를 하는 것이리라. 인간은 끝없이 이득을 좇고 탐욕의 노예가 되기도 하는데, 실은 바큇살

노자의 『도덕경』

〈3장〉

훌륭하다는 사람 떠받들지 마십시오.

사람 사이에 다투는 일 없어질 것입니다.

귀중하다는 것 귀히 여기지 마십시오.

사람 사이에 훔치는 일 없어질 것입니다.

탐날 만한 것 보이지 마십시오.

사람의 마음 산란해지지 않을 것입니다.

〈11장〉

서른 개 바큇살이 한군데로 모여 바퀴통을 만드는데

[그 가운데] 아무것도 없음(無) 때문에

수레의 쓸모가 생겨납니다.

흙을 빚어 그릇을 만드는데

[그 가운데] 아무것도 없음 때문에

그릇의 쓸모가 생겨납니다.

문과 창을 뚫어 방을 만드는데

[그 가운데] 아무것도 없음 때문에

방의 쓸모가 생겨납니다.

그러므로 있음은 이로움을 위한 것이지만

없음은 쓸모가 생겨나게 하는 것입니다.

〈53장〉

조정은 화려하나 밭에는 잡초가 무성하여,

곳간이 텅 비었습니다.

그런데도 비단옷 걸쳐 입고, 날카로운 칼을 차고,

음식에 물릴 지경이 되고, 재산은 쓰고도 남으니,

이것이 도둑 아니고 무엇입니까?

정말로 도가 아닙니다.

(노자, 1999: 29, 64, 243-44).

이 모인 곳이 비었기에 수레가 굴러가고, 그릇의 빈 부분이 있기에 음식을 담을 수 있고, 방 안이 비어 있기 때문에 우리가 주거할 수 있는 것처럼, 탐욕을 채우고 또 채우는 관성에서 한 걸음 물러나 비어 있음의 귀중함을 자각해 보라는 것이다. 노자의 이러한 촉구는 바로 끝없는 재화의 축적을 맹목적으로 좇으며 결국 삶을 잃어버린 채 살아가는 현대인에게 매우 적절한 도움을 주지 않을까? 만약 그러하다면 자라나는 세대의 인성을 지도함에 있어서 '비움'의 가치를 어떻게 전해 줄지 교육자들은 고민해 볼 필요가 있다. 예컨대, 초·중등학생들에게 사물과 세상사 중에서 '채워져서 좋은 것과 비워 두거나 비워 버려서 좋은 것들'을 브레인스토밍 방식으로 모아 보게 하여 채움과 비움 양자의 상대적 가치에 관하여 생각해 보도록 이끌고, 이를 바탕으로 우리 삶을 관조해 보는 토의 과정을 만들 수도 있을 것이다. 기실, 부질없이 자꾸 채우기만 하지 말고 인간의 참다운 본질에 눈뜨라는 노자의 '무위자연(無爲自然)'의 가르침과 노자를 계승한 장자의 장쾌한 시야는 '발전'과 '개발'의 독주에 지친 현대의 서구인에게서도 큰 호응을 얻고 있다.

그런데 무위의 가르침을 전한 『도덕경』의 53장은 정치 권력에 대한 날 선 비판을 담고 있다. 이처럼 『도덕경』에는 작고 소박한 공동체를 옹호하는 '소국과민(小國寡民)'을 위시하여 아나키즘적인 권력 비판이 꽤 많이 등장한다. 노자를 단순히 자연의 순리를 좇아 은둔하여 홀로 편히 살다 가기만을 바랐던 소극적 도인으로만 볼 수 없는 근거이다. 공자가 패도를 배격하여 정치적 혁명을 인정했듯이, 노자도 인간의 진리 탐구와 정치성을 분리된 것으로 보지 않았던 것 같다. 세상과 자연의 이치에 대한 탐구와 정치적 참여를 연계하는 이러한 인식을 현대의 인성교육에서는 민주시민성의 덕목에 포괄시킬 수 있을지 연구할 필요가 있겠다.

우리나라에서 교육적으로나 이념적으로나 제도화, 체계화의 측면에서 미약했던 노장 사상과는 달리, 불교는 사상적으로 유구한 영향력을 행사했을 뿐만 아니라 체계화된 종교 전통으로 확립되어, 한국의 대표적인 종파를 형성하며 오늘날까지 활발하게 활동하고 있다. 특히 인간 심성과 심리를 정교하게 분석하여 정신 수행의 길을 제시하는 불교의 전통 안에는 인성교육을 위한 자원이 무궁무진하다. 일례로, 십우도(十牛圖) 또는 심우도(尋牛圖)는 불법 수행의 길을 가는 어린 승려의 자각 단계를 흥미롭게 묘사한 열장의 그림으로 이루어져 있는데, 청소년의 인성 계발을 연구하는 교육자들에게 매우 유용한 시각을 제공해 준다고 할 만하다.

십우도는 산속에서 무엇을 할지 도무지 모르던 동자승이 소의 발자국을 보고, 소의 꼬리를 보고, 결국 소를 잡아서 이끌어 가게 되면서 소는 흰색으로 변하고, 나중에는 소를 타고 놀다가 소를 떠나보내고 자신은 우주와 합일이 되는 경지까지를 묘사하고 있다. 여기서 소가 '참 자기'를 의미한다고 보는 융 학파의 분석심리학적 시각도 있듯이, 다양한 해석을 초대하는 교육적 상징성이 풍부한 그림이라 하겠다(이부영, 2011). 인성교육을 실행함에 있어서 아이가 도를 깨우치는 경지까지 논의하는 것은 불가능할지 모르나, 인성의 성숙이나 발달을 논함에 있어서 서구의 심리학적 이론에만 전적으로 의존하기보다는 종교적 심성의 차원에 대한 고대의 지혜도 참고해 볼 가치가 있을 것이다.

지면의 제약으로 불교의 인성교육 사상에 본격적으로 진입하는 것은 미래의 과제로

그림 2-1 십우도
출처: 대한불교조계종 지리산 효봉사관 칠성사 홈페이지(http://keumbongsa.org/bbs/board.php?bo_table=
05_3&wr_id=72)

남겨 두고, 여기에서는 철학적으로 불교를 해석하여 불교도뿐 아니라 오늘날의 일반
인들에게 효과적인 **자기성찰**의 담론을 제공해 온 원로 철학자 김형효의 설명을 잠시 들
어 보겠다.

불교 유식학

눈과 귀는 보고 싶고 듣고 싶은 것만 보고 들으려 하는 무의식적 기호를 지닌다.
보고 들으려는 욕망이 사람마다 다르면, 색과 소리를 알아차리는 마음의 각도가 달
라진다. 이런 자연적 마음의 알아차림과 욕망은 의식 수준의 결심과 다르다.

〈유식학(唯識學)의 마음론〉
제1식: 눈이 알아차리는 것
제2식: 귀가 알아차리는 것
제3식: 코가 알아차리는 것
제4식: 맛이 알아차리는 것
제5식: 촉감이 알아차리는 것
제6식: 5감이 알아차리는 것들의 종합적 의식
제7식: 말나식; 잠재 의식, 무의식
제8식: 아뢰야식; 집단 무의식—불성/신성이 깃든

말나식(제7식)은 이미 의식과 오감의 지각을 다 자기중심적 편견과 색깔로 채색하
게 하는 진원지와 같다. 그래서 의식 수준의 도덕적 결의가 무의식인 말나식의 이기
주의를 전혀 바꿔 놓을 수 없다.

오감과 의식이 쉬면, 제7식인 말나식도 고요해지고, 말나식이 진정되어 평온해지
면 제8식인 아뢰야식도 맑아지면서 여래장인 불성(佛性=神性)이 피어오른다는 것이
다. 아뢰야식이 사실상 마음의 궁극적 본질이다. 죽으면 딴 마음은 다 소멸하는데,
이것만은 불생불멸한다. 여기에 부처님(하느님)의 종자와 번뇌에 찬 중생의 종자가
함께 공존하고 있다. 본래 마음의 본질이 부처님(하느님).

(김형효, 2006: 서울신문, 2006년 6월 8일, 21면에서 발췌 · 편집)

'오직 앎(識)이 있을 뿐'이라는 가르침의 유식학은 일반인에게는 난해한 불교 철학으로 알려져 있으나, 김형효 교수의 정리된 설명을 들어보면 교육자가 학습자의 이성이나 인지 차원만 접근하는 것의 한계를 짐작해 볼 수 있고, 나아가 심층심리학적 무의식에 손을 뻗는 교육적 작업에 대한 상상력을 발동시켜 볼 수 있지 않을까? 즉, 인지적 차원에서 도덕성 등에 관하여 이해하는 학습만으로는 학생들의 인성 함양에 충분한 도움을 주기 어렵기 때문에 학생 각각의 무의식에 깃든 감정의 억압을 이해하고 해소해 주는 치유의 수업을 구성할 수는 없을지 고민해 볼 필요가 있을 것이란 말이다. 실은 이러한 방향으로 인성교육을 발전시키는 작업이 국외에서 이미 시도되고 있고, 우리도 그것에 주의를 기울일 필요가 있다. 또한 앞의 십우도와 유식학적 시각은 학생이 아니라 인성교육의 실행자인 교육자 **자신에 대한 성찰**에 더 유효한 자극을 줄 수 있다. 학생의 인성을 이끄는 교육자가 자신의 인성을 깊이 있게 이해하지 못한다는 것은 앞뒤가 맞지 않는 일이다. 교육자의 **자기성찰**을 통하여 인성교육을 심화하는 방법과 더불어 학습자의 무의식적 억압에 손길을 뻗는 시도에 관하여서는 제6장에서 상술할 것이다.

2) 근대 이전의 서양

(1) 철학적 이성, 종교적 믿음

통상 서양 문명을 이루는 뿌리가 된 양대 사조 중 하나로 기원전 4세기부터 약 3세기 동안 그리스, 로마 지역에서 인간의 이성을 강조하며 세력이 확장된 헬레니즘을 꼽는다. 다른 하나로는 기원전 유태교에서 태동하여 예수를 거쳐 기독교를 구축하게 된 헤브라이즘을 꼽는다. 그런데 유럽의 사상적 전개와 문화 발달에 양자가 확연히 구분되는 것은 아니다(차하순, 1986). 그럼에도 헬레니즘 문명으로부터 자라난 이성을 존중하는 태도, 즉 합리성이 근대 서양의 과학 문명의 요체가 되었음을 볼 수 있고, 헤브라이즘 전통에서 가장 중시한 종교적 믿음이 현대에 이르기까지 서양인의 내세관과 도덕성에 심대한 영향력을 행사해 온 점도 읽을 수 있다. 그러므로 서양의 역사에서 합리성과 신앙심이라는 일견 잘 어울리지 않는 두 가지 인간적 성향이 어떤 방식으로 각 시대의 인성교육에 반영되어 있는지 들춰 봄으로써 서양만의 인성교육적 특질을 알아낼 수 있을 것이다. 이성을 기반으로 한 합리성과 경험적 증거에 구애받지 않는 종교적 믿음은 서로 대단히 모순된 두 가지 인간 성향인 것만 같다. 그러나 서양 문명은 이성적으로 사물을 판단하여 공동선에 기여하는 인재를 중시하는 한편, 종교적 경건함으로 인간 정신을 고양하는 신앙인 또한 숭앙해 왔다. 물리학자 스티븐 호킹(Stephen Hawking)과 프란치스코(Francis) 교황 모두 강한 영향력을 행사한다. 전자에 속하는 철학자나 과학자가 후자에 속하는 신앙인과 어떻게 충돌하고 또 화해할 수도 있었는지를 엿봄으로써 서양의 인성교육에 한 걸음 더 깊숙이 들어가 볼 수 있을 것이다.

근대 서양 교육의 내용과 형식을 만든 역사적 흐름

'헬레니즘(Hellenism) vs. 헤브라이즘(Hebraism)'이라는 이분법적 시각이 서양 교육사의 큰 줄기의 흐름을 포착하는 데 도움을 주는 바가 크다. 먼저 그레코로만(헬레니즘) 전통의 고대를 볼 때, 많은 사가가 아테네 등 그리스 도시국가의 제도화되지 않은 비정형적 시민교육의 정신 및 이를 이어받은 로마제국의 교육 활동이 서양 교육 전통의 원형이라 평가하지만, 학교 체제의 운영이나 교수 · 학습의 형태 등과 같이 총체적인 영역까지 포괄해서 볼 때 유럽의 근대 교육의 원형질은 고대가 5세기에 종지부를 찍은 뒤 천년을 지속한 중세 문명 속에서 보다 뚜렷하게 드러난다. 중세 유럽의 교육은 기본적으로 기독교 교육이었고, 9세기 프랑크 왕국의 성당부속학교가 현 서양식 교육 체제의 효시라 할 수 있다. 교회학교의 성직자 양성 과정에서 뻗어난 교육과정은 이후에 문법, 수사학, 논리학 등의 3학과 산술, 기하학, 천문학, 음악의 4과, 신학 등을 포괄하는 종합적 커리큘럼을 갖추면서 12세기에 최초의 대학들로 발전하여 서구의 근대 고등교육의 원형이 마련되었다. 중세가 저문 후에는 르네상스 인문주의자들과 계몽주의자들의 인본주의적(humanist) 학문과 이성 존중 정신이 서구의 학교에 스며들기 시작하며 근대적 교육과정으로 발전해 간다. 그러나 루터(M. Luther)와 칼뱅(J. Calvin)을 비롯한 개신교 집단이 자국민의 성경 독해력을 키우고자 의도한 새로운 교육 정신, 그리고 그보다 더 중대한 요소로서 개신교에 맞서 구교 수호의 기치를 내건 로욜라의 예수회(Jesuit)에 의해 축조된 교육 체제 등이 서구 근대 교육의 기틀을 굳건히 형성하는 데 주된 영향을 미쳤음을 볼 수 있다. 따라서 서양의 근대 교육 체제 안에는 헬레니즘에 뿌리를 둔 콘텐츠와 더불어 헤브라이즘 전통에서 발전한 학제가 혼용되어 있는 셈이다.

(2) 고대

서양의 고대에는 기원전 2세기를 전후하여 그리스 도시국가들로부터 로마로 문명의 중심이 이동하였고 헬레니즘 문화의 영향이 주도적이라 할 수 있겠다. 따라서 그리스와 지중해 연안에서 일어난 철학과 과학의 발전 및 로마의 문화와 통치 체제의 바탕위에 고대 교육이 변화하였다. 먼저, 그리스 철학의 중심 인물인 플라톤(Plato)은 자신이 설립한 학교 '아카데미'에서 아테네의 후예를 위하여 어떤 인성교육을 추구하였는지를 다음의 『국가(Politeia)』의 논점을 통하여 살펴보자.

플라톤의 『국가』

만약 철학자들이 여러 나라에서 왕이 되든가 또는 우리가 오늘날 왕이나 통치자라고 부르는 사람들이 진심으로 그리고 충분히 철학을 하든가 해서 이것들, 즉 정치 권력과 철학이 한 군데서 만나지 않는다면…… 여러 국가나 인류에게도 재앙이 그치지 않을 걸세.

어떤 사람은 철학에 종사하고 나라의 지도자가 되기에 적합하게 태어나지만, 어떤 사람은 그것에 종사하지 않고 지도자에게 따르는 일에 적합하다는 것을 보여 주려고 하네.

교육이란 것은 실은 어떤 사람들이 세상에다 선언하면서 이러이러한 것이라고 중상하는 따위는 아니라는 것일세……. 사람마다 배우는 데 사용하고 있는 능력과 기관은 각 사람의 영혼 속에 들어 있는 것이라서 그것들은 마치 눈이 몸 전체와 함께가 아니고서는 어둠에서 빛으로 전향할 수 없는 것이나 마찬가지로, 영혼 전체와 함께 생성하는 것으로부터 전향해서 실재하는 것으로 그리고 실재하는 것 중에서 가장 광채 있는 것을 관찰하는 데 견뎌 낼 수 있기까지 이끌어 가야 한다네. 그리고 그 가장 광채 있는 것이 큰 선이라고 우린 주장하는 것일세.

(Plato, 2012: 255, 256)

지성, 즉 앎이 실천으로 이어진다는 가르침을 전해 준 스승 소크라테스(Socrotes)를 계승한 플라톤은 이성이 인간을 조화롭게 다스릴 때 무지, 이기심, 감정의 굴곡 등을 극복하여 영혼이 개선되고, 이런 인간들이 모여 정의로운 국가를 구축할 수 있다고 봤다. 플라톤이 구상한 이상 국가에서는 사물의 본질인 이데아를 볼 수 있는 이성을 갈고 닦은 가장 우수한 철학자가 최고의 통치자가 되고, 그의 헌신 덕분에 국가는 조화와 균형 속에 운영될 수 있다. 그런데 이처럼 이성을 획득하여 철인왕의 자질을 갖추는 것이 모든 이에게 가능한 일은 아니어서 많은 이가 이성보다는 욕망과 격정의 포로가 되어 살아가고, 사람들은 각자 자신의 성향과 역량에 맞는 사회적 역할을 부여받아 자신의 본분에 맞는 삶을 살도록 양육된다. 이러한 플라톤의 가상 국가에서 인성의 핵심은 초월적이고 본질적인 진리를 볼 수 있는 이성과 가장 깊은 관련을 맺게 되어, 욕망과 감정 등은 통제되고 초월되어야 할 인간적 속성이 된다. 21세기를 사는 우리는 서양 철학의 가장 큰 기둥인 플라톤이 이처럼 초월적 진리 탐구를 사람됨의 궁극적 목표로 삼았다는 점과 그 목표를 이루기 위하여 **이성**의 훈련을 가장 중시했다는 점을 기억해 두자. 플라톤보다는 그의 수제자 아리스토텔레스(Aristotels)가 인성교육에 관해서는 전해 줄 말이 더 많을 것이다. 서양의 도덕교육의 토대가 된 『니코마코스 윤리학(Nicomachean Ethics)』의 내용을 따라가 보겠다.

아리스토텔레스의 『니코마코스 윤리학』

미덕은 지적인 것과 도덕적인 것 두 가지가 있다. 지적인 미덕은 주로 가르침으로써 발생하고 자라나고(그렇기 때문에 경험과 시간이 필요하고), 도덕적인 미덕은 습관의 결과로 일어나는데 바로 윤리(ethike)라는 그 이름이 습관(ethos)이라는 단어를 약간 변형시켜서 형성된 것이다. 이것에서 쉽게 알 수 있는 것은 어떤 도덕적인 미덕도 우리 안에서 자연적으로 일어나지는 않는다는 것이다. 왜냐하면 자연스럽게 존재하는 그 어떤 것도 자신의 본성에 반하는 습관을 형성할 수는 없기 때문이다. 예를 들어, 자연스럽게 아래쪽으로 움직이는 돌을 위로 움직이도록 습관을 들일 수 없어서, 아무리 어떤 이가 돌을 위로 만 번을 던진다 하여도 할 수 없는 일이다. 또한 불이 밑으로 움직이도록 습관을 들일 수 없고, 다른 어떤 것도 본성에 의하여 하나의 방식으로 행동하는 것을 다른 식으로 행동하도록 훈련할 수는 없는 일이다. 그렇다면 미덕이란 우리 안에서 자연스럽게 일어나지도, 본성에 반하여 일어나지도 않는다. 그보다는 우리가 본성에 의하여 미덕을 수용할 능력을 갖추고 있고, 우리는 습관에 의하여 이 능력을 완성하고 충족시키는 것이다.

> [중략] 우리는 미덕을 먼저 실행함으로써 갖게 되는데, 이것은 예술에서도 일어나는 일이다. 우리가 뭔가를 하기 전에 그것을 배워야 하기 때문이다. 마치 집을 지음으로써 건설자가 되고, 리라를 연주함으로써 리라 연주가가 되는 것처럼 말이다. 그래서 우리는 정의로운 행위를 함으로써 정의로워지고, 절제력 있는 행위를 함으로써 절제력 있게 되고, 용감한 행위를 함으로써 용감해지는 것이다.
>
> 이 점은 국가에서 일어나는 일에 의하여 확증된다. 즉, 입법자들은 시민들로 하여금 좋은 습관을 형성하도록 해 줌으로 인하여 시민들을 선량하게 만들고, 이는 모든 입법자의 소망이고, 이를 이루지 못하는 이들의 입법 행위는 실패인 것이다. 그러므로 이런 점에서 좋은 헌정은 나쁜 것과 다른 것이다.
>
> (Aristotle, 1962: 33-34)

이 고전적 철학서에서 아리스토텔레스는 인간 삶의 궁극적 목적을 행복(eudaimonia)이라고 천명했는데, 인간은 자신에게 맞는 일을 잘하며 살 때 행복하다고 봤고, 여기서 '잘하는' 것을 제1장에서 봤듯이 덕(arete)이라고 불렀다. 따라서 인간은 행복하기 위해서는 덕을 쌓아야 하는데, 덕은 신체가 아닌 정신의 덕이며 정신적 덕은 지적인 것과 도덕적인 것으로 나뉜다. 앞 글에서 밝히듯이 덕은 행함으로 습관화하여야 하고, 이 과정에서 이성으로써 감정을 다스려 중용의 상태를 유지할 것이 요구된다. 그러므로 아리스토텔레스는 스승인 플라톤과 마찬가지로 인간의 특징인 이성적 능력을 사용할 것을 강조하였고, 나아가 인간이 자기완성의 길로 향하기 위해서는 능동적으로 자신의 능력을 발휘하고 도덕적인 행위를 실천할 것을 요구하였다.

서양철학사 2천 년의 길을 닦은 그리스의 위대한 두 철인은 우리가 일상에서 무심코 좇는 사적인 이득과 육체적 쾌락을 뛰어넘는 진리를 구하는 삶의 가치를 역설하였고, 그러한 삶을 영위함에 이성의 힘을 중시하였다. 이성의 중시는 로마제국의 스토아 학파 등에게도 전수되었듯이 고대 서양의 인성교육을 이해하기 위한 핵심 개념이라 하지 않을 수 없다. 2세기 로마의 황제이자 스토아 철인이었던 마르쿠스 아우렐리우스(Marcus Aurelius)의 『명상록(Meditations)』의 일부를 감상해 보자.

아우렐리우스의 『명상록』

오늘을 불평하고 내일을 한탄함으로써 자신을 운명의 노예로 전락시키지 말라.

만물은 신의 섭리로 충만하다. 심지어 운명과 우연의 변화조차도 자연의 법칙에 해당한다.

우리는 오랜 세월 동안 신으로부터 수없이 많은 은총을 받아 왔다. 다만 그것을 알아차리지 못하고, 이용하지 못했을 뿐이다. 지금이야말로 당신 안에 있는 우주의 본성과 당신을 조종하는 지배자의 존재를 깨달을 때이다.

여러 가지 잡념에서 벗어나도록 노력하라. 지금 이 순간을 마치 생의 마지막 순간인 것처럼 행동해야만 모든 잡념에서 해방될 수 있다. 온갖 위선과 경솔함, 이성의 명령에 대한 감정적인 반항, 자기과시, 자신의 운명에 대한 불평불만을 떨쳐 버려야만 스스로 위로하고 안정을 되찾을 수 있다. 신들의 경건한 생활처럼 매일매일 고요 속에서 생활하기 위해 명심해야 할 것은 아주 사소한 것들에 불과하다. 신들은 우리에게 그렇게 많은 것을 요구하지 않는다.

당신의 영혼을 너무 학대하고 있지는 않은가? 그러나 머지않아 당신 자신을 존중할 기회조차 사라져 버리고 말 것이다. 모든 인간의 생명은 영원하지 않으며 그것마저도 끝나 가고 있다. 그런데도 당신은 스스로 존중하지 않고, 오히려 타인의 영혼에 자신의 행복을 의탁하고 있다.

다른 사람이 무슨 생각을 하고 있는가에 대해 무관심하다고 해서 불행해지지는 않는다. 그러나 자신의 마음속 움직임에 주의를 기울이지 않는 사람은 반드시 불행해진다.

항상 이것만은 가슴속에 간직하고 있어야 한다. 즉, 우주의 본성은 무엇이며, 나의 본성은 무엇인가? 또한 이 둘은 서로 어떤 관계가 있는가? 나는 어떤 것의 일부분이며, 또한 어떤 것의 전체가 되는가? 나는 자연의 일부이며, 자연을 좇아 말하고 행동하는 것을 방해할 자는 이 세상에 아무도 없다는 사실을 상기하라.

(Aurelius, 2008: 24-27)

대체로 아우렐리우스가 속해 있는 스토아 학파를 지나치게 감정을 억누르고 이성을 앞세우는 엄격한 수행자 무리로 간주하지만, 아우렐리우스의 내면에는 엄격함과 자제뿐 아니라 자비로운 신의 은총에 대한 깊은 감사도 깃들어 있다. 이 황제는 **이성**의 연마와 절제된 수행을 통하여 신에 대한 이해에 이르렀고, 그렇기 때문에 육체적 욕망의 노예가 되는 현세를 초월하는 진리 추구의 경지를 제시하였나 보다. 로마의 황제 역시 감정을 통제하고 **이성**을 내세웠다는 점도 확인하고 갈 점이지만, 아테네의 철인들처럼 신앙의 경지에 맞닿는 초월적 진리를 추구한 전통이 고대 문명에서 계승되었으며, 특히 이 과정에서 세인들의 시선이 아닌 자신만의 내면의 눈을 강조했음을 기억하자. 아우렐리우스의 이 같은 자아주체성의 강조는 아마도 그의 스승인 에픽테토스(Epictetos)의 가르침을 이어받은 것으로 보인다. 에픽테토스는 비록 서양철학사에서 거봉으로 다루어지는 인물은 아니지만, 중·근세에 수많은 유럽인의 내적 수양에 영향을 끼친 현자로, 이른바 현대의 '자기계발서'의 원조 사상가라 할 만하다. 그의 가르침을 조금 맛보고 가겠다.

에픽테토스의 조언

절대로 다른 사람의 칭찬에 의지하지 마십시오. 거기에서는 얻을 것이 없습니다. 자신의 가치를 바깥에서 찾을 수는 없는 일이지요. 누구를 사귀어서 찾을 수 있는 것도 아니고, 다른 사람들의 존경심에서 찾을 수 있는 것도 아닙니다. 다른 사람들, 심지어 당신을 사랑하는 사람이라고 해도 언제나 당신 생각에 동의하지는 않습니다. 언제나 당신을 이해하지는 않습니다. 언제나 당신의 열망을 함께 나누지는 않습니다. 그렇다면 어른답게 행동하십시오! 다른 사람이 당신을 어떻게 생각하든, 그것이 무슨 상관이란 말입니까!

당신 나름의 가치를 만드십시오.

자신의 가치는 뛰어난 사람들을 사귄다고 해서 얻을 수 있는 것이 아닙니다. 당신에게는 당신 나름의 할 일이 있습니다. 어서 그 일에 달려드십시오. 최선을 다하십시오. 누가 당신을 지켜보든 개의치 마십시오.

당신 나름으로 유용한 일을 하십시오. 이런 노력을 해서 무슨 명예를 얻을까, 남들로부터 어떤 칭찬을 받을까, 그런 생각은 하지 마십시오. 남이 당신의 가치를 대신해 주는 법은 없습니다.

생각해 보십시오. 진짜 당신의 것은 무엇입니까? 당신이 얻게 되는 생각, 자원, 기회를 이용하는 것입니다. 당신이 얻은 것을 최대한 활용하십시오. 그것이야말로 진짜 당신의 것입니다.

진짜 당신의 것이 무엇인지를 당신이 찾아냄으로써 당신의 행동이 자연과 조화를 이룰 때, 그때 당신은 스스로 만족할 수 있고 편안해질 수 있습니다. 누가 뭐랄 사람이 없지요.

(Epictetos, 2003: 35-36)

어찌 보면 에픽테토스는 자신의 껍데기에 불과한 사회적 자아에 붙잡혀 있지 말고 자신의 고유성을 함유하고 있고 **개성**을 드러내며, 가장 나다운 진짜 나로서의 삶을 살라고 외친다. 그리 하는 것이 자연과 조화를 이루는 것이라는 그의 관점은 1,800년 뒤의 심층심리학적 인간관과 통하는 면이 있다. 그러나 20세기의 심리학과는 달리 고대의 철인은 여전히 **이성**의 힘을 최우선시한다. 그런데 이성을 통한 덕성 함양을 가르친 아리스토텔레스가 제자인 알렉산더 대왕의 사주를 받은 필리스라는 요부의 유혹에 넘어가 버렸다는 고증하기 어려운 전설이 중세 말엽에 유럽에서 인기를 끌었던 사실을 볼 때, 어쩌면 헬레니즘 전통과 고대 사상에서 끊임없이 추앙된 이성을 유럽 대륙의 평범한 사람들은 부담스럽게 여겼던 것은 아닐까?

(3) 중세

아리스토텔레스로부터 신학적 논리 체계의 질서를 구축하는 데 큰 도움을 받은 쪽이 헤브라이즘 전통에서 자라난 중세 기독교이다. 기독교는 물론 이성을 고대의 철인들처럼 숭상하지 않는다. 기독교는 믿음의 종교이고, 믿음은 이성보다는 차라리 '뜨거운' 감정과 더 밀접한 작용 양태를 갖고 있다고 하겠다. 이번에는 로마제국의 멸망 이후 서양 문명 형성의 또 다른 기운을 끌어올린 중세의 헤브라이즘 전통 속에서 인성교육의 발자취를 찾아보겠다. 4~5세기를 거치며 기독교 신앙의 기틀을 세운 성 아우구스티누스(Aurelius Augustinus)의 『고백록(Confessions)』을 펼쳐 보면, 로마제국의 기운이 쇠잔해지고 있던 당시 고대 철학서를 물리치고 신에게 귀의한 신학자가 인간의 삶에서 가장 중시했던 것이 무엇이었음을 명백하게 알 수 있다.

아우구스티누스의 『고백록』

주여, 정말 나의 수고가 여기에 있나이다. 나 자신을 두고 허덕이는 것이오니 내게 다루기 힘들고 너무나 많은 땀을 흘려야 될 땅은 바로 이 나로소이다. 문제는 하늘의 영역을 알아보는 것도, 별과 별의 거리를 재는 것도, 땅덩어리의 무게를 알아내자는 것도 아니옵고, 오직 나, 기억하는 나-영혼인 까닭입니다. 나 아닌 것들이 제아무리 내게서 멀다 한들 이상할 것 있으리까만 나 자신보다 내게 가까운 것이 무엇이 또 있으오리까?

내 몸이 내 영혼으로 살고, 내 영혼이 당신으로 사는 것.

행복은 곧 참을 즐김이요, 이는 곧 진리이신 당신을 즐김이옵니다.

(Augustinus, 2010: 413, 419, 426)

기독교의 성인은 자신의 참된 주인을 영혼이라 하고, 그 영혼의 주인이 신이라고 일러 준다. 아우구스티누스의 **신앙**심이 플라톤이나 에픽테토스가 품었던 초월자에 대한 경외심과 본질적으로 어떻게 다른지 논하기는 어려운 일이지만, 『고백록』 전반에 퍼져 있는 그의 음성을 들어보면 헬레니즘의 철인들과 같은 냉철한 이성은 그에게는 인간 마음의 수준 낮은 도구에 불과하고, 신적이며 우주적인 차원에 대한 고양된 인식과 더불어 신에 대한 숭상과 예찬, 신의 임재에 대한 격한 감사 같은 것들이 마음을 다 바쳐 지향해야 할 바가 된다. 이러한 종교적 심성을 키우는 것을 목표로 삼는 기독교 교육의 전통에서는 인성의 내재적·심리적·생물학적 속성보다는 인성으로부터 우러나와 신성에게로 다가가는 과정과 그 과정에서의 노력이 중시될 수밖에 없다.

기독교적 전통에 따라 종교적 심성을 가꾸는 길에서 이성이나 지성은 종종 인간 인식의 제한된 측면으로 지적되곤 하는데, 아우구스티누스의 전설에도 이런 점이 나타난다. 기독교의 삼위일체설과 같이 이성으로는 설명할 수 없는 초월적 가르침을 글로써 풀어내기 위하여 고심 중이던 아우구스티누스가 하루는 해변을 걷고 있었는데, 어린아이가 모래톱에 웅덩이를 파고는 그 안에 바닷물을 계속 퍼 넣고 있는 장면을 목격하게 되었다고 한다. 저 대양의 물을 어찌 작은 웅덩이에 퍼 넣을 수 있겠냐고 지적하는 아우구스티누스에게 그 아이는, 무한한 우주의 진리를 어찌 인간의 작은 머릿속에

집어넣을 수가 있겠냐고 반문하고는 천사로 변하여 하늘로 날아갔다는 것이다. 전술한 노자의 '도가도비상도(道可道非常道)'를 떠오르게 해 주지 않는가?

헬레니즘 전통에서 부각된 이성적 철인과 헤브라이즘 전통이 내세운 독실한 신앙인이라는 이질적으로 보이는 두 인간상 속에서는 인성교육적 관점에서도 상이한 가치관과 덕성이 강조되고 있다. 전자는 비판적이고 주체적인 사고를 강조하고, 후자는 신의 뜻에 대한 순종과 숙명에 '내맡김'을 중시한다. 이러한 상이함은 중세 이후의 역사에서도 끊임없이 충돌과 마찰을 일으키지만, 바로 그러한 상호작용의 과정에서 제3의 변증법적 통합이 일어나기도 했다.

이상적 인간상: 영웅과 선지자

미국의 사상가인 앨런 블룸(Allan Bloom)은 서양 문명의 양대 축인 헬레니즘과 헤브라이즘이 전통적으로 서구인이 본받으려 했던 고귀한 인간 유형을 제시했다고 봤다. 헬레니즘은 헤라클레스(Herakles)와 같이 자신의 약점과 한계를 뛰어넘어 살신성인을 실천한 영웅들을 최고 경지의 모델로 제시하고, 젠틀맨(gentleman, 신사)을 일반인이 현실적으로 본받을 수 있는 보통 경지의 모델로 제시했다. 그에 비해 헤브라이즘은 아브라함이나 모세와 같이 신에 다가가고자 한 예언자들을 최고 경지의 모델로, 그리고 경건한 신자를 보통 경지의 모델로 제시했다. 그러나 유럽의 근세는 그에 필적할 만한 인간 유형을 전혀 제시하지 못하여 이기적인 부르주아가 주도적인 인간상으로 등극하게 되었고, 이렇듯 거대하고 고귀해질 가능성을 상실한 인간상에만 의존하고 있는 근대 문명은 심각한 한계에 직면했다는 것이다. 18세기의 사상가 루소(J. J. Rousseau)가 이 위대한 두 전통의 인간상에 필적할 만한 새로운 인간상 또는 하나의 모범을 『에밀(Emile)』을 통해서 제시하려 했다는 것이 블룸의 해석이다. 이 모범적 인간상의 핵심은 인간 내면에 잠재된 가능성이다. 이기적인 사회적 자아보다 훨씬 더 커지고, 위대해지고, 고귀해질 수 있는 가능성이다. 그리하여 헬레니즘적인 영웅과 헤브라이즘적인 선지자의 덕성을 두루 갖출 수 있는 인간상을 꿈꾸려 한 것이다.

(Rousseau, 1979)

(4) 전근대

14세기경부터 기독교가 문화를 지배했고 로마 교황청이 세속 군주에 간섭했던 중세 유럽의 정합성에 균열이 일어나더니, 고대 그리스, 로마 문명의 사상과 예술의 부활을 신호탄으로 신이 아닌 인간의 능력과 가능성에 눈을 돌린 인본주의(humanism) 사상의 흐름이 유럽을 휩쓴 르네상스 시대가 도래하였다. 15세기 이탈리아의 사상가 피코 델라 미란돌라(Pico Della Mirandola)가 유명한 '인간 존엄성에 관한 연설'에서 인간은 자유 의지에 따라 자신의 본성을 스스로 결정하고 자신의 운명을 조각하는 조각가라고 천명하였듯이, 신의 뜻을 수동적으로 따르기만 하는 기독교 신도상은 더 이상 서양 문명을 이끄는 모델의 자리를 독점할 수 없게 되었다(Ross & McLaughlin, 1985: 478-479).

그런데 비록 르네상스 이후의 서양 역사가 한편으로는 헬레니즘적인 이성의 부활에 따른 눈부신 과학의 발전과, 다른 한편으로는 헤브라이즘적인 신앙의 약화에 따른 기독교 세력의 정체를 보여 주기는 했지만, 서양의 근세 교육의 흐름에서 **이성과 신앙** 양자는 중대한 구심점이었다. 따라서 인성교육의 측면에서도 양자의 통합을 기도한 거장들의 시도에 주목할 필요가 있다. 15~16세기에 활약한 네덜란드 출신의 대표적인 르네상스 학자인 에라스무스(D. Erasmus)는 인본주의자였으며 동시에 저명한 기독교 신학자였다. 근대 교육의 역사에서 에라스무스보다 더 방대한 영향력을 행사한 17세기 체코 출신의 신학자 코메니우스(J. A. Comenius)도 근대 자연과학의 이론적 기초가 된 영국 경험주의 철학에 심취하기도 했다. 신학의 언어로 쓰였으나 과학적 이성을 표방하고 있는 근대 교육의 아버지 코메니우스의 텍스트를 직접 보자.

코메니우스의 『대교수학(Pedagogica Didactica)』

인간은 태어나면서부터
① 모든 것을 알도록
② 모든 것과 자기 자신을 제어하는 권세를 갖도록
③ 그 자신과 모든 것을 모든 것의 근원이신 하나님께 의뢰하도록 요구되어 있다는 것이다.

… 중략 …

첫째는 지식[eruditio]에 해당하고, 둘째는 덕성[virtus], 셋째는 종교 또는 신앙 [pietas]에 해당한다. 지식은 모든 사물과 기술과 언어의 지식을 뜻한다(Comenius, 2007: 47).

지식과 덕성과 신앙의 씨앗은 나면서부터 우리 속에 숨겨져 왔다. 그러나 실제적 지식과 덕성과 신앙 자체는 나면서부터 주어지는 것이 아니다. 이것은 기도와 교육과 행함으로 습득되지 않으면 안 된다. 인간은 "가르칠 수 있는 동물"이라고 말한 사람은 틀린 정의를 내리지 않았다. 참으로 사람이 사람 될 수 있는 것은 적당한 교육을 통해서이다(Comenius, 2007: 63).

[이교도 철학자들은] 하나님의 말씀에 의해서는 전혀 교육된 바가 없으며, 자연의 맹목적인 본능에 인도되었을 뿐이다. 그러나 종교를 실천에 옮기는 양식에 있어서는 잘못되었으나 저들은 신적 존재를 인정했으며, 존경하고 그 이름을 불렀다. 아리스토텔레스는 "모든 사람이 신들의 어떤 개념을 가지고 있으며, 모든 사람이 어떤 신적 존재에게 최고의 자리를 할당한다."라고 쓰고 있다. 세네카(Seneca)도…… 플라톤도 이렇게 말하고 있다. "신은 지고선이며 모든 존재와 자연의 위에 높이 존재한다. 모든 창조는 그것을 지향한다."(Comenius, 2007: 58-59).

코메니우스의 글 속에는 헬레니즘 시대의 철인들에 대한 존중이 돋보이고, 그의 덕성에 대한 규정은 아리스토텔레스의 그것을 따르고 있다. 코메니우스가 지성과 덕성을 강조한 것은 따라서 매우 르네상스적인 측면이라 하겠는데, 그럼에도 그가 신앙, 또는 pietas를 전혀 저버리고 있지도 않다. 이렇듯 **이성과 신앙**을 동시에 품고자 한 근세 서양의 사상가와 교육자들의 인성교육에 대한 태도는 흥미롭게도 과학자이면서 종교성을 견지한 현대 서양의 여러 거장의 그것과 닮아 있다. 그런 거장 중에 이를테면 물리학자 아인슈타인과 정신의학자 융이 있다. 물론 아인슈타인이나 융과 같은 사상적 개척자들의 시각이 아직까지 현대 인성교육의 흐름에 어떤 영향력을 행사했다고 볼 수는 없으나, 이성과 신앙의 조화를 꾀하며 고대로부터 이어져 온 서양 문명의 유구한 흐름을 기억해 둘 필요가 있다. 제6장과 제7장의 자기실현론적 접근에서 이 흐름이 재론될 것이다.

2. 근대화 이후

1) 현대론

과거 한때 학계의 주목을 받던 연구 분야였던 '현대화(modernization) 이론' 진영에 속했던 사회과학자들은 근대 이전의 사람들과 대별되는 현대인의 속성으로 이성 존중의 정신, 합리성 이외에도 능동성, 성취 지향성, 개인주의 등을 부각시켰다(Inkeles & Smith, 1974). 이와 더불어 현대인의 진취적이고 개방적인 태도와 물질문명의 비약적인 발달을 꼽으며 현대인인 우리는 자신이 폐쇄적이고 고답적이며 비과학적인 옛사람들에 비하여 진보하고 발전한 인간형이라는 우월감을 갖게 되었다. 따라서 근대 이전의 종교적 심성은 종종 덜 진보되고 비이성적이며 미신과 같은 구태의 일면으로 여겨지게까지 되었다. 과학 문명이 이끄는 현대의 도래와 함께 특히 공교육 내의 인성교육과 관련하여 종교성과 신앙심을 논하는 것은 부적절한 태도라는 인식이 교육계와 학계에 퍼지게 되었다.

그러나 현대가 전통 사회에 비하여 모든 면에서 우월한 시대라고 보기는 어렵다. 근대화 시대 이래로 산업화된 기계문명 속에서 인간소외 현상이 가속화되고, 개인화된 삶 속에서 공동체가 와해되었으며, 세상 속 개인의 삶의 의미를 상실하게 됨으로써 많은 현대인이 우울증과 신경증에 시달리게 된 것이다. 사실 르네상스 이래로 하늘 높은 줄 모르고 높아지던 인간에 대한 자존심은 현대의 도래와 함께 19세기에 접어들어 큰 상처를 입게 되었으니, 다윈은 진화론을 제시하며 인간이 우주 중심의 특별한 역할을 맡은 존재라기보다 유인원과 동일한 선조에서 진화해 온 생물학적 유기체임을 보여 주었고, 마르크스는 인간의 정신 세계와 문화가 세상을 이끄는 능동성을 가진 게 아니라 세상의 물질적·경제적 토대에 반응할 뿐임을 알려 주었으며, 프로이트는 우리가 자신의 의식과 의지에 의하여 삶의 결정을 내리는 주체적 존재가 아니라 무의식에 묻혀 있는 유아적 욕구에 평생 휘둘리는 개체임을 천명하였던 것이다.

물론 이런 사상가들 덕분에 현대인의 인간 이해가 더 깊고 정교해졌을 수도 있으나,

현대인에 대한 평가를 떠나 우리의 논점은 이와 같은 인간성에 대한 담론의 급격한 변천을 겪으며 인성교육의 사상과 실천에는 어떤 일이 일어났는지 짚어 보는 것이다. 그런데 이런 점검이 '현대'라는 거대한 개념 아래에서는 지나치게 추상적인 논의로 흐르기 때문에 여기에서는, 첫째, 근대화 시기의 우리나라, 둘째, 20세기 중·후반의 서구 사회라는 구체적이며 제한된 시·공간적 범위 안에서만 인성교육의 움직임을 살펴보겠다.

이에 앞서, 현대성의 함양과 교육 간의 관련성에 대한 통찰을 던져 주는 연구 내용을 알아보고 가겠다. 다음 글은 필자의 교육 소설 『유진의 학교』의 등장인물인 교수와 학생이 교육 근대화에 관하여 설명하고 토의하는 장면으로, 출간된 책에는 미포함된 원고의 일부이다.

근대화의 기수, 학교와 공장

오 교수는 1970년대의 새마을운동을 관 주도의 의도적인 근대화 과정이라며 냉소적으로 표현했으나, 어차피 일어난 근대화를 있는 그대로 받아들여야 한다는 현실적 태도를 갖고 있는 것으로 보였다.

"내가 새마을운동보다 더 효과적인 방법도 있었을 거란 생각을 하게 된 건, 두 미국 학자의 근대화 관련 연구 결과를 보고 난 다음이었어. 잉켈레스란 사람하고 스미스(Inkeles and Smith)란 사람, 둘이서 펴낸 연구서가 한 권 있는데, 이 사람들은 말이야, 근대화라는 개념 자체가 미국 학계에서 추방당하다시피 한 이후에도 끈질기게 근대화 연구를 계속함으로써 지속적으로 학계의 왕따를 자초했던, 어떻게 보면 의지가 굳은 학자들이라 하겠어. 뭐, 그런 연유도 있고 해서 학자들이 크게 주목하지 않은 측면도 있긴 한데, 이 두 사람이 1970년대에 펴낸 『Becoming Modern』이란 저술은 실은 근대화와 교육 간의 관계, 그리고 교육에 있어서의 의식 변화라는 테마에 대해서 매우 깊이 있는 시사점을 제공해 준 문제작이었어. 이 친구들이 근대화 과정을 겪은 6개 개발도상국을 대상으로 연구 조사한 바에 따르면, 조사 대상이 된 나라 모두에서 그 구성원들의 인식에 근대화가 일어난 것이 확인됐고, 그러한 근대적 의식, 태도 등을 가장 효과적으로 유발한 대표적 사회 기관 두 가지가 식별됐어. 그 두 사회 기관이 바로 학교와 공장이야. 자, 사람들의 의식을 근대적으로 변모시키는 데 학교가 큰 역할을 수행했다는 것은 듣기에 매우 타당해. 그렇지 않겠어? 현대화된 학교에는 교과서와 커리큘럼 내용 등이 죄다 이성적 역량을 키우고 합리적 사회인이 되는 쪽에 초점이 맞춰져 있으니, 그 내용을 익힌 사람들이 현대적 태도를 갖게 되는 게 이상할 리 없잖아?

그런데 중요한 점은, 이들에 따르면 학교보다도 공장이 사람들의 의식을 현대화시키는 데 더 성공적이었다고 밝힌 데 있어. 이거 놀랍지 않아? 공장이 뭐 하는 데야? 물건 만드는 데잖아. 하루 종일 작업 라인에서 똑같은 손놀림으로 반복된 일을 하는 그런 곳일 뿐이잖아. 그런데 바로 이런 공장을 다닌 사람들이 학교 다닌 사람들보다 더 빠른 시일 내에 더 철저하게 현대성을 체득했다는 말이야.

어떻게 그럴 수 있을까? 이 작자들의 분석에 따르면, 공장에서의 생활 자체가 바로 현대인의 생활이었다는 거야. 줄 맞춰서 작업장에 출입하고, 자신에게 부과된 임무를 정시에 정량만큼 완수해야 하고, 업무 수행에 문제가 발생했을 시에는 합리적으로 대응해야 하고, 조직의 명령 라인에 순응하여 자신의 일정을 정리해야 하고, 자신이 한 만큼 금전적 또는 인사상의 보상을 받게 되는 등등의 공장 생활의 모든 면모가 전근대적 농경인들로 하여금 근대적 태도를 수용하도록 암암리에 영향력을 행사한다는 거지.

여기에서 나올 수 있는 시사점은, 학교에서도 공식적인 커리큘럼을 통해서 노골적으로 가르친 것보다도, 커리큘럼도 없이 아니면 잠재적인 비공식적 커리큘럼으로서 생활 그 자체를 통해서 암암리에 전달된 것의 영향력이 더 강하다는 점이야. 바로 공장이 학교보다 더 잘 가르친다는 점이라 이 말씀이야."

"그럼, 우리 학교도 공장처럼 만들면 될까요?"

"학교가 공장만큼 아이들을 효과적으로 가르칠 수 있으려면 공장의 뭘 따라 해야 할까?"

"아까 말씀하신 학자 말대로라면, 학교 안에서의 생활 자체가 바로 배움이 되도록 하면 되지 않을까요?"

현대 학교의 교사 중심적 강의식 교육과정은 근대 이전에는 추상적이고 학문적인 지식 전수를 위한 엘리트 학자 양성에 사용되었던 방식으로, 중세 유럽의 성당 학교와 근세의 예수회 소속 학교 등이 그 전형이라 하겠다. 그런데 이런 특수한 학제를 기본 틀로 삼아 발달한 것이 근대적 공교육 체제이다 보니, 현대의 학교에서는 모든 종류의 배움을 주로 성직자 대상 강론의 방식으로 실행하게 되었다. 허나 직업적 기능 교육과 실과적 기술, 가정 과목 등은 말할 것도 없고, 언어, 수리, 예체능 및 수많은 배움의 영역을 모두 강의식으로 진행하는 것은 인류사적으로 전례도 없고, 실질적으로 효과성도 높지 않음에도 현대의 학교에서 이를 당연한 일처럼 여기게 된 것은 문제이다. 인성교육 과정도 마찬가지이다. 우리는 '좋은 인성'에 관하여 강의하는 것과 좋은 인성을 실천하는 것 사이의 교육학적 차이점에 대하여 고민해야 한다. 앞 연구에 따르면 후자의 방식이 의식 형성과 같은 특징 교육 목표의 달성을 위해서는 훨씬 효과적이었다는 점을 기억해 두자.

2) 근대화 시기의 한국과 인성교육

우리나라의 근대화는 매우 굴곡진 역사 속에서 험난하게 전개되었고, 그 중심에는 일제의 식민통치가 자리 잡고 있다. 20세기 초반에 식민지화와 서구화의 물결에 직면한 우리나라는 전통 문화와 가치관이 와해되며 교육의 영역에서도 큰 변화를 겪을 수밖에 없었다. 구체적인 하나의 사례로, 일제강점기에 학교에서 시작된 교육 활동인 조회에 포함된 인성교육적 함의를 짚어 보겠다. 앞의 미출간 원고에서 언급된 근대화 관련 연구의 주제가 재등장하고, 같은 인물들인 교수와 제자 간의 대화가 계속된다.

조회의 교육적 효과

"학교에서 얼마 전까지만 해도 조회를 엄격하게 했잖아. 조회의 공식 목적이 뭐야? 공지사항 전달하고 교장선생님 말씀 듣는 거 아니야? 한데 교장선생님 훈화는 얼마나 효과적으로 아이들에게 전달될까? 훈화의 목적이 인성 함양에 있다고 할 때, 이러한 인성교육의 효과가 얼마나 될까, 이 말이야. 까놓고 말해서, 거의 없겠지? 애들이 죄다 한 귀로 듣고 한 귀로 흘리고 있지 않겠어? 조회라는 엄연히 상존하는 교육 활동의 공식적 목적이 이렇듯 소기의 성과를 거두지 못하고 있는 데 반하여 조회의 비공식적 목적은 어떨까? 그 비공식적 목적이 뭔지 알겠어?"

"글쎄요……. 이따금씩 아이들을 길들이자는 거 아닐까요?"

"그 표현이 적확할지는 모르겠지만, 조회란 원래 일제강점기 때의 군국주의적 교육 문화의 잔재이고, 이 같은 활동의 목적은 집단에 대한 순종, 위계질서에 대한 충성과 복종심을 앙양하는 데 있었다는 점은 자명한 일이야. 군대 훈련에서 연병장 사열이 바로 그와 같은 목적을 갖고 있듯이. 조회에서 가장 강조되는 점이 뭐야? 교장 선생님 훈화를 얼마나 잘 들었는가를 확인하기? 아니잖아. 얼마나 줄을 잘 맞춰 서 있느냐 하는 것 아냐!"

"네, 그렇군요. 줄 서는 게 목적이었죠."

"그렇게 줄 서는 건 노골적으로 그 교육 목적을 과시하진 않지. 하지만 그 안에 담긴 목적은 실로 청소년의 권위에 대한 복종, 개인의 집단에 대한 희생, 개성의 억압 등과 같은 전체주의적 가치관의 전수에 있다고 할밖에. 대개 '착하게 살자'는 교화적 내용이 대종을 이루는 교장선생님 훈화 그리고 전체주의적 메시지를 전하는 줄 서기, 이 둘 중에서 어느 쪽의 영향력이 더 컸을 것 같아?"

"에…… 잘은 모르겠지만, 최소한 줄 서기가 암암리에 끼친 영향이 훈화의 영향에 비해 작지는 않을 것 같네요."

"그래, 솔직히 말해서 나도 연구를 안 해 봤으니 잘은 모르겠어. 하지만 최소한 자네 말 정도의 결론엔 도달하게 된다고. 자, 오늘의 중요한 레슨은 이거야. 공식적 과정인 훈화보다 비공식적인 줄 서기가 학생들에게 더 큰 영향을 끼칠 수 있다."

근대화 시절에 태동한 조회라는 교육 방식이 공식적인 훈육이나 교화뿐 아니라 비공식적인 몸의 적응을 통하여 복종의 가치를 내면화시키는 데 기여할 수 있었다고 본다면, 20세기 한국의 교육과정에서 실행된 인성교육을 공식 커리큘럼뿐 아니라 비공식적 학교생활에 대한 총체적 인류학적 분석을 통하여 이해해야 할 필요성이 있음을 알 수 있다. 이는 또 다른 광범위한 연구 논제가 될 수 있으므로 여기에서는 현대인이 품게 된 중요한 성향 중 하나인 개인주의를 소재로 삼아 부언해 보겠다. 앞의 미포함 원고의 토론이 계속되는데, 이번에는 젊은 보수적 정치학자가 말을 시작한다.

개인주의 vs. 집단주의

개인주의를 옹호하는 유진의 말에 김도헌이 반론을 제기했다.

"집단주의 성향이 강한 우리나라 사람들이 집단에 대한 희생정신이 크기 때문에 아무래도 이타심을 발휘할 잠재성이 상대적으로 더 크지 않겠습니까?"

그러나 유진은 자신의 입장을 굽히지 않았다.

"전 김 박사님 의견에 동의하지 않아요. 전 한국 사람이 서구인보다 결코 더 이타적이라고 보지도 않고, 서구인이 한국인보다 조금도 더 이기적이지 않다고 봐요. 이기주의와 개인주의는 다른 개념일 거예요. 이기주의는 자기 자신만 중요하다고 여기는 태도죠, 즉, 자신의 에고만 중요한 거죠. 그에 비해 개인주의는 자기라는 개인이 중요하다고 여기는 만큼, 다른 개인들도 똑같이 중요하다는 걸 인정하는 자세거든요. 따라서 개인주의적 태도는 개개인을 소중히 여기는 민주적인 사회를 형성하는 데 필수적인 요소라고 생각해요."

김도헌도 물러서지 않았다.

"그게 바로 이론적인 이해일 뿐이란 말씀입니다. 실제로는 자기 개인을 중시하는 이들이 결국 자기 개인만을 더욱 중시하게 되는 경향이 있어요. 자기라는 개인보다 집단을 중시하는 이들은 자기를 희생하고 바쳐서 타인들을 위해 봉사하는 마음가짐이 있는 데 반해서 말입니다."

"아니죠, 김 박사님께선 여전히 개인주의를 제대로 이해 못하고 계신 것 같아요."

이쯤에서 오 교수가 헛기침을 한 차례 하더니 두 사람 사이에 끼어들었다.

"두 분 의견 잘 들었는데요, 아무래도 나는 서유진 씨 의견 쪽으로 기울어 있다는 걸 굳이 숨기진 않겠지만, 그렇다 해도 나의 다소 중립적인 의견이 도움이 될 수도 있을 것 같습니다. 나는 두 개의 연속선을 상상합니다. 개인주의와 집단주의를 잇는 연속선 하나와 이기주의와 이타주의를 연결하는 연속선 하나를 말이죠."

그러면서 오 교수는 탁자 옆의 칠판에 마커로 다음과 같은 도식을 적었다.

개인주의 ◀━━━▶ 집단주의
이기주의 ◀━━━▶ 이타주의

"이 개인주의-집단주의 연속선상의 어느 지점엔가 한국인의 대표적 성향이 자리 잡고 있을 거예요. 마찬가지로 이 연속선상의 어딘가에 서구인의 대표적 성향이 있겠죠. 내 짐작으로는 아마 한국인의 성향은 상대적으로 집단주의 쪽에 더 가까운 곳에 있을 테고, 서구인은 개인주의 쪽에 더 근접해 있을 거라고 봅니다. 이 말은, 어느 한쪽도 절대적으로 완전하게 개인주의적이라든가 아니면 집단주의적이라고는 볼 수 없다는 뜻이죠. 그저 정도의 차이가 있을 뿐이라는 말입니다. 똑같은 논지로 이기주의-이타주의 연속선도 역시 정도의 차이를 보여 주는 것이죠. 나는 개인주의-집단주의 연속선과 이기주의-이타주의 연속선이 서로 전혀 상관성이 없이 따로 떨어져서 독립적으로 전개되는 현상이라고 생각합니다. 이 말은, 개인주의자가 이기주의적이 되는 경우도 있고, 개인주의자가 이타주의적이 되는 경우도 있는가 하면, 마찬가지로 집단주의자가 이기주의적이 되거나 이타주의적이 되는 경우도 있다는 얘기입니다. 그런 건 그저 역사적인 상황에 따라 달라지는 현상일 뿐이라는 말씀이에요. 어떤 상황에서는 집단 성향이 상대적으로 강한 한국인이 꽤 이타적이 될 수도 있지만, 또 다른 상황에서는 대단히 이기적이 될 수도 있다는 거죠. 바꿔 말해서, 개인주의자가 필연적으로 이기적이 된다는 논리가 성립이 안 되듯이, 집단주의자는 꼭 이타적이 된다는 논리도 성립되지 않는다는 겁니다."

유진과 김도헌 두 사람 다, 듣고 보니 오 교수의 설명이 타당하다는 생각이 들었다. 오교수의 차분한 설명을 들으며 두 사람은 잠시 달궈진 열기를 식힐 수 있었다. 오 교수에게 두 사람 다 고개를 끄덕이며 이해하겠다는 신호를 보냈다. 두 사람을 잠시 관찰한 뒤, 오 교수는 말을 이었다.

"개인주의자가 이기주의자가 될 수도 있는 것처럼 집단 주의자도 이기주의자가 될 수 있습니다. 최근에 빈번하게 발생하는 지역자치단체들의 집단 이기주의 님비(Not In My Backyard: NIMBY) 현상을 알지요? 한데 지금은 산업사회가 지식기반사회로 이동 중이고, 따라서 개성과 창의성이 경제적 이익으로 환산되는 게 유행인 시대라 할 수 있습니다. 이런 특수한 역사적 상황하에서는 아무래도 집단주의보다는 개인주의가 더 각광받게 되는 거죠. 하지만 김 박사는 특이하게 개성과 창의성을 발휘할 특정 계층을 상정해서 이들에게만 개인주의적 권한을 부여하고, 그 밖의 일반 대중에게는 집단주의적 순종을 요구하는 일종의 이분화된 국민 교육 체제를 구상하고 있는 것 같군요. 글쎄요, 흥미로운 아이디어이긴 한데, 난 개인적으로 그 정신에 반대합니다.

나는 누구든지, 그 사람의 지능이나 성격 또는 그 어떤 특성과도 상관없이 인간은 개인으로서 존재해야만 할 경우가 있고, 또 집단으로서 행동해야만 할 경우가 있다고 봅니다. 먼저 인간은 아무래도 사회적 동물이죠. 교육의 가장 기본적인 목적도 집단을 이뤄서 함께 공존하는 것이죠. 공존을 위해서 인간은 사회 속에서 타인들과 함께 수행해야만 할 일이 반드시 있습니다. 공동체를 유지하고 그 갈 방향을 잡는 정치

생활에 참여하는 것, 공동체를 지키기 위해 국방 의무를 감수하는 것, 의식주를 보장해 줄 경제생활을 수행하는 것, 함께 사는 사회에서 이타적 본성을 발휘하는 것, 또 문화생활을 통해서 자신의 개성을 전시하고 나누는 것 등등 인간 생활의 여러 면에서 우리는 타인들과 함께 힘을 합치고, 자원을 나눠서 일해야 합니다.

그런데 말이죠, 나는 동시에 인간에게는 숙명과도 같이 혼자서 있어야만 하는 경우나 때가 있다고 믿어요. 신화학자 조셉 캠벨(Joseph Campbell)은 캐멀롯의 원탁의 기사의 예를 들며 이렇게 말하더군요. "그들은 무리 지어 가는 것이 수치라고 생각했다. 그래서 각자 스스로 선택한 가장 어둡고 길도 나 있지 않은 지점에서 숲으로 들어갔다."라고.

뭐, 그건 그렇다 치고, 난 어떤 한 사람이나 어떤 국민들이 전적으로 개인주의적이 될 수도, 또 전적으로 집단주의적이 될 수도 없다고 보고, 두 가지 측면을 어느 정도씩 다 지니고 있다고 봅니다. 그리고 양쪽 성향 다 일장일단이 있을 거예요. 우리가 무리를 이루어서 공동체를 유지하면서 생존해 가는 사회적인 존재인 한, 전체 집단을 위해서 개인적인 면모를 희생할 줄 아는 집단 위주의 태도가 요청될 수밖에 없겠죠. 하지만 집단의 구성원인 개인들의 개성을 무시한다면, 그런 공동체에서는 개인의 행복 추구에 커다란 장애가 존재할 테고, 또 창의적인 개인들의 재능을 사장시킴으로써 집단 전체의 이익도 반감되겠죠. 또한 각 개인의 개성과 창의성을 발휘함으로써 개개인의 질이 향상될 때 집단 전체의 질 또한 향상되기 마련 아니겠어요? 그래서 이런저런 것들을 다 염두에 두고, 한마디로 이렇게 정리할 수 있겠습니다. 집단주의는 생존, 또는 현상 유지를 위해서 필수적이지만, 개인주의는 초월을 위해서 꼭 필요하다고."

오 교수가 두 사람을 보며 물었다.

"이순신 장군은 집단주의자일까요, 개인주의자일까요?"

느닷없는 엉뚱한 질문에 유진과 김도헌은 꿀 먹은 벙어리가 되어 머리를 굴릴 수밖에 없었다.

"충무공이 평생 살아간 궤적을 한번 생각해 보세요. 이 양반이 언제 한 번이라도 사회적 대세라든가, 집단의 논리에 얌전히 순종한 적이 있던가요? 이 양반의 행적은 지극히도 개인주의적이지 않습니까? 그럼에도 불구하고 이 양반은 대단한 애국자였음이 명백합니다. 그가 있어서 조선이라는 집단이 살아남았습니다. 그러니 집단을 위해서도 개인주의자가 필요하지 않을까요?"

두 사람의 청중은 딱히 반론을 생각해 낼 수 없었다. 오 교수는 또 한 번 물었다.

"이순신 장군은 그렇다손 치더라도, 대동여지도를 만든 김정호는 또 어떻습니까? 이 사람에게 집단주의 성향이 과연 얼마나 있었을까요? 남들 말은 조금도 안 듣고, 황소고집으로 끝끝내 자신만의 길을 헤치고 갔던 지극히 개인주의적인 인물이 아닙니까? 우리에게 이런 개인주의자가 필요하지 않습니까? 공동체의 '질' 향상에 개인주의자의 고집이 기여하는 바가 분명히 있지 않습니까? 그렇다면 우리가 우리 눈앞의 어떤 인물의 삶의 자세에 대해 경솔하게 개인주의적이니 어쩌니 평하고 심판하는 게 온당한 일일까요? 아니면 좀 엉뚱해 보여도 독특한 개성을 있는 그대로 인정해 주는 관용을 베푸는 건 어떻겠습니까?"

이 글에서 오 교수의 제언과는 달리 20세기 중후반 우리나라에서는 학교의 인성교육이 개인주의보다는 집단주의 쪽으로 더 기울었던 것으로 보인다. 이제는 흥미로운 역사적 자료가 되어 버린 1968년에 제정된 '국민교육헌장'의 내용을 꺼내 보겠다.

국민교육헌장

우리는 민족중흥의 역사적 사명을 띠고 이 땅에 태어났다. 조상의 빛난 얼을 오늘에 되살려, 안으로 자주독립의 자세를 확립하고, 밖으로 인류 공영에 이바지할 때다. 이에, 우리의 나아갈 바를 밝혀 교육의 지표로 삼는다.

성실한 마음과 튼튼한 몸으로, 학문과 기술을 배우고 익히며, 타고난 저마다의 소질을 계발하고, 우리의 처지를 약진의 발판으로 삼아 창조의 힘과 개척의 정신을 기른다. 공익과 질서를 앞세우며 능률과 실질을 숭상하고, 경애와 신의에 뿌리박은 상부상조의 전통을 이어받아, 명랑하고 따뜻한 협동 정신을 북돋운다. 우리의 창의와 협력을 바탕으로 나라가 발전하며, 나라의 융성이 나의 발전의 근본임을 깨달아, 자유와 권리에 따르는 책임과 의무를 다하며, 스스로 국가 건설에 참여하고 봉사하는 국민정신을 드높인다.

반공 민주 정신에 투철한 애국애족이 우리의 삶의 길이며, 자유 세계의 이상을 실현하는 기반이다. 길이 후손에 물려줄 영광된 통일 조국의 앞날을 내다보며, 신념과 긍지를 지닌 근면한 국민으로서, 민족의 슬기를 모아 줄기찬 노력으로 새 역사를 창조하자.

이 헌장 속에는 일본 메이지 정권 때 제정되어 식민통치 기간에 우리나라에도 강요되었던 '천황 교육칙어'를 떠올리게 하는 국가주의적 국민관이 뚜렷이 보인다. 그런데 국민교육헌장의 이 같은 추상적인 가치와 덕목들이 당대의 아동과 청소년의 인성 함양에 어떤 영향을 끼쳤을까? 만약에 그러한 드높은 덕목보다는 아동의 인지 수준과 맞지 않는 난해한 어휘로 가득 찬 긴 문장을 강제로 암송하게 했던 당시의 학교 분위기가 더 강한 교육적 영향력을 행사했을 것으로 추정하는 것이 타당하다면, 20세기 한국의 인성교육에 있어서 집단주의적 경향이 강했다는 주장을 지지해 줄 근거 한 가지를 확보할 수 있다. 국민교육헌장 이후에는 공식적인 국가 교육과정에서 어떤 인성적 측면이 강조되었는지 일람해 보겠다.

- 제3차(1976): 주체성, 민족의식, 반공, 국방, 자아의식
- 제4차(1982): 건강, 심미, 능력, 도덕, 자주
- 제5차(1989): 건강, 자주, 창조적 문제해결력, 도덕
- 제6차(1995): 건강, 자주, 창조, 도덕성
- 제7차 교육과정에서 추구하는 인간상(2000년 이후 시행)
  - 전인적 성장의 기반 위에 개성을 추구하는 사람
  - 기초 능력을 토대로 창의적인 능력을 발휘하는 사람
  - 폭넓은 교양을 바탕으로 진로를 개척하는 사람
  - 우리 문화에 대한 이해의 토대 위에 새로운 가치를 창조하는 사람
    (2009 개정 → 문화적 소양과 다원적 가치에 대한 이해를 바탕으로 품격 있는 삶을 영위하는 사람)
  - 민주시민 의식을 기초로 공동체의 발전에 공헌하는 사람
    (2009 개정 → 세계와 소통하는 시민으로서 배려와 나눔의 정신으로 공동체 발전에 참여하는 사람)

비록 명문화된 '공식적' 개념들이기는 하지만 세월이 흐름에 따라갈수록 개인주의적 가치관과 덕목이 증가하였음을 알 수 있다. 그런데 2009년의 개정에서는 진취성과 민

주시민성 등이 다소 소극적이고 수동적인 내용으로 수정되었음도 엿보인다. 이 같은 국가 중심 교육과정의 변화와는 달리 민간에서 일어난 인성에 대한 접근도 간과할 수 없다. 예컨대, 20세기 후반에 일어난 전국교직원노동조합의 '참교육'운동은 공존·공생, 민족 자주성, 민주 의식, 성 평등, 인권, 노동 존중 등의 가치를 전면에 내걸었고, 베이비붐 세대의 대학교육을 받은 집단의 시민의식에 영향을 끼쳤을 것으로 짐작할 수 있다. 이러한 민·관의 시도를 거친 뒤, 2014년에 「인성교육진흥법」이 국회에서 만장일치로 통과되었다. 우리나라의 법제를 통한 독특한 인성교육적 접근 방식이 동시대의 서구 세계에서 일어난 변천과는 어떤 유사점을 갖는지 살펴봄으로써 21세기 인성교육 전개의 맥락을 보다 폭넓게 조망해 볼 수 있을 것이다.

3) 20세기 서구의 인성교육 변천

20세기 이래로 우리나라 교육의 변화에 가장 큰 영향을 끼친 국외의 현상으로는 발달된 산업사회인 이른바 '선진국'들의 교육적 전개를 꼽을 수밖에 없다. 선진국 중에서도 20세기 전반의 일본과 중후반의 미국의 영향이 가장 압도적이었는데, 20세기 후반부터는 북서 유럽의 복지국가들도 점차 국내 교육의 개선을 위한 참고 자료를 제공해 주는 경우가 늘어났다. 따라서 오늘날 우리의 인성교육적 접근을 진단하려 할 때 서구 선진국의 인성교육적 변천을 조감해 볼 필요가 있다.

근대 이전의 인성교육에 관하여 앞에서 짚었듯이 이성과 과학 존중의 태도가 주축을 이룬 20세기 전반기에 유럽과 미국에서는 인성교육에 대해서도 합리주의적이고 주지주의적인 접근법이 주류를 이루었다. 현대 교육의 인지이론을 정립한 피아제(J. Piaget)는 아동의 도덕성 발달을 논하며 타율적 도덕성에서 **자율적 도덕성**으로 옮겨 가는 과정을 부각했다. 도덕교육에 큰 영향을 끼친 콜버그(L. Kohlberg)는 도덕적 추론의 3단계를 다음과 같이 설정하였다(Molnar, 1997).

① 전인습 수준: 처벌과 복종
② 인습 수준: 모범생 지향

③ 후인습 수준: 사회계약 내면화, 보편윤리 지향

콜버그는 개인마다 위의 각 단계를 거치는 속도에는 차이가 있으나 단계의 순서에는 개인차가 없고, 3단계로 다가갈수록 도덕성의 수준이 높아진다고 보았다. 궁극적으로 자율성이 확립되는 방향으로 진전하는 것을 강조한다는 점에서 피아제와 콜버그의 유사점이 보이는데, 두 사람 다 도덕성 발달과 진보에서 전적으로 인지 활동과 지적 작업의 중요성을 강조하였다. 그러나 도덕적 추론을 내세운 콜버그의 이론은 연구 활동에는 적합할지 몰라도 교실 활동으로서의 실효성에는 의문이 간다는 비판의 대상이 되었다. 실로 미국에서 1990년대에 콜버그 이론의 영향을 받아 이성적 추론 과정을 인성교육으로 확산시킨 가치관 명료화(values clarification) 이론이 21세기로 넘어와서는 많은 비판에 직면하여 실질적으로 폐기되기에 이른다(Molnar, 1997).

도덕성에 대한 인지적 · 주지적 접근의 한계를 목도하며 미국에서는 브루너(J. Bruner)의 내러티브 중심 인성교육이 대두되었다. 미취학 아동은 복잡하고 긴 이야기를 수용하지 못한다는 피아제의 주장에 반하여 브루너는 아이들의 이야기 이해 및 구성 능력을 높이 평가하여, 그들이 오직 이야기를 통해서만 삶 속의 사건들의 인과론적 전개를 이해할 수 있고 또 잘 기억할 수 있다는 점을 보여 주었다. 나아가 아동이 사건과 경험들을 이야기로 구성함으로써 자신의 세계 이해에 질서와 논리를 부여할 수 있다는 점을 관찰에 입각한 연구를 통하여 명시하였다(Bruner & Lucariell, 1989). 즉, 아동은 내러티브 형태의 학습 활동에 매우 긍정적으로 반응한다는 이론으로, 인성교육에서 지적인 토론과 암기보다는 아이들이 구성하고 참여하는 내러티브를 만듦으로써 인성 덕목에 자연스럽게 동화되도록 지도하는 교수 방법의 이점을 교육계에 천명하게 된 것이다. 브루너 이전에 이미 내러티브식 접근을 적극 활용한 학습 활동의 예는 제7장의 발도르프 학교의 사례에서 상술될 것이다.

피아제나 콜버그 유의 지적 접근에 대한 반론은 고전적 도덕주의를 표방한 매킨타이어(A. C. McIntyre)의 주장에도 잘 나타난다. 영국의 도덕철학자 매킨타이어는 아리스토텔레스의 덕 이론을 부활시켜 현대의 인문학자와 진보 진영이 간과한 미덕에 관한 훈육과 전수를 옹호하였다(McIntyre, 1981). 앞에서 살펴본 아리스토텔레스는 삶의 궁극의 목표인 행복에 이르기 위하여 인간은 용기, 절제, 우정, 진실성, 이성, 지혜 등의 미덕을 연마해야 한다고 주장했는데, 매킨타이어는 우리가 이런 미덕을 생활 속에서 실천함으로써만 미덕을 이해하고 내면화할 수 있다고 강변했다. 실천, 또는 습관 형성을 통한 인성교육에 관하여 최의창은 다음과 같이 평가한다.

아리스토텔레스의 덕교육 접근에서는 실천의 중요성, 특히 습관화의 중요성이 강조된다. 올바른 생각과 행동이 몸과 마음에 밸 때까지 습관화시키는 것이 가장 훌륭한 덕교육의 방법이라고 말한다. 특히 그런 습관이 자신의 일부분이 될 때까지 옆에서 도와주는 본보기로서의 교사나 부모의 역할이 절대적이다. 습관의 모범을 보여 줌으로써 학생들이 그대로 생각하고 행동하도록 만들어 주기 때문이다(최의창, 2010: 187).

[아리스토텔레스의 아이디어의 시사점은] 학교에서는 이론적 이성(지능)만을 키워 주는 주지주의적인 교과교육을 지양하고 학생으로 하여금 실천적 이성(지혜)을 계발하는 사회적 실천전통의 교육이 진행되어야 함을 말한다(최의창, 2010: 188).

포스트모던 시대에 진입하며 아리스토텔레스적인 미덕의 습관화와 실천을 내세운 매킨타이어의 주장은 시대착오적이라는 신랄한 학계의 비판에 직면하기도 했으나 현장 교육자들의 강한 지지를 얻기도 하였다. 그런데 그의 주장 속에는 브루너가 내세운 것과 같은 내러티브 방식을 옹호하는 입장도 담겨 있는 바, 이를 실천주의적 입장과 내러티브 방식의 결합이 인성교육의 효과적인 방법으로 발전할 수 있다는 낙관의 근거로서 제시한다.

[옛이야기에 등장하는] 사악한 계모, 길 잃은 아이, 간신의 말에 넘어간 착한 왕, 쌍둥이 사내애들을 젖 먹여 키운 늑대, 부모로부터 유산을 전혀 물려받지 못한 채 세상에 나아가 길을 개척해야 하는 막내아들, 부모로부터 물려받은 유산을 쾌락으로 탕진해 버리고 망해 버린 장남 등등에 대한 옛이야기를 들으면서, 아이들은 자

신과 같은 아이란 누구이고 부모란 누구이며, 자신의 삶이라는 드라마에 등장하는 배역들은 누구이고, 세상이 돌아가는 이치는 무엇인지를 배우거나 또는 그런 것들에 관한 오도된 인식을 얻기도 한다. 아이들로부터 이야기를 빼앗아 버리면 그들은 말과 행동에 준비가 되지 않고 불안에 떠는 말더듬이가 되어 버릴 것이다. 그러므로 우리의 사회를 포함한 그 어떤 사회에 대하여 이해하고자 할 경우라도 그 사회의 일차적인 극적인 재료들을 담고 있는 이야기를 모으지 않고서는 우리는 진전을 볼 수가 없다(McIntyre, 1981: 221).

실천을 통해서든, 내러티브를 도구로 삼아서든, 아동이 덕성을 이해해 가는 과정은 단순히 인지 작용의 범위에서만 일어나지 않고 아동의 감정에 자극을 주기도 한다. 근세의 계몽주의와 현대의 과학주의는 인간의 이성을 문명의 최전방에 포진시켰지만, 인간을 움직이는 핵심 동력이 과연 이성에서 비롯되는지 아니면 감정에서 시작되는지는 쉽게 결론지을 수 있는 사안이 아니다. 프로이트주의자 라캉(J. Lacan)이 역설적으로 "나의 광기로 하여금 항상 나의 이성을 감시하도록 하라."라고 말했다는데, 인성교육자들도 아동과 청소년의 이성에만 배타적으로 호소하는 교육 방식은 비판적으로 검토할 필요가 있다. 그렇기 때문에 서구에서는 최근 들어 사회성과 감성에 깊이 의존하는 인성교육이 점차 각광받고 있다. 그런데 사회성과 감성에 의존한 교육에 대해서는 제5장에서 상술하고 있으므로 여기에서는 다루지 않겠다.

그런데 감정과 정서의 영역을 건드려 인성 함양에 다가가는 방식을 옹호하는, 그러나 교육계에 그 아이디어가 널리 전파되지는 않은 교육 이론가들이 있다. 인간의 무의식을 연구하는 심층심리학 계통에서도 특히 카를 융의 후예 중에서 그런 이들을 찾아볼 수 있는데, 이 진영에서는 인간의 태도를 변화시키기 위해서는 표층으로 드러나는 행동을 수정할 것이 아니라 의식 심층 속에 잠겨 있는 동기에 손을 뻗어야 한다는 점을 강조한다. 그러해야 하는 이유 중 하나는 인간에 대한 전인적 이해와 관련이 있는데, 융은 인간에게 자신의 존재를 전부 써 버리려는 **자기실현적 욕구**가 내재되어 있어서 편협하게 지성만 사용한다든지, 감정적으로만 치우친다든지 하는 삶은 결코 전 존재적 충족을 선사해 주지 못한다는 점을 지적한다. 인간은 자신의 지성과 감정뿐 아니라 정신과 육체, 외향적 활동과 내향적 성찰, 깊고 심각한 면과 얕고 가벼운 면, 밝고 긍정적인 성향과 어둡고 부정적인 성향, 이타성과 공격성 등 자신의 전부를 인식하여 드러내고 자신의 전 존재를 활용할 수 있을 때 보다 완숙하고 조화로운 인격을 형성하게 된다고 보는 것이다. 자신을 전부 써 버리기 위해서는 의식뿐 아니라 무의식의 영역에 숨겨진 욕구도 들춰 봐야 한다(이부영, 2011; Jung, 2001).

융의 메시지를 전하는 교육자 중에는 오늘날의 학생들이 주지적 학습에 매몰되어 자신의 전 존재를 써 볼 기회를 얻지 못해서 사회 속에서 자신의 위치를 찾지 못하고 삶 속에서 일상의 의미를 발견하지 못하고 있으며, 그렇기 때문에 숱한 인성의 문제들을 일으키게 되었다고 지적하는 이들도 있다(김성민, 2013; Mayes, 2005). 무의식 속의 욕구를 건드린다는 것은 실로 위험한 과정이지만, 청소년으로 하여금 자신을 다 써 볼 수 있도록 이끌어 줄 때 인성의 파탄이 아니라 대단히 고양된 인성의 경지에 다다를 가능성도 있을 것으로 예상할 수 있다.

그리스인 조르바의 인성

인간 내면의 숨겨진 욕망은 결코 도덕적일 수만은 없다. 그것을 드러낸다는 것은 부도덕성에 대한 상상을 동반할 수밖에 없고, 따라서 많은 이가 이러한 융 심리학을 교육에 적용하는 것에 대하여 강한 반감을 표한다. 실로 융 학파의 전인 개념을 잘 구현해 낸 가상의 인물은 니코스 카잔차키스(N. Kazantzakis)의 소설『그리스인 조르바(Zorba the Greek)』의 주인공 조르바라 할 만한데, 조르바는 60세 넘도록 세상의 풍파를 다 겪으며 온갖 악행을 범해 본 풍진에 찌든 노인이다. 그러나 그는 삶의 모든 것을 맛봤고 자신을 온전히 다 써 봤기에 결국 자신의 내면에서 인간에 대한 가장 깊은 애정을 발견해 낼 수 있었으니, 그의 표면적인 상스러움과 거침에도 불구하고 종국에는 공동선의 구현을 위하여 가장 순수한 노고를 바치는 인물로 그려져 있다. 조르바는 냉철한 이성과 냉정한 계산성 그리고 무서운 공격성을 구비한 남자이지만 따스한 감성과 순진무구한 관점 그리고 신의 뜻에 내맡기는 순종을 아는 인간이기도 하다. 이러한 인간상을 인성교육에서 꿈꾸는 것이 21세기 사회에 합당한 것일까?

현대의 인성교육적 변천을 짧게 요약하기는 힘든 일이지만, 전통 사회로부터 넘어오는 과정에서 현대인이 상실한 종교성에 대한 인류학적 관찰을 여기에 붙여 놓겠다. 위대한 현대의 과학 문명이 배출한 부작용을 치유하는 데 비과학적인 신앙이 끼어들 자리는 없을까? 우리의 후대의 인성을 이끄는 길은 과학으로 충분할 것인가?

> 현대인은 그의 '합리주의'(신성력을 지닌 상징과 관념에 그가 반응할 수 있는 능력을 파괴해 온)가 그를 얼마나 정신적 '지하 세계'의 처분에 떠맡기도록 하였는지를 알지 못한다. 그는 '미신'으로부터는 자유로워졌으나(혹은 그렇다고 그가 믿지만), 그 과정에서 그의 정신적 가치들을 극히 위험할 정도까지 상실하였다. 그의 도덕적이며 정신적인 전통은 와해되었고, 그는 지금 이러한 붕괴에 대한 대가를 전 세계적인 방황과 분열로 치르고 있는 중이다.
> 인류학자들은 원시사회의 정신적 가치가 현대 문명의 충격에 노출될 때 그 사회에 무엇이 일어나는가를 자주 언급하였다. 원시사회의 사람들은 그들의 생의 의미를 상실하고, 사회 조직은 붕괴하며, 도덕적으로 타락하고 만다. 현재 우리도 같은 처지에 있는 것이다. 그러나 우리는 우리가 무엇을 상실했는지를 결코 진정으로 이해하지 못했다. [중략] 나의 생각으로는 신앙(인간의 가장 강한 무기인)은 결코 사고를 배제하는 것이 아니다. 그런데 불행히도 많은 신도는 너무나 과학을 두려워하여(게다가 심리학도) 그들은 인간의 운명을 영원히 지배하는 정신의 신성력을 외면한다. 우리는 그 신비성과 신성함을 모두 벗겨 버렸다. 성스러운 것은 이제 아무것도 없다(Jung et al., 1964: 94).

과학이 이끄는 다문화 시대의 교육 현장에 특정 종교들의 가르침을 집어넣을 수는 없다. 그러나 우리의 후대의 인성을 함양하는 길에서 우리의 선대가 종교의 형태를 빌려 축적해 온 인간에 대한 통찰과 지혜의 도움을 받는 것을 아예 거부하는 것 역시 합리적이지 않다. 첨단 IT 기술의 선봉에 서 있고 과학의 발전도 선도하고 있는 미국 실리콘밸리의 거대 기업들이 인류 고대의 영성에 대한 지혜를 차용하고 있다(그 예는 제6장에 제시된다). 인성교육에 몸담는 교육자들도 그들의 프래그머티즘을 참고할 수 있을 것이다.

참고문헌

김성민(2013). 학교 폭력에 대한 심층심리학적 고찰과 대책. **신학과 실천**, 35, 403-433.

김형효(2006). 김형효 교수의 테마가 있는 철학산책. **서울신문**(2006년 6월 8일).

노자(1999). 『**도덕경**』(오강남 풀이). 서울: 현암사.

성백효 역주(2002). **역주 心經附註**. 서울: 전통문화연구회.

송주복(1999). **주자서당은 어떻게 글을 배웠나**. 경기: 청계.

안경식(2002). 언행록에 나타난 퇴계의 제자 교육. 한국 교육 사상연구회 편, **교육 사상연구**, 11.

이부영(2011). **분석심리학-C.G. 융의 인간심성론**. 서울: 일조각.

이부영(2012). **노자와 융-『도덕경』의 분석심리학적 해석**. 서울: 한길사.

이이(2008). **성학집요/격몽요결**(고산 역해). 서울: 동서문화사.

정민(2011). **삶을 바꾼 만남-스승 정약용과 제자 황상**. 서울: 문학동네.

차하순(1986). **서양사총론**. 서울: 탐구당.

최의창(2010). **인문적 체육 교육과 하나로 수업**. 서울: 레인보우북스.

황금중(2014). **학學이란 무엇인가-아름답고 위대한 본성의 체현**. 경기: 글항아리.

加地伸行(2002). **침묵의 종교 유교**(이근우 역). 서울: 경당.

Aristotle (1962). *Nicomachean Ethics*. Trans. Martin Ostwald. New York: Macmillan.

Augustinus, A. (2010). **고백록**(최민순 역). 서울: 바오로딸.

Aurelius, M. (2008). **명상록**(유동범 역). 서울: 인디북.

Bruner, J., & Lucariell, O. J. (1989). Monologue as Narrative Recreation of the World. In K. Nelson (Ed.), *Narratives from the Crib* (pp. 73-93). Cambridge, Mass.: Harvard University Press.

Comenius, J. A. (2007). **대교수학**(*Pedagogie Didactica*). (정확실 역). 경기: 교육과학사.

Epictetos/Sharon Labell(2003). **불확실한 세상을 사는 확실한 지혜**(The art of living: The classic manual on virtue, happiness, and effectiveness). (정영목 역). 서울: 까치글방.

Inkeles, A., & Smith, D. H. (1974). *Becoming Modern: Individual Change in Six Developing Countries*. Cambridge, Mass.: Harvard University Press.

Jung, C. G. (2001). **융 기본 저작집 1: 정신 요법의 기본 문제**(*Grundfragen zur Praxis*). (이부영 외 공역). 서울: 솔출판사. (원전은 1984년에 출판)

Jung, C. G., Henderson, J. L., Jaffé, A., Jacobi, J., Freeman, J., & Franz, M. (Ed.). (2008). **인간과 무의식의 상징**(*Man and His Symbols*). (이부영 외 공역). 서울: 집문당. (원전은 1964년에 출판).

Mayes, C. (2005). *Jung and Education: Elements of an Archetypal Pedagogy*. Lanham, MD: Rowman & Littlefield.

McIntyre, A. C. (1981). *After Virtue*. Notre Dame, IN: University of Notre Dame Press.

Molnar, A. (Ed.). (1997). *The Construction of Children's Character: Ninety-sixth Yearbook of the National Society for the Study of Education*. Chicago: University of Chicago Press.

Plato(2012). **국가**(조우현 역). 서울: 올재.

Ross, J. B., & McLaughlin M. M. (Eds.), (1985). *The Portable Renaissance Reader*. New York: Penguin Books.

Rousseau, J. J. (1979). *Emile, or On Education*. Trans. Allan Bloom. New York: Basic Books.

대한불교조계종 지리산 효봉사관 칠성사 홈페이지 http://keumbongsa.org/bbs/board.php?bo_table= 05_3&wr_id=72

PART 02

인성 이론

Chapter 03
도덕성 이론: 인성과 도덕교육

이명준

학습목표

- 동·서양의 사상가(공자, 맹자, 주자, 순자, 소크라테스, 키케로, 코메니우스, 루소, 칸트)들의 도덕과 인성에 관한 이론을 중심으로 이해를 확대한다.
- 인성과 도덕, 도덕교육과 인성교육의 이론적이고 역사적인 발전 과정과 이론을 이해한다.
- 인성과 도덕, 도덕교육과 인성교육의 이론과 실천의 문제를 연계하여 분석하고 비판한다.
- 인성교육과 도덕교육의 정체성을 이해하고 인성교육의 새 지평을 파악한다.
- 이를 토대로 우리나라의 현재 인성교육의 혼란과 그 원인을 알아보고, 그 효과적 실행을 위한 발전 방향을 찾아본다.
- 세계화 속에서 보편적 인성교육의 필요성과 중요성을 인식하고 참여하도록 독려한다.

학습개요

동양과 서양의 인성·도덕 이론을 이해하여 차이점과 공통점을 파악하고 인성교육의 내용과 방향과 목적을 총체적으로 이해한다. 또한 현대 인성교육, 특히 우리나라의 인성교육과 도덕교육을 심사숙고하여 올바른 인성교육이 도덕교육과 다르지 않음을 이해하고 올바른 인성교육 실천이 무엇인지를 판단한다.

토의질문

- 공자와 소크라테스의 인성과 인성교육에 대한 차이점과 공통점을 비교하고 논의하라.
- 맹자와 순자의 차이점과 공통점을 비교하고 루소의 성선설과 연계하여 살펴보고 설명하라.
- 칸트의 도덕론과 공리주의의 도덕론의 차이는 무엇이고, 그 구분이 타당한지 논의하라.
- 인성교육과 도덕교육이 동전의 양면처럼 함께 가야 하는 이유를 설명하라.
- 코메니우스의 인성교육론이 현대 인성교육에 적합한지를 토론하라.

1. 인성교육과 도덕교육의 필요성

현대인은 과학과 기술의 급속한 발달과 확장으로 자연의 본성과 현상 및 물질 세계를 다루는 뛰어난 능력을 발휘한다. 인간은 이런 힘을 바탕으로 지구의 모든 생명체를 지배하는 힘을 갖게 되었다. 반면에, 현대인은 자연 세계를 다루는 능력과 그것을 인간에게 적합하게 활용하는 능력인 지혜 사이의 균형을 찾는 데 심각한 어려움을 겪고 있다. 이 어려움은 물질 세계를 다루는 인간의 능력이 빠르게 발달하는 데 비해서 그 능력을 통제하는 인간의 가치, 판단, 사유, 행위의 능력은 과학과 기술의 변화와 속도를 따라가지 못하는 데서 비롯된다. 변화와 그에 대응하는 속도 사이의 간격이 인간에게 혼란을 가져온다. 심지어 현대에서 그 혼란이 악화되어 과학과 기술이 존재로서 인간의 목적에 기여하기보다는 특정 목표를 달성하기 위한 수단으로 도구화되었고, 그래서 인간은 스스로 인성, 즉 인간성을 잃거나 파괴당하기도 하고 파괴하기도 하는 암울한 상황에 직면해 있다.

현대인은 이러한 현대 사회의 비인간적이고 비윤리적인 현실을 개선하고 행복하게 살기를 원하지만 현실은 아직도 혼미할 뿐이다. 이 혼란이 심해짐에 따라 많은 사람이 이를 극복할 대안을 요구하고 있다. 현대는 물질적 풍요 속의 인성 빈곤을 겪고 있다. 물질적 풍요 속에서 정신적·도덕적 빈곤과 혼란을 극복하기 위한 방안의 하나로서 교육의 역할, 즉 인성교육의 역할이 중요해지고 있다. 과학과 기술의 발달이 물질적·정신적으로 균형을 이룰 때 인간은 풍요를 즐기며 살 수 있을 것이다. 이를 위하여 개인과 사회와 국가는 그동안 경시돼 온 인성교육의 필요성을 점점 강조하고 있다. 교육이 이 같은 요구에 효과적으로 부응하기 위하여 과거로부터 현재까지 알려진 인성의 의미, 인성과 도덕의 상관성, 인성교육과 도덕교육의 관계를 알아본다. 또한 현대에 이르기까지 인성과 그 교육의 시대적 변화와 동서양의 변화는 어떠했는지 알아보고, 우리나라의 인성교육의 정체성을 살피고, 인성교육과 도덕교육이 어떻게 인성을 계발하고, 합목적적인 상승(synergy) 효과를 발휘하여 보다 나은 사회를 만들어 가는 데 필수적인 인간의 인성 함양에 기여할 수 있는지를 살핀다.

2. 동양과 서양의 인성과 도덕

인성은 관점에 따라서 다른 의미를 갖는다. 하나는 인성을 인간의 본성으로 보는 생득적(生得的, innate) 관점이고, 다른 하나는 인성이 인간의 본성이 아닌 경험에 의해서 후천적으로 형성되는 것이라는 후험적(後驗的, a posteriori) 관점이 있다. 생득적 관점에 의하면, 인간의 본성은 태어나면서부터 모든 사람에게 주어진 것이다. 인성은 '1+1=2'라는 수학적 개념을 이해하는 능력, 또 인간이 즐거움을 좋아하고 고통을 싫어하는 것처럼 보편적인 것이다. 반면에, 후험적 관점에 의하면, 인간은 관습적으로 피부 색깔, 성별, 빈부의 차이, 언어의 다름과 같은 경험에 따라서 개인마다 다른 인성이 후천적으로 형성된다고 본다. 이는 태어나면서 주어지는 생득적 본성이 아니라 태어난 후에 살아가는 과정에서 환경, 지역, 시대와 같은 외적 요인에 의해서 인성을 각자가 다르게 후험적으로 획득하게 된다고 보는 관점이다. 양자의 관점은 서로 대립적으로 인성을 본다.

생득적 관점에 의하면, 인성은 인간의 본성으로서 "하늘로부터 받은 인간의 성(性) 혹은 본성(本性)으로 천명지위성(天命之謂性)"이라는 입장이다(『중용(中庸)』, 第1章 1節). 세상의 모든 것, 즉 삼라만상(森羅萬象)은 끊임없이 변할지라도, 하늘이 인간에게 내린 성(性)은 변하지 않고, 인간의 본질 혹은 근본 요인에 의해 변한다. 인간은 이처럼 변하는 측면과 변하지 않는 측면을 동시에 갖는 존재론적 모순을 지닌 존재로서 살아간다. 다시 말하면, 변하지 않는 인간의 본성, 즉 인성(人性)은 하늘이 준 본성, 즉 천성(天性)과 몸처럼 변하는 특성을 함께 지니고 산다. 따라서 인성은 변하는 것 가운데 변하지 않는 것을 주장한다.

유교는 인성이 가장 잘 발휘되는 것을 인의예지(仁義禮智)를 구현하는 도덕적 품성으로 보았다. 인성은 하늘이 준 생득적인 것이기에 인간의 경험으로부터 얻을 수 있는 후험적인 것과는 다르며, 태어나면서 갖고 있기에 선험적(先驗的, a priori)으로 주어지는 것이고, 그래서 모든 사람에게 갖추어진 보편적인 것이다. 인성은 경험으로 알고 느낄 수 있지만 경험으로부터 오지 않기에 변하지 않으며 보편성을 갖는다. 이로 인해 인간은 서로 이해하고 공통적으로 도덕적 판단과 행동을 할 것이라는 공통적 전제에 동의할 수 있다.

반면, 후험적 관점에 의하면, 인성은 인간이 태어난 후 세상을 살아가는 과정에서 경험적으로 습득하는 다양한 능력의 총합으로서 후천적으로 습득되는 것임을 강조한다. 인성은 경험을 통해서 얻게 되는 능력이어서 나름의 구체적 특성을 갖는다. 이 경우 인간의 보편성보다는 개별적 인간의 경험과 능력에 따라 개별화된 성향 혹은 경향성으로서 인성을 갖게 된다. 따라서 후험적으로 획득된 인성은 보편적 인성보다는 구체적 개별성이 강하게 나타난다. 이렇게 형성된 "인성은 개인, 그룹, 국가를 개별화하거나 특성화하는 정신적이고 윤리적인 특질의 복합체"의 근간을 이룬다.[1] 따라서 인성은 하늘이 내려 준 것이 아니라 인간이 스스로 개별화하고 특성화함에 따라 형성되고, 이로 인해 후험적 정체성을 갖게 된다.

이처럼 인간의 본성에 관한 의미가 개별적 인간마다 다르거나 혹은 같다고 보는 두 가지 관점이 공존하는 상황이 예로부터 현재까지 꾸준히 제기되어 왔다. 하지만 거시적 관점에서 보면 인성에 대한 다양한 관점은 동양과 서양이라고 해서 크게 다르지 않은 것으로 보인다. 반면에, 미시적 관점에서 보면 인성은 동서양이 다른 특징을 갖는 것으로 나타난다. 이 두 입장을 고려하면, 동서양이 인성에 대해서 유사한 관점과 상이한 관점을 동시에 유지하는 것으로 보인다. 맹자와 루소의 성선설, 순자와 홉스의 성악설이 세부적으로는 조금씩 접근 방법과 표현의 차이에 따라 다르게 보일 수 있을지라도, 큰 틀에서 보면 양자는 관점에 따라 다름과 같음이 공존하고 있음을 보여 준다. 이처럼 인성의 본질이 생득적 혹은 선험적인 것인가 아니면 후험적인 것인가에 대한 두 입장을 중심으로 오랫동안 많은 사상가 사이에서 다양한 의견이 표출될 만큼 끊임없이 논란의 초점이 되어 왔다. 그 논란의 다양성만큼이나 아직도 인성의 본성에 관한 여러 입장이 서로 치열하게 경쟁하고 있다.

---

1) Merriam-Webster(http://www.merriam-webster.com/dictionary/character, 2016. 1. 10. 인출)

1) 동양의 인성과 도덕

(1) 공자

"하늘이 모든 사물에 부여한 것이 성(性), 즉 인성(人性)이다. 그리고 그 인성에 따라 사는 것이 도(道)이고, 도에 맞게 하나하나 조절해 나가는 것은 교(敎), 즉 교육(敎育)이라 한다(天命之謂性, 率性之謂道, 脩道之謂敎)."(『中庸』, 第1章 1節) 공자(孔子)에 의하면, 천(天)은 자연과 인간 세계를 주재하는 최고의 존재이자, 인간, 도덕성의 원천으로 형이상학적 의미와 도덕적 의미를 동시에 함축한다. 따라서 천이 곧 인성이고 본성이다. 공자는 천을 중심으로 하여 형이상학과 도덕을 분리된 별개의 것으로 다루지 않고 하나의 묶음, 하나의 실체의 두 측면으로서 보고, 양자를 같은 차원에서 다룬다. 형이상학적 존재로서 세상에 실재하는 것이 곧 도덕적 존재로서의 실천이고, 이는 바로 하늘이 인간에게 준 성, 즉 인성(人性)이다. 형이상학적 관점에서 보면, 천(天)은 세계의 모든 변화를 주관하는 절대적 존재이다. 도덕 혹은 인성의 관점에서 보면, 천은 역사의 현실적 전개 과정에서 인간의 실존적 삶이 정해진 바의 이치(攝理)를 따르도록 합리적으로 맡아 통치(痛治) 혹은 주재(主宰)하는 존재이다. 공자는 천의 개념으로 인간과 세상을 다스림에 있어서 합리적·이성적으로 이끌어 깨우치게 하고 도덕적으로 성숙하도록 하여 현실 세계에서 진정한 질서와 평화가 실존하는 인간 사회를 실현하고자 하였다.

우리는 여기서 공자의 천명(天命)으로서의 인성의 중요성을 보게 된다. 천명이 인간 본성, 즉 인성이고, 인성의 핵심은 인(仁), 즉 사랑이다. 인간 본성인 인은 진실한 사랑이고, 동시에 도덕성이자 우주의 근본이다. 인은 우주의 시작이자 끝으로서 모든 것의 근본이다. 유교는 세상을 형이상학적인 천명을 구현하는 장으로 본다. 인간은 그 안에서 도덕을 통하여 천명을 실천하고 구현하는 능동적 존재이자 주체이다. 공자는 인(仁)이 내면의 도덕적 가치이고 동시에 예(禮)는 외면적 사회규범이라고 본다. 달리 말하면, 인이 내면적 도덕성의 자연스러운 발로(發露)라면, 예는 이를 실현하는 질서이자 도덕의 외적 규범이다. 따라서 내면적 도덕으로 자기를 극복하고 실천하는 것이 곧 예이다(克己復禮). 이런 의미에서 공자는 "예가 아니거든 듣지도, 보지도, 말하지도, 움직이지도 말라."라고 하였다(『論語』, 顏淵). 인간은 인을 통하여 이기적 자아를 버리고 이타적 자아를 실천하기에 아가페(agape)적 사랑이고, 이것이 곧 천지(天地)의 도덕적 질서라 할 수 있다. 하지만 경계해야 할 것은 인이 없이 예만 차리는 것은 허례허식(虛禮虛飾)이란 점이다. 따라서 인의 진정성이 담기지 않은 허례허식은 비도덕적이고 예에도 맞지 않고 아무 곳에도 쓸모없는 것, 즉 무용지물(無用之物)이다.

유교는 천명으로서 인성, 즉 도덕성을 온전하게 실천하는 사람으로서 최고의 경지에 오른 사람을 성인(聖人)이라 한다. 성인은 도덕적 인격 완성의 최고 실현 단계에 도달한 사람이다. 그는 천명과 인간의 도덕을 이 세상에서 하나로 만든 단계, 즉 천인합일(天人合一)의 단계에 이르러 최고의 덕을 갖추고, 사리에 정통하며, 뭇 사람의 사표가 되는 사람이다.

(2) 맹자와 순자

맹자(孟子) 역시 유교를 주장하면서 공자와 같이 천도(天道)가 인간 삶의 모범이자 규범이라고 본다. 맹자도 공자처럼 천명지위성(天命之謂性)을 중시한다. 그는 인간에게 성(性)으로서 인의예지(仁義禮智)의 성품(性品)을 부여했는데, 그것이 바로 다름 아닌 선(善)이다. 이것이 맹자의 성선설(性善說)의 핵심이다. 인간은 마음을 통해 본성을 알고, 이로부터 나아가 천(天)을 이해한다. 따라서 인간이 마음을 보존하는 것이 곧 천을 섬기는 것이다(『孟子』, 盡心章句上).

맹자에 의하면, 인간은 언제나 인의예지를 가언적(假言的, hypothetical)으로가 아니라 당위적(當爲的, categorical)으로 실천해야 한다. 천성은 인간에게 나타날 때 인의예지의 네 가지 성품 혹은 덕으로 나타난다. 이 네 가지 덕을 가능하게 하는 마음이 사단(四端)이다. 인(仁)에서 우러나는 측은지심(惻隱之心), 의(義)에서 우러나는 수오지심(羞惡之心), 예(禮)에서 우러나는 사양지심(辭讓之心), 지(智)에서 우러나는 시비지심(是非之心)이 바로 그것이다(『孟子』, 公孫丑上). 맹자는 인의(仁義)를 강조하였다. 첫째, 인(仁)은 사람의 차마 어찌지 못하는 마음(不忍之心)이자 마땅히 가야 할 길(道)이다. 둘째, 의(義) 역시 사람의 길(人道)이다. 도덕을 실천하는 사람은 이익을 추구하기보다는 지금 여기서 의로움을 먼저 생각해야 한다. 도덕과 인성을 갖춘 인간은 이익을 추구하는 삶을 버리고 의를 취하는 삶을 택해야 한다. 셋째, 예(禮)단의 사양지심(辭讓之心) 역시 선천적으로 인심(人心)에 내재한다. 넷째, 지(智)에서 우러나는 옳고 그름을 가리는 시비지심(是非之心)이 있다. 인간은 사단을 후험적으로 아는 것이 아니라 선천적으로 알기 때문에 배우지 않고도 알 수 있다. 예를 들면, 부모에 대한 공경과 사랑 및 형제애는 생득적(生得的)이기 때문에 생각하지 않고도 자연스럽게 알 수 있으며(良知), 배우지 않고도 능히 알고 행할 수 있는 것(良能)이다. 따라서 선천적 혹은 생득적 도덕적 선을 가지고 태어난 인간은 세상의 이해관계에 흔들리지 않고 세상에 꺼릴 것이 없는 크고 넓은 도덕적 용기를 배우고 함양(養浩然之氣)하여 도덕적 선을 실천해야 한다. 하지만 세상은 선보다 악이 득세하는 곳이기에 도덕적 실천에는 언제나 어려움이 따르는데, 이를 극복하기 위해서는 나는 남의 탓을 하지 말고 자기를 돌아보고 잘못을 찾아 반성하고(自己反省 反求諸己) 용기 있게 스스로 실천해야 한다. 타인을 대할 때는 언제나 사랑하는 마음(仁)으로 형식을 갖추어서 공경(禮)하고 선한 말을 하고 선한 것을 공유해야 한다(興人同善). 맹자는 공자와 함께 인의예지를 하늘이 준 인성이자 참된 도덕성으로 보고 네 가지 덕을 실천하는 것이 하늘의 명을 받드는 것이라고 생각하였다.

순자(荀子)는 인(仁)을 중시하는 공자나 인의(仁義)와 성선설을 강조하는 맹자와는 달리 하늘이 명하여 인간에게 착한 인성이나 도덕성을 주지 않았다고 본다. 그뿐만 아니라 천(天)은 의지를 가진 인격적 존재로서 인간에게 명(命) 혹은 명령(命令)을 하는 주체가 아니다. 천은 자연을 의미하고 자연은 그 법칙에 따라 순행(巡行)하며 다양한 천변만화(千變萬化)의 자연 현상을 일으킬 뿐이다. 인간은 이런 자연의 순리에 따라 사는 것이며, 이것이 바로 자연의 명을 따라 사는 것이고, 나아가서 사람의 성(性)과 정(情)을 따르는 것(巡是)이다. 순자는 인간이 농사에 힘쓰고, 그것을 절약하여 사용하면 하늘이 가난하게 할 수 없고, 도(자연의 법칙)를 알고 그에 따라서 어긋남이 없이 농사를 짓고 방비를 하면 하늘은 인간에게 자연의 급격한 변화나 예측할 수 없는 재앙을 줄 수 없으며 또 그것을 피할 수 있을 것이라고 보았다(荀子,『天論』).

순자의 천(天)에 대한 관점은 공자나 맹자와는 다르다. 그에 의하면, 천은 인간의 길흉화복(吉凶禍福)을 가름하는 주재자(主宰者)나 주관자(主管者)가 아니다. 인간은 스스로 의지와 행동으로 자신의 운명을 개척할 수 있다. 이는 인간 중심의 관점으로서 당시에는 획기적 사고의 전환이자 새로운 관점을 제시한 큰 사건이라 할 수 있다. 그는 천을 자연현상(自然現象)과 그에 내재하는 자연법칙(自然法則)이라 규정하고, 이로부터 천명은 하늘의 의지가 아니라 세상에 존재하는 자연의 일부일 뿐이라고 보았다. 순자는 자연이 단지 자연일 뿐이라고 인식하여, 자연과 인을 서로 다른 것으로 명확히 분리하여 지적함으로써 인간이 자연에 종속하는 존재가 아님을 분명히 밝혔다. 순자에 의하면, 자연의 법칙은 자의적(恣意的)으로 변하는 인격체가 아니다. 따라서 천이 인간과 자연의 주재자가 아니라 인간이 자신의 운명의 주재자이고 자연은 다만 자연으로서 존재할 뿐이라고 본다. 이로부터 순자는 인간을 주재자로서의 천으로부터 도덕과 가치 규범을 부여받고, 그로 인해 천에 의해서 수동적으로 지배받는 종속적 존재자인 인간을 천으로부터 해방하였다. 그는 인간을 자연으로부터 독립한 존재이자 스스로 존재 의미를 찾는 의지를 갖춘 해방된 존재로 재해석하였다. 이는 인간을 자연에 종속하는 존재가 아니라 독자적으로 도덕과 가치 체계를 만들고 그것을 실천하는 인격적 · 도덕적 존재로 간주하였음을 의미한다. 순자는 인간이 자연의 일부이자 자연 속에서 자연 법칙을 활용하고 따르는 것을 인정한다. 하지만 순자는 인간을 천으로부터는 독립된 존재로 보고 인간 중심의 세계관을 주장하였다. 순자가 이런 자연주의적 세계관을 주창(主唱)한 것은 인간이 스스로 하늘의 명이란 굴레로부터 해방돼야 한다는 것을 함축하는 것이다. 순자의 이런 입장은 맹자가 주장한 '인성이 선하다'는 성선설의 근거가 충분하지도 않고 타당하지도 않음을 암시한다.

순자에 의하면, 오히려 인간은 생명을 존속시키려는 욕구 본능을 갖는다. 인간은 살려는 본능, 즉 생존 본능의 충족을 위해서 서로 경쟁과 갈등을 유발하는 존재이다. 이 과정에서 인성은 성선(性善)보다는 성악(性惡)에 치우치는 경향성을 보인다. 인간은 생존 본능의 성정(性情)을 따르기 때문에 선과 악의 기준을 중시하기보다 생존을 우선시한다. 이런 생존 중심의 사고는 의도하든 안 하든 결과적으로 도덕적 선악의 문제는 후험적이고 결과론적이라는 것을 함의한다. 이런 현실적 상황을 고려하면 인간이 살려는 과정에서 겪는 경쟁으로 인하여 빚어지는 결과로 악이 나타난다는 입장을 거부하기 어렵다. 결국 생존경쟁으로 인한 삶의 과정에서 악이 발생하고, 공정하지 않고 도리나 이치에 맞지 않는 정의롭지 않은 행위에 의하여 지속적으로 악이 낳아지는 것을 배제할 수 없다면 인간의 성(性)은 선하기보다는 악한 것, 즉 성악설(性惡說)이 된다. 홉스(T. Hobbes)가 주장하듯이 치열한 생존경쟁은 만인의 만인에 대한 투쟁 상태, 곧 '자연 상태'를 의미한다. 따라서 자연 그대로의 인간을 방치하면 사회는 걷잡을 수 없는 혼란에 빠진다. 그래서 홉스는 이를 방지하기 위하여 '리바이어던(The Leviathan)' 이란 유기적(有機的) 정체(政體)의 필요성을 강조한다. 국가나 사회의 제도로서 리바이어던이란 유기적 정체는 완전하지는 않지만 자연의 혼란과 무질서한 상태에서 불완전하지만 차선책으로 인간의 평화와 안락한 삶을 보장하기 위해서 필요한 것이다.

유사한 맥락에서 순자는 맹자의 성선설로는 험악한 사회 속에서 질서, 평화, 안녕을 담보할 수 없다고 보았다. 따라서 그는 세상 속의 개인이나 집단이 합리적으로 욕구를 충족하는 사회적 합의의 제도적(制度的) 장치(裝置)인 예(禮)의 필요성을 강조하였다. 예(禮)는 공리적이고 객관적인 가치로서 누구도 예외 없이 복종할 수 있도록 하는 도덕적·사회적 규범이다. 이 점에서 순자는 인간의 본성을 악이라고 하며 성악설을 정당화한다. 따라서 인간의 선악은 타고나기보다는 후천적 혹은 삶의 과정에서 익힌 경향성(傾向性)이라 할 수 있다. 대부분의 인간은 본성이 때로는 선할 때도 있지만 그보다는 악하고 어긋나고 폭력적이고 비평화적일 때도 있음을 잘 알고 있다. 이처럼 혼란이 가득한 사회에서 평화와 질서를 유지하기 위해서는 예로 다스리고, 때로는 힘으로 통치하고, 심성을 감화시키고, 필요하면 법과 제도를 만들고, 때로는 형벌을 실행하여, 가능한 한 많은 사람이 법에 맞고 선에 합당하게 살도록 돕거나 강제하는 것이 필요하다. 이것이 성왕(聖王)의 정치이고 정치의 완성이다. 이처럼 순자는 성악설에 근거하여 도덕성을 높이는 예를 통한 교화를 강조한다.

이상에서 보듯이 맹자는 성선설을 주장하면서 교화로 인의의 선한 본성인 인성을 잘 유지하고 더 발달시키는 것이 교육이라고 본다. 이런 관점에서 보면, 교육은 인성교육이자 도덕교육이라 할 수 있다. 반면에, 순자는 악한 인성을 교정하고 선한 마음을 계발하기 위하여 예를 바탕으로 한 도덕교육의 필요성을 강조하고, 그런 도덕적 인성교육이 성공할 가능성을 더 높게 본다. 순자에 의하면, 인간의 악한 본성을 방치하는 것은 개인과 사회 모두에게 위험하다. 왜냐하면 악을 방치하면 악한 본성이 더 악해지려는 경향으로 인하여 개인과 사회와 국가가 위태로워지고, 미풍양속(美風良俗)이 개인적으로나 사회적으로 추악한 풍습이나 관습으로 변할 수 있기 때문이다.[2] 따라서 순자에게 있어서 악한 습관이나 풍습의 교정은 반드시 필요하다. 깨진 유리창을 방치하면 그 무관심으로 인해 주위의 다른 것들이 더 쉽게 망가지고 파괴되는 것에도 무관심해져 상태가 악화되듯이 개인적으로나 사회적으로 악한 습관이나 잘못된 관습은 더 악화되기 전에 적극적으로 교육을 통하여 고쳐 나가야 바람직하고 도덕적인 사회를 유지해 나갈 수 있다. 이를 위해 예에 따라서 훌륭한 스승의 가르침과 도덕적·사회적 규범에 의한 교육으로 악을 축출하고 선한 인성을 개발해야 한다. 순자에게 있어서 인간성은 악이지만, 교육에 의해 교정 가능한 것으로 보기 때문에 악한 인간이 후천적 교육에 의해서 선을 계발하면, 선한 인성이나 선한 인격을 갖춘 바람직한 인간으로 변할 수 있다. 이 관점은 인성교육에 시사하는 바가 크다.

위에서 보았듯이, 맹자의 성선설과 순자의 성악설은 인성과 도덕의 출발점이나 근거가 서로 다름에도 불구하고 인간의 도덕성·본성·인성을 계발하고 교화하기 위해서 양자는 교육, 즉 인성교육 혹은 도덕교육의 중요성과 필요성을 강조하는 점에서 일치한다. 이처럼 인성과 도덕성을 함양하는 교육을 강조하는 점에서 맹자와 순자는 현대 인성교육의 필요성에 전적으로 공감할 것이다. 결과적으로 성선설과 성악설에 관계없이 인성교육과 도덕교육의 필요성은 시대와 장소를 초월해서 언제나 존재한다.

(3) 주자

성(性) 혹은 인성(人性)을 도덕의 출발점으로 간주했던 초기 유학(儒學)은 송대에 이르러 공맹(孔孟)과 불교 및 도교의 입장을 수용하면서 더욱 이론적이고 체계적으로 발전되었다. 고전적 유학 혹은 원시 유학은 생활 속의 윤리를 추구하여 '수신제가치국평천하(修身齊家治國平天下)'(『大學』)[3]와 같은 실천윤리적 측면을 강조하였다. 한편, 10세기 이후 발달한 송학(宋學) 혹은 성리학(性理學)은 실천적 윤리를 더욱 정교화하고 체계화하였다. 송대의 성리학은 창시자인 주돈이(周敦頤, 廉溪)가 태극설(太極說)을 주장하

---

2) 이 장의 뒷부분에서 제시하는 코메니우스의 도덕론 참조. 그에 의하면, 그의 도덕론 열여섯 가지 중에서 "⑪ 덕은 악이 스며들기 전에 함양돼야 함."에서 소년의 악한 습관을 방치하면 그는 악한 인간으로 변할 수 있다고 경고한다.

3) 『예기(禮記)』 제42편이었으나, 송대에 별도로 『대학(大學)』으로 편집되어 논어, 맹자, 중용과 함께 사서(四書) 가운데 하나가 되었다.

면서 발전하기 시작하여 주희(朱熹, 朱子, 1130~1200)에 의해 체계를 갖추어 번창한 모습을 보였다. 성리학은 원시 유학의 기존 이론을 천 년 이상 지난 시점에서 그동안 유학의 초기 단계부터 조금씩 발전하여 축적된 지식과 사고의 지평 및 틀을 획기적으로 바꾸어서 완성도 높은 이론으로 발전시킨 주자의 이름을 따서 '주자학'으로 불리기도 한다. 주자는 유학의 연구·발전 과정에서 외래 종교인 불교와 고유한 도교의 형이상학·우주론·존재론·윤리학을 아우르는 총합적 철학 이론으로 새로이 정립하고 발전시켰다. 성리학은 형이상학[4]·우주론·존재론·윤리학을 아우르는 총합적 철학 이론임에도 불구하고 인간 행위의 올바른 준칙(準則)으로서 도덕 원리(道德原理)와 근거를 탐구한 점에서 전통적 유학을 계승하고 있다. 그럼에도 성리학은 윤리학 이상의 철학적 성격과 이론적 논리적 형이상학적 특성을 유기적이고 총체적으로 유지하고 있다.

성리학은 도덕의 수양법으로 사물을 끝까지 궁구하여 이치를 밝히는(格物窮理) 방법이 인성과 도덕 수양에 중요함을 강조한다. 또한 성리학은 실제 사물의 이치를 연구하여 지식을 완성에 이르게 발전시킨다(格物致知). 이처럼 사물의 이치를 연구하여(窮理) 그를 바탕으로 도덕적 실천(居敬)을 한다. 이는 인간이 현상에 대한 지식을 알고 그 지식을 실행함에 있어서 이성(實踐理性)을 발휘해야 올바른 도덕적 판단과 행동을 할 수 있다는 것을 함축한다. 특히 실천이성을 발휘하기 전에 실천을 위해서 이성적 지식과 판단이 중요하지만, 이와 동시에 상대를 존중하는 진정성 있고 예의 바른 마음을 가져야 한다. 도덕적 행위는 결과 지향적이지만 이 과정에서 인간은 예를 존중하는 마음(居敬)에 소홀함이 없고 이성적 지식과 판단을 겸비하여(窮理) 존재의 원리를 깨닫고(所以然之理),[5] 그 깨달음으로부터 도덕적 행위를 할 때 실천하려는 의지가 흔들림이 없어야 올바른 행동을 할 수 있다. 이렇게 만물에 내재하는 당연의 원리를 깨달으면 윤리적으로 행동을 바르게 할 수 있다(所當然之理).[6] 여기서 주자학은 사물을 끝까지 궁구하여 이치를 밝히는 격물궁리(格物窮理), 즉 객관 세계에 대한 관심으로 이치를 깨닫는 것조차도 인간 마음으로 해석하는 심학적(心學的) 경향이 매우 강하게 나타난다.

---

4) 주자는 형이상학을 다음과 같이 구분한다. "형이상자(形而上者)는 모습도 없고 그림자도 없다. 이것이 도(道)이다. 형이하자(形而下者)는 실상도 있고 모양도 있다. 이것이 사물(器)이다."(『朱子語類』, 卷95).

5) 사물이 그러한 바의 이치(所以然之理)는 자연 현상에 적용하면 자연과학의 원리와 법칙이다.

6) 마땅히 그래야 할 규범적 법칙(所當然之理)은 인간이 따라야 할 도덕의 원리와 법칙이다.

이 경향은 이후 중국 사상의 발달에 큰 영향을 미친다. 사물의 이치를 연구하여 지식을 완전하게 발전시키는 것(格物致知)은 과학의 발달과 심학의 발달이란 두 가지 길로 나뉜다.[7] 그러나 결과적으로 송대 성리학은 그 둘 중에 전자보다는 후자의 경향을 발전시키는 길로 나아갔다. 이 큰 사상적 흐름에 따라서 성리학은 우주 만물과 그 현상을 다루는 자연과학을 발달시키기보다는 인간 중심의 정치·역사 세계와 결합하는 방향으로 발전하였다. 이는 후에 동양이 서양에 뒤지는 결과를 낳았다. 성리학은 자연 세계를 연구하고 이치를 밝히는 과학적 세계를 향하기보다는 인간 세계에 초점을 두는 심학의 발달과 도덕·정치의 발달에 관심을 집중한다. 이 갈림길의 선택에서 성리학은 우주론적 세계관을 등한시하는 동시에 윤리를 중시하는 심학에 근거를 둔 도덕의 길을 택한 것이다. 그리고 윤리학은 아주 자연스럽게 정치학으로 연계된다. 이런 전회(轉回)는 결과적으로 근대 중국의 정치적·경제적 입지에도 큰 영향을 주었다.

심학에서 마음(心)은 도덕의 핵심(心體用論)이다. 성리학은 인간의 마음이 행동과 생각을 주관한다고 본다. 마음이 움직이면 그것은 정(情)이 된다. 움직인 마음은 여전히 마음과 같지만 움직이도록 한 본연의 마음이 정을 통섭(統攝)한다(心統性情).[8] 달리 말하면, 마음이 움직이지 않으면(心未發) 그것은 곧 마음 본연의 상태를 유지하는 것(性, 本性, 人性)이고, 마음이 움직이면(已發) 그것은 마음이지만 이미 본성적 마음이 아니고 이미 움직인 마음(情)이 된다. 이때 '움직인(已發)' 마음이 이치(理致)와 합치하면 도덕적 선(善)이고 그렇지 않으면 비도덕적 선(不善)이 된다.[9]

성리학은 마음에서 모든 것이 비롯되고 그 끝도 마음이 주관한다. 따라서 '움직인' 마음이 도덕적 마음이 되고 인간이 그에 따라 행동할 때 그는 도덕을 실천하는 것이다. 인간이 이런 수준에 이르면 마음(人心)이 곧 도심(道心)이 되어 양자는 합일(合一)하는 경지에 이르게 된다. 인간의 움직인 마음이 도에 합치하면 도심(道心)이고, 기질

7) 이는 이 장의 뒷부분에서 칸트가 자연과학 혹은 물리학, 수학을 순수이성으로 다루고 도덕 혹은 윤리를 실천이성으로 다룸에 있어서 양자 모두에 이성을 적용하는 것과 유사하다.
8) 이것은 '마음(心)'이 '움직인 혹은 움직여진 마음(情)'을 여전히 통제한다는 의미이다. 본체의 마음이 변화한 마음을 통제해야 윤리적·도덕적 행동을 스스로 조절할 수 있음을 의미한다(心體用論).
9) 여기서 '본성' 혹은 '본연'의 마음(性 혹은 心은 理)이고, '움직인(已發)' 마음(情)은 기(氣)가 된다(心統性情). 아리스토텔레스가 우주론을 설명하면서 최초의 운동을 일으키는 원인으로서의 부동의 원동자(不動의 原動者, the unmoved mover) 개념을 제시했는데, 이를 원용하여 유비적으로 이해하면 도움이 될 것이다.

의 육체적·개인적 욕망을 좇아서 불합치하면 인간의 마음(人心)이 된다. 이처럼 인간은 누구나 인심과 도심을 갖고 있다. 도덕의 세계에서 보면, 인심(氣質之性, 慾望, 利己心 등)을 잘 다스리지 못하고 방치하고 그를 따르면 비도덕적(不善)이 되고, 그 마음이 도심(本然之性, 天理, 公共心, 道得法則 등)을 따르면 도덕적 선(善)이 된다. 비도덕적 마음은 과하거나 미치지 못하는 데서 비롯됨으로 마음이 언제나 중용(中庸)을 지키려고 하면 도덕적이 될 수 있다. 그래서 주자의 성리학에서도 인성은 곧 도덕성이라 간주할 수 있는 것이다.

앞에서 공자, 맹자, 순자가 인의예지의 네 가지 덕을 차별적으로 강조하고 주자는 체계적이고 정교한 철학적(존재론적·형이상학적·윤리학적) 관점에서 이 네 가지 덕이 성립하고 실천되는 윤리적 근거와 원리를 논리적으로 밝힘으로써 실천이성의 근거와 원리를 설명하였다. 이런 노력으로 유학은 시대와 장소를 불문하고 도덕적 덕이 마음(心)인 인성과 일치할 때에 현실 세계에서 도덕적 이상을 실현할 수 있는 가능성을 보여 주었다.

2) 서양의 인성[10]과 도덕

(1) 소크라테스

인성의 의미가 무엇인가에 대한 의문은 동서양을 막론하고 오랫동안 학문적 탐구 주제 중의 하나였다. '인간은 덕(인성)을 가르칠 수 있는가? 그리고 인간 본연의 모습, 즉 인간 본연의 모습으로서의 자아 혹은 영혼이란 무엇인가?'라는 질문에 이르게 된다. 이 질문은 소크라테스가 진지하게 탐구한 주제 중의 하나였다. 고대의 자연철학자인 탈레스가 세계의 본질을 이해하기 위해서 시작한 자연의 탐구는 인간이 누구이고, 영혼은 어디서 왔고, 인간이 어떻게 살아야 하는가의 물음에 대한 답을 찾고자 하는 과정이었지만 결과는 처절한 실패로 끝났다. 뒤이어 나타난 궤변론자로서 소피스트들은

---

10) 여기서 character(인성)는 도덕적 우수성과 확고함을 의미한다[Merriam-Webster (http://www.merriam-webster.com/dictionary/ character, 2016. 1. 10. 인출)]. Character의 그리스어(*χαρακτρ*)의 본래 의미는 동전이나 문장에 새겨진 것, 즉 무늬를 의미 한다[Wikipedia (http://en.wikipedia.org/wiki/Character_(symbol), 2016. 1. 10. 인출)].

새로운 지식의 오류에 빠지거나 기존의 모든 지식과 전통적 타당성을 거부하는 회의 주의적이고 상대적인 주장으로 아테네의 시민과 정치인들을 큰 혼란에 빠뜨렸다. 소 크라테스는 자연철학자들이 자연에 몰입되어 지금 여기 살고 있는 구체적 인간의 문 제를 소홀히 한 것과 궤변론자들의 비윤리적이고 부정의(不正義, injustice)적인 가치관 과 태도에 크게 실망하였다. 이를 보다 못한 소크라테스는 아테네의 도덕적·정치적 타락과 혼란 속에서 스스로 그 답을 찾아 나섰다.

소크라테스는 자연철학자와 궤변론자가 소홀히 한 문제들을 해결하기 위해서는 참 된 자기(自己)를 찾는 일이 매우 무엇보다도 중요하다는 것을 깨달았다. 그는 참된 자 기를 찾기 위해서 언제 어디서 누구에게나 인간에 관한 질문을 끊임없이 하면서 답을 찾고자 다양한 사람과 대화를 시도하였다. 그는 귀족, 젊은 사람, 평민, 심지어 거리의 여인들까지도 차별하지 않고 만나서 진지한 대화와 토론을 하였다. 소크라테스는 질 문과 대화를 통하여 끊임없이 생각하고 비판하고 검토하여 인간 본연의 자아를 찾으 려고 애썼다. 그에게 진정한 자아를 찾는 것은 곧 진리와 선을 깨닫는 것이기도 하였 다. 이런 의미로 그는 진정한 자아를 찾고 그에 따라 살고자 하였다(Jaspers, 2005: 11- 12).[11]

소크라테스에게 대화는 그 어떤 것보다도 인생의 진솔한 모습과 의미를 찾을 수 있 는 삶의 보물이었다. 그의 대화는 오늘날 제한된 환경에서 이루어지는 학교의 형식적 교육 속에서 일어나는 대화와는 근본적으로 달랐다. 학교 안에서의 대화는 한정되고 자연스럽지 않아서 소크라테스나 보통의 아테네 사람들에게는 어울리지 않았다. 오히 려 그는 교육을 다양한 사람과의 대화를 통해서 진리를 만나는 과정이라고 생각했다. 소크라테스에게 교육은 많이 아는 사람이 지식을 모르는 사람에게 박제된 지식을 전 달하는 무의미한 과정이 아니었다. 그는 교육을 사람과 사람이 대화를 통해 진리를 찾 아가는 과정이라고 보았다. 소크라테스에게 있어서 교육은 현실에서 자연스럽게 만나 는 사람과 진술하고 비판적인 사고와 성찰을 담은 대화를 교환하는 상호소통을 통해 배움을 얻는 과정이다. 소크라테스는 특정한 의도를 가진 일방적 형식의 전달로는 참

---

11) 소크라테스의 이런 노력은 앞에서 본 "天命之謂性, 率性之謂道, 修道之謂教."(『中庸』, 第1章 1節)의 모습을 생각나 게 한다.

교육을 하기 어렵다고 보았다. 그의 교육 방법은 델피의 신탁이 보여 주는 것처럼 자신의 무지를 알고(γνῶθι σεαυτὸν, "know thyself"), 그로부터 출발하여 깊은 사고와 성찰의 과정을 거치면서 스스로 깨닫게 하는 것이다. 이 과정에서 대화는 필수적이다. 교육은 대화를 통해 개인을 올바르게 이끄는 것이며 이것이 개인과 국가를 위한 최선의 길이라고 보았다.

> 교육을 통해 개인을 발전시키고, 개인의 잠재된 본질이 현실화되도록 일깨우고, 더 나아가 덕으로써 자기인식의 과정을 내면의 행동으로 보고 배우는 과정을 이해할 때 비로소 사회적 개선이 가능하다. 올바른 인간이 되어야만 올바른 시민이 될 수 있다는 의미이다. 그러나 개인은 그가 속한 국가의 성공이나 영향력과 관계없이 개인 그 자체로서 중요하다. 자기 자신으로부터의 독립, 즉 통찰을 통해 스스로 깨닫게 되는 진정한 자유는 인간이 신성에 맞설 수 있는 궁극적 토대가 된다 (Jaspers, 2005: 14).

소크라테스는 개인이 독립적이고 영혼의 자유를 찾을 수 있도록 교육을 하는 것이 개인은 물론이고 사회와 국가의 발전을 위해서도 좋은 길이라고 생각했다. 나아가서 소크라테스는 인간이 신에 버금가는 존재로서 경건한 경지에 이르는 길이 교육이라는 것을 의심하지 않았다. 그뿐만 아니라 그는 국가도 신에 버금가는 존재로서 경건한 실체라고 믿었다. 소크라테스는 이런 신념이 있었기에 자신의 목숨을 바쳐서 위기에 빠진 조국 아테네를 구하고자 하였다. 이 모든 것의 출발점이자 토대는 올바른 인간으로서의 개인이고 시민이었다. 올바른 인간은 올바른 시민의 충분조건이다. 올바른 개인은 교육을 통해서 진리를 알고 덕을 쌓을 때 가능하다. 덕은 좋은 것이고, 지식은 덕이며, 진정한 자유를 가진 인간은 신에 버금가는 존재가 된다(Pangle, 2014: 5).

소크라테스에 의하면, 우리는 무지한 사람이 덕(excellence)을 갖췄다고 하지 않는다. 또한 지식이 지식으로 머무르게 하는 사람이 최상의 덕을 갖췄다고 하지 않는다. 지식이 지식에 머무는 것보다는 지식이 지혜로 연결되어 참다운 덕이 될 때 덕을 갖춘 것이고, 그것은 인간에게 가장 바람직한 것이다. 지식이 지혜가 될 때 인간은 올바른 인간이 되고 또 올바른 시민이 된다. 지혜로 가득찬 사람은 열정적이되 맹신(盲信)하거나 광신(狂信)에 빠지지 않고, 이성적으로 판단하여 결정하고 또 행동한다. 지혜로운 사람은 타인의 행위와 가치를 판단함에 있어서 도덕적 독단(獨斷)이나 독선(獨善)에 빠지지 않는다. 지혜로우면서 도덕적인 사람은 깊은 생각과 이해심으로 타인을 보고, 열린 마음으로 누구라도 넓고 깊게 이해하고 포용한다. 그는 진리를 알고 실천하는 데 망설임이 없다. 도덕적 인간은 심지어 죽음 앞에서도 두려워하지 않고 열정적 마음과 냉정한 이성으로 편안하게 죽음을 맞이한다. 그런 실천을 몸으로 보여 준 이가 바로 소크라테스이다. 그는 가장 이성적인 사람이 가장 자유로운 사람이고, 가장 실천적인 사람이 될 수 있다고 보고, 또 자유로운 이성을 가진 사람이 정의로운 정치를 할 수 있다고 보았다.

소크라테스는 『메논(Menon)』과 노예 소년과의 대화에서 덕을 가르칠 수 있는가를 고민하며, 덕이 무엇인가를 알기 위하여 진지하고 심각하게 대화를 한다. 그는 "덕은 지식이고, 무지는 악덕"이라고 한다. 그에게 있어서 지식을 찾는 과정은 덕을 쌓는 과정이다. 달리 보면, 덕을 쌓는 교육은 올바른 인간, 즉 인성을 계발하는 과정이다. 인간은 누구나 지식을 찾기 위한 과정에서 혼란과 좌절을 겪는다. 어느 누구도 삶의 과정에서 만나는 문제나 어려움에 대한 명확한 답을 갖고 있지 않다. 이런 이유로 인간은 협력적 대화를 통하여 답을 찾아야 한다. 우리는 이것을 소크라테스의 산파술(Socratic maieutic)이라 한다. 그럼에도 여기서 주목할 것은 소크라테스가 영혼의 산파(産婆)이지 영혼이란 아기를 낳는 산모가 아니라는 사실이다. 이 점에서 소크라테스는 자신의 역할을 진리의 발견자가 아니라 진리를 찾아내는 것을 도와주는 도우미이거나 잘해야 공동 발견자일 뿐이라고 스스로 선을 긋는다.

지식은 그 깊숙한 의미에서 보면 생산자가 소비자에게 돈을 받고 전달하는 완성된 상품 같은 것이 아니다. 소크라테스의 관점에서 보면, 교사는 학생이 지식을 발견하도록 도와주는 산파의 역할을 하는 것일 뿐이다. 지식은 배우미(학습자)가 구하는 만큼 얻게 되는 것이다. 지식은 최종 산출물로 전달될지라도 그것을 배우는 사람은 스스로 깨달은 후에야 그것을 진실로서 받아들이고 얻을 수 있다. 나아가서 진리를 구했거나 진리를 깨달은 사람은 그 지식으로 중생을 구제하는 상구하화(上求下化)를 실천해야 한다.[12] 각자(覺者)는 진리를 모르는 사람과 모르는데 안다고 착각하거나 아는 척하는 사람에게 다가가서 무지를 일깨우고 참지식을 얻도록 도와주어야 한다. 그것이 교사의 역할이고 깨달은 사람의 의무이자 임무이다. 소크라테스는 항상 겸손하게 말하였지만 이미 그는 깨달음의 경지에 오른 참 스승이었다. 그는 소피스트처럼 진리를 모르면서 교언영색(巧言令色)으로 둘러대며 무지한 사람을 혹세무민(惑世誣民)하거나 이용하지 않았다. 오히려 그는 정의를 위하여 인간이 의지해야 할 것은 진리와 선과 이성뿐임을 강조했다. 여기서 선(善, the good)은 플라톤적 의미에서 선의 이데아(the idea of the good)를 의미한다. 그것이 개인에게서 나타나면 그는 도덕적 인성, 즉 인품을 갖춘 사람이다. 그리고 올바른 사람은 이성을 통해서 알게 되는 진리의 규범(도덕 혹은 인성)에 따라 사는 사람이다. 우리가 이제까지 살펴본 소크라테스는 공동체에 근거한 시민의 인성, 즉 덕과 윤리를 강조한 각자였다. 이런 의미에서 그는 '너 자신을 알라.'는 델피의 신탁을 강조하였다. 이 신탁의 의미는 인간이 스스로 자신의 무지를 깨닫는 것(無知自覺)으로부터 뭇 인간을 이해하고 그로부터 인성 혹은 인간성을 성숙시키고 무지를 깨우쳐 도덕적 인간이 되도록 도와주기 위한 것이었다.

(2) 키케로

로마의 키케로는 기본적으로 도덕을 자연적인 것으로 보았다. 자연적인 덕은 자연적 삶을 따르면 함양되고 발전될 수 있다. 그는 도덕을 함양하기 위하여 도덕교육이나 인성교육이 별도로 필요한 것은 아니라고 생각했다.

> 덕성의 씨가 우리 성품 속에 뿌려져 있으므로 그것이 자라나도록 놓아두기만 한다면, 자연 자신이 우리를 축복의 삶으로 인도할 것이다……. 우리는 출생하면서부터 낮의 밝음 속에서 계속 모든 사악함 속에 노출되어 살아가며, 그로 인해 우리는 유모의 젖과 함께 세상의 악을 빨아들이는 것처럼 보인다(Comenius, 1967, Ch.5: 13).

---

12) 대승불교: 상구보리(上求菩提: 먼저 지혜를 증득함), 하화중생(下化衆生: 다음으로 중생을 구제함). 한국민족문화대백과사전.

키케로는 자연을 기반으로 하면서도 공동체를 넘어서 로마제국의 광범위한 영토와 수많은 시민의 보편성을 전제로 한 인성을 강조한다. 그는 덕과 윤리보다는 얼마나 로마의 법을 준수하면서 올바른 행동을 하는가를 중시하는 시민적 정의로움을 강조하였다. 전체적으로 당시 로마의 기풍은 정의에 근거하여 도덕적으로 훌륭한 인성을 갖춘 시민을 존중하는 분위기였다. 시민 전체와 시민으로서 개인은 무엇이 로마 사회를 위해서 바람직하고 정의로운지를 판단하고, 그에 따라 행동하는 시민을 진정한 로마의 시민으로 보았다. 그것은 바로 인성을 판단 기준으로 삼고 있었다는 의미이다. 로마인은 도덕적 태도, 실천을 담보한 흔들림 없는 의지, 명석하고 날카로운 사유를 더이자 인성이라고 보았다(Reble, 2002: 56-57).

소크라테스와 키케로는 모두 인간과 시민의 입장으로 특히 인성을 강조하였다. 하지만 그것은 무제한적 보편성이 아니라 그들이 살던 특정한 시간과 공간의 제한 속에서 이성적으로 합리적으로 도출된 인성이었다. 따라서 작은 도시국가인 아테네는 공동체의 일원인 시민으로서 덕과 윤리와 보편적 이성을 발휘하는 인성을 갖춘 시민을 강조하였고, 로마는 제국의 일원인 시민으로서 법을 준수하고 정의를 실천하는 인성을 갖춘 시민을 필요로 하였다. 아테네의 소크라테스와 로마의 키케로는 아테네의 시민상(市民像)과 로마의 시민상에 있어 당시의 한정적으로 주어진 공간과 시간이란 조건 속에서 각각의 사회가 요구하는 인성, 즉 제한적 보편성을 지닌 윤리적 인간상을 도출해 낸 것이다.

이런 관점에서 보면, 인성교육은 이처럼 특정한 시간과 공간에 처한 구체적 인간이 가장 필요로 하는 가치를 찾고 그것을 구현하는 교육이라 할 수 있다. 그럼에도 소크라테스와 키케로의 공통점은 인성 혹은 인간의 본성이 보편적 윤리 가치를 벗어나지 않는 범위 안에서 찾아지고 실천되어야 할 것을 강조했다는 점이다. 아테네도 당시의 기준에 비추어 보면 나름 제국이라 할 수 있었지만 로마보다는 문화적 동질성이 좀 더 강한 공동체였다. 이와 대조적으로 로마 제국은 아테네보다는 훨씬 크고 인구도 아테네에 비할 수 없이 많았다. 이런 외적 조건과 정치 환경이 아테네와 로마의 인성 혹은 도덕의 덕목에 대한 표면적 차이를 가져올 수 있는 변수로 작용한 점을 부인하기는 쉽지 않을 것이다. 그러나 거시적으로 역사를 보면 우리는 양 국가의 외면적 차이에도 불구하고 인성의 공통점과 보편성을 인정할 수 있다.

(3) 루소

근대의 서구는 르네상스의 인간 중심 혹은 인본주의를 거쳐서 산업혁명과 과학혁명으로 인류 역사의 새로운 시대를 열었다. 근대인의 삶은 근대 이전 사람들의 삶과 사뭇 달랐다. 사회의 모든 영역에서 근대는 큰 변화를 가져왔다. 교육도 예외는 아니었다. 근대의 교육은 과학혁명과 산업혁명이 바꾸어 놓은 세상에 인간이 잘 적응하도록 돕는 역할을 해야 했다. 큰 틀에서 보면 근대 이전의 교육이 인간교육 혹은 인성교육에 중심을 두었다면 근대 이후 교육은 인성교육보다 지식교육에 초점을 두었다. 과학과 기술의 발달로 경험적·과학적 지식이 급격하게 증가함에 따라 분과적 혹은 파편적 지식 혹은 과학지식교육이 어느 때보다도 강조되었고, 상대적으로 인성교육은 서서히 사람들의 관심에서 벗어나기 시작했다.

이런 어려운 상황에서 근대의 인성교육을 강조한 사람은 루소(J. Rousseau)이다. 로크(J. Locke)와 몽테뉴(M. Montaigne)의 사상적 영향을 받고 계몽주의의 일원으로서 활동하기도 한 루소는 인간 존엄성, 자유, 자연, 감정, 인권 등을 주장하며 프랑스 혁명에 영향을 준 것은 물론이고 근대 교육 사상에도 큰 영향을 주었다. 루소는 인성, 즉 도덕적 관념을 생득적인 것[13]으로 보며, 시민의 자유를 주장하고, 개인의 출신과 관계없이 모든 인간은 선하고 평등하다고 보았다. 하지만 이상적 사회 혹은 국가가 인간을 존중하고 평등과 자유와 인권을 옹호해야 한다고 해서 세상이 그에 따라 당장 바뀌는 것은 아니다. 여전히 세상은 불평등과 억압과 인권을 무시하는 사건으로 가득하였다. 루소 시대의 인간 불평등은 농업혁명 이후로 자연적 인간 능력의 차이의 간극이 커지고 또 인위적인 사유재산제와 세습의 확대로 더욱 악화되었다. 루소는 인간의 불평등은 두 가지로 나뉜다고 보았다. 하나는 자연적 혹은 물리적 불평등이고, 다른 하나는 도덕적 혹은 정치적 불평등이다. 전자는 정신 혹은 마음의 특질, 나이, 건강, 체력 등의 차이로 인한 불평등을 의미하고, 후자는 인간의 합의로 인정되거나 성립된 규정 혹은 약정 혹

---

13) 앞의 '동양과 서양의 인성과 도덕' 절 참조.

은 제도 등에 따른 차이로 인한 불평등을 의미한다.[14]

"인간은 창조자의 손을 떠날 때는 선하지만 인간의 손 안에서 타락한다."[15] 인간은 태어나면서 그 자체로 선하다. 그런데 태어난 후 인간의 인위적 행위에 의해서 악해진 다. 루소는 교육이 바로 이 지점에서 출발해야 한다고 본다. 최초의 상태인 자연 상태 에서 인간은 선해서 행복하고 아름다운 사회를 만들어 갈 수 있다. 하지만 인간은 역설 적으로 창조자의 손을 떠나는 순간 인간 사회에서 생존할 수밖에 없으며 이로 인하여 인간은 더 이상 선한 존재로 남기 어렵다.[16] 불평등은 이로부터 출발한다. 이는 안타깝 지만 인간 존재의 역설이라고 할 수 있다. 이 역설은 태어날 때의 선인 양심(良心)과 태 어난 후의 악인 욕망의 대립과 갈등이라는 인간 존재의 허약한 이중성으로부터 나온 다. 선은 인간이 물리적·사회적 불평등과 차이를 이성과 양심을 가지고 긍정적 사고 와 행동으로 극복할 때 이루어지지만, 악은 인간이 물리적·사회적 불평등을 극복하기 위한 정욕과 의지가 부정적 사고와 행동으로 강화될 때 일어난다. 인간은 본래적으로 선하지만 이런 현실 상황에서 불가피하게 선과 악의 이중적 두 측면이 동시에 존재하 는 현실에 직면하는 존재가 된다. 여기서 인간의 의지는 자유의지를 의미한다. 왜냐하 면 인간은 자유의지에 의해서 본래적 선(性善)으로 돌아가서 자신을 완성하는 길로 갈 수도 있고, 반대로 자유의지로 악을 행하고 자신을 파멸의 길로 이끄는 행위를 할 수도 있기 때문이다. 인간은 이런 점에서 항상 이중적 가능성을 동시에 갖는다. 루소는 긍정 적 인간 발전의 가능성을 '교육'과 '사회계약론'에서 찾고자 시도하였다.

루소의 교육론에 의하면, 인간(Emile)은 자연에 따라 올바른 교육을 받으면 선한 양

---

14) Rousseau, J. J. (1754). "A Dissertation On the Origin and Foundation of The Inequality of Mankind and is it Authorized by Natural Law?" Trans. G. D. H. Cole, and rendered into HTML by Jon Roland of the Constitution Society. Philosophy Archive @ marxists.org. "I conceive that there are two kinds of inequality among the human species; one, which I call natural or physical, because it is established by nature, and consists in a difference of age, health, bodily strength, and the qualities of the mind or of the soul: and another, which may be called moral or political inequality, because it depends on a kind of convention, and is established, or at least authorized by the consent of men."

15) Rousseau, J. J. (1979). *Emile, or On Education*. Trans. Allan Bloom. New York: Basic Books. 37. "Everything is good as it leaves the hands of the Author of things; everything degenerates in the hands of man."

16) 뒤의 코메니우스에서 나오는 내용과 유사한 점이 있다(Comenius, 1967, Co. 23: 1-18). "⑮ 아동은 사회의 악에 물 들지 않도록 악으로부터 철저히 보호되어야 한다."

심을 지키고 이성을 계발하여 사회가 원하는 유능하고 덕을 갖춘 시민이 될 수 있다. 따라서 그(Emile)는 교육의 목적이자 본질인 선한 인간이자 바람직한 시민으로 성장하게 된다. 반면, 악한 인간으로 성장하면 그것은 잘못된 교육이다. 이 경우에 그는 선한 인간이 되기 어렵고, 훌륭한 시민도 되기 어렵다. 왜냐하면 선한 인간은 훌륭한 시민의 필요조건이기 때문이다. 이와 달리 평범한 시민이 반드시 선한 인간이 되는 것은 아니다. 달리 말하면, 어떤 사람이 시민이라는 이유로 항상 그가 선한 인간인 것은 아니다. 따라서 평범한 시민이 선한 인간이 되기 위한 충분조건이 될 수 없다. 현대 사회에서는 자주 이 점을 간과한다. 이 사실은 현대에서 인성교육을 강조하지만, 그것이 투입한 시간과 인력과 노력만큼의 성과를 얻지 못하는 이유이기도 하다. 방금 보았듯이, 이런 혼란은 우리에게 인성교육의 본질에 대한 보다 심오하고 체계적이고 논리적인 이해가 필요하다는 사실을 알려 준다. 이 점에서 우리는 루소의 인성교육과 시민교육의 본질과 관계를 좀 더 살펴볼 필요가 있다.

루소는 훌륭한 시민을 양성하는 교육은 인성교육에서 출발해야 한다고 본다. 훌륭한 인성을 가진 인간을 성공적으로 교육하기 위해서 우리는 소유적 존재로서 인간과 온전한 존재, 즉 존재자로서의 존재라는 인간에 대한 이해가 필요하다. 인간의 불평등을 극복하려는 한 인간의 자유의지가 어느 순간에 소유적 존재의 의지로 바뀌면, 인간은 순수한 자아를 잃고 추악하게 타락한다. 인간은 타락한 자존심 혹은 비도덕적 이기심(amour propre)에 과도한 소유욕, 권력욕, 지배욕, 복수심, 허영심, 질투, 위선 등이 가득 차면 인간다운 존재의 위상을 잃고 그로 인해 소유적 존재로 변하게 된다. 이렇게 변한 인간은 더 이상 선한 인간이 아니다. 그는 자신의 본래적 선을 잃고 마치 주어진 임무를 기능적으로 수행하는 역할과 욕망에 충실한 로봇 같은 시민으로 전락한다. 이제 그는 시민이되 선한 인간이 아니며 더 이상 바람직한 도덕적 인간도 아니다.

이와는 달리 본래적 선을 잃지 않은 인간(Emile)은 자연적이고 타고난 선성(善性)을 잘 유지하는 인간이다. 여기서 자연성은 인위적 제도나 관습에 물들지 않은 말 그대로 선의 순수함을 유지하는 상태를 의미한다. 루소는 그의 교육 소설 『에밀(Emile)』에서 이기심으로 가득 찬 사회 속의 타인들이 아니라 선한 인간성을 유지하여 오염되지 않은 선을 유지하는 '자연적' 혹은 '자연에 따른' 교육을 강조한다. 그는 이 교육을 '소극적 교육(negative education)'이라 부른다. 왜냐하면 루소는 인간을 사회 속의 지식과 욕망 충족으로 인도하는 '적극적 교육(positive education)'과 달리 소극적 교육을 통하여 인간이 자연적으로 갖고 태어나는 보편적이고 생득적인 선(性善)을 유지하는 것이 가능하다고 보았기 때문이다.

루소의 이 같은 통찰은 현대 인성교육과 도덕교육에 많은 시사점을 준다. 왜냐하면 오히려 적극적으로 인성교육을 강조하는 현대 교육보다 '자연에 따른' 소극적 교육을 통해서 인간이 인간다운 본래적 인성을 갖추는 참된 인성교육과 도덕교육을 받을 수 있다고 보기 때문이다. 이것이 루소 인성교육의 역설이다. 따라서 루소에게 가장 의미 있는 교육은 지식으로 가득 찬 적극적 교육 즉 지식교육을 통하여 법관, 교수, 군인, 사제, 컴퓨터 프로그래머, 경영인, 정치인 등과 같은 전문지식인을 양성하는 것은 최선이 아닌 차선의 목적이다. 교육의 제일 목적 혹은 최고 목적은 선함을 타고난 인간을 선한 인간으로 그리고 동시에 훌륭한 시민으로 키워 내는 것이다. 루소에게는 현대의 교육처럼 지식 획득만을 위한 치열한 경쟁 교육과 진학을 하고 사회적 명예와 물질적 부를 얻기 위한 그런 교육이 아니라 사람을 사람답게 키우는 인성교육이 우선하는 '소극적 교육'이 무엇보다 중요하였다.

(4) 칸트

칸트(I. Kant)도 루소처럼 계몽주의자이다. 17~18세기 유럽의 계몽주의 사상가들은 20세기 과격한 사회주의나 공산주의자들과는 달리 사회에 대한 과격한 비판을 통하여 잘못된 권위와 전통을 개선하려는 저항의 수단으로 혁명을 주장하지는 않았다. 하지만 사상가들 가운데 일부 과격주의자는 혁명의 합리화를 계몽사상에서 찾고자 하였다. 따라서 의도했든 안 했든 계몽사상은 결과적으로 미국 독립혁명과 프랑스 대혁명에 직간접적으로 커다란 영향을 미쳤다. 루소는 계몽주의자로서 대중을 선도 및 선양할 뿐만 아니라 그것을 올바로 실천하기 위하여 낭만주의적 시대 흐름 속에서 교육에 집중하고 중요시하였다. 그는 홉스와 달리 성선설을 주장하면서 윤리 속의 실천적 감성을 강조하였다. 반면에, 칸트는 이성을 중심으로 자연과학의 한계를 밝히는 순수이성과 그 한계를 넘는 매개로서 실천이성을 강조하면서 동시에 도덕의 영역에서도 감성의 역할보다는 실천이성과 자유의지의 중요성을 탐구하면서 이성적이고 합리적인 계몽주의를 지지하였다. 칸트는 이처럼 윤리학에서 루소의 감성적 접근을 극복하고자 하였다.

칸트에 의하면, 도덕적 행위의 가치는 자기목적적이어야 한다. 도덕 행위가 자기목적을 가지고 행해질 때, 그 행위는 자율적이 된다. 계몽주의자로서 칸트는 도덕적 행위의 가치는 하늘의 명령(天命)이나 신의 명령(神明)으로 그 명령을 실행하면 타율적(他律的)이 되거나 이해관계나 조건에 얽매여서 가언적(假言的, hypothetical)이 되어 참 가치를 갖지 못한다. 인간은 자유의지를 가지고 이성의 판단을 실천하는 행위자로서 당위적 실천을 하기 위해서 자율성을 가져야 한다. 달리 말하면, 도덕적 명령은 언제나 자율적이고 정언적(定言的, categorical)이어야 한다. 그렇게 하기 위해서 인간은 도덕적 행위를 할 때 실천이성을 발휘하여 목적의 왕국의 입법자로서 보편타당한 도덕 법칙을 세우고 그것을 따르는 무조건적 명령을 예외 없이 실천해야 한다. 왜냐하면 인간의 행동이 외적으로 특정한 목표를 위한 것이라면 그것은 이미 수단적이고 타율적이어서 비도덕적이기 때문이다. 도덕은 자연과학처럼 특정 조건에서 실행되는 현상이나 법칙을 논하는 학(學)이 아니다(Hoesle, 2015: 107). 도덕은 대상도 인간이고 주체도 인간이다. 칸트에 의하면 서구에서 근대 그리스도교의 영향력의 감소 후 자연과학 발달의 영향으로 윤리학조차도 자연과학의 방법으로 다루려 했던 모든 시도는 자율성과 정언명령을 담을 수 없는 이유로 출발부터 실패할 운명을 지닌 학문적 시도일 뿐이었다.[17] 이런 시도 후에 최근에는 영미권을 중심으로 한 메타윤리학이 도덕적 문제 해결에 실질적 도움을 주지 못함으로써 규범 윤리로서 전통 윤리와 형이상학을 새로운 관점에서 보고 있다. 그리고 21세기 현재의 복잡다기한 상황에 적합한 도덕의 필요성에

---

17) 이영이(동아일보 동경 특파원): "지난 1월 27일 일본 조간신문에는 '도쿄(東京) JR 신오쿠보(新大久保) 전철역에서 전동차에 치여 3명 사망-선로에 떨어진 사람과 구조하려던 두 사람'이라는 제목의 기사가 실렸다. 1면과 사회면에 비교적 비중 있게 취급되긴 했지만 그다지 눈길을 끌지 못했다. 일본에서는 전철역 구내에서의 전락 사고는 흔히 있는 일이다.…… 이날 기사는 선로에 떨어진 사람을 구조하려다 숨진 사람의 신원을 확인하지 못한 채 신오쿠보 역의 구조나 사고 원인 등에 초점을 맞추고 있었다. 이때까지만 해도 필자는 물론이고 다른 일본 사람들도 '또 전철역 사고가 났다 보다'며 별 관심을 갖지 않았다. 그러나 27일 오전 사망자의 신원이 알려지면서 일본 사회에 커다란 감동의 물결이 일기 시작했다. 선로에 떨어진 사람을 구하려다 자신의 소중한 목숨마저 잃어버린 두 남자 중 한 사람이 한국에서 유학 온 일본어 학교 학생(이수현)이었던 것으로 확인됐다."(신동아, 2001년 3월호)

부응하려는 노력의 일환으로 새삼 윤리학에 대한 관심이 증가하고 있다. 이는 현대인에게 다시 윤리학의 중요성을 인식하는 계기로 다가온다.

칸트의 윤리학에서 자율성, 의무, 책임은 자유의지의 존재를 함축하며, 자율성을 존중하는 것은 인간 존재 자체의 존엄성을 존중하는 것을 의미한다. 그에게 있어서 인간의 존엄성은 어느 순간에도 경시되거나 희생될 수 없다. 왜냐하면 존엄성이 훼손되는 순간 인간은 도덕적일 수 없고, 인간이 목적 자체가 될 수 없고 수단으로 전락하기 때문이다. 인간이 인간(타인)을 목적 자체로서 고유한 인간의 존엄을 무시하고 수단으로 간주하는 순간, 인간은 누구나 도구적으로 사용되는 것을 방지할 수 없다. 인간관계에서 보면, 인간이 인간을 수단으로 간주하는 순간 인간은 더 이상 인간이 아닌 대상(사물)이 되고, 그 순간 인성과 도덕은 허물어지고 동등한 수준의 인간관계는 불가능하게 된다. 이런 이유로 칸트는 윤리학이 행복하기 위한 유용성(utility)이나 쾌락(pleasure)을 주어야 한다는 공리주의를 지지하지 않는다. 그에게 행복은 윤리의 궁극적 목적이 아니라 도덕 실천의 과정과 그 결과에 따라서 우연히 주어지는 것일 뿐 그 이상도 이하도 아니다. 따라서 개인이 도덕과 행복 사이에서 갈등할 때 칸트는 인간이라면 도덕을 당연히 선택의 우위에 놓아야 한다고 생각한다(Hoesle, 2015: 128). 우리는 맹자에게서도 이와 유사한 생각을 엿볼 수 있다. 맹자에 의하면, 어린아이가 우물에 빠지려 하면 그를 구하는 인간의 '차마 어찌하지 못하는 마음(不忍人之心)'인 측은지심(惻隱之心), 즉 인(仁)이 있기에 가능한 것이다. 위기에 놓인 아기를 구하는 결심과 행위 과정 어디에도 행복이 중심적으로 나타나지 않지만 인간은 단지 아기를 구하기 위한 의무감에서 선의지를 가지고 행동할 뿐이다. 맹자는 이를 도덕적인 것이라고 본다. 칸트 입장에서 보면, 아기를 구하기 위해서 아무런 조건 없이 선의지(善意志)와 도덕적 의무감으로부터 출발한 행동이 아기의 생명을 구하면 당사자뿐만 아니라 이를 보는 모든 사람이 행복하다고 느낄 것이다. 현실에서는 이보다 더 진지하고 심각한 실례(實例)도 있다. 일본의 기차역에서 재일 한인 유학생 이수현이 열차가 들어오는 철로에 떨어진 사람을 구하려다 함께 사망한 경우이다. 타인의 위급한 경우를 보고 자신의 생명과 안전조차 생각하지 않고 의무감에서 구하려 했던 행동이야말로 진정한 선의지의 발현이고 도덕적 행위라고 할 것이다.[18] 이처럼 칸트에게 있어서 이런 도덕적 행위는 자신이 즐겁거나 유용성을 얻어서 행복하려고 실천하기보다는 도덕적 의무감에서 기꺼이 자발적으로 행하는 것이다. 물론 그 과정이나 결과로 자신은 물론이고 타인도 행복을 느끼는 것은 부차적이지만 가능하다.

이처럼 도덕적 행위는 선의지(善意志)를 가진 인간이 정언명령인 도덕 법칙에 따라서 이성과 자유의지로 조건 없이 행하는 것이다. 이 점에서 칸트의 선의지는 행복을 얻기 위해서 출발하는 것이 아니라 선한 마음에서 비롯된다. 인간은 선에 대해서 자연적 선천성(predisposition to Good)을 갖고, 악에 대해서는 경향성(propensity)을 갖는다. 칸트는 선의지를 도덕적 행위의 핵심 요소로 생각한다.

> 선의지(good will)를 제외하고 세상 어디에도 어느 것도 제한 없이 선한 것은 없다……. 선의지는 그것의 결과나 성취 때문에 선한 것이 아니고 목적을 달성하는 적합성 때문도 아니다. 선의지는 그것을 의지(意志)하는 것만으로 선하다. 즉, 선의지는 그 자체로 선하다(Kant, 1785: 393-394).

칸트의 도덕철학은 이처럼 선의지를 가지고 도덕 법칙을 행하는 실천이성을 통해서 이루어진다. 인간은 좋은 것(the good), 즉 선을 행하려는 의지를 가지며, 그것을 행동으로 옮기려 하고, 그에 대한 선천적 성향이 있다. 도덕적 행동은 그 자체로 선한 것이며, 이것은 이해관계를 떠나서 도덕법에 따라 행하려는 선의지일 뿐이라는 것을 칸트는 확신한다. 여기서 선을 행하려는 의지는 바로 인성과 다르지 않다. 칸트는 도덕 행위를 위한 실천이성을 강조함으로써 도덕에서 감성의 역할보다 이성의 역할을 강조한다. 그는 이로써 윤리학을 이론적 반석 위에 올려놓았고 이후의 윤리학에도 큰 영향을 주었다.

---

18) 로크는 personality(인성 혹은 인격)를 논하면서 인간의 정체성을 곧 의식으로 보았다. "Nothing but consciousness can unite remote existences into the same person: the identity of substance will not do it……." Locke, J. (1689) An essay concerning human understanding, vol. 1.

3. 인성과 인성교육의 새 지평

1) 인성의 새 지평 모색

(1) 동서양 인성의 새 지평

현대 사회는 인성에 관한 너무 다양한 해석으로 그 의미가 무엇인지를 이해하는 데 혼란을 겪고 있고, 이로 말미암아 인성 자체의 본질뿐만 아니라 정체성의 상실로까지 이어지고 있다. 인성의 이런 시대적 혼란을 극복하고 정체성을 찾기 위해서, 또 인성 교육을 올바로 하기 위해서 인성이란 의미와 개념 전체를 입체적 관점에서 정리하여 제시할 필요가 있다. 이를 위해서 우리는 인성을 새로운 지평에서 이해해야 한다. 태양 아래 새로운 것이 없듯이, 인성의 새 지평은 하늘 너머 외계에서 갑자기 떨어지는 특별한 것은 아니다. 새 지평은 이미 언급된 수많은 인성론에서 옥석을 가리고 그로부터 가려져 있던 인성의 본래 모습을 드러내고 밝힘으로써 가능하다.

현대 사회는 하루가 멀다 하고 인면수심(人面獸心)이 아니고는 도저히 상상도 할 수 없는 참혹한 사건들로 가득 메워지고 있다. 그런데 이보다 더 우울한 것은 그런 상황이 개선될 기미가 없이 더욱 악화되어 가고 있다는 사실이다. 이런 점에서 21세기는 이전의 그 어느 시대보다 인간 인성의 도덕적 본질 회복이 필요하다. 이를 개선하고 극복하기 위하여 현실을 바로 보고 수천 년에 걸쳐서 쌓아 온 인성과 도덕에 대한 인간의 참된 통찰을 되돌아보고 찾아내서 새 시대, 새 환경에 맞게 해석하고 실천하는 것이 곧 인성의 새로운 지평을 여는 것이라 할 수 있다.

이미 앞에서 언급했듯이, 공자, 맹자, 순자, 주자, 소크라테스, 키케로, 루소, 칸트가 우리에게 보여 준 인성의 내용은 겉보기에 서로 너무 달라서 찬찬히 들여다보지 않으면 혼란스럽게 느껴질 정도이다. 비록 각자의 입장은 다르지만, 이들이 전하는 메시지는 전체적으로 보면 공통점이 드러난다. 그 공통점은 우리가 인성을 바로 보고 그것을 되살려 세상을 인간답게 살 수 있도록 만들어 나가라는 것이고 그러한 통섭적 안목이 곧 인성의 새 지평을 열어 가는 것이다. 이런 의미에서 인성의 새 지평을 여는 것은 그

동안 망각되고 파편화된 인간의 모습 속에서 고유한 본래의 참모습을 찾는 것이고 참 정체성을 확립하는 것을 의미한다.[19]

우리는 흔히 인성이 없는 인간은 인간이 아니라 짐승과 같다고 말한다. 인성을 논하면서 공자는 인간의 겉모습과 문화는 달라도 인간이 가진 인성은 서로 매우 가깝다(性相近習相遠;『論語』, 陽貨)고 설파(說破)하였다. 동양적 사유에 의하면, 인간의 성 혹은 본성, 즉 인성은 항상 서로 가까운 것이다. 그렇기 때문에 인성은 인간의 마음속에 내재한 하늘의 작용이고, 하늘의 작용이 천지자연(天地自然)의 대조화(大調和)를 연출한다. 이처럼 인간의 성은 스스로 인간과 사회와 자연과 조화를 이루는 방향, 즉 습관이나 모습의 다름 속에서 적극적으로 상생하는 생명의 길 혹은 화합의 길, 긍정의 길로 나아가게 한다. 조화는 어느 한쪽으로 기울어지지 않고 그 안의 모든 요소 혹은 개인과 사회가 행복하고 아름답게 함께 균형을 이루어 어우러지는 것이다. 이는 사회적 차원에서 보면 사회 구성원 각자가 능력에 따라 사회의 맡은 바 의무와 책임을 하고 자신의 권리를 누리는 것을 의미한다.

서양에서 플라톤은 이와 유사하게 인성의 대조화를 정의(正義)라는 덕으로 설명한다. 플라톤에 의하면, 정의는 사회 속의 개인이 가진 보편적 인성(지혜, 용기, 절제)의 덕이란 범위 안에서 자신의 능력을 최대한 계발(啓發)하여 뛰어나게 발휘할 때 가능해진다. 그는 능력의 우수함을 덕(德)이라 하였다.[20] 개인의 타고난 능력을 어떻게 개발하는가에 따라서 최상위 통치자는 지혜(知慧), 전사(戰士)는 용기(勇氣), 생산자(生産者)는 절제(節制)의 덕을 각각 계발하고 발휘할 수 있다. 가장 뛰어난 사람은 도시국가의 지도자가 될 수 있도록 그에 합당한 최상의 교육을 받을 수 있게 해야 한다(最善者, the best rules). 플라톤에 의하면 교육을 통해서 선의 이데아를 깨달은 가장 뛰어난 자는 통치자인 철인왕(哲人王), 즉 내성외왕(內聖外王)에 오를 수 있는 능력을 가진다. 플라톤의 이상국가(理想國家)는 뛰어난 자에게 이 모든 능력을 실현할 수 있는 교육의 기회를 최우선적으로 준다. 선의 이데아는 통치자의 지혜, 전사의 용기, 생산자의 절제의 덕

---

19) 덕(德)은 유럽어에서 arete, virtue, excellence 등으로 다양하게 표현된다.

20) 여기서 보듯이 인간의 다양한 인성의 모습을 신에게서 받았음을 밝힌다. 이는 천명지위성을 논하는 동양의 사상과 은유적으로 닮았다. 왜냐하면 인성을 부여한 천과 신은 인간을 넘어선 초월적 존재이기 때문이다.

을 모두 최고의 현실태(現實態, actuality)로 발현한 자만이 볼 수 있는 진리의 최고 상태이고 인성의 완성 상태이다. 이를 동양에서는 도(道)에 다다른 사람 혹은 각자(覺者)라는 이름으로 부른다. 이것이 동양의 인성과 서양의 인성이 하나로 합치할 수 있는 가능성이고, 세계화 시대에 인류가 바라는 인성의 새 지평이라 할 수 있다. 나아가서 인성이 동서양에서 현상적 · 내용적으로는 달라도 형식적으로 지향하는 바가 같은 방향임을 알 수 있다.

플라톤에 의하면, 아테네 시민들은 넓은 의미에서 형제들이라 할지라도, 신은 이들을 똑같은 인성을 가진 인간으로서가 아닌 각기 다른 인간으로 창조했다. 어떤 이는 자신의 세대 중에서 가장 값진 영혼인 금(金)의 영혼을 가지고 있기 때문에 남을 다스리는 통치자의 능력을 가졌고, 어떤 이는 은(銀)의 영혼을 가지고 있기 때문에 통치자를 돕는 자의 능력을 가졌다. 또 어떤 이는 철(鐵)의 영혼을 가졌기 때문에 생산자인 농부의 능력을 가졌고, 어떤 이는 청동(靑銅)의 영혼을 가지고 있기 때문에 기능인의 능력을 가졌다. 플라톤은 같은 동족이라 할지라도 대부분의 경우 각자가 가진 자신의 영혼의 능력에 따라 교육될 것임을 강조한다(Plato, Republic. 415a-b). 그러나 국가의 통치자, 전사, 생산자의 세 계급은 서양 중세나 인도의 카스트 계급처럼 세습하는 고착된 사회제도는 아니다. 왜냐하면 플라톤의 이상국가는 부모가 누구든 차별하지 않고 오직 태어난 아이의 인성(soul)에 따라서 동등한 교육의 기회를 부여하고, 각각의 능력에 합당한 교육을 받을 수 있는 정체(polity)이기 때문이다. 이 점에서 플라톤의 이상국가는 내부에서 인재(人才)들이 끊임없이 이동이 가능하다는 점에서 계급이 세습되는 계급사회라기보다는 현대 사회처럼 계층 간 이동이 활발한 고대의 능력별 계층사회라 할 수 있다. 그의 비유에 따르면, 만약 자연에 반하여 말이 송아지를 낳는다면, 나는 그것을 망아지라 하지 않고 송아지라 불러야 한다. 또한 나는 짐승을 사람이라 부르지 않고 사람이 사람을 낳을 때 그를 사람이라 부른다. 이는 나무나 다른 동식물에도 마찬가지로 적용된다(Plato, Cratylus. 393c 참조). 사람을 사람으로 부른다는 것은 각자가 인성을 가졌다는 것을 의미한다. 인성과 능력에 따라 우수한 사람은 우수한 교육을 하고, 그렇지 않은 사람은 그에 합당한 교육으로 인재를 양성하는 것이 플라톤적 의미의 평등교육이다. 금의 영혼을 가진 사람을 동이나 철의 영혼을 가진 사람으로 교육하는 것은 인재를 낭비하고 혼란을 자초하는 것이다. 이는 그 반대의 경우도 마찬가지이다. 플라톤의 인성교육은 잠재적 가능성을 가진 인간의 능력을 발굴하고 그에 적합한 교육을 실시하여 각자의 능력에 합당한 인성을 계발하려 했다는 점에서 현대의 맞춤식 인성교육의 모범이라 할 수 있다.

국가의 정의는 개인의 정의와 유비적으로 같은 구조를 이룬다. 국가는 통치자를 중심으로 전사, 생산자가 서로 협력하여 함께 조화를 이룰 때 모든 구성원이 행복해지고 정의를 이룬다. 같은 이유로 인간이 현실태로 잘 구현된 지혜, 용기, 절제를 가지고 있을 때 각자는 개인적 정의를 구현한다. 개인의 정의도 개별자의 차원에서 지혜, 용기, 절제가 조화롭게 어우러질 때 생겨나는 것이다. 플라톤은『국가(politeia)』와『법률(Nomoi)』을 비롯한 다양한 저술에서 생득적 인성을 가진 개인이 지혜, 용기, 절제의 잠재적 능력을 교육을 통해서 현실태로 발현할 때 진정으로 정의로운 인간이 된다고 보았다. 덕을 갖춘 정의로운 시민이 모여서 국가의 정치에 참여할 때 국가도 정의롭게 된다. 플라톤은 지혜, 용기, 절제, 정의의 덕이 인간과 국가에 필요한 공통의 덕이라고 봄으로써 네 가지 중요한 덕을 통하여 개인적 인성교육의 필요성과 국가적 정의 구현의 정당성을 강조한다.

여기서 우리는 플라톤과 앞서 살펴본 루소가 교육에 의해서 이상사회 건설을 내세운다는 점에서 공통점을 가지고 있음을 알 수 있다. 양자가 다른 점은 인성을 보는 관점이다. 플라톤은 인간을 세 가지 가능성을 지닌 영혼으로 구분하고 그에 따라 교육을 하면, 세 영혼이 잘 어우러져서 정의를 구현한다고 본다. 반면, 루소는 계몽주의 전통에 따라 올바른 인성을 형성하도록 하기 위해 아동의 발달단계에 따라서 선성(善性)을 잃지 않도록 소극적(消極的) 인성교육을 시키고 그 후에는 지식교육을 포함한 적극적(積極的) 교육을 잘하면, 인간은 사회에서 제 역할을 훌륭히 해내는 온전한 시민으로 성장할 수 있음을 강조한다. 플라톤은 내부적으로 열린 사회를 지향하고 외부적으로는 그것이 완전체라면 닫힌 사회여야 한다고 전제한다. 여기서 닫힌 사회는 폴리스(polis, 도시국가)에 제한된 폐쇄적 닫힌 사회가 아니고 그 외연이 민족국가, 다민족국가, 세계국가로 확대되는 사회 단위의 국가를 의미한다. 그리고 그는 그 속에서 지도자가 될 인재를 선발하여 인성교육과 지식교육을 통해서 이상사회를 건설하려고 한다. 이와는 달리, 루소는 플라톤의 이상사회 건설의 꿈을 18세기 계몽주의 시대의 의식으로 재해석하여 제시한다. 그에 의하면, 인간은 선천적으로 선함으로 먼저 그 선성을 유지하는 소극적 교육을 하고 나서 지식을 전달하는 적극적 교육을 통하여 훌륭한 시민을 양성하면 이상사회를 건설할 수 있다고 보았다. 플라톤에게 있어서 이상사회 건설의 중심 인물은 선의 이데아를 깨달은 통치자 철인왕이고, 루소에게 있어서 그 중심 인물은 에밀과 같은 평범하지만 이상적 시민이라는 점이 다를 뿐이다. 플라톤과 루소의 공통점은 내성외왕의 능력을 갖춘 철인왕이나 훌륭한 시민이 둘 다 인성(도덕)교육을 충실히 받아야 가능하다고 강조한 점이다.

우리는 이처럼 동서양의 인성교육에 관한 공통점을 찾을 수 있을 뿐만 아니라 현대의 인성교육과 도덕교육에서 그것을 실천할 수 있는 가능성을 찾을 수 있을 것이다. 왜냐하면 동양의 공자는 인의예지를 강조하고, 서양의 플라톤과 루소는 세부에서는 다르지만 이상국가에 있어서 지혜, 용기, 절제, 정의, 선 등과 같은 인성을 근간으로 하는 도덕적 덕을 강조했기 때문이다. 이상에서 보듯이 동양과 서양의 도덕과 인성에 관한 관점이 그 시대와 장소의 차이에도 불구하고 근본에서 인성을 강조한다는 점에서 크게 다르지 않기 때문에 글로벌 시대에서 인성을 인류 화합과 사회 발전의 동력으로 삼으려는 필요성에 부응할 수 있다. 이것이 글로벌 시대의 인성의 새 지평을 여는 것이다.

(2) 인성교육의 새 지평

인성교육은 인성에 대한 올바른 이해와 비판에서 출발해야 한다. 근대적 의미의 도덕(인성)교육을 강조한 이는 코메니우스(J. A. Comenius)이다. 그의 인성교육을 이해하고 현대의 상황에 맞게 변화를 주고 보완한다면 21세기 인성교육의 새 지평에 기여할 수 있을 것이다. 그는 플라톤이나 루소와 같이 인간은 누구나 덕성을 본래적으로 타고난다고 생각하였다. 그는 도덕(인성)교육은 신체적 요소와 정신적 요소의 조화라고 보았다. 그는 고대 아테네의 플라톤[4주덕(四主德): 지혜, 용기, 절제, 정의]과 고대 로마 키케로의 인성교육을 활용하여 자신의 인성교육이 고대 아테네와 로마의 전통과 상응한다고 보았다. 로마의 키케로에 의하면, "타인 속에 있는 덕성도 일반 사람에게는 감탄의 원천일 수 있다. 왜냐하면 덕성이 전혀 없는 사람도 타인에게 있는 덕성을 좋아하기 때문이다. 인간이 악덕에 빠지더라도 덕성을 좋아하는 마음은 있다. 인간이 마음속에 덕성을 가지고 있다는 사실을 인정하지 않는다면 그는 온전한 사람이 아니다"(Comenius, 1967, Ch. 5: 14).

코메니우스는 인성교육만 강조하지 않고 지식교육도 함께 강조한다는 점에서 그의 교육론은 현대적 활용에 조금도 부족하지 않다. 따라서 그는 지식, 기술, 언어 등을 배우는 교육은 소홀히 할 것이 아니라 당연히 해야 할 것으로 간주한다. 그런데 인간에게 이런 영역의 지식과 기술과 언어는 앞으로 더 중요한 교육을 하는 준비로서 필요할 뿐이라고 한다. 따라서 당연히 아동의 단계에서부터 배우는 지식 학습은 더 중요한 일을 위한 시작 단계일 뿐이지 끝이 아니므로, 지속적으로 지식의 배움인 교육을 유지해 나가야 한다. 왜냐하면 지식의 학습은 지금 당장 한 번의 배움으로 완성되는 것이 아니라 지속적으로 이루어져야 하는 것이기 때문이다. 그러면 배움의 초기 단계에서 지금 우리가 배워야 할 것은 무엇인가. 그것은 인간을 고양하고, 견고하게 하고, 고매하게 만들어 주는 지혜이다. 그는 이런 지혜를 도덕과 경건(종교)이라고 부른다. 인간은 이런 지혜의 배움 혹은 인성교육을 학교의 정밀한 교육과정과 체계적이고 정교한 교수·학습 방법으로 덕과 경건을 통하여 아동에게 스며들게 해야 한다. 학교는 이 점에서 인성의 단련장(forging-places of humanity)이라 불린다(Comenius, 1967, Ch. 23: 1-2).

코메니우스는 이런 취지에서 덕을 함양하는 열여섯 가지 인성교육(도덕교육) 방법을 다음과 같이 제시한다. ① 아동에게 모든 덕을 가르쳐야 한다. 왜냐하면 어느 하나의 덕이라도 소홀히 하면 인성교육의 체계가 무너지기 때문이다. ② 기본적 덕은 사려(思慮, prudence), 절제(節制, temperance), 용기(勇氣, fortitude), 정의(正義, justice)이다. 그는 모든 덕의 기본을 사려, 절제, 용기, 정의라고 강조 하였다. 기본적 덕으로서 4주덕(主德)은 이미 앞에서 보았듯이 플라톤이 2,000여 년 전 『국가』에서 주장했으니 코메니우스가 주장한 것이 전혀 새로운 것은 아니다. 따라서 코메니우스가 기본적 덕으로 4주덕을 제시한 것은 우연의 선택이 아니라 그에 대해서 스스로 심각하게 고민하고 깊이 생각한 선택의 결과였을 것이다. 달리 보면, 이것은 플라톤이 제시한 4주덕이 개인의 결정이라기보다는 시간과 공간을 초월한 보편적 가치를 지닌 덕이라는 사실을 함축한다고 볼 수 있다. 이처럼 플라톤의 4주덕은 인간이 보편적으로 생각하고 느끼는 가치의 핵심 요소를 가지고 있다. ③ 사려(思慮)는 좋은 교육과 사물과 사물의 가치의 차이를 구분하는 학습을 통해서 익힌다. ④ 절제와 중용, ⑤ 용기, ⑥ 정의, ⑦ 정의 실천과 의무감을 함양한다. ⑧ 고통을 극복하는 용기와 어려운 상황에서 솔직해지려는 용기 혹은 정직하려는 용기를 함양한다. ⑨ 용기는 품격과 가치를 갖춘 사람과의 지속적 관계와 격언을 통해서 함양한다. 일과 놀이 모두에서 고통을 인내하는 용기를 함양한다. ⑩ 정의와 유사한 타인을 위한 봉사와 희생정신을 함양한다. ⑪ 덕은 악이 스며들기 전에 함양돼야 한다. ⑫ 덕은 지속적으로 옳은 일을 실천하여야 얻어진다. ⑬ 반듯한 삶의 모범이 부모, 유아 교사, 가정교사, 친구들에 의해서 꾸준히 제시되어야 한다. ⑭ 바른 행위의 격언과 바른 행위의 규칙 혹은 법칙도 모범과 더불어 지속적으로 제시되어야 한다. ⑮ 아동은 사회의 악에 물들지 않도록 악으로부터 철저히 보호되어야 한다. ⑯ 어른이 아동의 행동을 항상 감시 또는 감독할 수 없기에 아동이 스스로 악에 빠지지 않도록 엄한 훈육을 통해서 통제하도록 해야 한다.

코메니우스는 이상의 열여섯 가지 항목에서 인성교육의 방법과 덕에 대해 자세히 설명하고 있다. 우리는 이로부터 코메니우스가 얼마나 세심하고 체계적으로 현대의 학교와 각종 인성교육 기관에서 하는 것에 부족하지 않은 실천 덕목과 학습 방법을 제시하여 인성교육을 실시하려고 했는지 알 수 있다. 코메니우스의 도덕과 인성 학습론은 지나치게 많은 이론으로 혼란을 겪는 현 시점에서 현대 인성교육의 새 지평을 여는 데 많은 시사점을 주고 있다.

이제 우리는 인성교육에서 새로운 것을 찾으려는 강박관념과 의무감을 과감히 떨쳐내고 온고이지신(溫故而知新)과 법고창신(法古創新)의 정신을 살려야 한다. 옛것이 새것이 아니라는 이유로 거부하는 것은 현명하지 못한 행동이다. 새것은 옛것이 없으면 산출되지 않는다. 새것과 옛것의 구분이 물리적 시간의 선분적 나열로 가능하다는 생각이야말로 퇴출당해야 할 낡은 사고이다. 새것은 새 부대에 담아야 하지만 그 새것은 언제나 옛것에 대한 비판적 반성과 필요성으로부터 가능하다. 인성교육은 예부터 있었던 것이지 하늘에서 떨어진 새로운 것은 아니다. 따라서 현대의 인성교육은 옛 인성교육으로부터 새로운 발상의 전환을 하여 새 지평을 열어야 할 것이다. 이 점에서 코메니우스의 인성교육은 인성교육의 새 지평을 여는 마중물이 될 것이다.

4. 인성과 인성교육을 위한 제언

현대의 인성교육은 유럽과 미국에서는 아직도 도덕적 덕목 교육을 중심으로 실시하고 있어서 인성교육과 도덕교육을 분리해서 교육하려는 현재 우리의 교육처럼 큰 혼란은 없다. 그들의 인성교육은 기존의 덕목을 따르고 이를 심화·발전시키는 과거와의 연계선상에서 무리 없이 잘 이루어지고 있다. 〈표 3-1〉에서 보듯이 도덕교육이 학교의 정규 교과 교육과정에 없음에도 미국 학교의 인성교육은 그 이론과 실천에서 도덕의 덕목을 제시하고 그에 기초하여 교육을 하는 것을 전혀 거부감 없이 수용하여 효과적으로 실천하고 있다. 다음의 리코나(Lickona)의 경우가 이를 보여 주는 좋은 사례이다. 그는 인성교육의 요소에서 도덕적 지식, 도덕적 감정, 도덕적 행동이라는 지·정·행의 세 요소를 들고 있는데, 이는 그의 경우에 한정되지 않고 대부분의 미국과 여타 국가에서 인성교육을 하는 데 별문제 없이 공통적으로 활용되고 있다.

〈표 3-1〉 인성의 요소와 세부 요소

좋은 인성의 요소	세부 요소
도덕적 지식(moral knowing)	도덕적 앎(awareness), 도덕적 가치에 대한 지식, 다른 관점 이해하기, 도덕적 추론, 의사결정, 자기지식(self-knowledge)
도덕적 감정(moral feeling)	의식(옳은 것을 알고 의무감 갖기), 자기존중, 공감, 선을 사랑하기, 자기통제, 겸손
도덕적 행동(moral action)	능력(행동으로 이행하는 능력), 의지, 습관

출처: Lickona(1992)

그러나 우리나라에서 2008년 정권교체 후부터 급격하게 강조되기 시작한 현재의 인성교육은 도덕교육을 의도적으로 배제하면서도 실제 내용을 보면 도덕교육의 내용 범위를 벗어나지 못하고 있어 현실적으로 모순된 상황에 빠져 있다. 이처럼 표리부동하고 이율배반적인 학교 인성교육은 실행되면 될수록 오히려 인성 함양에 있어서 다음과 같은 몇 가지 중층적·복합적 폐해를 가져올 수 있다.

첫째, 인성교육의 의미와 개념의 모호성이다. 미국과 달리 우리는 도덕교육이란 교과를 학교 정규 교과 교육에서 이미 도입하여 실천하고 있다. 그런데 우리의 인성교육은 이를 기반으로 하기보다는 거리를 두는 태도를 취함으로써 효과적 인성교육에 오히려 방해가 되고 있다. 이로 인하여 우리의 인성교육은 도덕교육과 인성교육의 경계와 정체성이 불필요하고 논리적으로도 타당하지 않게 분리되었음은 물론이고, 이로 인해서 인성교육 목적의 애매성과 모호성뿐만 아니라 실제 인성교육과 도덕교육 두 영역에서의 의미와 정체성의 혼란을 가져오고 이로 인하여 교육적 효과를 거두기 어려운 상황이다.

둘째, 인성교육이 도덕교육과 다르다는 잘못된 관념을 여타 교과의 교사와 학생에게 심어 줌으로써 범교과적 인성교육을 이끌어 갈 주도적 체계가 부족하여 인성교육의 효과와 효율성이 감소하고, 궁극적으로는 인성교육이 전반적으로 실패할 가능성조차 있다. 여기에 더 상황을 악화시키는 것은 교과 이기주의를 기반으로 한 인성교육이 필요 이상으로 강조되고 있다는 것이다. 이는 인성교육이 범교과로서의 도덕적 측면보다 부분적으로 강조된 교과 속에서 교과보다 부차적인 것으로 다루어짐으로써 앞서 누누이 강조한 인성의 일반성과 보편성을 상실하고, 그로 인하여 인성교육의 정체성이 모호해져 인성교육에 대한 학생의 혼란과 그로 인한 실천도 어려워질 수 있는 위험에 노출된다.

셋째, 인성교육의 유구한 역사는 동서양의 구분 없이 도덕을 근거로 하여 왔음을 앞에서 살펴보았는데 이를 거부할 명백한 근거나 이론이나 논리도 특별히 제시하지 않고 인성교육을 도덕교육과 일말의 관계도 없는 듯이 교과별로 다루거나 또한 전혀 다른 교과 교육의 하위 내용인 듯이 취급함으로써 인성교육을 할수록 본래의 의도와는 달리 인성과 도덕의 관계에 대한 혼란된 부정적 결과를 낳을 가능성이 커질 수 있다. 이 점에서 우리나라의 인성교육은 가능한 한 인성과 인성교육에 대한 정의를 전통적이고 유구한 도덕과 도덕 이론에 근거하여 새로이 정립하고, 그것을 인성교육정책에 반영하는 노력이 동시에 요구된다.

간단히 말하면, 현재의 인성교육은 이론적 정체성과 도덕교육과의 정합성은 물론이고 타 교과와의 정합성과 체계성도 매우 부족하다. 또한 인성교육의 실천과 경험은 체계적 이론과 부합하는 실천이 매우 중요한데 그런 것들이 전체적으로 부족해서 혼란스럽다. 이는 이론적 혼란에 그치는 것이 아니라 학교 현장의 혼란을 초래하고 있다. 우리에게는 이런 바람직하지 않은 상황을 극복하기 위한 노력이 절실히 요구된다.

우리는 앞으로 현재의 인성교육이 가져온 체계적 이론 부재와 가치의 혼란과 무질서를 극복하고 이를 합리적으로 설명하는 윤리학(도덕철학)의 도움을 받아서 바람직하고 올바른 이론으로 인성교육을 실천하고 발전시켜야 할 때이다. 인성교육의 발전적 개선에 대한 요구는 우리나라뿐만 아니라 세계 여러 나라에서 동시다발적으로 일어나고 있다.

인성교육이 잘 될 때 우리는 21세기의 발달된 과학과 기술을 이용하여 그 어느 때보다도 물질적 풍요를 확대할 수 있고, 그 토대 위에서 인성교육을 통하여 선순환적으로 물질적 풍요를 정신적 풍요로 이어 갈 수 있을 것이다. 인성교육의 목적은 무엇보다 개인이 훌륭한 인성을 갖춘 도덕적 주체로 행동함으로써 자신의 정체성을 확립하고 내면적 행복을 찾고, 동시에 사회의 구성원으로서 사회의 가치를 비판하고 유지하고 발전하는 데 기여하는 것이다. 인성교육은 인류의 차원에서 모든 사람이 행복으로 가는 과정에 필요한 디딤돌이다. 나아가서 인성교육이 도덕적 반석이란 새 지평 위에 설 때 인성교육은 더욱더 넓고 의미 있게 펼쳐질 수 있을 것이다.

❝참고문헌

신동아, 2010년 3월호
『中庸』, 第1章 1節.
『論語』, 顔淵, 陽貨.
『大學』.
孟子. 『孟子』, 盡心上. 公孫丑上.
荀子. 『天論』

朱子. 『朱子語類』, 卷 95.

Comenius, J. A. (1967). *The Great Didactic*, Ed. by M. W. Keatinge. New York: Russell & Russell: Ch. 5: 11, 14.

Fung, Y. L. (1943). *A short history of chinese philosophy*. Trans. D. Bodde.

Hoesle, V. (2015). 독일철학사: 독일 정신은 존재하는가(*Eine Geshichte Deutschen Philosphie*). (이신철 역). 서울: 에코리브르. (원전은 2013년에 출판).

Jaspers, K. (2005). 위대한 사상가들(*Die grossen Philosophen*). (권영경 역). 서울: 책과함께. (원전은 1957년에 출판).

Kant, I. (1785). *Groundlegung zur Metaphysik der Sitten*, Trans. James W. Ellington (1981). *Grounding for the Metaphysics of Morals* (pp. 388, 393-394). Indianapolis, IN: Hackett Publishing Company Inc.

Lickona, T. (1991). *Educating for Character: How Our Schools Can Teach Respect and Responsibility* (p. 51).

Lickona, T. (1992). *Education for character*. New York: Bantam Books.

Locke, J. (1689). *An essay concerning human understanding*, vol. 1.

Pangle, L. S. (2014). *Virtue Is Knowledge: The Moral Foundations of Socratic Political Philosophy* (p. 5). Chicago: Chicago University Press.

Plato. Cratylus. 393c. *The Collected Dialogues of Plato*. Ed. by Edith Hamilton & Huntington Cairns(1961). Princeton, NJ: Princeton University Press.

Plato. Republic. 415a-b. *The Collected Dialogues of Plato*. Ed. by Edith Hamilton & Huntington Cairns(1961). Princeton, NJ: Princeton University Press.

Reble, (2002). 서양 교육사(*Geschichte der Paedagogik*). (정영근 외 역). 서울: 문음사. (원전은 1951년에 출판).

Merriam-Webster http://www.merriam-webster.com/dictionary/character (2016. 1. 10. 인출)

Wikipedia http://en.wikipedia.org/wiki/Character_(symbol) (2016. 1. 10. 인출)

Chapter 04

시민성 이론

조영하, 지은림

학습목표

전통적인 국민국가사회의 맥락과 지구화의 진전에 따른 지구시민사회의 맥락에서 시민성을 이해
한다.

학습개요

상기 구분된 두 가지 관점에서 시민성의 개념을 이해하고, 시민성을 구성하는 개념 요소들은 무엇
인지 살펴본다.

토의질문

- 능동적인 좋은 시민이란 국민국가와 지구사회의 관점에서 각각 어떤 시민을 의미하는 것일까?
- 국민국가의 시민과 지구시민의 유사점과 차이점은 무엇일까?
- 지구시민사회의 등장이 우리의 인성교육에 주는 시사점은 무엇일까?

21세기를 살고 있는 우리는 지구화의 진전에 따라서 좋든 싫든 이미 지구시민사회의 구성원으로서 삶을 영위하고 있다. 이에, 학계나 정책 분야에서도 21세기의 시민성을 근대의 국민국가사회라는 분리되고 제한된 개념적 틀에 가두기보다는 초국가적 성격을 가진 지구시민사회의 관점에서 조망하고 있는 추세이다. 기든스(Giddens, 2010)는 오늘날 전 세계에서 일어나고 있는 가장 중요한 변화상의 하나로 지구시민사회의 등장을 꼽으면서, 지구화는 개인을 국민국가의 권력에서 벗어나게 하고, 개인과 지방의 정체성을 다시 일깨우는 새로운 가능성을 창출하며, 지역문화의식과 주권을 활성화하는 계기가 되고, 우리 사회는 폐쇄적 민족주의나 자민족중심주의 대신 다원적 세계, 바람직한 지구공동체를 지향하게 돕는다고 보았다. 이는 21세기 시민사회가 지구화라는 거대영향과 불가분의 연관성을 맺고 있기 때문일 것이다(허영식, 2008).

지구시민사회의 도래에 있어서 한국 사회 또한 예외는 아닐 것이다. 21세기 한국사회는 현재 어떠한 도전과 문제에 노출되어 있을까. 한국의 다양한 언론매체들이 이슬람국가(Islamic State)로 대변되는 국제 테러의 위험성 증가, 한국, 중국, 일본 간의 역사전쟁과 동아시아 패권 다툼, 남한과 북한 간의 장기적 분단 상황과 대치, 정치 갈등과 분열, 사회경제적 차이에 의한 집단 간 갈등 및 상실감, 탈북이주민을 포함한 다문화 사회의 도래로 인한 인종 간 차별 대우와 이로 인한 사회 갈등 증가 등을 연일 보도하는 것만 보더라도 우리는 현재 복잡하게 얽힌 국제 관계 속에서 위험, 갈등, 분쟁의 시대를 살고 있음은 분명한 듯하다. 경기 침체로 인한 청년실업 증대와 빈곤계층으로의 몰락, 외국인의 유입으로 인한 정체성 및 사회 통합의 문제 등도 21세기 한국사회를 둘러싼 단면이다(김태준, 설규주, 조영하, 이기홍, 한숭희, 김정민, 박정애, 2011). 허영식(2008: 11-33)은 우리가 사는 21세기 사회가 직면한 대외적 동향과 문제를 다음의 다섯 가지로 구분하여 정리하였다. 첫째, 다자주의, 국제 관계와 국제 테러, 대량살상무기 등과 관련된 세계 정치와 평화의 문제, 둘째, 빈곤과 사회적 배제와 관련된 세계 사회와 개발의 문제, 셋째, 세계무역 및 국제금융과 관계된 세계 경제와 자원의 문제, 넷째, 기후 변화 및 환경 변화에 따른 갈등과 분쟁과 관련된 세계 생태와 환경의 문제, 다섯째, 파편화된 국제연합체제, 미국의 패권주의적 일방주의, 또 하나의 패권국가로 부상하는 중국의 국제적 위상 등과 관련된 지구사회와 인간 안보의 문제가 그것이다.

다양하고 위협적인 대내외적 도전과 문제로 얽힌 현대의 지구시민사회는 우리에게 어떠한 시민성을 요구하는가. 분명한 것은 지구시민사회의 시민성은 근대 국민국가사회의 시민성과는 엄연한 차이가 있다는 것이다. 왜냐하면 **시민성은 고정된 개념이 아니라 시대 흐름에 따르는 유동적인 개념**이기 때문이다(모경환, 김명정, 송성민, 2010).

따라서 이 장은 전통적인 국민국가사회의 맥락과 지구화의 진전에 따른 지구시민사회의 맥락에서 시민성의 개념을 이해하고, 시민성의 개념은 어떠한 요소들로 구성되는지에 대하여 살펴보고자 한다.

1. 시민성이란 무엇인가

1) 전통적 차원

시민은 정치, 경제, 문화적 행위주체자로서의 각성된 개인이자 공동체적 자치를 일구는 실질적 성원이다. 그는 사회의 공동선을 위해 각자의 이해를 평등하게 교환하고 자율적으로 선택할 수 있는 힘의 소유자이다. 또한 시민은 공동체적 이해관계를 공유하고자 노력하며 정의와 공동선, 다양성의 가치와 자치, 참여 등을 중시하는 도덕적 인간이기도 하다(한국교육연구소 시민교육분과, 1996: 190).

현대의 시민사회[1]가 우리에게 요구하는 시민성은 무엇일까. 이에 대한 답을 구하려면 시민성에 대한 정확한 개념을 이해해야 하는데 그러려면 우선 시민이나 시민권 등의 관련 용어들을 먼저 이해하여야 할 것이다.

---

1) Giddens는 18~19세기 이후 사회의 속성을 경제면에서 자본주의, 정치면에서 민주주의, 역사적인 면에서 근대사회, 사회적인 면에서 시민사회로 지칭하였다. 시민사회는 공적 권력이 행사되는 국가 영역과도 구별되고 가족이나 시장과 같은 생산 및 재생산 활동이 이루어지는 사적 영역과도 구분되는, 국가 영역과 사적 영역 사이에 존재한다(허수미, 2010: 185-186). 한국교육연구소 시민교육분과(1996)는 시민사회를 설명하면서 "여러 계층, 계급 간의 이해가 교차하는 복합적 대립 공간이고, 다원적인 사회 세력들이 스스로 내적 욕구에 의해 아래로부터 표출되어 자율적으로 운동해 가는 과정을 거친다. 따라서 시민사회의 공적 이해관계는 다양한 시민의 이해가 자율적인 의사교환 과정을 거치면서 자발적 참여와 연대를 보장하는 형태로 진행된다(p. 189)."고 하였다.

아메리칸 헤리티지 사전(The American Heritage Dictionary, 1983)은 시민을 출생이나 귀화를 통하여 한 국가(Nation-State)로부터 보호받을 권리를 소유한 동시에 그 국가에 충성할 의무도 지워진 개인으로 정의하고 있고, 한 도시에 거주하는 개인으로도 정의하고 있다. 국립국어원 표준국어대사전[2]은 시민을 공민으로 정의하고 있는데, 공민이란 국가 사회의 구성원으로서 그 나라 헌법에 의한 모든 권리와 의무를 가지는 자유인 또는 그 시(市)에 사는 사람을 뜻하는 것으로 정의하고 있다. 한편, 아메리칸 센츄리 개념별 분류 어휘집(The American Century Thesaurus, 1996)은 유권자(Voter), 원주민(Native), 거주자(Resident), 주민(Denizen), 자유인(Freeman)뿐만 아니라 납세자(Taxpayer)까지도 시민의 동의어로 규정하고 있다. 시민이란 국가 내에서 법적 지위와 권리를 갖고 있는 개인들을 말하고, 시민권의 일차적인 판단 기준은 통상 법적으로 국적을 가졌는가이다. 따라서 시민의 개념은 민족, 가족, 친족 등과 같은 자연적 동질성이 기준이 되는 것이 아니라 근대 국민국가(Nation-State)의 정치적 공동체의 구성원을 지칭한다(김동춘, 2013: 6).

시민은 지역, 국가, 학문, 기호 등을 매개로 하는 다양한 공동체의 구성원으로서 적극적으로 자유와 권리를 의식하고 그것을 적절히 행사함과 동시에 타인과 공동체에 대한 책임과 의무도 성실히 이행하는 사람이다. 그런고로 시민은 몇 가지 측면에서 **이중적인 지위**를 가진다(김태준, 설규주, 이기홍, 조영하, 2009: 129).

첫째, 시민은 권리의 담지자인 동시에 의무를 부담해야 하는 존재이다.

둘째, 시민은 개별 주체로서의 인간이면서 동시에 사회 공동체 속에서 타인들과 관계를 맺고 사는 존재이다.

셋째, 시민은 사고하고 의식하며 의사 결정을 내리는 주체인 동시에 그러한 의사 결정을 실천하는 존재이다.

한국사회의 경우, 1990년대에 들어서면서 1980년대의 민중의 개념이 시민으로 변화하였다. 한국교육연구소 시민교육분과(1996), 김동춘(2013), 허수미(2010) 등의 논문에서 이와 같은 개념의 전환 과정과 배경을 이해할 수 있다. 1960, 1970년대 경제개발에

---

2) http://124.137.201.223/main.jsp

의한 근대화를 지나면서 가장 피해를 본 집단에 의하여 생겨난 민중 개념은 정치경제적 소외 집단을 대변하였다. 그러나 당시 한국사회에서 민중은 전체주의체제의 억압적 권력을 경험하였다는 점에서 시민의 개념도 포함하였다고 할 수 있다. 민중과 시민이 개념적으로 구분되는 지점은 그 성격이 계급 운동, 특히 노동운동의 측면이냐 아니면 환경, 여성 등 다양한 부문과 차원을 아우르는 사회운동의 측면이냐이다. 한편, 6월 항쟁 이후 절차적 민주주의의 기틀이 일부나마 마련되면서 현실사회의 대안적 개념으로서의 사회주의적 민중의 개념은 우리 사회에서 회의의 대상이 되었고, 근대화 과정에서 잔존한 권위주의와 비민주적 국가 권력에 대한 비판 인식이 형성되면서 억압적 조건에 대한 저항적 성격이 강한 민중 개념은 합리적 요구에 대한 발언과 참여라는 대안적 성격의 시민개념으로 전환되었다(한국교육연구소 시민교육분과, 1996: 180-181).

한편, **시민권**의 사전적 의미는 의무, 권리, 특권을 가진 시민의 지위를 말한다(The American Heritage Dictionary, 1983). 이는 개인이 국가와 맺는 관계, 특히 한 국가 내의 개인의 법적인 지위이다(김동춘, 2013). 마셜(Marshall)은 그의 논문 「시민권과 사회계급(Citizenship and Social Class)」(2009)에서 시민권을 한 사회공동체의 온전한 구성원에게 부여되는 지위로 정의하였고, 그 지위를 가진 모든 개인은 동일한 권리와 의무를 지닌다고 하였다. 그런고로 이 장에서 논의하는 시민성은 기본적으로 사회공동체의 온전한 구성원이 되는 사실에 근거하는 개념이라 할 수 있다. 그런데 여기서 말하는 온전한 구성원이란 무엇일까. 온전한 구성원은 영어로 'Full Membership'을 지칭하는데 마셜(2009)은 이를 설명하면서 시민권은 공동 소유인 문명에 대한 충성심에 기초한 사회공동체에 대한 직접적 소속감이 필요함을 역설하였다.

「시민권과 사회계급」에서 피력된 마셜의 시민권 개념을 조금 더 살펴보자면, **근대의 시민권은 공민적 요소[3]**, **정치적 요소**, **사회적 요소로 구분**된다. 시민권의 공민적 요소는 개인의 자유를 위하여 요구되는 권리인 개인의 자유, 표현·사상·믿음의 자유, 재산소유권, 법 앞에서의 평등 등으로 구성되며 이들 권리는 어떠한 특정의 정치적 상황이나 이해관계보다 앞서고 부와 가난, 지위의 높고 낮음과 같은 어떠한 사회적 구성 요소들

---

3) 라드손-빌링스(2009: 129)는 시민권의 공민적 요소를 민법적 혹은 법률적 요소로 해석하였다.

보다 우선된다(Ladson-Billings, 2009: 129). 이에, 마셜(2009)은 시민의 권리와 가장 직접적으로 관련된 사회제도로서 사법제도를 꼽기도 하였다. 반면, 시민권의 정치적 요소는 정치적 권위를 가진 집단의 구성원으로서 혹은 그러한 집단 구성원에 대한 투표 권한을 가진 유권자로서 정치력 행사 과정, 즉 통치 과정에 참여할 수 있는 권리를 의미한다. 이에 대한 사회제도의 예로는 의회와 지방자치의회를 들 수 있을 것이다. 이와 관련해서 라드손-빌링스(Ladson-Billings, 2009: 130)는 정부의 관리나 완전히 통제된 정부의 주체가 아닐지라도 대부분의 시민은 참정권과 정치에 영향을 줄 수 있는 근본적인 권리들을 행사함으로써 통치 과정에 참여할 수 있는 권리를 지니므로 이들은 집회를 구성하고, 압력을 행사하고, 청원할 수 있으며 자신의 주장을 알리기 위하여 항변할 수 있다고 하였다. 마셜(2009)은 시민권의 사회적 요소를 설명하면서 그 사회에서 우세하게 통용되는 기준에 따라 일정한 경제적 복지와 안전을 위한 권리, 자원인 사회 유산을 최대한 공유할 수 있는 권리, 문명인으로서 살 권리 등을 포함한다고 강조하였다. 사회적 요소를 대변하는 사회제도의 예로는 교육체제와 사회복지 등을 들 수 있을 것이다. 시민권의 사회적 요소는 시민에게 사회 자원에 접근할 수 있고 사회적 유동성과 안락함을 추구할 수 있는 능력을 제공하며, 건강 관리, 교육, 고용 기회, 주거 환경 등의 유익을 제공한다(Ladson-Billings, 2009). 김태준 등(2009: 135)은 시민권을 모든 시민의 적극적 참여를 강조하는 개념으로써, 첫째, 특정 계층이나 권력 집단이 누리는 특권이나 힘이 아닌 시민으로서 갖는 법적 권한의 형평성, 둘째, 정치에 대한 지속적 관심과 적극적 참여, 셋째, 민주시민권을 행사하는 데 요구되는 선결 조건을 세 가지 핵심 요소로 삼고 있다고 하였다.

그럼, 시민과 시민권에 대한 개념적 이해를 토대로 **시민성**을 정의해 보자[4]. 전술한 바에 따르면 시민성이란 한 사회공동체의 책임 있는 온전한 구성원에게 요구되는 자질들[5]일 것이다(김태준 외, 2009). 즉, 시민성은 시민에 공통적으로 나타나는 가치관, 행동 양식, 사고방식, 기질 따위의 특성을 지칭한다고[6] 할 것이다. 시민성은 최근 국민

---

4) 이 문단은 주로 한국교육연구소 시민교육분과(1996)의 논문 중 pp. 181-188의 내용을 정리한 것에 기초하고 있다.
5) Merriam-Webster(http://www.merriam-webster.com/dictionary/character, 2018. 3. 1. 인출)
6) 출처: 고려대학교 민족문화연구원(2009). 고려대 한국어대사전. 서울: 고려대학교 민족문화연구원.

복지 차원에서 강조되는 간섭주의 국가관에 대한 대응으로서 자유시장경제의 원칙과 경쟁 논리를 옹호하는 관점인 자유로운 행위 주체로서 정치, 경제적 선택과 이익을 추구하는 시민상과 지역사회 공동체적 가치를 지지하는 시민상, 다시 말하면 개인주의적 관점에서 능동적 시민상과 공동체주의적 관점에서 참여적 시민상이 서로 대치되거나 병존하며 그 개념을 형성해 왔다. 김동춘(2013: 8)과 장원순(2009)도 시민권에 대한 관점을 자유주의와 공화주의의 관점으로 나누면서 자유주의는 독립적인 경제 활동과 납세의 의무를 다하는 자기 이익을 추구하는 개인적 존재로서 반면에 공화주의는 개인을 공공 영역에 참여하는 주체로 인식한다고 보면서, 시민성을 공민, 유권자, 사회적 권리라는 시민권의 세 영역에 대한 담지자나 주창자로서의 자의식과 실천적 태도, 즉 개인의 자유와 자율성을 주창함과 동시에 정치적 공동체의 구성원으로서 책임 의식과 공공성을 견지하고 사회의 약자나 다수자들이 최저의 경제생활을 누리면서 안전하게 살 수 있는 사회를 만드는 일에 참여하려는 의지(자신의 이익을 넘어서서 그 이익을 사회 전체의 목표나 진로와 결합하려는 태도)로 정의하였다.

어찌 되었든 시민성에 대한 현대 사회의 담론을 이끄는 동력은 자유와 평등과 인간 존중을 이념으로 하는 시민사회의 삶의 원칙과 인간애를 고양시키는 보편적 삶에 대한 대중의 관심일 것이다. 시민은 한 사회공동체의 온전한 구성원이므로 자신이 속한 공동체의 발전에 참여하는 것은 시민의 권리이자 의무이다(장원순, 2009). 그런고로 사회공동체에 무관심한 개인은 윤리적으로 결격인 인간인 반면, 사회공동체에 적극적으로 참여하는 개인은 온전한 인간 즉 시민이다.[7] 이렇게 본다면 시민은 규범적으로 '좋은' 시민을 의미하고 시민답게 산다는 것은 소극적(강요, 간섭, 폭력으로부터 벗어나 표현과 결사의 권리를 추구하는)이 아닌 적극적(정치적 참여를 통하여 민주주의를 구현하여 공적 삶, 공동선을 지향하는 삶을 추구하는)인 시민의 삶을 말한다. 따라서 헌법적으로 허락된 사회적 지위의 차원을 넘어서서 **능동적인 좋은 시민**으로서 공동선을 향한 윤리적 책임을 적극적으로 실천하는 시민의 자질이 시민성일 것이다. 공동체적 관점에서 능동적인 좋은 시민으로 적극적인 삶을 살아간다는 것은 상호 간에 친밀감, 관심, 가치 지

---

7) 그래서 실제 시민성은 자유주의 이념의 개인주의적 측면보다는 공동체 지향성을 보다 강하게 드러낸다(김동춘, 2013).

향 등을 공유한다는 측면에서 개인주의적 권리를 적극적으로 추구하는 삶과는 분명히 다르다. 현대 민주사회는 개인이 자신의 권리를 자유롭게 추구하는 것을 법적으로 존중하지만 시민의 삶을 사는 것은 사회공동체의 온전한 구성원임을 자각하고 응당 그 책임을 다하는 것을 중시한다. 따라서 능동적인 좋은 시민은 **우애, 용기, 상호 연대**와 같은 시민적 덕목을 갖추어야 하고, 이 같은 도덕적 가치들을 고양하는 데 헌신하여야 한다. 우애는 한 사회공동체의 구성원으로서의 시민적 정체성을 구성하는 동시에 그 공동체 연대성의 기초가 된다. 용기는 공동선의 구현과 불가분의 관계에 있으므로 한 사회공동체를 존속시키는 필수 불가결적 요소이다. 왜냐하면 자신의 사익을 지키는 행위는 용기라는 덕목과 무관하지만 타인의 복지에 대한 관심, 자유와 정의 등 인류의 보편적 가치, 즉 공익을 옹호하려는 노력에는 용기가 필요하기 때문이다. 우애와 용기가 시민적 연대감으로 서로 엮일 때 사회공동체는 비로소 공동선을 지향하게 된다. 시민성에 대한 이상의 논의는 윤리적 측면에서 조망된 것이다. 그러나 능동적인 좋은 시민에게는 참여, 의사소통, 공정성과 같은 민주주의 절차적 정의에 부합하는 권리 주체로서의 자질도 요구되므로, 시민성은 권리적 측면에서도 논의될 필요가 있다. 다시 말해, 능동적 시민은 국가권력에 종속된 수동적 시민이 아닌 타인의 침해를 거부하는 개인의 자유와 안전 추구권인 방어적 권리를 지니기 때문이다. 아울러 권리적 측면에서 사회공동체에 적극적으로 헌신하는 시민은 시민성이 지향하는 윤리적 가치도 외면할 수 없다. 왜냐하면 민주주의의 기본이념인 자유과 권리는 인간 평등의 정신과 더불어 성립된 것이므로, 동료 인간의 권리와 인간다운 삶, 즉 다 함께 더불어 사는 공동체적 삶과 무관한 형태의 권리 주장은 시민권의 행사가 아닌 개인의 이기적 욕구의 충족에 불과하기 때문이다. 따라서 '시민답다'는 말에는 다양한 공동체의 구성원으로서 적극적으로 자유와 권리를 의식하고 그것을 적절히 행사함과 동시에, 시민으로서의 책임과 의무도 성실히 이행한다는 의미가 내포되어 있다(김태준·설규주·이기홍·조영하, 2009: 130). 현실적으로 국가라는 거대권력에 맞서기에는 개인의 권리는 역부족이다. 따라서 시민적 연대가 중요하다. 시민적 연대와 참여를 통하여 우리가 사는 사회를 살 만한 사회로 만들어 가는 것은 사회공동체의 온전한 구성원으로서 갖는 권리일 뿐만 아니라 윤리적 의무이기도 하다. 그런고로 시민성은 능동적인 좋은 시민으로서 공동선을 지향하며 공동체적 삶을 영위하는 데 필요한 윤리적 요소와 권리적 요소가 서로 유기적으로 결합된 개념으로서, 시민으로서 시민권을 지키고 인간의 존엄성을 향한 보편적인 과제에 동참하려는 의지(김동춘, 2013)로 이해할 수 있을 것이다.

시민성은 기본적으로 인간다운 협치를 지향하는 정치적 삶의 틀로서 정치 영역뿐만 아니라 사회질서를 창조·유지하고, 물질적·문화적 자원들을 분배하는 일련의 구조화된 사회적 실천들을 포함하는 개념이므로 다음의 특성들을 내포한다(장원순, 2009: 15).

첫째, 개인의 존엄성과 자율성을 토대로 하는 시민성에는 인간 존엄권, 생명권, 정의권, 언론 및 출판의 자유, 양심의 자유, 학문의 자유, 종교의 자유, 사상의 자유 등이 반영되어 있다.

둘째, 시민성이 본질적으로 지향하는 평등은 두 가지인데, 시민이라면 누구든지 ① 성, 국적, 지역, 언어, 인종, 민족, 종교 등에 따라 부당한 차별과 배제, 억압, 부정의한 대우를 받아서는 안 되고, ② 그 시민성의 편익은 보편적이고 평등주의적이어야 한다는 것이다.

셋째, 시민성은 개인들이 자발적으로 공동체를 이루는 통치제도를 인정하므로, 각자의 삶을 꾸려 나가는 개인들 사이에 협력을 전제하는 일종의 상호 관계적 개념이다. 이러한 자발적 시민 공동체의 기초는 민주주의제도이다.

넷째, 시민성은 공동체를 위한 사회적 유대(연대)를 포함하는 개념이므로 개인은 권리만이 아니라 사회적 관계에서 요구되는 윤리적 책무도 수행해야 한다.

2) 지구(Global)적 차원

전술한 시민성은 주로 국경이라는 경계선을 중심으로 국가라는 사회 단위에 초점을 둔 것이다. 그러나 세계화로 인하여 개인, 지역, 민족, 인정, 집단, 국가들은 전 지구적으로 확대·심화된 상호작용을 피할 수 없는 시대에 놓였다. 이에, 상호이질적인 주체들 간의 상호작용을 매개할 수 있는 개인의 권리에 대한 개념과 보편적 규범이 출현하였는데, 이것이 지금도 지속적인 확장일로에 있는 지구시민사회담론이다.

표 4-1 국가사회와 지구사회의 시민성 차이

차원	국가사회의 시민성	지구사회의 시민성
시기	19~20세기 중반	제2차 세계대전 이후
구성원 자격과 경계 간의 일치 여부	일치	상호 구별됨
권리·특권	단일한 지위	다중적 지위
구성원 자격의 기반	공유하는 국민성 (국민의 권리)	보편적 인간 의식(인권)
정당성의 원천	국민국가	초국가적 공동체
주체	법적·제도적	윤리적
소속	제한적	개방적
단위	국가	전 지구(세계)
설정	영토·지역 단위의 공동체	초국가적·가상적 공동체
실천 현장	국가 차원의 정치체계	지구시민사회
시민 정체성	고정적	유동·복합적

출처: 장원순(2009: 18)과 송민경(2014: 488)을 한 표에 정리한 것임.

　지구시민사회담론들은 공통적으로 지구적 시민성을 국민국가의 시민성과 적어도 〈표 4-1〉과 같이 개념적으로 구분될 수 있음에 대체로 동의한다. 지구시민사회는 지구화와 더불어 정보통신기술의 발전, 전 지구적 민주화 물결, 다양한 사회문제의 도전 증가, 그리고 이와 같은 현상이나 문제들이 특정 국가만이 아닌 세계의 수많은 사람에게 영향을 준다는 지구촌 의식 등이 확산되면서 등장하였다(김선미, 2003, 2007; 허영식, 2003). 안하이어, 칼도어, 글라시우스(Anheier, Kaldor, & Glasius, 2004: 14-27)에 따르면, **지구시민사회**는 일국적, 지방적, 혹은 지역적 사회 단위를 초월한 사회적 영역을 가정하는 개념이다. 왜냐하면 시장이나 국가와 같은 용어에는 일정한 특성이 내재되어 있고 최소한 어느 정도의 양적 차원의 개념이 부여되는 반면, 지구시민사회는 그러한 통상적 이해가 존재하지 않는 용어이기 때문이다.

　칼도어, 글라시우스는 지구시민사회를 설명하면서 세 가지 명제를 제시하였는데, 그 첫 번째가 현실로서의 지구시민사회이다. 1990년대 이후로 다양한 시민사회 주체들[예, 국제기구, 비정부기구, 풀뿌리 시민단체, 사회운동(느슨한 연대체들 포함), 개인들]이 서로 간에 그리고 각종 정부 행위자나 기업을 상대로 대화, 토론, 충돌, 협상하는 사회적·정치적 참여 활동이 활발해지면서 초국가적 영역이 출현하였고, 이와 같은 사회 저변의 현실적 변화는 지구시민사회라는 용어의 등장과 확산을 주도하였다.

두 번째 명제는 지구시민사회와 지구화이다. 지구적 차원의 시민성 조망은 지구화 혹은 세계화를 개념적인 배경으로 하여야 하는데, 이는 지구시민사회가 지구화의 결과이자 지구화에 대한 대응이기 때문이다. 그런고로, 지구화는 지구시민사회의 기반을 제공하는, 즉 지구시민사회의 공급자 역할을 담당한다고 볼 수 있겠다. 지구화는 흔히 지구적 자본주의의 확산을 일컫기도 하고, 사회과학의 관점에서 경제뿐만 아니라 여행과 통신기술에 의해 정치, 사회, 문화의 영역에서 늘어나는 상호연결성을 의미하기도 하며, 지구적 의식의 증대, 특히 인류의 공동체 의식을 지칭하기도 한다. 따라서 **지구화**란 그동안 서로 이질적이었던 사회가 전 지구적으로 상호작용하며 서로 밀접한 관계를 갖게 되는 연속적인 과정으로서 경제, 정치, 문화, 환경 등 모두가 하나의 지구적 울타리 안으로 통합 및 동질화되어 가는 현상으로 정의할 수 있다. 지구적 상호작용의 범위, 속도, 심도 등이 증가하면서 지역적·지구적 연결망은 더욱 공고해지고 이는 지구사회의 형성을 촉진하고 있다. 이에 따라, 지구사회는 공유된 사회적 공간으로서 단일한 범주의 상호작용체계나 문화적 실체로 인식되고 있다(박성인, 2012: 18-19).

세 번째 명제는 지구시민사회의 개념이 모호하고 여전히 논란의 여지가 많다는 사실이다. 실제로 지구시민사회는 여전히 신개념이고, 사회운동가나 사회과학자의 정치적 선호도와 이해의 틀에 따라 각기 다르게 해석되거나 사용되는 경향이 있다. 그런데도 역설적으로 지구시민사회가 같은 용어이지만 관점에 따라 매우 다르게 사용될 수 있다는 사실 자체는 개인, 조직, 기구, 회사의 대리인들이 서로 상호소통하고 대화를 나눌 수 있는 공유지를 형성하는 데 기여하는 측면도 있다. 게다가, 이 같은 개념적 모호성은 사람마다 지구시민사회를 전혀 다르게 받아들이고 이해하게 함으로써 시민사회로부터 보편적 인기를 얻게 하는 역할도 담당하는 측면이 있다.

지구화는 지구시민사회 구성원들에게 다층적이고 복합적인 새로운 정체성을 부여하였고, 지구화의 영향으로 인하여 정치권력에 지배를 받던 기존 사회의 정체성들이 이완 또는 해체되고, 새로운 정체성을 형성하는 요인들이 등장하면서 개인을 규정하는 집합적 범주의 층위가 다양해졌고, 개인은 자신을 어디에 위치시켜야 하는지를 결정하는 데 혼란을 겪고 있다. 이러한 지구화의 영향도 지구시민사회의 개념적 모호성을 짙게 하는 데 보탬이 되었을 것이다(박성인, 2012: 20). 〈표 4-1〉에서도 언급하였듯이, 지구시민사회를 설명하는 핵심어는 초국가성이다. 즉, 지구시민사회는 지상의 모든 시민을 품겠다는 의지와 그들이 지구시민으로서 생각하고 행동하도록 도와준다는 포부를 나타내며, 상상된 인류 공동체로서 지구적 의식의 출현을 강조한다.

이상을 정리하면, 지구시민사회는 가정, 국가, 시장 사이에 존재하고, 일국적 사회와 정치제도와 경제를 초월하여 작동하는 아이디어, 가치, 기구, 조직, 네트워크, 개인들의 영역이자, 그 애매모호한 이미지를 간직한 채로 국가와 시장의 국제적 범위 외부에 존재하는 국경 간 관계와 집합적 활동의 영역이라 할 수 있겠다. 한편, 형식적인 의미에서 지구시민사회는 어느 한 나라의 경계를 넘어서 있는, 가정과 국가와 시장 어느 쪽에도 속하지 않는 영역으로 볼 수 있다. 이 점에서 전술하였듯이 지구화는 결과물이요, 서구시민사회의 확장이요, 이미 존재하는 현상의 측면이 강조된다. 한편, 규범적인 의미에서의 지구시민사회는 보다 인간적이고 민주적인 세계에 대한 소망, 윤리, 인류 보편의 공통된 가치에 대한 의식을 강조한다. 이러한 의미에서 지구시민사회는 국가와 지역의 맥락으로부터 세계적 수준으로 인권, 평화, 관용 등과 같은 가치 및 사회 정의, 환경, 문화 등을 지킴으로써 지구화의 획일적 동질화 시도에 대응하며 새로운 규범을 창출하려는 연대의 영역으로 볼 수 있다(설규주, 2004: 38).

허영식(2003: 39-40)은 지구화시대에 지구시민사회가 구체적으로 다음과 같은 역할을 담당한다고 보았다.

첫째, 지구시민사회는 지구적 수준의 양심 혹은 도덕 의식을 각성시킨다.

둘째, 지구시민사회는 세계 수준에서 사람들이 가지고 있는 필요와 소망, 그리고 추구하는 가치와 목표를 함께 구성하는 데 기여한다. 즉, 지구시민사회는 여러 측면에서 인간 개발, 자유, 평등, 평화, 연대, 정의의 물음에 대한 인류의 대변자이다.

셋째, 지구시민사회는 새로운 정치적 행동 방식을 적용하는 활동공간이다. 지구시민사회는 도덕적 판단을 내리는 기능에만 국한되지 않고, 여러 가지 다양한 행위 방식을 통하여 문제 해결에 직접적으로 기여하며 새로운 제도적, 경제적, 사회적 방안을 마련하기 위한 기회로 작동한다.

전술하였듯이, 지구시민사회의 개별 구성원들인 지구시민은 국민국가의 경우와는 달리 다양한 영역과 위치에 동시에 놓이는 다원적 주체성을 가지므로 지구시민의 정체성은 지역, 국가, 세계의 관계 속에 병렬적으로 포함되는 중층적 중첩의 특성(다중적 정체성을 가진 혼성적 자아)을 지닌다(김왕근, 1999). 지구시민사회를 구성하는 사회적 주체들은 대부분 거의 모든 영역에서 긴밀하게 상호 연계된 연결성 속에서 정체성을 형성하고, 인간의 이동성이 증가하면서 특정 공간이나 지역에 자기 자신을 고착시키기보다는 그 정체성을 지속적으로 개방해 나간다. 박성인(2012: 21)은 이를 개방적이고 유동적인 개인의 미시적 정체성이라고 했다. 즉, 개인은 자신의 정체성을 특정적으로 고정시키지 않고 끊임없이 개방시키므로 여기에서 일어나는 변화는 그 개인이 지방적, 지역적 차원에 의미를 부여하는 미시적 정체성을 형성하게 한다. 이러한 미시성은 복잡하게 상호 중첩되어 있으므로 제도적 정형화가 어렵고 전 지구적으로 확장되는 삶의 공간에서 보다 주체적이고 개성적인 삶을 영위하도록 돕는다. 아울러, 지구시민사회의 구성원들은 자본주의의 문화 양식을 함께 공유하면서 동질적 정체성도 형성해 나간다. 이는 민족국가의 언어나 국민국가의 영토적 경계를 초월하여 지구촌을 하나로 연결하고 지속적 재생산 과정을 거쳐 동질화를 촉진한다. 그러나 지구화가 모든 지역 또는 국가에서 각 국가의 부강함 등의 여러 가지 변수에 의하여 비대칭적으로 전개되므로 지구시민사회의 개개인들은 서로 다른 세계를 경험하고 이로 인하여 불안정한 정체성을 형성하기도 한다.

그러면 이와 같은 속성을 지닌 지구시민의 지구시민성을 구체적으로 살펴보자. 지구사회의 도래로 인하여, 시민의 개념이 국가사회라는 틀로부터 초국가적, 코즈모폴리턴, 탈국가적 관점으로 이동 · 확대되면서 하나로 연결된 지구 환경에 부합하는 시민, 즉 지구시민에 대한 관심이 증대되고 있다. 여기에서 '지구'라는 용어에는 자신이 속한 특정 국가사회만이 아니라 국경을 넘는 포괄적인 지구공동체의 맥락에서 인권, 민주주의, 사회정의, 분쟁 등의 공동 문제들이 포함된다(조영하 · 정주영, 2015). 옥스팜(Oxfam, 1997)은 21세기 **지구시민**에 대하여 "불평등과 부당함에 대한 저항의 필요성을 이해하고, 그에 따라 적극적으로 행동하려는 욕구와 역량을 의미한다고 하였다. 그리고 지구시민은 더 넓은 세상에 대하여 알고, 지구시민으로서 자신의 역할에 대하여 인지하며, 다양성에 대한 가치를 존중하고, 지구사회가 경제적, 정치적, 사회적, 문화적, 기술적, 환경적으로 어떻게 움직이는지 이해하며, 사회적 불평등에 대하여 분개하고, 지역에서부터 세계 수준까지 다양한 공동체에 참여 및 공헌하며, 지구사회를 지속 가능한 사회로 만들기 위한 노력에 기꺼이 동참하고, 이와 같은 자신의 행동에 대한 책임을 지는 시민을 일컫는다(p. 78)."고 하였다. 이와 같은 정의에 근거해 볼 때, **지구시민성**이란 다양한 가치가 공존하는 사회에서 서로를 인정하고, 존중하며, 지역, 국가, 세계 차원의 각종 분쟁을 대화와 타협과 같은 민주적 절차를 통해 해결하려는 시민적 속성으로 이해할 수 있을 것이다. 아울러 지구시민성은 인식과 태도의 면에서 조망해 볼 수 있는데, 먼저 인식은 주로 지구시민사회의 구성원으로서의 의식을 기르기 위한 것으로 세계의 시민이라는 의식, 지구라는 한 공간에서 함께 살아가고 있다는 의식, 우리는 모두 서로에게 영향을 미치고 있다는 의식 등을 포함하고, 태도는 권리와 책임의 조합으로서 지구적 이슈에 대하여 능동적으로 참여하여 당면 문제를 해결하고자 하는 적극적인 태도를 말한다(박성인, 2012: 23-24). 그러므로 지구시민성은 보편성을 추구하면서 다양성을 존중하는 지구사회의 바람직한 인간상을 구현하는 이상적 가치를 내포하고 있다.

이상의 논의에서 볼 때, 지구시민은 지구적 관점에서 합리적으로 사고하고 판단하며 이에 부응하는 행동을 할 수 있어야 한다. 그런고로 지구시민성이란 어떤 상황이나 문제에 대하여 지구적 맥락에서 바라볼 수 있는 능력으로서, 사고, 판단, 감정, 행위의 측면을 포괄하여 바람직한 지구사회의 미래를 위하여 요구되는 사회적 능력을 일컫는다 할 것이다. 특히, 전술하였던 국가적 시민성과 비교하자면 지구적 시민성은 지구적 사고를 할 수 있는 자세와 능력을 중심으로 전통적인 시민성과의 개념적 차이점을 형성한다고 볼 수 있다(김선미, 2003).

2. 시민성의 구성 요소는 무엇인가

지금까지 전통적 국민국가의 관점과 21세기 지구적 관점에서 시민성의 개념을 살펴보았다. 이를 간략히 되짚어 보자면, 전통적 관점에서의 시민권은 한 사회의 정치적·지리적 공동체 구성원으로서 갖는 자격이나 신분을 의미한다. 따라서 그 시민권을 소유한 사람들은 이에 상응하는 법적 지위뿐만 아니라 공동체 사회에 대한 소속감을 공유한다. 통상 소속된 특정 국가사회의 틀 안에서 규정되는 시민의 법적 지위와 신분은 시민들에게 권리뿐만 아니라 의무도 부과한다. 그러나 지구사회의 통합, 경제적 의존성, 국제 이동, 국경을 초월한 인권 등 지구사회 공동의 관심은 시민의 신분과 지위에 대한 개념적 이해를 급격히 바꿔 놓았고, 그 결과, 지구적 관점은 각국의 시민들이 지구공동체의 맥락에서 전 지구적 공동 문제들을 다룰 것을 요청하고 있다.

상기 논의들은 우리가 전통적 시민성과 지구시민성을 개념적으로 이해하는 데 도움이 되지만, 현대의 우리 사회에서 시민성이 도대체 실제 생활 장면이나 실천의 측면에서 어떻게 구체화할 수 있는지를 이해하는 데는 한계가 있다. 따라서 시민성의 개념은 보다 보편적이고 실제적인 맥락에서 재정의될 필요가 있으므로, 이 절은 시민성을 개념적으로 영역화 혹은 범주화하고 각 영역이나 범주를 구성하는 핵심 요인들을 구체적으로 식별해 보고자 한다.

1) 전통적 시민성의 구성 요소

배한동(2001)은 민주사회의 시민성을 민주정치나 민주주의에 관한 각성된 수준 높은 의식 성향으로 보고 정치적 성향과 관심, 정치효능감, 정치적 참여 의식, 설득과 타협 의식, 다수결 원칙, 비판과 저항 의식, 질서 의식, 준법정신, 책임 의식, 지방자치 의식, 권의주의 탈피 정도, 민주주의 실현 의지 등을 구성 요소로 정의한 바 있다. 반면, 모경환과 이정우(2004)는 바람직한 민주시민을 여러 가지 모습의 좋은 시민으로 규정하고, 좋은 시민의 자질이 무엇인지를 탐구하여 정치적 차원과 비정치적 차원에서 다음의 〈표 4-2〉와 같이 개념화하였다.

표 4-2 좋은 시민의 자질 범주 및 구성 요소

차원	구성 요소	하위 주제
정치적	국가에 대한 충성	국가의 법 준수, 국가에 대한 충성, 국가에 대한 의무 수행
	정치적 참여와 관여	선거, 정당 가입, 타인과의 정치토론
	권위에 대한 복종	정부에 대한 충성, 공무원에 대한 복종
	자원 활동	자발적 공적 참여, 능동적인 지역사회 참여
	정치적 자각	국가적 일에 대한 관심, 정치 지식, 신문 정기구독
비정치적	신념과 원칙	자신의 의견 개진, 원칙주의
	타인에 대한 배려	타인 배려, 약자 보호, 타인의 관점에 대한 관대함
	일차 집단에 대한 헌신	친구와 두터운 신의, 가족에 대한 헌신, 좋은 이웃
	도덕성	정직함, 윤리성, 신뢰성

출처: 모경환, 이정우(2004: 73).

〈표 4-2〉의 개념 구성은 시민성을 독립된 개인을 전제로 하는 것이 아니라 공동체 구성원으로서의 개인을 전제로 하고 있고, 공동체의 범주에 따라 국가와의 관계, 지역사회와의 관계, 일차 집단과의 관계 등을 정치성에 따라 구분하였음을 알 수 있다.

한편, 김태준, 김안나, 김남희, 이병준, 한준(2003)은 한국의 국민에게 요구되는 시민성을 4개의 범주로 구분하여 개념화하고, 각 범주를 구성하는 핵심 요소들을 보다 체계적으로 제시하였다.

표 4-3 시민성의 구성 요소

범주	구성 요소	하위 주제
국가 정체성	국가 의식	국방의 의무에 대한 태도, 국산품 애용 및 국산시장보호에 대한 태도, 국기 및 국가에 대한 태도, 국가에 대한 애국심 및 존경 의식, 한글 및 영어에 대한 태도, 이중국적에 대한 태도

	국제 관계 · 역사 의식	국제 관계에서 정치적 독립성, 역사에 대한 자부심, 역사에 대한 열등감
신뢰 · 가치 공유	신뢰	정부 관련 기관 및 공직자에 대한 신뢰, 지역사회 및 대중매체에 대한 신뢰, 학생 · 학부모 · 교사 간 상호 신뢰
	기회 균등	차별에 대한 지식, 남성과 여성의 역할에 대한 태도, 평등 원칙에 대한 태도
	민주적 가치 · 다양성	비민주적 절차에 대한 허용, 외국인 노동자에 대한 태도, 다양한 가치의 수용 정도, 다른 생각을 가진 사람에 대한 이해
권리 · 책임 의식	준법 및 규범 준수	법질서 의식, 공공질서 의식, 사회규범 준수
	도덕성 · 양심	부정부패에 대한 태도, 사회적 도움, 양심적 행위
참여 의식	보수적 · 사회 변혁적 참여	정당 참여, 투표, 저항 의식, 환경 활동 참여
	지역사회 참여	이웃 및 지역사회에 대한 관심, 봉사 활동, 환경 보호, 희생정신

출처: 김태준 외(2003: 44-45).

이들의 시민성 개념을 구체적으로 살펴보면, 첫 번째 범주는 국가정체성이다. 국가정체성은 국가 의식과 국제 관계 및 역사 의식의 두 가지 요소로 구성되는데, 국가 의식은 주로 자신이 속한 국가와 관련된 다양한 주제(국방, 국산품, 국기나 국가, 애국심이나 국가에 대한 존경, 한글, 이중국적 문제 등)에 대한 태도를 중심으로 한다. 국제 관계 및 역사 의식은 대외 국제 관계의 맥락에서 한 국가의 정치적 · 역사적 자긍심에 초점을 맞추고 있다. 두 번째 범주는 신뢰 및 가치 공유이다. 여기에는 정부 기관, 공직자, 지역사회, 대중매체 등에 대한 신뢰, 차별이나 평등에 대한 지식과 태도, 비민주적 절차, 외국인 노동자, 다양한 가치와 생각 등에 대한 태도를 대변하는 민주적 가치와 다양성이 핵심 요소로서 신뢰 및 가치 공유를 개념적으로 구성한다. 다음은 권리 및 책임 의식의 범주로서 준법 및 규범 준수와 도덕성 및 양심을 구성 요소로 포함한다. 준법 및 규범 준수는 법과 공공질서 의식 및 사회규범의 준수를 의미하고, 도덕성 및 양심은 부정부패, 사회적 도움, 양심적 행위에 대한 개인의 태도를 중심으로 이해할 수 있다. 마지막 범주는 참여 의식인데, 정치적·공적 참여인 보수적·사회 변혁적 참여와 사회 공동체인 지역사회에의 참여로 구성된다.

코간(Cogan, 2000)의 관점에서 보면, 시민성은 국가정체성, 권리와 자격에 대한 의식, 책임과 의무감, 능동적인 공적 참여 의식, 사회적 기본 가치의 수용으로 구성된 개념체로 정의된다. 코간은 이와 같은 시민성의 구성 요소들을 설명하면서 국제사회 일원으로서 문제에 접근하고 조명할 수 있는 능력, 타인과 협력하고 사회적 역할과 의무를 수행할 수 있는 능력, 타 문화에 대한 이해와 수용 능력, 비판적 사고력, 비폭력적 방식의 갈등 해결 능력, 환경 보존을 위해 소비 습관과 생활방식을 변화시킬 수 있는 능력, 취약계층의 권익을 보호할 줄 아는 능력, 지역, 국가, 국제적 수준에서 정치에 참여할 수 있는 능력 등이 매우 중요함을 강조하였다(지은림, 선광식, 2007: 118).

모경환, 김명정, 송성민(2010: 82-84)은 참여 의식, 관용 의식, 정치효능감, 준법 의식, 봉사 의식 등이 지난 10여 년간 발표된 선행 연구에서 추출한 시민성을 구성하는 요소 중 공통된 요소들로서 언급되었음을 밝혀냈다. 이들 공통된 시민성 구성 요소들의 정의와 시사점에 대하여 다음과 같이 정리하였다.

◆ 참여 의식은 정치공동체의 의사 결정에 능동적으로 참여하는 의식을 말한다. 참여는 ① 시민으로 하여금 제도와 규칙, 체제가 도덕적 근간으로 삼고 있는 가치에 대해 보다 신중하게 고려하는 태도를 갖도록 해 주고 이를 통해 전체 정치체제에 대한 만족도를 증진시키고, ② 의사결정 과정에서의 참여를 통해 정치체제를 보다 합법적인 정당성을 갖춘 것으로 받아들이게 되며 집단의 의사결정과 정책의 산출 결과를 수용하는 태도가 증진되며, ③ 다양한 참여의 경험을 통해 자신의 선호를 파악할 수 있고 시민으로서의 정체성을 깨달음으로써 궁극적으로 사회적 자아실현을 이룰 수 있다는 점에서 민주시민성의 핵심 요소가 된다.

◆ 관용 의식은 자신의 믿음이나 기대와 반대되는 주장을 펼치는 개인이나 집단을 허용하는 개인의 성향을 말한다. 옳고 그름이 명확하기보다는 서로의 이해 관심이 상충하는 경우가 더 많은 오늘날 다원화된 사회의 다양한 문제들은 타율적 조정에 의한 해결보다는 이 해당사자들 간 자율적인 합의를 통하여 해결될 때 결과의 수용성이 높아지고 법의 판결에 따른 사회적 비용을 절감할 수 있다.

◆ 정치효능감은 개인의 행동이 정치적 의사결정에 영향을 미치거나 미칠 수 있다고 느끼는 정도를 말하는데, 개인이 스스로 정치에 대하여 느끼는 자신감의 정도 혹은 정치체제가 개인의 노력에 책임감 있게 반응한다고 믿는 정도로도 표현될 수 있다.

◆ 준법 의식은 민주시민성을 이루는 근본적인 자질로서 시민들이 사회의 법률이나 법제도 등을 준수하고 구체적 상황에서 법을 준수하려는 의지, 곧 법을 지키고자 하는 의지나 의식으로 정의될 수 있다.

◆ 봉사 의식이란 자신의 자발성에 근거하여 사회 전체의 복지 증진을 위하여 적극적으로 참여하려는 태도이다. 봉사 의식은 실제 활동으로 실천될 경우 실질적인 민주주의의 경험을 제공한다는 점에서 매우 중요하다. 개인은 봉사 활동에 참여하면서 다양한 사회문제들을 인식하고, 그 과정에서 민주적 의사 표현과 해결 방법을 연습하며, 궁극적으로 봉사 활동이 인간 존중의 정신에 입각하여 사회의 공동선을 실현하는 활동임을 깨닫게 된다.

2) 지구시민성의 구성 요소

사실, 지구시민성을 단일하게 정의하거나 이를 구성하는 하위 요인들에 대한 합의가 이루어진 것은 아니다. 그러나 학계는 적어도 지구시민성이 여러 변인들로 구성된 개념체라는 것에는 동의하고 있다(강운선, 이명강, 2009). 이에, 강운선과 이명강(2009)은 선행연구들을 분석한 후 지구시민성이 적어도 ① 스스로 자신이 지구공동체의 구성원이라는 사실에 대한 인식과 참여(지구공동체 의식), ② 다양한 문화적 차이를 인정하고 사회적 약자의 인권을 존중하려는 태도(다문화주의), ③ 다른 국가와 상호 협력하려는 자세(국제 관계 의식), ④ 국가정치에 대한 참여와 정체성(국가정체성 의식) 등을 포함하는 개념으로 보았다.

이에 대하여 구체적으로 살펴보면, 지구공동체의식은 세계 평화에 기여할 수 있는 일에 참여, 지구공동체에 대한 관심·참여 의식·협력, 인류 공영의 이상 실현 의지 등을 포함하고, 다문화주의는 다른 관점에 대한 관용, 타인을 위한 도움, 성이나 장애에 대한 차별 문제에 대한 관심, 인권 보호 활동, 타인의 권리 배려, 인종차별 없는 동일한 권리 보장 등의 주제로 구성된다. 국제 관계 의식은 외국의 풍습과 전통에 대한 관심, 타국에 대한 관심·개방성·친근감·우호적 자세, 타국 문화 수용성 등을 통하여 나타나는 개념이고, 국가정체성 의식은 자국을 대외에 알리려는 자세와 자국의 문화와 역사에 대한 우수성을 인식하고 국제 관계 속에서 자국의 이해관계를 지각하는 것 등을 포함한다.

지구화시대에는 지구 전체를 하나의 운명 공동체로 고려하는 지구적 관점에서의 시민성이 요구된다는 전제에서 김선미(2003: 66-67)는 지구시민성을 크게 4개의 영역으로 구분하고 각 영역별 구성 요소를 설정하였다. 김선미(2003)와 허영식(2003)은 다음의 네 가지 수준의 지구적 사고력에 기반을 두고 지구시민성을 개념화하였는데, 첫 번째 지구적 사고는 국경을 넘어서는 사고로서, 어느 한 나라와 세계의 다른 나라들과의 다양한 관련성이 중요한 가치이다. 두 번째는 초국가적 사고로서, 지구시민은 이 같은 사고력을 통하여 전통적인 국가 주권의 원칙이 인류의 공동행복을 추구하는 길에서 걸림돌이 될 수도 있음을 인지하고, 더 높은 수준에서 인류의 공익을 위해 각 국가의 주권적 권한 중 어떤 일부분은 포기될 수도 있음을 진지하게 논의할 수 있어야 한다. 세 번째 지구적 사고는 상호의존적이고 구조적인 사고이다. 여기서는 경제성장, 고용, 교육, 식량, 보건, 에너지, 인구 등 세계 발전 경향에 영향을 주는 결정적인 요인들을 식별해 내고, 이들 요인 간의 상호작용 관계망을 구조적으로 이해할 수 있는 능력을 의미한다. 네 번째는 조망적 사고인데, 이는 세계의 유한성과 그 가능성에 대한 생각을 갖는 것을 지칭한다. 조망적 사고는 세계의 유한성과 인류의 생존 이익에 대한 통찰을 바탕으로 하며, 지구시민은 바람직한 지구 미래의 확보를 정치적·사회적 행동의 지구적 과제로 인식한다.

표 4-4 지구시민성(지구시민의 자질)의 구성 요소

영역	구성 요소	하위 주제
인지 영역 (인식·지식)	국제적 이슈 이해	환경, 평화, 빈곤, 인권, 형평성, 자원 소비, 인구
	문제 해결을 위한 대안 이해	간문화성, 변화 감각, 위치
	문화적 다양성 및 보편성 이해	다양성, 공통성, 문화적 가치의 평등성, 문화적 편견 인식

가치 영역	공공성	인류 공동체, 공공선, 상호작용 등에 대한 가치
	다양성	다양성, 관용, 이타성
태도 영역	열린 자세	열린 마음, 중용, 숙고, 유연성
	사회 참여	관심, 참여, 책임감
	관계 존중	감정 이입, 합리성, 윤리적 태도
지구시민 대 민족의식	지구시민 의식	개념, 용어, 필요성
	민족의식과의 관계	민족의식, 보완성, 지구시민 의식

출처: 김선미(2003: 83).

김선미가 제시한 지구시민성의 구성 요소들은 〈표 4-4〉와 같이 지식과 인식의 인지 영역, 가치 영역, 태도 영역으로 구분되어 구조화되고, 지구시민에 대한 이해와 지구시민과 민족의식 간의 관계성도 하나의 중요 영역으로 설정되어 있다. 각 영역은 해당 영역의 대변하는 2~3개의 요소로 구성되고, 이들 요소는 보다 구체적인 하위 요인들을 포함한다. 이들 구성 요소를 아우르는 개념으로는 인권과 다양성에 대한 존중이 눈에 띈다. 인권은 인간의 권리로서 자신뿐만 아니라 타인의 동등한 인권도 주로 포함한다. 따라서 인권은 권리와 의무, 권리와 책임의 이중적 차원의 개념이다. 한편, 인권은 관용과 다양성의 개념을 포함하는데, 인권과 관용의 내재적 관계는 평등의 인정과 다양성, 즉 차이의 허용 연계성이 매우 중요하다. 관용은 아무래도 좋다가 아닌 타인을 위해 가질 수 있는 정당성 및 특별한 의미의 존재를 의미하므로 내면적으로 열린 자아에 바탕을 둔다. 세계의 곳곳에서 외국인 공포나 혐오, 인종차별, 민족주의, 근본 및 극우주의, 성차별 등 다양성을 인정하지 못하여 발생하는 전 지구적 문제들을 볼 때, 관용이 지구시민에게 얼마나 희소가치를 주는 재화인지 알 수 있다. 한편, 배려와 평화적 갈등 해결도 지구시민성의 구성 요소들을 관통하는 주요 개념이다. 여기에서는 간문화적 공감 능력이 중요하다. 간문화적 공감은 다른 문화에 속한 사람의 입장이 되어, 그 사람의 감정과 사고, 가치관을 가지고 이해할 수 있는 능력으로서 자기 자신의 이해 지평에서 성급히 판단하거나 비난하지 않는 능력도 포함한다. 그런고로 간문화적 공감 능력은 서로 다른 문화, 국가, 민족, 인종에 속하거나, 서로 다른 피부색, 종교 등을 가진 사람들이 평화롭게 공동생활을 하고, 이해관계와 가치관의 차이로 인하여 갈등이 발생할 경우, 이것을 평화적으로 해결하는 데 요구되는 전제 조건이다.

표 4-5 지구시민성의 구성 요소

구성 요소	하위 주제
다국적 의식	지구 공동 문제 해결을 위한 협력 의사, 타 국가에 대한 관심, 타국에 대한 친근감, 타국가에 대한 개방성, 타국가에 대한 우호성, 타국가와의 협동 정신, 타국가 문화 이해
시민 의식	준법정신, 사회정의, 양심적 삶, 사회 기여 책임, 투표 참여, 사회봉사 활동
지구공동체 의식	지구 공동 문제 관심, 지구 공동 문제 참여, 지구촌 활동 관심, 인류 공영에 이바지, 세계를 향한 진취적 자세
국가정체성 의식	자국 문화의 우수성, 자국 역사의 우수성, 자국 국민의 우수성, 자국 선양하려는 자세
민주 의식	환경보호 참여, 이웃에 대한 관심, 사회평등 실현

출처: 지은림(2007: 163).

지은림(2007)은 지구시민성을 다국적 의식, 시민 의식, 지구공동체 의식, 국가정체성 의식, 민주 의식의 다섯 가지 하위 개념으로 구성된 것으로 이해하였다. 이렇게 본다면, 지구시민성은 기본적으로 시민적 가치를 포함하면서 동시에 지구공동체의 구성원으로서 갖추어야 할 부가적인 태도와 가치를 지향하는 것으로 이해할 수 있을 것이다. 〈표 4-5〉의 지구시민성의 개념틀에서 주목할 만한 가치는 다국적 의식, 지구공동체 의식, 국가정체성 의식이다. 다국적 의식은 한 국가의 개인이 다양한 배경과 문화를 지닌 여러 국가가 지구촌이라는 하나의 공동체를 형성하고 공존해 나가기 위하여 다른 국가들이 지닌 다양성을 인정하는 태도로서, 타국가에 대한 존중을 넘어 그 국가의 고유한 성격들도 이해하고 공감하려는 노력을 강조한다. 따라서 다국적 의식은 다양성을 핵심 가치로 삼는다. 지구공동체 의식은 민주적인 사회와 함께 인류보편적 공통된 가치에 대한 의식으로서 인권, 평화, 환경 등과 같은 지구 공동의 문제에 대한 관심과 이를 위한 협력적 태도를 말한다. 비록 개인은 물리적으로 한 국가에 머물지만 지구시민사회는 그 개인에게 초국가적 반성과 능동적 참여를 요구하기 때문에 인류 전체의 문제에 대해 공동으로 해결하려는 적극적인 태도는 지구공동체의 맥락에서 매우 중요한 가치일 것이다. 마지막으로, 국가정체성 의식은 전통적 시민성에 강조하듯 국민국가의 틀 안에서 제한되는 개념이 아니라 지구시민사회가 국가의 경계를 넘어서서 하나의 공동체를 형성한다는 전제에 동의하면서 국가 간의 다양성을 기반으로 한 국가의 정체성을 이해하려는 데 초점을 맞추고 있다. 지구공동체를 유지하기 위해서는 국가 간에 서로 지지하는 관계가 이루어져야 하므로 지구시민사회에서의 국가정체성 의식은 국가 간의 보편성과 각 국가의 특수성을 함께 인정하는 태도로 볼 수 있다. 이에, 지구시민은 지구사회를 하나의 공동체로 받아들이기도 하면서 자신이 속한 국가에 대해서도 공동체의식을 갖는다(지은림, 2007: 157-158; 지은림, 선광식, 2007: 119-120). 〈표 4-5〉에서 제시된 각 영역별 하위 주제들은 전술한 맥락을 구체적으로 드러낸다.

국외 학자들의 시민성 구성 요소의 식별 사례를 살펴보면, 안드레제위스키와 알리시오(Andrzejewski & Alessio, 1999: 7-8)는 지구시민성을 크게 ① 타인, 타국, 지구환경에 대한 책임 의식, ② 개인의 삶, 전문적 삶, 공공의 삶 측면에서의 윤리적 행동, ③ 지방, 국가, 글로벌 수준에 부합하는 책임감 있는 시민의식에 관한 지식과 기술로 범주화하였다. 여기서 타인, 타국, 지구환경에 대한 책임 의식은 다양한 관점에서의 민주적 가치, 권리와 의무, 참여민주주의와 일반적 복지에 대한 지방·국가·글로벌 차원의 이해를 강조한다. 개인의 삶, 전문적 삶, 공공의 삶 측면에서의 윤리적 행동은 국법과 국제법 및 시민권, 민주주의, 인권 등과 관련된 법적 쟁점, 시민적·윤리적 책임, 제도·공동체·국가사회의 철학적·문화적 가치, 시민의식·민주주의·다양성 존중, 인권·환경 등과 관련된 다양한 사회정책 및 제도, 사회와 환경에 대한 다양한 결정들의 상호 연관성 등에 대한 비판적 이해를 요구한다. 마지막으로, 지방·국가·글로벌 수준에 부합하는 책임감 있는 시민성에 관한 지식과 기술은 다원화 사회 및 서로 다른 인종·피부색·신념·성별·종교·능력·장애에 대한 개방성에 관한 지식, 정보 자원 탐색 및 처리 능력, 문제 식별 및 이해 능력, 임파워먼트·미디어 분석·글쓰기·현상에 대한 분석력 등의 다양한 시민적 기술, 지역사회봉사·시민적 참여·사회적 행동 등과 관련된 참여민주주의 역량을 포함한다.

모레이스와 오그딘(Morais & Ogden, 2011)의 연구는 관련 선행연구들이 공통적으로 제시하는 지구시민성의 구성 요인들을 고찰한 후 지구시민성을 보다 간단명료한 개념 구성체로 드러내는 데 기여하였다. 이들은 지구시민성을 크게 사회적 책임, 글로벌 역량, 글로벌 시민연대로 범주화하고 각 범주에는 3개의 하위 요인이 포함된다고 보았다. 먼저, 사회적 책임은 지구정의(Global Justice)와 차이, 이타주의와 공감능력, 지구적 연결성과 개인적 책임의식으로, 글로벌 역량은 자기인식, 다양한 문화 간 소통능력, 지구화 관련 지식으로, 그리고 글로벌 시민연대는 자발적 결사제 참여, 정치적 목소리, 지구시민행동으로 구성된 것으로 개념화하였다.

지구시민성에 관한 국내외의 논의들은 다음의 공통점을 공유하고 있다. 지구시민성은 국가정체성, 국제 관계, 책임과 행동 측면에서의 시민의식, 기회균등이나 평등과 같은 민주적 가치, 다양한 문화 간의 이해와 가치 수용, 지구 공동의 문제에 대한 이해 등의 개념을 중심으로 범주화될 수 있고, 이들 범주는 지구시민성을 지방(Local), 국가(Nation), 글로벌(Global) 수준, 즉 글로내컬(Glo·na·cal)의 관점에서 통합적으로 조망한다. 이는 지구시민성이라는 개념이 글로벌이라는 상위 수준에만 국한된 것이 아닌, 지방과 국가라는 하위 및 중위 수준과도 위계적으로 긴밀하게 연결된 맥락에서 이해되고 있음을 의미한다. 따라서 21세기 현재, 우리가 살고 있는 사회에서는 전통적 시민성과 지구적 시민성이 글로내컬의 위계적 틀 안에서 서로 밀접하게 연관되어 있다고 볼 수 있을 것이다.

참고문헌

강운선, 이명강(2009). 한국과 중국 대학생의 세계시민성 연구. **사회과 교육**, 48(4), 175-185.
고려대학교 민족문화연구원(2009). 고려대 한국어대사전, 서울: 고려대학교 민족문화연구원.
김동춘(2013). 시민권과 시민성: 국가, 민족, 가족을 넘어서. **서강인문논총**, 37, 5-46.

김선미(2007). 대학생의 세계화, 정보화 역량 분석. **사회과 교육**, 46(3), 125-145.

김선미(2003). **청소년의 세계시민 자질에 관한 연구**. 서울: 한국청소년개발원.

김왕근(1999). 세계화와 다중시민성 교육의 관계에 관한 연구. **시민교육연구**, 28, 45-68.

김태준, 김안나, 김남희, 이병준, 한준(2003). **사회적 자본 형성의 관점에서 본 시민의식 측정 연구**. 서울: 한국 교육개발원.

김태준, 설규주, 이기홍, 조영하(2009). **IEA 시민교육 국제비교연구 참여를 통한 한국적 시민교육 전략 모형 개발 연구**II. 서울: 한국 교육개발원.

김태준, 설규주, 조영하, 이기홍, 한숭희, 김정민, 박정애(2011). 세계 청소년의 시민의식과 우리나라 시민 교육의 시사점. **한국HRD연구**, 6(2), 25-41.

모경환, 김명정, 송성민(2010). 한국 청소년의 시민의식 조사 연구. **시민교육연구**, 42(1), 77-101.

모경환, 이정우(2004). '좋은 시민'에 대한 학생들의 인식 조사 연구. **시민교육연구**, 36(1), 63-82.

박성인(2012). 글로벌 사회의 시민성 교육 접근 방법. **글로벌 교육연구**, 4(1), 17-34.

배한동(2001). 한국 대학생의 민주시민의식에 관한 조사연구. **대한정치학회보**, 9(2), 227-260.

설규주(2004). 세계시민사회의 대두와 다문화주의적 시민 교육의 방향. **사회과 교육**, 43(4), 31-54.

송민경(2014). Global Citizenship(지구시민성)에 관한 연구. **청소년학연구**, 21(12), 483-512.

장원순(2009). 한국사회과 시민성교육의 계보학: 형성과 역학 그리고 방향. 한국사회과 교육학회 제 17차 학술대회 포럼디스커션 발표원고(pp. 13-29).

조영하, 정주영(2015). 탈북청소년들의 지구시민의식 연구. **한국청소년연구**, 26(4), 5-27.

지은림(2007). 대학생용 지구시민의식척도 개발의 타당화 및 관련변인 분석. **교육평가연구**, 20(2), 151-172.

지은림, 선광식(2007). 세계시민의식 구성요인 탐색 및 관련변인 분석. **시민교육연구**, 39(4), 115-134.

한국교육연구소 시민교육분과(1996). '시민성'의 이념과 시민 교육의 과제. **한국교육연구**, 3(1), 180-193.

허수미(2010). 시민사회의 특성과 시민성교육의 방향. **사회과 교육연구**, 17(4), 183-198.

허영식(2008). **지구사회의 도전과 시민교육의 과제**. 서울: 원미사.

허영식(2003). 세계시민의 개념에 관한 시론. **한국민주시민 교육학회보**, 8, 31-64.

Andrzejewski, J., & Alessio, J. (1999). *Education for global citizenship and social responsibility*. http://www.uvm.edu/~dewey

Anheier, H., Kaldor, M., & Glasius, M. (2004). **지구시민사회: 개념과 현실**(*Global civil society yearbook*). (조효제, 진영종 공역). 서울: 아르케. (원전은 2003년에 출판).

Cogan, J. (2000). Citizenship education for the 21st century: Setting the context. In J. Cogan, & R. Derricott (Eds.)., *Citizenship for the 21st century: An international perspective on education*(pp. 1-21). London: Kogan Page Limited.

Giddens, A. (2010). **제3의 길**(*The Third Way*). (한상진, 박찬욱 공역). 서울: 생각의 나무. (원전은 1999년에 출판).

Marshall, T. (2009). Citizenship and Social Class. In Jeff Manza & Michael Sauder (Eds.)., *Inequality and Society* (pp. 148-154). New York, NY: W. W. Norton and Co.

Merriam-Webster https://www.merriam-webster.com (2018. 3. 1. 인출)

Morais, D., & Ogden, A. (2011). Initial development and validation of the global citizenship scale. *Journal of Studies in International Education, 15*(5), 445-466.

Ladson-Billings, G. (2009). 시민의식의 변화하는 개념: 시민 발달의 장으로서의 학교와 공동체. Nel Noddings (Ed.) 연세기독교 교육학포럼 역(pp. 129-149). 세계시민의식과 글로벌 교육. 서울: 학이당.

Oxfam Development Education Programme (1997). *Education for global citizenship: A guide for schools.* Oxford: Oxfam.

Peter, D. (1983). *The American Heritage dictionary.* New York: Dell Publishing Company.

Urdang, L. (1996). *The American Century Thesaurus.* New York: Warner Books.

Chapter 05

사회정서성 이론

도승이

학습목표

- 인성교육에서 사회정서성의 역할과 가치를 이해한다.
- 사회정서 학습의 개념과 사회정서적 유능성의 구성 요인을 이해한다.
- 학교교육에서 사회정서 학습 기반의 인성교육을 시행한다.

학습개요

현대 사회의 병리 현상들로 인해 인성교육의 개념이 점차 사회정서 영역으로 확대되고 있다. 사회정서 학습은 문제의 발생을 사전에 방지하거나 위험 요인을 예방하는 방안으로 학습을 통해 사회정서적 유능성을 증진하고자 등장한 개념으로, 자신의 정서를 인식하고 조절하며 타인에 대한 관심을 보여 주고, 긍정적인 대인관계를 형성하며 책임 있는 의사결정과 생산적인 문제해결 방식을 위해 필요한 지식, 기술, 태도를 획득하는 과정을 의미한다. 사회정서 학습은 학교 현장에서 별도의 시간으로 이루어지거나 교과수업과 연계하는 방법으로 적용할 수 있으며, 이는 학생들의 학업 성취를 향상시킬 뿐만 아니라 학교 및 일상생활의 정의적·행동적 영역의 능력을 증진시킨다. 안타깝게도, 우리나라와 같은 학업의 수월성을 지향하는 교육 풍토에서 사회정서 학습은 제대로 실행되지 못하고 있고, 현재 한국 학생들의 사회정서적 유능성 역시 매우 낮은 것으로 나타난다. 이를 위해 사회정서성에 대한 학생, 부모, 교사의 올바른 인식 전환이 시급하며 사회정서 학습은 학교의 지원과 관심 속에 충분한 시간을 두고 시행되어야 할 것이다.

토의질문

- 사회정서적 유능성의 핵심 역량과 하위 기술을 설명하라.
- 사회정서적 유능성과 인성교육의 관계를 설명하라.
- 사회정서 학습의 목표를 반영하여 전공 교과 수업 지도안을 작성하라.
- 우리 교육 현장에서 사회정서 학습을 활성화시킬 수 있는 방안을 구체적으로 논의하라.

한국 사회는 전후에 고도의 산업화와 급속한 경제성장률을 이룩하여 경제 규모에 있어 세계 15위 안에 드는 경제 대국을 이루었다. 경제성장을 위해 온 국민이 뛸 때는 경제 문제를 해결하면 부분적으로라도 우리가 행복해질 수 있다고 믿었기 때문일 것이다. 현재 우리 사회는 매우 행복할 것 같지만 그 실상을 살펴보면 자살, 이혼, 우울, 불안 등으로 시름을 앓고 있다.

이제는 널리 알려진 사실로, 한국의 자살률은 2003년부터(2017년 현재) 13년 동안 OECD 국가 중 1위를 기록해 오고 있다. 당연하게도, 국민의 전반적인 삶의 만족도는 매우 낮은 수준이다. 국민의 행복감 역시 OECD 30개국 중 25위로 보고되었고(한국보건사회연구원, 2009), 2016년에는 27위로 내려앉았다(한국보건사회연구원, 2017). 이 결과는 2011년 23위에서 2016년 21위로 복지 수준은 상승하였으나 한국 국민들이 체감하는 주관적 행복감은 여전히 매우 낮은 수준이라는 점을 나타낸다. 교육 현장도 예외는 아니다. 과도한 경쟁과 학업 성취의 압박은 학생들의 행복감과 정신 건강을 위협하고 있다. 우리나라 아동은 여러 스트레스 중 학업 스트레스를 가장 크게 느끼는데, 우리나라 학생들의 학업 스트레스가 조사 대상인 29개국 중 가장 높았다(김미숙, 2015). 뿐만 아니라 학교폭력, 학업 중단, 일탈 등의 문제도 시간이 지날수록 점차 심각한 사회 문제로 대두되고 있으므로, 교육 전문가들은 학교 현장에서 정신 건강과 행복감의 증진이 적극적으로 추구해야 할 목표라고 주장한다(예: 도승이, 2012).

불행 중 다행인 것은 이 문제가 비단 한국만 겪는 문제는 아니라는 것이다. 일찍이 선진국들은 이러한 사회병리 현상을 겪었으며, 그 근본적인 문제를 해결하기 위해 인간의 정서와 인간성을 재발견하자는 취지하에 **인성교육**에 관심을 두었다(Elias, 2009). 우리나라도 교육 현장에서 학생들이 겪는 어려움을 해소하기 위해 인성교육에 관심을 가져야 한다는 주장이 일어나고 있다(교육과학기술부, 2012). 나아가, 현대 사회의 병리적 현상을 해소하기 위한 인성교육은 전통적으로 강조된 도덕적 개념의 인성만을 포함하지 않는다. 인성의 개념 역시 확장되었고, 오늘날에는 도덕교육과 같은 전통적인 인성의 개념뿐 아니라 현대 사회의 여러 문제에 대한 대처를 포함하여 인성을 정의하고 있는 것이다. 따라서 최근 인성교육은 윤리학 영역에서 발달한 도덕교육(moral education)과 심리학 영역에서 주로 발달한 사회정서 학습(social and emotional

Learning: SEL)이 합쳐진 개념으로 보는 경향이 있다(장사형, 2011).

인성을 바라볼 때, 사회정서 학습적 측면과 도덕교육적 측면은 차이가 존재한다. 도덕교육은 타인에 대한 배려와 정의의 도덕적 원칙에 따라 책임 있는 의사결정을 내리고, 도덕적 가치를 지향하며, 도덕적 추론 능력을 발달시키고 죄책감과 도덕적 정서를 표현하고 도덕적 행위를 실천하는 데 초점을 맞추는 반면, 사회정서 학습은 사회적 환경에서 기능하는 데 필요한 기술과 태도에 초점을 둔다(Elias, Parker, Kash, Weissberg, & O'Brien, 2008). 다시 말해, 사회정서 학습은 문제 행동의 예방과 정신 건강 증진에 필요한 태도, 정서, 인지의 조화로운 발달을 통해 학업과 인생에서의 성공을 목표로 한다.

오늘날 현대 사회에서 발생한 여러 문제와 그에 대한 예방과 대처의 필요성을 고려할 때, 정서와 사회성을 기반으로 한 인성교육은 인성교육에서 핵심 요소로 간주되어야 한다. 지금부터 사회성과 정서성 그리고 사회정서 학습에 대해 살펴보고자 한다.

1. 사회성과 정서성

1) 사회성

인간은 자신이 속한 사회로부터 떼려야 뗄 수 없는 사회적 존재이다. 인간은 태어나면서부터 다른 누군가의 돌봄이 필요한 연약한 존재로 태어나고, 자라면서도 서로 힘을 합쳐야 생존할 수 있는 환경 속에서 오랜 기간 살아왔다. 이런 삶의 조건으로 사회적으로 연결되고자 하는 욕구는 인간의 가장 강력한 욕구 중 하나로 간주될 수 있다 (Dewall, Deckman, Pond, & Bonster, 2011). 따라서 다른 사람들과 관계를 형성하고 유지하고자 하는 욕구는 인간의 가장 보편적이고 근본적인 욕구 중 하나이다(Baumeister & Leary, 1995).

실제로 많은 연구에서는 행복을 예측하는 데 좋은 사회적 관계가 중요한 역할을 한다고 밝히고 있다. 사람들은 대인관계에 만족할수록 더 행복감을 많이 느끼며(Reis, Sheldon, Gable, Roscoe, & Ryan, 2000), 혼자 있을 때보다 다른 사람들과 함께일 때 평균적으로 더 높은 행복감을 보고하고 있다(Pavot, Diener, & Fujita, 1990; Kahneman, Krueger, Schkade, Schwarz, & Stone, 2004). 반면, 사회적 욕구가 충족되지 않았을 때 발생하는 외로움은 사람들의 신체 건강의 저하와 사망률 증가와 관련된다(Cacioppo et al., 2002).

사회성이 가장 기본적 욕구 중 하나라는 사실은 연관된 뇌신경과학 분야의 연구에서도 나타난다. 사회적 거부, 분리 등으로 고통을 느낄 때 보이는 뇌의 활성화 양상을 살펴보면 인간이 신체적 고통을 느낄 때와 유사한 영역의 뇌 신경 부위가 활성화된다. 나아가 컴퓨터가 온라인상에서 자신에게 공을 주지 않는 조건, 즉 대상이 사람이 아니어도 상호작용의 상황에서 사람들은 사회적 고통을 느끼는 뇌 영역이 활성화되는 결과가 나타났다. 인간은 자신과 게임을 하는 상대방이 컴퓨터라는 것을 아는 상황에서도 공을 거부당한 당사자로서 사회적 고통을 느낀다는 의미이다(Eisenberger, Lieberman, & Williams, 2003). 사회성은 개인의 태도나 일상생활에서의 역량과도 연관이 있다고 보고되고 있다. 다시 말해, 드월 등(2011)은 과거에 사회적으로 거부당했던 경험을 가진 사람은 그런 경험을 가지지 않은 사람보다 더 공격적인 행동 또는 이기적 태도를 보이는 경향이 있다고 밝혔다. 자기조절 능력에서도 사회적 승인을 받은 사람은 일관되게 자신을 효과적으로 조절하는 경향이 있었다. 김민성(2015)은 인간은 타인과의 연결에 대한 강력한 욕구가 있고, 타인과 연결된 경험을 통해 행복의 증진과 생존에 필요한 다양한 능력을 기른다고 주장하였다.

따라서 교육 현장에서 학생들이 사회적 분리나 거부를 겪을 경우 실제 고통을 느끼며 이는 학습뿐 아니라 학생들의 웰빙과 행복에 부정적으로 연결되어 있으므로, 학교 현장에서 학생들이 사회적 욕구가 좌절되지 않는 환경에 대한 중요성을 강조하고 나아가 학생들의 사회적 유능성을 적극적으로 교육하여 학생들의 행복과 정신 건강의 증진을 도모할 수 있다. 인간의 정신 건강에 미치는 사회성의 영향에 대한 축적된 연구들을 연구자들이 사회성에 대한 교육이 인성교육에서 기반이 될 필요가 있다고 주장하는 근거가 된다.

2) 정서성

현대 사회에서는 인간의 정서에 관심을 갖기 시작하고 있다. 정서 연구는 먼저 불안이나 공포와 같은 부적 정서부터 시작하여, 최근에는 정적 정서, 즉 즐거움, 행복, 웰빙 등에 대한 활발한 연구가 시작되었다. 행복과 같은 인간의 긍정적인 측면을 연구하는 긍정심리학이 관심을 얻고 있는 현상은 이제는 인간의 생존 문제만이 아니라 정신적인 풍요, 행복, 삶에 대한 만족 등의 질적인 측면을 증진하는 것을 중요하게 여기고 있는 시대라는 것을 보여 준다(도승이, 2012; Seligman & Csikszentmihalyi, 2000). 또한 우리 사회에서 아동, 청소년, 성인 구분할 것 없이 겪는 충동 통제, 감정 조절 등의 정서 문제는 커다란 사회적 이슈로 나타나고 있다. 경쟁에 치여 사는 우리나라 학생들의 경우 특히 정서 조절과 스트레스 대처가 미흡한 것으로 밝혀졌다. 많은 학생이 우울증을 겪기도 하고, 심지어 어떤 학생들은 자살을 선택하기도 한다. 학교폭력의 가해자들 역시 가정에서 오는 스트레스와 분노 조절 능력이 부족한 경우가 많다. 또한 억압된 분노와 홧김에 저지른다고 알려진 묻지마 범죄 역시 충동 조절과 공감 능력 부족과 연관되어 있다(권석만, 2012; 전인자, 2002). 이러한 문제를 해결하기 위해서 학생들은 자신을 이해하고 존중하며 스스로 정서를 조절하는 방법을 교육받을 필요가 있다(도승이, 2012).

이렇게 정서교육이 필요한 상황에서 한국 학생들의 정서교육은 제대로 이루어지지 않고 있다. 한국교육개발원(2012)이 우리나라 초등학교와 중학교의 교사와 학생들을 대상으로 조사한 결과에 따르면, 학교급에 상관없이 교사와 학생 모두 감정 관리 능력의 발달 수준이 가장 낮다고 인식하였다. 또한 교사들은 현재 의사소통과 대인관계 능력 향상을 위한 교육은 잘 이루어지고 있는 반면 감정과 스트레스 조절 능력 함양 교육은 가장 잘 이루어지지 않는다고 보고하였다. 이처럼 정서교육은 교육 현장에서 필요성을 강력히 느끼지만 아직 제대로 실행되고 있지 않은 영역이다. 그러나 해외에서는 사회정서 학습이 매우 활발히 연구되고 있으며, 교육 현장에서 인성교육과 연관하여 프로그램 개발과 적용이 활발하게 진행되고 있다.

2. 사회정서 학습

1) 사회정서 학습의 개념

현대 사회에서 많이 나타나고 있는 학생들의 부적응과 정서·행동 문제는 미리 예방하거나 초기에 개입하지 않으면 결국 학교에서 더 큰 문제, 즉 학생들이 학업적으로도 어려움을 겪는 문제를 야기할 수 있다(이상민, 2008; Greenberg et al., 2003). 우리 교육 현장에서 문제로 부각되는 학교폭력의 경우에도 사건이 일어난 후에 사회적·국가적인 대책과 방안으로 문제 해결이 잘 이루어지지 않았다(이지은, 2014). 이것은 문제 발생 후의 반응적 개입(reactive intervention)보다는 이러한 문제가 앞으로 더 이상 발생하지 않거나 덜 일어나도록 예방하는 것이 반드시 필요함을 말해 준다. 이러한 정서·행동 문제의 발생을 사전에 방지하거나 위험 요인(risk factors)을 예방하는 방안으로 사회정서적 유능성 증진을 위한 사회정서 학습에 대한 연구가 활발하다(신현숙, 2011).

사회정서적 유능성은 긍정적인 인간관계를 형성하고, 효과적으로 일상의 문제를 해결하며, 발달단계에 맞는 과업의 적응과 같이 삶을 성공적으로 이끌어 갈 수 있도록 자신과 타인의 정서를 인식하고 관리하는 사회적·정서적 능력을 말한다(Zins & Elias, 2007). 이 능력은 학습될 수 있기에, 학습을 통해 사회정서적 유능성을 증진시키고자 사회정서 학습이 하나의 개념 틀로 등장하였다.

사회정서 학습이라는 용어는 1994년 미국에서 개최된 페처 연구소(Fetzer Institute) 회의에서 아동과 청소년의 긍정적 발달, 탄력성, 정서지능을 연구한 학자, 교사, 학교 심리 전문가, 상담 및 학생 정신건강 전문가들이 처음 사용하였다(신현숙, 2011). 미국 학업 및 사회정서 학습을 위한 협력단체[Collaborative for Academic, Social, and Emotional Learning(CASEL), 2011]에 따르면, **사회정서 학습**이란 학생들이 자신의 정서를 인식하고 조절하며, 타인에 대한 관심과 배려를 보여 주고, 긍정적인 대인관계를 형성하며, 책임 있는 의사결정을 내리고 직면하고 있는 어떤 상황에 대해 생산적으로 대처하기 위해 필요한 지식, 기술, 태도를 획득하는 과정을 의미한다. 즉, 학생들의 사회정서적 유능성을 증진하고 안전한 학교 풍토를 조성하여 학생들이 문제 행동을 피하고 학업적 성공을 이루도록 돕는 학교 차원의 통합적이고 조정된 과정을 의미한다. 사회 정서 학습의 좀 더 폭넓은 정의로는 대부분의 사람이 일상생활에서 좌절과 실패를 경험하는데 이러한 위기 상황에 대해 효과적으로 반응하고 대처하여 자신의 목표를 성취하는 방법을 배우는 과정으로 정의된다.

사회정서적 유능성의 개념은 정서지능과 뇌과학 영역에 대한 연구 성과에 기초하여 발전하였다. 가드너(Gardner, 1983)가 제시한 다중지능의 여덟 가지 영역 중에서 개인내적 지능과 대인관계 지능이 정서지능의 초석이 되었다. 개인내적 지능은 자신의 정서를 인식하고 이해하는 것과 관련이 있고, 대인관계 지능은 타인의 정서와 태도를 이해하고 해석하는 능력을 의미한다. 이후 살로비(Salovey)와 메이어(Mayer)을 통해 정서지능이라는 개념이 처음 등장한다. 그리고 이후 정서지능을 대중화시킨 골먼(Goleman, 1995)은 정서의 인식과 이해, 정서의 활용 능력을 포함하고, 정서지능을 자기인식, 사회 인식, 자기관리, 책임 있는 의사결정, 관계 관리로 규정하며 '자신과 타인의 감정을 정확히 인식하고 이해하며 적절하게 표현하는 능력, 충동을 억제하고 만족을 지연시키며 자신과 타인의 정서를 효과적으로 조절하는 능력, 자신을 동기화하고 역경을 이겨 내는 능력, 계획을 수립하고 목표를 성취하기 위해 자신을 이끄는 능력'으로 정의하였다.

2) 사회정서 학습의 구성 요인

페이튼 등(Payton et al., 2000)은 사회정서 학습의 일차적 목표인 사회정서적 유능성을 구분하여 열일곱 가지 기술과 태도로 요약하고, 이를 다시 4개의 영역으로 범주화하였다. 이를 정리하면 〈표 5-1〉과 같다.

이후에 사회정서적 유능성은 '자기-타인' 차원과 '인식-관리' 차원을 조합하여 네 가지 요인으로 구분되었고, 한 가지를 추가한 총 다섯 가지 요인으로 분류하였다. 그리하여 자기인식(self-awareness), 자기관리(self-management), 사회적 인식(social awareness), 대인관계 기술(relationship skills), 책임 있는 의사결정(responsible

표 5-1 사회정서적 유능성 하위 영역

범주	기술과 태도
자기와 타인 인식	정서 인식, 정서 관리, 긍정적 자기지각, 조망 수용
긍정적 태도와 가치	개인적 책임감, 타인 존중, 사회적 책임감
책임 있는 의사결정	문제 확인, 사회규범 분석, 목표 설정, 문제 해결
사회적 상호작용 기술	적극적 경청, 표현적 의사소통, 협동, 타협, 거절, 도움 추구

decision-making)이라는 사회정서적 유능성의 5요인이 결정되었다(CACEL, 2011; Elias et al., 2008). 학교 관련 상황과 일상생활에서 문제까지 해결하는 데 이 사회정서적 유능성이 활용되는 것이 중요하다.

각 요인의 정의는 구체적으로 다음과 같다. 첫째, 자기인식은 자신의 정서, 흥미, 가치와 자신의 강점과 약점을 제대로 파악하고, 그 자신감을 유지하는 능력을 말한다. 둘째, 자기관리는 자기 자신의 감정을 조절하고 적절하게 표현하며 스트레스를 관리하고 개인적 목표에 대한 계획 설정과 목표 달성의 과정을 점검하는 능력을 뜻한다. 셋째, 사회적 인식은 다른 사람의 입장과 감정을 알고, 개인, 집단 차이 및 유사점을 이해하는 능력을 의미한다. 넷째, 대인관계 기술은 타인들과 협력하고 타협하며 다른 사람과의 갈등을 관리하는 능력을 포함한다. 마지막으로, 책임 있는 의사결정은 개인의 사적 영역에서 유익한 결정을 하고 일상생활 문제를 해결하는 능력을 뜻한다(신현숙, 2011).

사회정서적 유능성의 5요인에 해당하는 핵심 역량과 하위 기술은 〈표 5-2〉와 같다.

나아가 CASEL(2011)은 보다 효과적인 사회정서 학습을 위해 학교급별로 사회정서 학습의 목표가 되는 핵심 역량을 제시하고 있다(〈표 5-3〉 참조).

표 5-2 사회정서적 유능성의 5요인 및 하위 기술

핵심 역량	하위 기술	
자기인식	• 자신의 정서를 인식하고 이름 붙이기 • 자신이 느끼고 있는 정서의 이유 및 상황에 대해 이해하기 • 타인의 정서를 인식하고 이름 붙이기 • 내면의 힘(강점)을 인식하고, 자신, 학교, 가족, 지원 네트워크에 대한 긍정적 정서를 결집시키기	• 자신의 필요와 가치에 대해 알기 • 자신에 대해 정확하게 인지하기 • 자기효능감 갖기 • 영성(삶의 의미 및 목적감) 갖기
자기관리	• 불안, 분노, 우울을 말로 표현하고 이런 감정에 대처하기 • 충동, 공격성, 자기파괴적이고 반사회적인 행동 통제하기 • 개인적 또는 대인관계 스트레스 조절하기 • 주어진 과제에 집중하기	• 장·단기 목표 설정하기 • 깊이 생각하고 철저하게 계획하기 • 피드백을 통해 행동 수정하기 • 긍정적 동기를 결집하기 • 희망과 낙관주의를 활성화하기 • 최선의 상태를 향해 나아가기
사회적 인식	• 다양성 존중하기 • 타인에 대한 존중 보여 주기 • 주의 깊게 그리고 정확하게 듣기	• 타인의 정서에 대해 공감하고 민감성 증대하기 • 타인의 관점, 견해, 정서를 이해하기
대인관계 기술	• 관계에 있어 정서를 조절하고 다양한 정서와 견해를 조화시키기 • 사회-정서적 단서에 대해 민감성 보이기 • 정서를 효과적으로 표현하기 • 분명하게 의사소통하기 • 타인을 사회적 상황에 참여시키기	• 관계 형성하기 • 협력해서 일하기 • 자기주장, 리더십, 설득 발휘하기 • 갈등, 협상, 거절 관리하기 • 도움을 제공하고 요청하기
책임있는 의사결정	• 상황을 민감하게 분석하고 문제를 명확하게 확인하기 • 사회적 의사결정과 문제 해결 기술을 실행하기 • 대인관계적 장애물에 대해 생산적이고 문제해결적 방식으로 반응하기	• 스스로 평가하고 반성하기 • 개인적·도덕적·윤리적으로 책임감 있게 행동하기

출처: Elias et al. (2008), pp. 251-252: 정창우(2013)에서 재인용.

표 5-3 학교급별 사회정서성 하위 요인 목표

핵심 역량	학교급	목표
자기인식	초	슬픔, 분노, 행복과 같은 기본 정서를 인식하고 정확하게 구별할 줄 알아야 한다.
	중	자신에게 스트레스 반응을 일으키는 요인을 분석할 줄 알아야 한다.
	고	다양한 감정 표현이 타인에게 어떤 영향을 미치는지 분석할 줄 알아야 한다.
자기관리	초	목표를 정하고 그에 따라 활동해야 할 단계를 기술할 줄 알아야 한다.
	중	개인 또는 학문의 영역에서 단기 목표를 성취하는 계획을 세우고 실천할 수 있어야 한다.
	고	장기 목표를 성취하고자 학교와 지역사회의 가용 자원을 활용하는 전략이나 장애를 극복하는 전략이 무엇인가를 정의할 수 있어야 한다.
사회적 인식	초	타인이 어떻게 느끼는지 알려 주는 언어, 신체, 상황적 신호를 분별할 수 있어야 한다.
	중	다양한 상황에서 타인의 감정과 관점을 예측할 수 있어야 한다.
	고	타인과 공감하는 자기 능력을 평가할 수 있어야 한다.
대인관계 기술	초	친구를 만들고 사귀는 방법을 설명할 수 있는 능력을 가져야 한다.
	중	집단의 목표를 달성하기 위해 협동과 팀워크를 발휘해야 한다.
	고	또래 친구, 교사, 가족 구성원 사이에서 의사소통 기술을 제대로 구사하고 있는지 평가할 수 있어야 한다.
책임있는 의사결정	초	학교에서 이루어지는 의사결정의 방식과 범위를 이해할 수 있어야 한다.
	중	안전하지 않거나 비윤리적인 행위에 가담하라는 친구의 요구에 대응할 전략을 평가할 수 있어야 한다.
	고	최근 이루어진 자신의 의사결정이 향후 대학 입학과 취업에 어떤 영향을 미칠 것인지를 분석할 수 있어야 한다.

출처: 차성현(2012).

    사회정서적 유능성과 인성교육은 연관성이 있다. 즉, 사회정서적 유능성의 증진은 현대적 의미의 인성교육에서 중요한 부분을 차지한다. 가드너의 다중지능 중 하나인 인성지능(personal intelligence)은 인간의 사회적 능력 및 정서 이해와 표현 능력을 포괄적으로 다룬다(Ellison, 2001; Shearer, 2004). 피터스(Peters, 1966)는 인성을 인간이 행동하는 방식으로 삶의 태도를 의미하는 개념으로 정의하고, 이러한 태도를 결정짓는 것은 이성의 힘으로만 되지 않고 감성의 도움이 필수적이라고 주장하면서 인성 개념에 내재되어 있는 정의적 요소를 언급하고 있다(김용선, 1995; Peters, 1966; Rousseau, 1979; Ryle, 1972).

또한 아리스토텔레스에 따르면, 인격은 자기 자신과 타인과의 관계 속에서 바른 행위를 하는 생활이다(Lickona, 1991). 연구자들은 인격 안에는 관용과 같은 타인에 대한 것뿐 아니라 자기통제와 같은 자기 자신에 대한 것도 포함되며 이 둘은 연관이 있으며(조연순 외, 1998), 좋은 인성의 핵심 요소는 자기 감정이나 동기를 정확히 이해하고 감정이나 충동에 따라 행동하기보다 이를 통제하고 조절할 수 있는 능력이라고 본다(김명진, 2007).

3. 사회정서 학습 교육 프로그램

1) 해외 사회정서 학습 교육 프로그램

사회정서 유능성과 기술은 교과수업에서 가르치는 지식이나 기술처럼 반복적인 연습 및 피드백, 훈련받은 전문가에 의해, 그리고 구체적이고 체계적인 방법으로 잘 학습될 수 있다는 특징이 있다(Pasi, 1997). 이는 사회정서 학습의 개발과 적용의 가능성을 열어 준다. 메릴(Merrell, 2010)은 사회정서 학습도 교과 학습처럼 구체적인 교육과정, 수업지도안, 수업 활동을 할 수 있다고 주장하였다. 나아가 엘리아스(Elias, 2009)는 사회정서 학습은 학교 내 교육과정의 부속물이 아니라 학교의 교육 목표와 일상 수업 활동에 포함되어야 한다고 주장하였다.

사회정서 학습은 다양한 이름으로 전 세계 여러 나라의 학교에서 도입하여 실시하고 있다. 예를 들어, 캔자스나 일리노이주 등 미국의 몇몇 주에서는 학생들의 사회성 및 정서 발달을 위한 표준 교육과정을 마련하여 운영하고 있다. 특히 일리노이주는 세계 최초로 사회정서 학습을 학습 기준(Illinois Learning Standards)에 포함하여 모든 교과 학습에 적용하도록 법령으로 공포하였다. 각각의 목표는 사회정서 학습에서 강조하는 사회정서적 유능성 5요인과 일치한다(〈표 5-4〉 참조).

표 5-4 미국 일리노이 주의 사회정서 교육과정 목표

목표	교육 목표의 내용
목표 1	1. 자기인식과 자기관리 능력을 발달시켜서 성공적인 학교생활과 삶을 달성한다. 　A. 자신의 감정과 행동을 인식하고 관리한다. 　B. 자신의 특징과 외부 지원을 인식한다. 　C. 개인적 · 학업적 목표를 달성하는 데 관련한 능력을 발휘한다.
목표 2	2. 사회적 인식 능력과 대인관계 능력을 사용해서 긍정적인 관계를 맺고 유지한다. 　A. 타인의 감정과 생각을 인식한다. 　B. 개인과 집단의 유사점과 차이점을 인식한다. 　C. 다른 사람들과 효과적으로 소통하기 위해 의사소통 능력과 사교적 능력을 발휘한다. 　D. 갈등을 예방하고 관리하고 해결하는 능력을 기른다.
목표 3	3. 개인적 · 학업적 · 사회적 맥락에서 의사결정 능력과 책임 있는 행동을 발휘한다. 　A. 결정을 내리는 데 윤리적 요소, 안전과 사회적 요소를 고려한다. 　B. 학업적 · 사회적 상황에서 책임 있게 행동하기 위한 의사결정 기술을 적용한다. 　C. 학교와 사회의 복지를 위해 기여한다.

출처: 차성현(2012), p. 15.

학교 현장에서 사회정서 학습을 실시하는 방법은 별도의 시간으로 이루어지는 교육과정과 교과수업과 연계하여 적용하는 두 가지 방법으로 구분된다(신현숙, 2011). 우선, 구조화된 사회정서 학습 교육과정은 대개 교과수업과 별개로 집단상담의 방식으로 실시되는 경우가 많다. 대표적인 예로는 코웬(Cowen, 1994)의 제안을 근거로 설계된 **'강한 아이/강한 청소년**(Strong Kids/Strong Teens)**'**이 있다. 이 교육과정은 사회정서적 유능성의 다섯 가지 요인을 다루고 있으며, 총 12회기로 구성되고 회기당 45분씩 학급 단위로 실시된다. 회기마다 새로 배울 사회정서 기술을 소개하고, 모델링, 역할 연습, 소집단 토론과 발표로 수업이 진행되며 숙제를 내주는 것으로 마무리한다(Merrell, 2007). 하지만 이러한 집단 상담 형식은 학생들이 회기 중에 배운 기술, 전략, 행동, 신념을 실제 교과 학습에 직접 적용하기 어려우므로 이를 보완하기 위해 교과 학습과 연계하여 적용하는 방법이 나타나게 되었다. '**세컨스텝**(Second Step)'이 대표적인 예인데, 이는 초등학교 6학년과 중학교 1 · 2학년 학생들에게 사회정서 기술을 가르치고 비행을 예방할 목적으로 개발된 사회정서 학습 프로그램이다. 다섯 가지 공통된 주제(공감/의사소통, 또래 괴롭힘 예방, 정서 관리, 문제해결/의사결정/목표 설정, 약물 남용 예방)를 사회적 상호작용, 모델링 학습, 코칭, 피드백 제공의 방법으로 매주 1차시씩 50분 동안 다룬다. 그리고 여기서 다룬 주제를 교과수업 시간에 다시 언급하여 학생들에게 사회정서 기술을 연습할 기회를 제공한다(Committee for Children, 2008).

2) 사회정서 학습 교육의 효과

사회정서적 유능성 증진을 위한 교육은 학생들의 학업 성공과 긍정적 연관이 있다. 예를 들어, 사회정서적 유능성 증진은 학업 성취에 긍정적 영향을 주었다. 실제로 교과수업과 연계한 사회정서 학습 프로그램 중 83%에서 학생들의 성취가 향상되었다(Zins & Elias, 2007). 학업적 성공은 단순히 교과목 성적이나 점수만을 의미하지 않는다. 학습 동기, 공부 습관, 학교에 대한 긍정적인 태도, 수업 참여 수준 및 출석, 시험 점수 등과 같은 전반적인 학교생활과 관계가 있다.

사회정서 기술 훈련을 받은 학생들은 학교에 대해 긍정적인 태도와 소속감을 가지며 학습과 학교 활동에 적극적으로 참여할 뿐 아니라 학업 수행에서도 진전을 보였다(Schwab & Elias, 2006). 와이스버그와 더락(Weissberg & Durlak, 2005) 역시 300편 이상의 연구를 분석한 결과 사회정서 학습에 참여한 학생들이 그렇지 않은 학생들보다 시험 점수에서 10% 이상 향상되었고, 수업 참여와 학교에 대한 태도도 더 좋아졌다고 보고했다(Schonert-Reichl & Hymel, 2007에서 재인용). 진스, 와이스버그, 왕과 월버그(Zins, Weissberg, Wang, & Walberg, 2004)는 성공적인 학교생활과 관련하여 사회정서 학습의 효과를 학교에서의 태도, 행동, 수행이라는 세 가지 영역으로 범주화하여 〈표 5-5〉와 같이 제시하였다.

이와 같이 사회정서 학습을 통해 학생들은 인지 능력의 학업 성취뿐만 아니라 학교 및 일상생활에서의 정의적 · 행동적 영역이 성공적으로 증진되었다. 그러므로 학생들

표 5-5 학교와 일상생활에서의 사회정서 학습의 효과

범주	사회정서 학습의 효과
태도	• 자기효능감의 증가 • 학교에서 타인을 배려하고 공동체에 대한 우호적 태도 • 민주적 가치에 대한 더 강한 책임 • 학교와 학습에 대한 보다 긍정적인 태도 • 도덕적 태도와 가치의 증가 • 교육적 목표와 학습 동기의 증가 • 교사에 대한 신뢰와 존경의 증가 • 학교 스트레스 요인들에 대한 대응력 향상
행동	• 더 많은 친사회적 행동 • 결석과 정학의 감소: 수업에 대한 유지와 수업 참여 증가 • 자기학습을 더 많이 해냄. • 공격성, 불신, 개인 간 폭력의 감소 • 적대적 협상이 줄어들고 도덕적 문제의 발생 비율이 낮아졌으며 갈등을 해결하는 기술이 더 좋아짐. • 더 많은 수업 참여와 수업을 지속하는 시간이 늘어남. • 성취를 위한 노력이 증가하고 학교 밖에서의 읽기 활동을 더 자주 함. • 전이가 더 좋아짐. • 약물, 흡연, 알코올 사용 및 비행이 감소함. • 전염성 성병, HIV/AIDS, 자살의 감소 • 긍정적 활동(예: 스포츠 등)에 더 많이 참여하게 됨.
수행	• 수학, 국어, 사회과 과목에서의 공부 기술이 향상됨. • 시간이 흐를수록 성취가 높아짐(초등학교~고등학교) • 시험 점수에서의 성취가 향상되거나 더 낮아지지 않음. • 음운 체계의 인식에서 발달을 보임. • 문제 해결력과 계획 세우기를 더 잘함. • 비언어적 추론이 향상됨.

출처: Zins & Elias (2007): 박영순(2015)에서 재인용.

의 사회정서적 유능성을 증진시키는 것은 학교에서의 인성교육 면에서 매우 가치 있는 일이다.

4. 사회정서 학습과 한국의 인성교육

1) 우리나라 교육과정 내 사회정서 학습

2015 개정 교육과정에서 제시하는 네 가지 교육적 인간상은 자주적인 사람, 창의적인 사람, 교양있는 사람, 더불어 사는 사람이며, 여섯 가지 핵심 역량은 자기관리 역량, 지식정보처리 역량, 창의적 사고 역량, 심미적 감성 역량, 의사소통 역량, 공동체 역량이다(김경자 외, 2015). 2015 개정 교육과정의 학교 급별 교육 목표는 〈표 5-6〉과 같다. 2015 개정 교육과정을 살펴보면, 미래 사회의 역량 증진을 위해 사회정서적 유능성이 강조된 것을 알 수 있다.

표 5-6 학교 급별 교육 목표

초등학교 교육 목표
초등학교 교육은 학생의 일상생활과 학습에 필요한 기본 습관 및 기초 능력을 기르고 바른 인성을 함양하는 데에 중점을 둔다. 1) 자신의 소중함을 알고 건강한 생활 습관을 기르며, 풍부한 학습 경험을 통해 자신의 꿈을 키운다. 2) 학습과 생활에서 문제를 발견하고 해결하는 기초 능력을 기르고, 이를 새롭게 경험할 수 있는 상상력을 키운다. 3) 다양한 문화 활동을 즐기고 자연과 생활 속에서 아름다움과 행복을 느낄 수 있는 심성을 기른다. 4) 규칙과 질서를 지키고 협동정신을 바탕으로 서로 돕고 배려하는 태도를 기른다.
중학교 교육 목표
중학교 교육은 초등학교 교육의 성과를 바탕으로, 학생의 일상생활과 학습에 필요한 기본 능력을 기르고 바른 인성 및 민주 시민의 자질을 함양하는 데에 중점을 둔다. 1) 심신의 조화로운 발달을 바탕으로 자아존중감을 기르고, 다양한 지식과 경험을 통해 적극적으로 삶의 방향과 진로를 탐색한다. 2) 학습과 생활에 필요한 기본 능력 및 문제 해결력을 바탕으로, 도전정신과 창의적 사고력을 기른다.

3) 자신을 둘러싼 세계에서 경험한 내용을 토대로 우리나라와 세계의 다양한 문화를 이해하고 공감하는 태도를 기른다.

4) 공동체 의식을 바탕으로 타인을 존중하고 서로 소통하는 민주 시민의 자질과 태도를 기른다.

고등학교 교육 목표

고등학교 교육은 중학교 교육의 성과를 바탕으로, 학생의 적성과 소질에 맞게 진로를 개척하며 세계와 소통하는 민주 시민으로서의 자질을 함양하는 데에 중점을 둔다.

1) 성숙한 자아의식과 바른 품성을 갖추고, 자신의 진로에 맞는 지식과 기능을 익히며 평생학습의 기본 능력을 기른다.

2) 다양한 분야의 지식과 경험을 융합하여 창의적으로 문제를 해결하고, 새로운 상황에 능동적으로 대처하는 능력을 기른다.

3) 인문·사회·과학기술 소양과 다양한 문화에 대한 이해를 바탕으로 새로운 문화 창출에 기여할 수 있는 자질과 태도를 기른다.

4) 국가 공동체에 대한 책임감을 바탕으로 배려와 나눔을 실천하며 세계와 소통하는 민주 시민으로서의 자질과 태도를 기른다.

이러한 학교 급별 사회정서 학습 목표가 설정되었음에도 한국 학생들의 사회정서적 유능성은 그리 높은 편이 아니다. 한국교육개발원(2010)의 조사에 따르면, 세계 36개국 중 우리나라 학생들의 학업 성취도는 세계에서 거의 최고 수준이지만, 타인을 배려하고 함께 일하는 상호작용 역량은 비교 국가 중에서 최하위를 차지하였다. 정창우(2014)는 한국 학생들의 도덕성, 정체성, 사회성의 수준을 비교하였는데, 정체성의 수준이 가장 낮은 결과를 보고하였다.

한국 학생들의 사회정서적 유능성 수준이 낮은 주요한 이유는 학교 현장에서 인성교육의 목표를 제대로 수행하지 못하고 있기 때문이다. 현주, 최상근, 차성현, 류덕엽, 이혜경(2009)이 중학교의 인성교육 실태를 조사한 결과, 학교마다 인성교육을 교과 시간, 창의적 재량활동 시간 및 자치활동 시간 등을 활용하도록 계획하고 있으나 거의 형식적인 경우가 많았고, 운영도 전적으로 교사의 재량에 의존하고 있었다. 그 원인에 대한 분석으로, 이들은 여전히 학력 신장을 강조하는 학교와 사회의 분위기, 인성교육에 대한 구체적인 지도 내용과 방법에 대한 정보 부족, 성과 측정이 쉽지 않은 인성교육의 효과, 인성교육의 필요성에 대한 학부모, 교사, 학생들의 인식 부족 때문임을 꼽았다.

　사회정서 학습이 학교교육에서 실시되지 못하고 있는 현실적인 이유도 이와 유사하다. 성취와 경쟁 중심의 학교와 사회 분위기에서 학생의 학업 성취도를 높여 원하는 대학에 입학시키는 것에 주력하게 되고, 상대적으로 학교에서 다루어야 할 정서와 사회성에 대한 관심은 우선순위에서 제외된 것이다. 그래서 사회정서 학습을 정규 교육과정의 부속물로 여기거나 바쁜 학교 일정과 교과수업에 추가해야 할 부담으로 간주하고, 그 결과 사회정서 학습은 교과수업과 연계되지 못하고 자투리 시간을 활용하게 된다. 따라서 학생들은 사회정서 학습 프로그램에서 배운 지식이나 기술을 수업 시간이나 일상생활 중에 연습하고 강화할 기회를 얻지 못하게 되는 것이다(CASEL, 2006). 뿐만 아니라 정서에 대한 편견, 두려움, 잘못된 믿음 때문에 학교교육에서 사회정서 학습이 반영되지 못하고 있다. 어떤 사람들은 정서는 학교에서 배워야 할 요소가 아니며 가정에서 가르쳐야 한다고 생각한다. 정서는 가정의 영역이라는 이런 편견 때문에 학교교육 안에서 정서를 다루어야 할 필요성을 못 느끼고 있다. 또는 우리나라의 학교교육은 주입식 교육의 형태가 대부분이므로, 사회정서 교육을 학교 현장에서 실시한다고 할 때 이 또한 형식적으로 이루어질지도 모른다는 우려가 있다. 그리고 학교가 학생의 인지적 욕구를 충족시킨다면 사회정서 발달은 저절로 이루어진다거나 건강한 사회정서 발달은 학생들 사이에서 저절로 이루어진다는 잘못된 믿음을 가지고 있는 경우도 있다. 이는 사회정서가 후천적으로 충분히 학습될 수 있는 역량이라는 사실을 모르고 하는 생각이고, 학교라는 공동체가 사회정서적 능력을 함양할 수 있는 최적의 장소임을 간과하고 있는 잘못된 신념이다.

　마지막으로, 사회정서 능력을 측정할 타당한 도구가 부족하다는 이유를 꼽을 수 있다. 타당하고 신뢰성 있는 도구의 부족으로 사회정서 유능성의 최적의 성취 수준이 명료하지 않아 학교교육에서 시행하기 어렵다는 의미이다. 해외 사회정서 학습 분야의 전문가들은 사회정서적 유능성을 평가하는 다양한 도구를 제시하고 있다. 예를 들면, 엡스타인(Epstein, 2004)이 개발한 BERS-2(Behavioral Emotional Rating Scale, Second Edition)는 아동과 청소년의 긍정적 특징과 강점, 개인 간 강점, 사회적 유능성, 가족과의 관계, 개인 내 강점, 학교에서의 기능, 정서적 강점, 진로 관련 강점을 평가할 수 있는 도구이다. EQI-YV(Emotional Quotient Inventory-Youth Version)는 정서지능의 개념에 기초하여 개발된 사회적 강점 평가 도구로, 개인 간 강점, 개인 내 강점, 적응성, 스트레스 관리, 일반적 기분, 긍정적 인상, 일관성 지표의 7개 하위 척도로 구성되어 있다(Bar-On & Parker, 2000). 메릴(2008)이 개발한 SEARS(Social-Emotional Assets and Resilience Scales)는 사회적 유능성을 종합적으로 평가하며 사회적 유능성, 정서조절, 공감, 자기존중감의 네 가지 하위 척도로 이루어져 있다. 이 모두는 종합적인 사회정서적 유능성 평가 도구이다.

2) 한국 인성교육에서 사회성과 정서성의 하위 요인

한국의 인성교육과 인성을 측정하기 위해 인성의 구성 요소와 하위 요인들이 밝혀져 왔다. 교육과학기술부(2012)는 미국 CACEL의 제안을 바탕으로 도덕성, 사회성, 감성을 제안하였고, 지은림, 도승이, 이윤선(2013) 역시 인성의 영역을 도덕성, 사회성, 정서성으로 구분하였다. 먼저, 지은림 등(2013)은 사회성을 "다양한 상황과 장소에서 타인의 생각, 감정, 관점을 이해·파악하고, 타인과의 긍정적인 관계를 형성·유지하고 소통하는 능력"이라고 정의하였고, 사회성의 하위 요소를 공감(배려성), 소통(개방성), 협력(봉사성)으로 나누었다.

첫 번째 요소인 **공감(배려성)**은 다양한 상황에서 타인의 생각, 감정, 관점을 이해하고

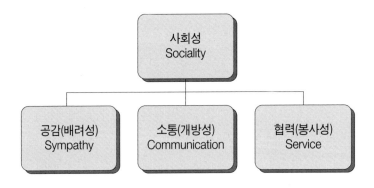

그림 5-1 사회성의 하위 요소

출처: 지은림 외(2013).

지각하는 능력 또는 자신도 그렇다고 느끼며 보살펴 주려는 행동을 의미한다. 두 번째 요소인 **소통(개방성)**은 타인과 긍정적인 관계를 형성하고 유지하기 위해 가지고 있는 뜻, 생각, 감정을 서로 이해하고 주고받을 수 있는 능력으로, 새로운 환경이나 상황에 효과적으로 대처하고 타인과의 차이(다름)를 인정하고 받아들이는 태도를 말한다. 세 번째 요소인 **협력(봉사성)**이란 공통의 목표 달성을 위해 상호작용하며 조화롭게 활동을 수행하는 태도 또는 스스로 마음에서 우러나 타인을 도와주려는 태도를 뜻한다.

지은림 등(2013)은 정서성을 다음과 같이 '긍정적 자기이해'와 '자기조절'이라는 두 가지 하위 요소로 나누었다.

첫째, **긍정적 자기이해**란 자기이해와 자기존중이라는 두 가지 요인이 통합된 개념이다. 즉, 자신의 사고, 감정, 행동을 객관적으로 인식하고, 자신을 긍정적으로 바라보며, 자신을 가치 있는 사람이라고 생각하는 주관적 평가(정도)를 반영한 자아에 대한 긍정적 가치판단을 의미한다. 송인섭(1989)은 개인이 심리적으로 성숙하기 위해서는 자기를 정확하게 이해하고 자신을 있는 그대로 받아들이고 인정할 수 있어야 한다고 했다. 자기존중감 역시 건강한 인성 발달의 기반이 되며 원만한 인간관계를 유지·발전시키고 개인의 성취에도 영향을 미치는 중요한 요인이다.

둘째, **자기조절**은 자기 스스로의 원칙에 따라 어떤 일을 행하거나 자기 스스로 자신을 통제함으로써 일시적인 충동에 의하거나 즉각적인 만족을 절제하고 인내하는 성질

그림 5-2 정서성의 하위 요소

출처: 지은림 외(2013).

혹은 특성을 말한다. 다시 말해, 자기조절은 충동과 통제라는 개념과 밀접한 관련이 있고, 정서 조절, 스트레스 대처, 자아통제가 통합된 개념이다.

3) 사회정서 학습의 시행 방안

역설적으로 우리나라처럼 학업의 수월성을 지향하는 학교 현장에서 사회정서적 유능성은 학생들의 정신 건강을 위해서 중요하게 다루어야 할 교육 목표일 것이다. 신현숙(2011)은 우리 교육에서 사회정서 학습을 지속적으로 실시하기 위한 방안을 제시하였다. 사회정서 학습 시행의 가장 큰 방해 요인은 학업 수월성을 지향하는 우리 사회의 인식 부족이고, 학생, 부모, 교사의 사회정서에 대한 인식 전환이 사회정서 학습의 시행에 우선되어야 한다고 제안한다. 사회정서 학습을 실시하기 위한 방편을 추가로 제안하자면 다음과 같다.

먼저, 학교의 지속적인 지원을 받지 못하면 사회정서 학습은 성공적으로 시행되기 어렵다. 교사가 사회정서 학습 프로그램의 수업안을 얼마나 많이 그리고 충실하게 적용할지는 교사의 심리적 경험과 학교의 지원에 따라 결정된다. 실제로 교육청과 학교장이 프로그램을 학교에 도입했지만, 실행하는 교사의 심리적 경험을 고려하지 못하고 지원을 제공하지 못해 개입의 양적 · 질적 수준이 낮아진 사례 보고가 있다(Ransford, Greenberg, Domitrovich, Small, & Jacobson, 2009). 뿐만 아니라 학교는 사회정서 프로그램을 일종의 일회적 사건이나 임시방편으로 보지 않고, 학교 차원에서 학생들의 학업 수행과 정신 건강을 향상시킬 수 있는 다양한 노력을 통합하고 조정해야 한다(CASEL, 2011). 다시 말해, 학교 현장에서 사회정서 학습을 도입 · 적용하기 전에 학교가 이미 시행해 본 것 중에 중복되고 불필요하며 비효과적인 것을 과감히 제거하거나 조율해야 할 것이다(Reeves, 2006).

둘째, 사회정서 학습이 효과를 거두려면 충분한 시간이 필요하다는 점을 유념해야 한다. 특히 혁신적인 교육 실무나 프로그램이 도입된 후, 일정 기간이 지나야 모든 관계자가 그것을 제대로 이해하고 적용할 수 있으며 주인 의식이 생기기 때문이다. 아동 · 청소년의 긍정적 발달을 목표로 하는 77개의 예방 프로그램 중 25개에서 긍정적인 효과가 있다는 결과를 얻었는데, 이 프로그램들은 적어도 9개월 동안 실시된 후였다(Catalano, Berglund, Ryun, Lonczak, & Hawkins, 2002).

마지막으로, 사회정서 학습의 준비, 계획, 실행, 점검 및 개선 과정에서 교장의 결의와 교사들의 관심이 중요하다(CASEL, 2006). 학교의 관리자들은 인식 전환을 목표로 하는 교사 연수나 워크숍을 실시하거나, 사회정서 학습의 필요성과 효과를 증명하는 자료를 부모, 학생, 교사, 학교의 주요 관계자들과 공유하는 하나의 방편이 될 수 있다. 나아가 사회정서 학습 증진 프로그램을 운영할 전문가를 양성하는 것이 매우 중요하다. 사회정서 학습에 대한 비전을 가지고 이를 전담할 운영위원회와 전문가가 있다면, 학교 차원에서 일관성 있게 사회정서 학습을 적용할 수 있는 시스템을 구축할 수 있고 성공 사례와 효과를 널리 알리는 데 도움이 될 것이기 때문이다. 이때 학교-가정-지역사회의 협력적 파트너십을 촉진하는 전문가는 큰 역할을 할 수 있다.

이처럼 학생들이 학교에서 협력하고 배려하는 능력을 배운다면 다양한 사람의 의견을 받아들이고 약자를 배려하는 사회 구성원으로 커 갈 가능성이 높다. 인성교육을 통해 구성원들의 사회성이 높아진다면 사회가 소통하고 통합하는 데 충분히 기여하여 미래 인재가 필요한 역량인 의사소통능력이 향상될 것이다(도승이, 2013). 또한 학교에서 타인과 자신의 정서를 인식하고 스트레스 상황하에서도 분노와 불안을 포함한 정서를 조절하는 방법을 배운다면 현대 사회에서 행복을 추구하는 동시에 건강한 사회 일원으로 커 갈 것이다.

참고문헌

교육과학기술부(2012). 인성교육 비전수립 및 실천 방안 연구.

권석만(2012). 한국인의 정신 건강과 행복. 한국 교육포럼21 · 한국행동과학연구소(편), **한국인의 정신 건강**(pp. 55-85). 경기: 교육과학사.

김경자, 곽상훈, 백남진, 송호현, 온정덕, 이승미, 한혜정, 허병훈, 홍은숙(2015). **2015 개정 교육과정 총론 시안[최종안] 개발 연구**. 교육부 · 국가교육과정개정연구위원회.

김명진(2007). 학교 교육을 통한 인성교육의 방법 연구. **윤리 교육연구**, 13, 291-312.

김미숙(2015). 한국아동의 주관적 웰빙수준과 정책과제. **보건복지포럼**, 220, 14-26.

김민성(2015). '자연스러운' 인성교육의 원리와 방향: 사회적 존재로서의 인간의 특성에 기반하여. 한국 교육심리학회 연차학술대회.

김용선(1995). **감성과 이성의 만남**. 서울: 민중출판사.

도승이(2012). 한국 아동과 청소년 정신 건강의 현주소와 나아갈 방향. 한국 교육포럼21 · 한국 행동과학연구소(편), **한국인의 정신 건강**(pp. 227-254). 경기: 교육과학사.

도승이(2013). 행복한 미래 인재 양성을 위한 인성교육의 필요성과 실천방안. **사고개발**, 9(2), 143-159.

박영순(2015). 중학생의 사회정서적 유능성과 자기 조절 학습, 학업성취도와의 관계. 계명대학교 대학원 석사학위논문.

송인섭(1989). **인간심리와 자아개념**. 서울: 양서원.

신현숙(2011). 학업수월성 지향 학교에서 사회정서 학습의 필요성과 지속가능성에 관한 고찰. **한국심리학회지: 학교**, 8(2), 175-197.

이상민(2008). 중 · 고생을 위한 시민 의식함양 학습단위 상담 프로그램의 활용. **2008 한국심리학회 연차발표대회 논문집**.

이지은(2014). 사회정서 학습의 교육적 함의. 서울대학교 대학원 석사학위논문.

장사형(2011). 공교육을 통한 인성교육 강화방안. **교육철학**, 43, 193-222.

전인자(2002). 고등학생의 분노 수준과 분노 표현 양식에 따른 자기통제력 및 자아존중감과의 관계. 서강대학교 교육대학원 석사학위논문.

정창우(2013). 사회정서 학습의 이론 체계와 도덕교육적 함의. **도덕윤리과 교육**, 38, 153-172.

정창우(2014). 초 · 중 · 고 학생들의 인성실태 분석 및 인성교육 개선 방안 연구. **윤리 교육연구**. 33, 27-52.

조연순, 김아영, 임현식, 신동주, 조아미, 김인정(1998). 정의 교육과 인성교육 구현을 위한 기초연구 1. **교육과학연구**, 28(1), 131-152.

지은림, 도승이, 이윤선(2013). **인성지수 개발 연구**. 교육부.

차성현(2012). 인성교육 개념의 재구조화. 제6회 청람 교육포럼 제53차 KEDI 교육정책포럼 자료집 (pp. 3-24).

현주, 최상근, 차성현, 류덕엽, 이혜경(2009). 학교 인성교육 실태분석 연구. 한국교육개발원 연구보고 RR 2009-09.

한국교육개발원(2010). 청소년 핵심 역량 개발 및 추진 방안 연구Ⅲ: 사회적 상호작용 영역. 연구보고 10-R17-2.

한국교육개발원(2012). **사회성 및 감성 교육 활성화 방안 연구**.

한국보건사회연구원(2009). OECD 국가 행복지수 산정결과로 본 우리나라의 행복 수준.

한국보건사회연구원(2017). 1016 연차보고서.

Bar-On, R., & Parker, J. D. (2000). EQI: YV: Emotional quotient inventory: Youth version. *North Tonawanda, NY: Multi-Health Systems.*

Baumeister, R. F., & Leary, M. R. (1995). The need to belong: Desire for interpersonal attachments as a fundamental human motivation. *Psychological Bulletin, 117*(3), 497–529.

Cacioppo, J. T., Hawkley, L. C., Crawford, L. E., Ernst, J .M., Burleson, M. H., & Kowalewski, R.B., et al. (2002). Loneliness and health: Potential mechanisms. *Psychosomatic Medicine, 64*, 407–417.

Catalano, R. F., Berglund, M. L, Ryun, J. A. M., Lonczak, H. S., & Hawkins, J. D. (2002). Positive youth development in the United States: Research findings on evaluations of positive youth development programs. *Prevention & Treatment, 5*, Article 15, 1–111.

Collaborative for Academic, Social, and Emotional Learning (CASEL). (2006). *Safe and Sound: An educational leader's guide to evidence-based social and emotional learning (SEL) programs.* Chicago, IL: Author.

Collaborative for Academic, Social, and Emotional Learning (CASEL). (2006). *Sustainable schoolwide social and emotional learning (SEL); Tool kit.* Chicago, IL: Author.

Collaborative for Academic, Social, and Emotional Learning (CASEL). (2011). *Definition of SEL.* Retrieved March 27, 2011, from http://casel.org/why-it-matters/what-is-sel/ Committee for Children, 2008.

Committee for Children. (2008). Second Step: Student Success Through Prevention Program. Seattl, WA: Committee for Children.

Cowen, E.(1994). The nehancement of psychological wellness: Challenges and opportuinities. *American Journal of Community Psychology, 22*, 149–179.

Dewall, C. N., Deckman, T., Pond, R. S., & Bonster, I. (2011). Belongingness as acore personality trait: How social exclusion influences social functioning and personality expression. *Journal of personality, 79*(6), 1281–1314.

Eisenberger, N. I., Lieberman, M. D., & Williams, K. D. (2003). Does rejection hurt? An fMIR study of social exclusion. *Science, 302*(5643), 290–292.

Elias, M. J., Parker, S., Kash, M., Weissberg, R. P., & O'Brien, M. U. (2008). Social and emotional learning, moral education, and character education: A comparative analysis and a view toward convergence, In L. Lucci & D. Narvaez (Eds.), *Handbook of moral and character education* (pp. 248–266). New York: Routledge.

Elias, M. J. (2009). Social-emotional and character development and academics as a dual focus of educational policy. *Educational Policy, 23*(6), 831–846.

Ellison, L. (2001). *The personal Intelligences: Promoting Social and Emotional Learning.* Corwin Press.

Epstein, M. H. (2004). *Behavioral Emotion Rating Scale* (2nd ed.). Austin, TX: PAR.

Gardner, H. (1983). *Frames of Mind: The Theory of Multiple Intelligences.* London: William Heinemann Ltd.

Goleman, D. (1995). *Emotional intelligence.* New York: Bantam.

Greenberg, M. T., Weissberg, R. P., O'Brien, M. U., Zins, J. E., Fredericks, L., Resnik, H., & Elias, M. J. (2003). Enhancing School-Based Prevention and Youth Development Through Coordinated Social, Emotional, and Academic Learning. *American Psychology, 58*(6/7), 466–474.

Kahneman, D., Krueger, A., Schkade, D., Schwarz, N., & Stone, A. (2004). A Survey Method for Characterizing Daily Life Experience: The Day Reconstruction Method. *Science, 306*, 1776–1780.

Lickona, T. (1991). *Education for character.* New York: Bantam Books.

Merrell, K. W. (2007). *Strong Kids: A Social and emotional learning curriculum.* Baltimore, MD: Paul H. Brookes.

Merrell, K. W. (2008). *Behavioral, social and emotional assessment of children and adolescents* (3rd ed.). New York/London: Taylor & Francis/Routledge.

Merrell, K. W. (2010). Linking prevention science and social and emotional learning: The Oregon resiliency project. *Psychology in the Schools, 47*(1), 55–70.

Pasi, R. J. (1997). Initiating a program in social and emotional education. *NASP Bulletin, 81*(601), 100–105.

Pavot, W., Diener, E., & Fujita, F. (1990). Extraversion and happiness. *Personality and Individual Differences, 11,* pp 1299–1306.

Payton, J. W., Wardlaw, D. M., Graczyk, P. A., Bloodworth, M. R., Tompsett, C. J., & Weissberg, R. P. (2000). Social and emotional learning: A framework for promoting mental health and reducing risk behavior in children and youth. *Journal of School Health, 70*(5), 179–185.

Peters, R. S. (1966). Moral education and the psychology of character. In I. Scheffler (Ed.),

Philosophy and Education. Boston: Allyn and Bacon, Inc.

Ransford, C. R., Greenberg, M. T., Domitrovich, C. E.,, Small, M., & Jacobson, L. (2009). The role of teachers' psychological experiences and perceptions of curriculum supports on the implementation of a social and emotional learning curriculum. *School Psychology Review, 38*(4), 510-532.

Reeves, D. (2006). Leading to change. Pull the weeds before you plants the flowers. *Educational Leadership, 64*(1), 89-90.

Reis, H. T., Sheldon, K. M., Gable, S. L., Roscoe, J., & Ryan, R. M. (2000). Daily Well-Being: The role of autonomy, competence and relatedness. *Personality and Social Psychology Bulletin, 26,* 419-435.

Rousseau. J. (1979). *Emile or on Educa*tion. New York: Basic Books.

Ryle, G. (1972). Intentionality-theory and the nature of thinking. In Haller (Ed.), *Jenseits von Sein und Nichtsein,* 7-14.

Schwab, Y., & Elias, M. J. (2006). *Raising test scores: Using social-emotional learning and cognitive-behavioral techniques to increase math test performance.* Symposium at 40th Annual Convention of the Association for Behavioral and Cognitive Therapies. Chicago, II.

Schonert-Reichl, K. A., & Hymel, S. (2007). Educating the heart as well as the mind social and emotional learning for school and life success. *Education Canada, 47*(2), 20-25.

Seligman, M. E. P., & Csikszentmihalyi, M. (2000). Positive Psychology: An Introduction. *American Psychologist, 55*(1), 5-14.

Shearer, C. B. (2004). Using a multiple intelligences assessment to promote teacher development and student achievement. *Teachers College Record, 106*(1), 147-162.

Zins, J. E., & Elias, M. J. (2007). Social and emotional learning: Promoting the development of all students. *Journal of Educational and Psychological Consultation, 17*(2-3), 233-255.

Zins, J. E., Weissberg, R. P., Wang, M. C., & Walberg, H. J. (2004). *Building academic success on social and emotional learning: What does the research say?* New York: Teachers College Press.

PART 03

인성교육의 실제

Chapter 06
학부모가 실천하는 인성교육

한석훈

학습목표

- 가정의 인성교육의 기능과 역할에 대해서 알아본다.
- 아동발달단계의 대강을 이해한다.
- 자녀의 성장에 부모의 마음과 선대의 삶의 궤적이 영향을 끼침을 이해한다.
- 부모의 자기이해와 자녀 교육 사이의 관련성을 이해한다.

학습개요

인성교육을 실행하는 주체라 할 학부모는 자신의 인성을 이해할 수 있어야 한다. 따라서 학부모가 자신의 내면을 돌아보고 교육의 주체로서 자기이해를 심화하기 위한 자료와 사례들을 접하면서, 아동과 청소년의 인성을 함양한다는 과업의 깊이와 폭을 인식하여야 한다.

토의질문

- 가정에서 부모가 자녀의 인성 함양을 위하여 실행할 수 있는 방안들은 무엇일까?
- 주변의 아동에게서 아동발달단계의 관점에 부합하는 행동을 관찰한 적이 있는가?
- 왜 인성교육에서 학부모의 자기이해가 중요할까?
- 자기계발이나 인성의 개선 등을 실천해 보거나 그 효과를 본 경험이 있는가?

인성교육을 이론적으로 이해하는 것과 교육 현장에서 실제로 적용하는 것은 매우 다른 일이다. 전자는 주로 지적인 작업에 국한될 수 있으나, 후자는 교육자의 인격 전체의 헌신을 요구한다. 이른바 '소우주'라고까지 불리는 인간 존재의 전부를 요청하는 것이 인성교육의 실행일진데, 과연 도식적인 하나의 '방법'으로 인성교육을 환원시키는 것이 가능할지 의문이 든다. 따라서 이 장과 뒤따르는 장에서는 인성교육의 주체가 되는 학부모와 교사가 인성교육에 임하는 자신을 점검하고, 자신의 관점을 돌아봄으로써 보다 열린 태도로 새로운 실천의 가능성을 상상해 볼 수 있도록 도움을 주는 자료와 사례들을 예시한다. 이 자료와 사례들을 의미 있는 실천 방안으로 구체회하고 구조화하는 방법에 대하여 함께 고민해 보자. 먼저 학부모들이 갖고 있는 교육적 관점을 점검해 보는 기회를 갖겠다. 교육과 성장 그리고 삶의 본령에 대한 새삼스러운 질문 던지기 작업이다.

1. 학부모의 사유 확장을 위하여

1) 아이의 양육, 성장 그리고 행복

도래하는 21세기 사회에서는 단순한 지력이 아니라 보다 폭넓은 개인의 역량, 즉 사고력, 창의성, 의사소통력 등이 한 사람의 사회경제적 성공을 위한 필수 조건이 된다는 판단하에 세계의 교육자들과 교육 당국들은 그러한 실력과 창의력 등을 겸비한 인재를 양성하기 위한 교육개혁을 감행해 왔다. 그러나 이러한 '글로벌'한 현상이 한국에서는 예외인지, 우리나라는 교육자들의 이러한 '계몽'에 국민이 쉽사리 설득되지 않고 있는 것 같다. 우리 국민은 지식사회에 대비해 자신의 자녀들을 새롭고 혁신적인 방식으로 양육하기보다는, 그러한 새로운 환경이 당연히 수반할 불확실성에 대비하기 위하여 더욱 방어적으로 재래식 양육 방식, 교육 방식을 고수하고 있는 것으로 보인다. 바꿔 말하면, 변화하는 세상에 대한 정보가 부족하여 어차피 어찌 대비해야 할지 모르기 때문에 오랜 세월 동안 '안전한' 것으로 간주되어 왔던 방식에 더더욱 집착하고 있다고 나 해야 할까.

미래에 대한 정보가 부족한 것에 대해 이와 같이 대응하는 방식은 실은 대단히 합리적인 것으로 보기도 하나, 이러한 '합리적'이고 '안전한' 태도가 아무리 자식 사랑에 기반을 두고 있다 하여도, 이것만으로는 충분치 않다. 이것만으로는 대단한 사랑이 못된다. 보호정신이라고 하면 모를까.

우리 인간은 알지 못하는 앞길에 대한 두려움이 큰 존재이지만 알지 못하는 길을 뚫고 나아가 온 것 또한 인간이다. 두 성향 중 어느 한쪽에만 집착할 때, 우리는 온전한 존재의 성숙을 기할 수 없다. 지금 우리 학부모들은 지나치게 두려움에만 집착한 나머지 모험정신을 압살시켜 버림으로써 우리가 그렇게 사랑하고 귀중하게 여기는 자식의 인간으로서의 온전한 성장을 가로막고 있는 것은 아닐까?

세상이 변하고 있는 만큼 그 변화에 맞게 교육의 방식이 변화해야 함은 지당한 일이다. 교육의 방식이 변하기 위해서는 현 교육 체제를 지지하고 있는 기성세대인 **교육자와 학부모의 의식이 변화**해야만 한다. 교육자와 학부모의 의식 변화 없이는 어떤 교육개혁도 성공할 수 없다.

자녀 교육은 매우 중요한 일이지만 가정생활에서 교육만이 유일하게 중요한 일은 아니다. 자녀 교육은 가정생활 전체의 중요한 일부분으로서 여타 영역과의 조화로운 관계 속에서 진행되어야 하지, 여타 영역의 전적인 희생이라는 기반 위에서 이루어져서는 안 된다. 가족 모두의 관심이 과도하게 집중되어 있고, 그들의 욕망이 과도하게 투사된 교육은 자녀에게 지나친 부담을 줄 수밖에 없다. 과도한 관심과 열망은 현명한 판단의 장애 요인이다. 만약 부모가 자기 세대의 부정적인 것을 해소 또는 대리만족해 보려는 욕구를 자식 세대에 투사하고 있다면, 자식에 대한 부모의 이런 열망은 이미 그 자체로 매우 부담스러운 것이며, 자식에게 삶의 전진을 위한 온전한 방향을 제시해 주기 어렵다.

우리의 교육이 대학입시에서의 성공을 겨냥한 치열한 경쟁 속의 조련일진데, 이런 조련이 대다수 학습자의 경우 진정한 '실력'을 키워 줄 수 없을 뿐만 아니라 회복하기 어려운 피해를 학습 능력에 입힐 소지 또한 크다.

아동정신의학자들은 조기교육 광풍에서 드러나는, 검증도 되지 않은 '영재 학습' 등의 방법이 가진 위험에 대해 경고한다. 특히 한국말도 제대로 못하는 아이에게 영어 학습을 강요하는 신풍속도는 어처구니없을 정도이다. 극소수의 이른바 '언어 영재'를 제외하고는 대부분의 아이는 모국어를 '마스터'함으로써 비로소 언어의 구조에 대한 인지적 파악을 마치고, 따라서 모국어를 완벽하게 구사할 수 있어야 외국어 또한 제대로 배우고 익혀서 마스터할 수 있다. 그런데 초등학교도 안 들어간 아이에게 틈만 나면 영어 단어를 물어보고 영어 유치원을 보내는 학부모의 수가 너무도 많아서, 이제는 지극히 정상적으로 한국말로 가르치는 유치원에 보내는 부모들이 제 자식을 홀대하고 있다는 죄책감을 느끼는 지경이 돼 버렸다. 또 많은 부모가 아이들에게 한글과 영어의 문자 학습을 너무 일찍부터 강요한다. 아이들은 각 연령대에 적합하고도 독특한 방식으로 세상에 대해 배운다. 어른이 문자로밖에 세상을 인식하지 못한다 해서 초등학교도 안 들어간 아이들을 문자라는 틀 안에 일찍 가둬 버리면, 그 아이들은 자신의 연령대에 경험할 수 있는 다양하고도 풍성한 방식의 비문자적인 인식 과정을 놓쳐 버리고 마는 것이다.

아이들이 학교에 들어가면 학원을 전전하며 겪게 되는 선행 학습이란 것이 장기적으로 아이들의 학교 공부 의욕을 꺾고, 나아가서 배움 자체에 대한 태도에까지 부정적인 영향을 끼친다는 것은 국내의 주요 연구에서 수차례 밝힌 바 있다. 아마도 아이가 배움을 멀리하게 만든다는 것이야말로 진정으로 가장 심각한 피해일 것이다.

정신의학적으로 볼 때 학원과 과외 등을 통해서 아이들을 '잡는' 아이 장악 교육은 의존형, 출세 지향적 인간을 양산할 가능성이 높다. 반대로, 아이를 풀어 주는 교육은 자아실현을 지향하는 독립적 정신을 가진 인간을 양성할 가능성이 높다. 이치는 간단하다. 아이들은 자율적인 행동 속에서 숱한 시행착오와 실패와 좌절을 경험하면서 자기정체성을 확립해 가고, 그럼으로써 자기 자신과 자신의 강점들마저 아는 인간으로 성숙하게 되지만, 부모가 꽉 잡고 아이의 일거수일투족을 관리할 때 그 아이는 스스로 제대로 성숙할 기회를 잃고 말기 때문이다.

아이들은 항상 학습만 하고 있어야 하는 학습 기계가 아니다. 아이들도 자신만의 시간이 필요하다. 멍청하게 아무것도 안 하고 있을 시간이 필요하다. 중대한 대학입시를 앞둔 고등학생이라면 모를까, 초등학생과 중학생은 그런 시간을 통해 스스로 뭔가를 시도할 수 있고 자신을 알아 갈 수 있다. 스스로 해야 진짜 자기 것이 되고, 스스로 얻은 자기 것이야말로 진짜 '실력'이니까. 부모가 항상 모니터링하고 있는 아이는 스스로 성장할 필수적인 기회를 사전에 차단당하고 있는 것이나 마찬가지이다.

미국의 사회심리학자 매슬로(Maslow, 1970)의 유명한 욕구위계 이론에 의하면, 인간은 본능적·동물적 욕구 말고도 중요한 정신적 욕구가 많으며, 그 정신적 욕구들을 제대로 충족시켜 주지 않고서는 결코 행복할 수 없다. 즉, 사회적 소속감과 연대감, 자아존중감, **자기실현**, 심지어 자기초월과 같은 정신적 욕구를 채워 줘야 한다는 것이다.

우리가 명문대 진학을 통한 출세 지향의 길을 택하든, 개성을 발휘하는 자기실현의 길을 택하든, 어떤 방향으로 나아가든 간에 삶의 위험을 사전에 완전히 예방하는 것은 불가능하다. 우리는 삶의 위험을 제거하려는 헛된 노력을 할 것이 아니라, 우리 자식들의 미래의 위험을 제거해 주려는 불가능한 노력을 할 것이 아니라, 자식들이 그런 위험에 직면했을 때 현명하게 대응하고 극복해 낼 수 있는 역량을 키우도록 도와줘야 한다. 표면적 인정을 추구하는 출세 지향적 삶보다는 **자아실현 지향**적 삶의 경우에 그 역량이 더 탄탄해질 것이다.

여기에서 시험 잘 보는 능력 이외에 여러 가지 다른 능력이 필요하다는 점을 강조하겠다. 과거에는 IQ만 높으면 된다고 여겼지만 요즘에는 EQ니 SQ니 하는 것들도 함께 높아야 사회에서 성공한다는 주장이 많이 퍼져 있다. 이와 같은 맥락에서 지극히 상식적으로 볼 때, 우리의 아이들이 시험 보는 능력만 높아서는 진짜로 잘 살기는 어려울 것이다. 시험도 잘 보면 좋겠지만, 실질적인 진짜 실력도 튼튼해야 한다. 진짜 실력이란 아이가 진정으로 관심과 애정을 품게 되는 어떤 일이나 사물, 대상에 대해 탐구할 때에 최고 수준으로 쌓인다.

아이가 어떤 분야건 깊이 몰두할 수 있는 분야를 찾아냈다는 것은 매우 긍정적인 조짐이다. 그 분야에 몰두하여 몰입과 배움의 기술을 터득해 낼 수 있는데, 그런 기술은 쉽사리 타 분야로도 전이 가능하니까 말이다. 그럼에도 많은 부모는 자신이 선망하는 직종과 관련 있는 분야 쪽으로 아이들을 몰아가는데, 그것이 아이에게 맞는 길이 아닐 경우에 아이의 본질적 성장이 와해된다. 이것은 심각한 문제이다. 아이의 고유한 성장을 돕고, 그 아이에게 가장 적합한 길을 찾아가서 자아실현을 달성하고 행복한 삶을 영위하도록 도와주기 위해서는 부모의 시각이 먼저 변화해야 한다. 부모의 시각 변화란 결코 단순한 문제가 아니지만, 그것 없이는 한국 교육의 변화는 불가능하다.

교육에 대한 시각의 변화란 실은 학부모의 삶에 대한 태도의 변화를 요한다. 소크라테스는 평탄한 삶은 인간에게 적합한 삶이 아니라고 했다. 좌절 없고, 스트레스 없고, 아무 문제도 없는 상태가 결코 행복이 아니며, 실패와 좌절과 고생은 오히려 사람의 깊이를 더해 준다. 아이들도 어려움과 아픔과 슬픔을 겪으며 자라야 한다. 아이가 스스로 자신의 길을 찾아 나서도록 도와준다면, 그 아이가 흥미를 보이는 분야들에 대한 성인의 편견에서 자유로워질 필요가 있다. 예컨대, 모든 아이가 학교 커리큘럼식의 공부에 적합한 종류의 지능을 보유하고 있는 것은 아니다. IQ 말고도, 시험 고득점 지능 말고도, 수리적 지능과 언어습득 지능 외에도, 사람에게는 기본적으로 음악적 지능, 신체-운동 지능, 공간 지능, 대인관계 지능, 자기이해 지능, 자연탐구 지능 등의 다중지능이 내재해 있다고 미국의 하워드 가드너(Howard Gardner)가 밝혔다. 그 밖에도 영성의 지능, 도덕적 감수성, 성적(性的)인 관심, 유머, 직관, 창의성, 요리 능력, 후각 능력 등의 여타 지능도 학계에서 제기돼 왔다. 이렇듯 다양한 지능 중에서 각기 다른 조합의 몇몇 지능이 개인마다 다른 방식으로 두드러지게 나타난다.

미국의 아동발달 전문의인 멜 레빈(Mel Levin)은 최초의 관심, 오랜 노력 그리고 완수가 성취의 3단계라고 정의했다. 바로 이 '오랜 노력'의 단계를 학교의 강압적인 극기수련과 같은 과정이 아닌 자발적인 열정과 흥미로 이끌어 가는 편이 훨씬 효과적이다. 이 오랜 노력의 기간에 아이는 어떤 학습 분야에도 통용될 수 있는 인식의 도구들을 계발할 수 있다. 그것이 수리 능력이 됐든, 암기·숙지 능력이 됐든, 분석·종합 능력이 됐든, 그 능력을 스스로 터득했을 때 그것은 그 누구도 빼앗아 갈 수 없다. 레빈은 다음과 같이 강변한다.

11~20세 사이에 우리는 아이들이 평생을 두고 사용할 좋은 두뇌 습관, 기술, 도구들을 개발해 주고 또 자주 사용하게 해야 한다. 만약 이 시기에 아이들이 중요한 도구들을 처박아 두고 사용하지 않으면 그것들은 가지치기 당하여 제거되고 만다. 이 중요한 시기를 헛되이 낭비하면 나쁜 패턴이 자리 잡게 된다(Levine,

2005: 251-252).

　지금까지 '능력'이라는 것을 주로 학습 능력, 즉 두뇌의 차원을 중심으로 이야기한 것 같지만 두뇌 못지않게, 아니 어쩌면 두뇌보다 더 중요한 것이 마음일 것이다. 마음이 건강하고, 평화롭고, 긍정적이어야 무언가를 배우는 일도 훨씬 효과적으로 진행될 것이다. 결국 우리는 아이들의 마음을 잘 돌봐 줘야만 한다는 결론에 이르지 않을 수 없다. 그렇다면 마음의 건강은 어떻게 이룰 수 있을까?

　지그문트 프로이트 이래로 서구의 정신심리학은 무의식의 영역에 관심을 기울여 왔다. 삶에서 무의식을 어떻게 잘 다루느냐 하는 것이 행복한 삶을 위해 대단히 중요한 문제임을 일찍이 인식한 교육자 중 일본의 호리 신이치로(堀伸一郎) 선생이 자신의 학교의 주목적으로 천명하는 것은 지식으로부터 자유롭고, 사회로부터 자유로우며, 감정으로부터 자유로운 인물로 키워 내는 것이다. 지식과 사회로부터 자유롭다 함은 스스로 세상을 이해해 가며, 통념에 휩쓸리지 않는 주체적인 사회인이 된다는 말이다. 감정으로부터 자유롭다 함은 무의식의 횡포에 좌지우지되지 않고 자신의 내면을 잘 알고 잘 다스리는, **자기 마음의 주인**이 된다는 말이다. 감정으로부터 자유로울 수 있는 이는 문제가 발생하여도 그것을 인정하고, 스트레스를 부정하지 아니하며, 주어진 문제에 정면으로 맞서서 그 상처를 스스로 치유할 수 있다. (전술했듯이 인생에서 문제 자체를 아예 축출한다는 건 불가능하므로 문제에 대응하는 능력을 키울 수밖에 없다.)

　또한 실패와 좌절을 극복하는 힘을 배양하여 세상에 대한 넓은 시각을 향유하며 낙관적인 태도로 자신과 세상에 대한 믿음을 키울 수 있게 된다. 무의식이란 의식적으로 파악하기가 지극히 힘든 마음의 그늘진 어둠 속인데, 자신의 마음을 잘 관리할 수 있는 이는 무의식에 휘둘리지 않고 마음의 고요를 얻을 수 있다. 마음이 고요한 이는 자기 자신으로서 살아가는 것이 더욱 용이해진다. 고요한 마음으로 자신의 배움의 과정에 임하는 사람이야말로 가장 효과적인 학습자일 것이다. 우리의 교육이 학습자에게 이런 건강한 기반을 제공해 주기 위해서는 교육자뿐 아니라 학부모도 바쁜 현대인의 생활 방식에서 한 발짝 물러나서 삶과 교육에 대한 인식을 되돌아볼 필요가 있다.

2) 아이의 성장에 담긴 매우 깊은 의미 - 심층심리학적 관점

다음은 미국의 정신분석학자이자 교육사상가인 에릭슨(E. Erikson)이 1950년에 출간한 고전인 『아동기와 사회(Childhood and Society)』의 일부를 필자가 임의로 발췌·번역한 것이다. 한 아이의 신경증적인 행동의 배후에 생물학적·심리학적·사회학적·역사적 원인이 뒤엉켜 있음을 보여 주는 매력적인 사례이다. 이는 '우리의 아이는, 아니 우리는 왜 이런 짓을 하는가?' 하는 질문에 담긴 심오하고도 복잡한 함의에 대해서 성찰하도록 도와준다.

캘리포니아 북부의 한 마을에 사는 여인이 이른 아침에 자신의 네 살 먹은 아들인 샘이 비명을 지르며 발작을 일으켜 의사를 불렀다. 엄마가 보기에 아이는 바로 닷새 전에 사망한 제 할머니의 심장마비와 똑같은 증세를 보이는 것 같았다 한다. 의사는 간질 발작을 의심했고 안정제를 투여받은 샘은 곧 정상적인 생활로 돌아왔으나 한 달 뒤 뒷마당에서 죽은 두더지를 발견하고는 심하게 동요했다. 샘은 엄마에게 죽음에 관해 집요하게 물어봤으나 만족스러운 답을 얻지 못한 채 잠자리에 들었고, 그날 밤 울고, 구토하고, 안면에 경련을 일으키기 시작했다. 이번에는 의사가 일찍 도착하여 아이의 증세를 관찰했고, 샘의 몸 오른쪽 전체에 심한 경련이 일어남을 확인했으며 이를 간질로 진단했다.

두 달 뒤, 샘이 실수로 나비를 죽이고는 세 번째 발작이 일어나자, 의료진은 죽음이라는 생각에서 기인한 정신적 자극이 원인일 수 있다고 추정하기에 이르렀다. 샘의 출생 병력도, 유아기의 성장도, 최근의 신경 상태도 구체적 병리 현상을 보이지 않았고 아이의 영양 상태도 훌륭했다.

여기서 '정신적 자극'이란 명백히 죽음과 관련돼 있었다. 우리는 샘의 첫 발작이 할머니의 심장마비 당시의 모습과 똑같아 보였다는 엄마의 진술을 기억해 냈다. 몇 달 전, 샘의 친할머니가 이 가족이 새롭게 이사 온 집을 최초로 방문했다. 당시 아이 엄마는 며느리로서 스스로 인지했던 것보다 더 시어머니의 방문에 신경을 쓰고 있었는데, 왜냐하면 그 방문이 자신의 아들과 손자를 잘 돌보고 있는가에 대한 일종의 '점검'이라 할 수 있었던 데다가, 시어머니는 심장이 약했는데 샘이 마침 사람들을 놀리고 놀라게 하는 데 재미를 붙였기 때문이었다. 엄마는 샘에게 절대로 할머니를 놀려서는 안 된다고 주지시켰고 결코 샘과 할머니만 함께 있지 않도록 하려 애를 썼지만,

어느 날 엄마가 잠시 어딘가를 다녀오니 시어머니가 심장 발작을 일으켜 거실 바닥에 쓰러져 있는 것이었다. 할머니의 진술에 따르면 엄마가 사라지자 샘이 의자에서 떨어지는 시늉을 했고, 자신은 그것을 보고 놀라서 쓰러졌다는 것이다. 할머니는 그렇게 병상에 누워 회복하지 못했고, 몇 달 뒤, 즉 샘의 첫 번째 발작이 일어나기 며칠 전에 사망하고 말았다.

의사가 정신적 자극이라고 불렀던 것은 확실히 할머니의 죽음과 관련 있었다. 엄마가 전에는 별것 아니라고 여겼다가 끄집어낸 사건이 또 하나 있었는데, 샘이 첫 발작을 일으키기 전날 밤, 샘은 할머니가 건강상의 이유로 그랬던 것과 똑같은 방식으로 베개를 쌓아 올리고 거기에 기대앉은 채로 잠이 들었다고 했다.

이상하게도, 엄마는 샘이 할머니의 죽음에 대해서는 알지 못한다고 주장했다. 엄마는 할머니가 먼 곳으로 떠났다고 샘에게 말했고, 할머니의 방에서 관이 들려 나올 때에도 할머니의 책과 물건을 운반하는 것이라고 둘러댔다는데, 당시 집 안에 모여든 친척들이 흐느끼는 것을 보면서 샘이 엄마의 말을 곧이곧대로 믿었을지는 의심이 간다.

샘은 매우 활동적이고 영민한 아이로 쉽게 남의 말에 속아 넘어가지 않는다. 샘의 부모는 자식의 높은 지능에 고무돼서 샘을 동부의 명문대학으로 진학시켜 의사나 법률가로 키울 생각을 하고 있었다. 또한 샘은 전에 살던 동네에서 다른 아이들을 툭하면 때렸는데, 이런 행동은 그곳에서는 지탄받을 일이 아니었던 것이, 경제적으로 열악했던 그 동네에서는 유대인 이민 가족들 틈에 섞여 살았고 뒷골목의 유대인 아이들 사이에서는 먼저 때리는 것이 생존 방식에 합당했기 때문이다. 그런데 그곳을 떠나 새로이 중산층 거주 지역으로 이사 오고 보니 다양한 인종이 어울려 살았고, 그 안에서 폭력은 지탄받을 행위였다. 그리하여 샘의 부모는 앞으로 다른 아이들을 때리지 않도록 샘에게 강력히 당부했고 샘은 이를 잘 따랐는데, 그 대신 다른 이들을 놀리는 행동을 보이기 시작했다.

샘은 태생적으로 예민하고 공격적인 아이였다. 타인의 구속을 받는 것을 매우 싫어했고, 그런 시도에 대해 격하게 반응했다. 그러나 동시에 남들에게 친근하게도 대하는 정 많은 아이기도 하여, 자신의 공격성을 이죽거리는 놀리기로 나름 잘 치환시킬 수 있었다. 그러나 무슨 연유에서인지 샘의 공격성의 절제가 할머니의 방문 직전에 실종됐고, 샘은 어떤 아이를 때렸다. 동네 사람들의 비난을 피하기 위해 샘은 집 안에 갇혔고, 이제 결코 놀려서는 안 되는 상대인 할머니와 단둘이 생활하게 된 것이다.

발작이 일어난 지 두 해 뒤에 시작된 정신분석 과정을 통해 샘의 엄마는 자신의 내면의 강한 저항을 극복하고, 잊힌 사실 하나를 기억해 낼 수 있었다. 할머니의 방문이 있기 얼마 전에 샘이 느닷없이 엄마의 얼굴에 인형을 던져서 앞니가 거의 빠지게 됐다는 것이다. 그 순간 아이 엄마는 스스로 상상할 수 없었을 정도의 분노에 사로잡혀 아이를 강하게 때렸다는 것이다. 즉, 샘만 공격성에 대한 절제가 없었던 게 아니었다. 엄마를 포함해 이 가족에게 그러한 폭력에 대한 격분이 내재해 있었던 것이다.

유대인 가족인 그들은 이주생활 속에서 거친 삶을 겪으며 자신에게 가해지는 분노와 폭행에 대해 이를 갈아 왔다. 이들 부족의 전능한 신은 성내고 보복했으며 잘 흥분했고, 그러한 태도는 모세와 같은 부족의 가부장적 지도자들을 통해 샘의 조부모에게까지 계승됐다. 샘의 부모는 유대인의 이런 태도를 절제하며 이민족 사회에 적응하고 있었다.

샘의 부모가 이처럼 자신의 선조와 갈등을 겪고 이웃들과 갈등을 겪고 있는 와중에 샘이 처해 있었는데, 이때 마침 샘은 발달단계상 외적 통제를 견디지 못하는 최악의 순간을 겪고 있었다. 이 모든 것이 샘의 신경증적 발작의 원인이었다.

에릭슨이 보고하고 있는 이 사례에서 샘은 개인의 심성 차원에서 그 원인을 찾아낼 수 없었던 **공격성**을 태생적으로 품고 있는 것처럼 보였으나, 그 아이에게 잠재된 공격성의 근원은 그 아이를 만든 모든 영향 요인인 부모와 조상과 문명, 즉 인류 진화의 궤적에까지 이어져 있었던 것 같다. 이런 관점은 우리를 속박함과 동시에 해방의 가능성도 제시해 준다. 우리는 개인적 의지만으로 자신의 마음을, 의식을 개선할 수 없는 존재일 것임을 알려 준다는 점에서 속박일 수 있지만, 우리가 유아기(프로이트의 구순기, 항문기)에 형성된 성향에 평생 묶여 있는 노예가 아니라 자기 존재의 심연에 속박/제약과 해방/희망이라는 가변적 양면성을 품고 있는 가능태라고 가르쳐 주기 때문이다.

샘의 **공격성**의 근원을 찾는 저자의 시야는 유태민족의 선조의 신화 세계에까지 뻗어 간다. 에릭슨은 프로이트주의자이고, 프로이트는 물론 종족의 신화가 보여 주는 무의식의 역동을 오이디푸스 콤플렉스 등으로 설파한 학자이지만, 에릭슨의 시각은 융의 집단 무의식 개념에 근접하고 있는 것으로 보인다. 한 개인의 정신적 역동의 근원을 그가 속한 종족의 집단 무의식에서 부분적으로라도 찾으려는 시도는 많은 시사점을 가진다. 한국인의 성격적 특질도 한국인 종족의 집단 무의식과 신화 세계에서 그 시원을 찾을 가능성이 있지 않을까?

개인의 정신 건강 차원에서 볼 때, 할머니의 죽음을 초래하게까지 된 어린 샘의 **공격성**은 어떻게든 심리적으로 처리되거나 해소되었어야 했을 것이다. 문명사회에서 직접적으로 폭력으로 표출되는 것을 계속 용인할 수는 없는 만큼, 공격적인 스포츠라든가 예술 활동을 치유책으로 제공했더라면 어땠을까 하는 생각도 든다. 그런데 아이는 이미 남을 놀리고 놀라게 하는 등의 행위로 자신의 공격성의 분출 통로를 바꿔 놓았음에도(무의식적으로) 이 탈출구까지 막아 버린다면 억압된 공격성이 어디로 불시에 터져 나올지는 예측도, 통제도 할 수 없는 것이다.

우리 아이들도 모두 **공격성**을 갖고 있다. 다만 그것이 표출되는 양상이 개인마다 다를 뿐이므로, 마치 공격성이 아예 없는 것처럼 행동하는 아이를 단순히 만족스럽게 바라보기만 할 일은 아니다. 성격심리학자는 결코 공격성을 보이지 않는 점잖은 신사를 그다지 신뢰하지 않는다. 심리학자가 가진 의문은, 과연 저 신사는 언제 어떤 방식으로 공격성을 표출하는 것일까 하는 점이다(홍숙기, 2005: 132). 이와 같이 우리의 아이들도 기본적으로 품고 있는 공격성을 억압하기보다는 그것이 발전적이고 건강한 방식으로 표현되고 해소되도록 돕는 편이 현명하겠다. 정신분석학 기반에서 베텔하임(B. Bettelheim)이 수행한 설화의 무의식적 치유 효과에 관한 연구라든가(Bettelheim, 2010), 20세기의 고전이 된 모리스 센닥(M. Sendak)의 그림책『괴물들이 사는 나라(Where the Wild Things Are)』등은 이와 같은 아동의 공격성을 이해하는 통찰을 알려 준다.

3) 아이를 지켜 주는 부모라는 울타리

부모는 아이들이 성인이 될 때까지 돌보고 보호해 주는 울타리이지만, 보호가 지나치면 아이를 온상 속의 식물처럼 나약하게 만들어 버릴 위험이 있고, 사실 오늘날 이런 위험이 증가하고 있음을 도처에서 목격할 수 있다. 다음은 필자가 어린 세대를 보호해 줄 성인의 책무에 관하여 비판적으로 생각해 본 매우 주관적인 내용을 담고 있는 경수필로, 학급 활동 중에 학생들의 찬성과 반대 의견을 모아 보는 토론의 재료로서 제시한다.

상처 입을 자유

내가 존경하는 한 교수님은 젊은 제자들을 온전한 성인이자 '프로'로 키우는 과정에서 이른바 '상처론'을 견지한다. 맹수의 거친 양육 방식과 유사한 이 방식은 학생의 정신을 자극하여 자각에 이르게 함을 목표로 삼는바, 내 보기엔 웬만큼 자기확신이 서 있지 않은 교육자로서는 실천할 수 없는 교수법이다. 한데 이 교수님의 '상처론'은 몇몇 교육학자에게 비판을 받았는데, 교육학자들은 학습자에게 자극을 가하고 상처를 입히는 작업의 위험성에 대해 경고하며 칭찬과 같은 긍정적 보강책의 중요성을 역설했다고 한다. 양쪽 다 맞는 말이 아닐까 싶다. 어느 한쪽이 절대적 답이 될 수는 없다. 교사와 학생 간의 역학관계는 무한할 정도로 다양하기 때문이다. 뿐만 아니라 교사의 개성도 무한할 정도로 다양하다. 또한 학생의 개성도 무한할 정도로 다양하다. 인간의 다양성을 하나의 이론에 다 담는 일은 애초에 불가능하다. 따라서 교수자나 학생의 행동을 '올바른' 틀 안에 집어넣으려는 시도는 이런 무한한 다양성을 고사시킬 위험 소지를 안고 있다. 어떤 경우에는 상처가 더 좋은 성과를 가져다주고, 또 어떤 경우에는 칭찬이 그러할 것이다. 중요한 건 매 순간 어떤 행동을 취할 것인지 결정하는 주체인 교수자가 항상 정신 차리고 자신의 최상을 유지하는 것일 것이다. 행동(do)보다는 존재(be)이다.

아무튼 요즘 젊은이들을 칭찬하고 보듬어 주고 위로해 주자는 이야기가 많다. '힐링'이 대세가 된 시대, '절벽에서 새끼 사자를 떨어뜨리는 식'의(실제로 사자가 그런다는 말이 아니라) 터프한 교사보다는 따뜻하면서도 섬세한 감수성으로 학생들을 감싸 줄 교사가 각광받는 시대가 된 것 같다.

교수들에게 배포되는 대학 캠퍼스의 성희롱 방지 책자에도 여학생이 대학생활에서 일말의 불쾌감을 느낄, 그래서 그들의 예민한 감수성에 상처를 받을 가능성이 있는 모든 행동을 사전 차단하려는 태도가 역력하다. 예컨대, 군대생활에 대한 이야기는 삼가라든지(추측건대, 여성을 소외시키기 때문에?), 어깨를 두드리는 행위도 성적인 수치심을 유발하기 때문에 해선 안 된다든지 등의 지침이 있다. 또 수업 운영에서도 내향적 학생이 상처 입는 것을 방지하기 위해 외향적인 학생들이 토론의 주도권을 잡는 것에 제동을 걸어야 한다는 지침도 눈에 띈다.

다 일리가 있는 얘기이다. 우리는 젊은 세대를 보듬고 보호하고 위해 줘야 한다. 나는 아버지로서 내 딸들을 당연히 그렇게 대한다. 그러나 나는 내가 내 몸보다 더 사랑하는 내 딸들을 세상이 줄 수 있는 모든 상처로부터 보호하고자 하는 망상을 품고 살지는 않는다. 예컨대, 폭력과 성추행과 같은 심각한 위해로부터 내 딸들을 보호하기 위해서라면 나는 무슨 짓이든지 할 것이다(글쎄 상상이긴 하지만, 가해자를 죽이는 짓까지도? 무지막지한 폭력 영화 〈테이큰〉이 히트 친 이유가 있다). 그러나 그 정도로 심각한 피해를 끼치지 않는 인생살이의 수많은 사소한 위해를 사전에 차단한다는 것은 애초에 불가능할 뿐만 아니라 교육적으로도 지극히 바람직하지 못하다. 내 딸들은 그런 사소한 위해들을 직접 겪고, 아픔을 느끼고, 상처도 받고, 그 상처를 스스로 치유하고 극복하며 어른이 돼야 하기 때문이다. 내가 딸들을 키우는 궁극의 목표는 그들을 보호하는 데 있지 않고 그들이 자신의 힘으로 살아갈 수 있도록 도와주는 데 있다.

그래서 요즘 대학생을 대하는 교육계 풍토에 나는 다소 못마땅해하고 있다. 교수가 여학생을 성추행 한다면 당연히 처벌해야 한다. 교수직 박탈은 말할 것도 없고 여학생에 대한 교수의 노골적인 성희롱적 언사도 처벌해야 한다고 본다. 그러나 교수가 자신도 모르는 새에 범하는 작은 실례, 무례 등으로부터 여학생을 온전히 보호하려는 의도는 비인간적이고 실행 불가능하며 궁극적으로 비교육적이기까지 하다. 어느 정도의 마음의 상처는 겪고 극복해 낼 수 있어야 하지 않은가. 어떻게 세상의 모든 불쾌한 인간적 조우의 모든 가능성을 사전 차단할 수 있겠나. 또 그런 것들을 사전 차단한다는 것은 학생들을 사회적이고 심리적인 온실 속의 화초로 만들 위험 소지가 있다.

나는 외향적 성격의 학생이 수업 중의 토론을 이끄는 것을 제지하지 않는다. 단, 너무 독주할 경우에만 개입하여 발언권을 분산시킬 뿐이다. 외향적 발언자에 대한 나의 방관적 태도가 내향적 학생들의 권리를 침해한다고 믿지 않는다. 그리 믿는 것은, 나 자신이 지극히 내향적인 인간이고 젊은 시절에 수업의 토론에 참여하기가 매우 어려웠던 인간이라는 사실과 관련이 있다. 나의 타고난 성격은 결코 좋거나 나쁘다고 평가할 것이 못 되지만 성장하기 위해서는 어느 정도 개선해 줄 필요가 분명히 있다. 난 내가 강의실의 토론이라는 어려운 자극을 감내하며 내 성격의 한 면모를 겨우겨우 극복하며 성장할 수 있었듯이, 나의 내향적인 젊은 학생들도 그러하기를 바란다. 그래서 그들에게 자극을 주는 외향적 학생들의 발언을 함부로 제지하지 않는다. 다만 기다릴 뿐이다. 다른 학생들의 발언 독점에 자극받아 조용한 저 학생도 언젠가는 한마디 발언을 해 주기를 기다릴 뿐이다. 즉, 나는 내향적인 학생에게 "너희도 있는 그대로 훌륭해. 너 자체로 사랑해 줄게."라는 식보다는 "너희는 더 훌륭해질 수 있어. 한 번 주먹을 불끈 쥐고 일어나 봐!"라는 태도를 견지한다고 하겠다.

한편, 교육자들은 자신의 언설에 대해 신중을 기해야 할 것이다. 여성의 외모, 남성의 신장 등에 대해서는 아예 입을 완전히 다무는 편이 낫다는 것이 십여 년 대학 강단 경험의 결론이기도 하다. 그 밖의 여러 개인적 특성을 비하할 여지가 있는 언행도 당연히 금해야 할 것이다. 그러나 교수들이 '하지 말아야 할 언행들'의 긴 리스트에 담긴 많은 조항은 교수자의 자유와 자발성 그리고 선의까지도 지나치게 옥죈다고 느낀다. 예컨대, 앞으로 나는 여학생들의 어깨를 토닥여 주는 일은 꺼림칙해할 것 같다. 아니, 여학생들 앞에서는 아예 손을 뒤로 묶어 버려야 할 것 같은 기분도 든다. 그간 여학생이건 남학생이건, 그들이 진정으로 기특하거나 안쓰럽거나 또는 귀여워서(아들, 딸처럼 말이다!) 어깨를 토닥였던 적이 드물게 있었거늘……. 또 이따금 길에서 마주치면 반가워서 손을 내미는 여제자들과 악수할 때에도 괜스레 어색할 것 같다.

그러나 난 선생인 내 일에 충실히 하고자 나름대로 나 자신을 바치며 사는 한 교육자로서 이 같은 나의 소심함을 극복하기로 선택한다. 그래서 여학생에게 군대 이야기도 하고, 때론 어깨도 토닥여 주고, 악수를 청하는 제자들의 손을 반갑게 맞잡아 줄 것이다. 교수가 '하지 말아야 할 언행들'의 리스트에는 여학생이 남자 교수의 연구실에 상담차 찾아왔을 경우 연구실 문을 반쯤 열어 놓는 것이 '올바른' 행위라고 적혀 있다. 아니, 난 결코 그러지 않을 것이다. 나를 신뢰하고 존경하여 연구실까지 찾아온 여학생의 마음을 생각하여 그의 사생활을 보호하고 그의 말에 집중하기 위하여 연구실 문을 꽉 닫아 버릴 것이다.

나의 이러한 입장과 궤를 같이하는 선언을 한 미국의 원로 페미니스트 학자의 말씀을 번역하여 소개해 본다.

개인적인 위험을 수용하지 않으려 하는 오늘날의 여성들은 이전 세대의 여성들이 싸워서 쟁취한 자유를 잘못 사용하고 있다. 젊은 페미니스트들은 착각하고 있다. 그들은 안전한 백인 중산층 세계 출신으로 모든 것이 안전할 것으로 기대한다. 여성은 진정한 페미니스트답지 않게 남성이나 사후 고충처리위원회라든가 대리 부모 등에게 성적인 대면에 대한 책임을 떠넘김으로써 스스로 유아처럼 취급하고 있다. 우리 베이비붐 세대는 그러한 기숙사 사감 같은 규칙을 종식할 것을 요구하여 승리했다. 오늘날 실로 수많은 젊은 여성들이 그러한 가부장적 감시의 안전 장치가 복구되기를 갈망한다는 것은 참으로 비극적이다.[1]

---

1) Camille Paglia, Free Women Free Men, *Time*, 2017. 4. 3.

학자는 지나친 '정치적 올바름'의 전통의 연장선상에서 여성이 성적으로 불쾌감을 느낄 소지가 있는 모든 사회적 작용을 제어하려는 듯한 오늘날의 미국 대학 캠퍼스의 분위기를 신랄하게 비판한다. 학생들에게 불쾌감을 줄 교수의 언행을 사전에 차단함으로써 젊은 학생들이 마음에 상처를 입는 것을 방지하는 것, 아니면 선의의 교사가 학생들과 격의 없이 '사귀고' 놀도록 놓아두는 것, 이 둘 중 어느 쪽을 선택하는 것이 이 사회를 위해 또는 학생들의 성장을 위해 더 이득이 될까? 개인적으로는 후자를 선택하는 것이 내 생긴 꼴대로 자연스럽게 사는 것이다. 학생들로서도 작은 상처들은 입어 보고 견뎌 내야 더 씩씩하게 크지 않겠나.

물론 세상은 이 같은 나의 선택의 변 하나로는 제대로 대응할 수 없을 정도로 복잡다단하다. 교수자의 존재가 그의 행동에 우선해야 한다는 건 이상적 원론에 그친다. 얼마 전, 평생 존재를 갈고 닦은 원로 불승이 젊은 여신도를 성추행했다는 추문에 휩싸였다. 이런 일이 벌어지는 세상이다 보니 최고의 지성인 대학교수들에게까지 유치원생에게 그러듯이 '올바른 행동의 리스트' 따위가 배포되는 것 아니겠는가.

2. 학부모의 자기성찰에 도움을 주는 최근의 연구

'학습자'의 인지적 성장에 치중했던 20세기 교육의 틀을 벗어나 오늘날의 교육은 **전인적 인성**의 함양을 위하여 다양한 최근의 학문적 성과로부터 영감을 흡수하고 있는 것으로 보인다. 특히 성인 교육 영역에서 서구에서 각광받고 있는 '복원력'과 '마음챙김'을 여기에서 소개한다. 자녀 교육은 지적인 이해만으로는 감당하기 힘든 '영혼의 헌신'을 요구하는 것이라는 생각이 드는 부모라면 성인인 자신의 마음을 다스리는 최신 학문적 연구 성과에 귀를 기울여 볼 것을 권한다. 복원력과 마음챙김은 요즈음 미국의 대중매체에서 종종 소개될 정도로 대중적인 인지도를 확보한 것들인데, 각각 탄탄한 과학적 · 학문적 근거를 확보하고 있으므로 일시적 유행에 그치는 자기계발서와 동일한 범주로 오인하지 않기를 바란다. 먼저, 복원력에 관한 내용은 필자의 **자기성찰**과 연계한 일종의 자아 보고서와도 같은 글로서 소개하겠다.

복원력

'**복원력**(resilience)'이란, 삶의 역경이나 부정적인 경험으로부터 빨리 회복하여 일상으로 돌아갈 수 있는 역량으로, 어떤 이들은 이런 힘을 선천적으로 타고났으나 그렇지 못한 이들도 후천적 학습과 훈련을 통해 이 힘을 키울 수 있다는 것이 과학적으로 밝혀지고 있다(Robertson, 2012). 그런데 뇌과학에서 제시하는 이 개념 속에 내가 평소에 탐구하는 심층심리학이나 영성과 관련된 사항들이 많다는 생각이 들어 이 개념을 수업에서 활용하기 시작했다. 다음은 복원력을 연구하는 학자들이 알려 주는 복원력을 강화하는 열 가지 조건인데, 나는 이 조건들 각각이 평소의 내 생각과 맞닿는 점을 그 밑에 부연해 봤다. 따져 보면, 비종교인인 내 경우에는 해당하지 않지만 진정한 종교인 또는 수행자가 보통 사람들보다 더 건강하고 평화롭게 잘 산다는 수많은 행동과학적 연구 결과가 당연한 것이다.

1. 그 무엇에도 흔들리지 않을 핵심 신념 체계를 갖추라.

예컨대, 다음과 같은 확고한 핵심 신념 체계를 갖고 있을 경우, 삶에 대한 의지가 상대적으로 더 강하고, 따라서 복원력도 더 강해지지 않을까? 사랑하는 이(들)를 지키고 돌볼 책임이 있는 경우, 삶을 끝없이 성장하는 과정으로 받아들이는 경우(듀이의 관점), 자신 안의 더 나은 나가 되고 싶어 하는 '존재론적 욕망'이 있음을 인식하는 경우(하이데거), 결국 삶은 자기실현의 과정이라고 믿는 경우(융), 민주주의를 지켜야 한다고 확신하는 경우, 인권(인간 존엄성)을 보호하는 것이 돈을 보호하는 것보다 우위에 서야 한다고 믿는 경우 등이 그 예이다. 이러한 신념이 한 개인의 삶에 힘을 더해 주는 것은 당연하다.

2. 아무리 스트레스를 주고 상처를 주는 일에서라도 의미를 발견하려고 노력하라.

현재의 나의 모든 사건이 미래의 나의 목적에 이르는 꼭 필요한 원인이라고 보고, 과거의 모든 사건 또한 현재의 나를 거쳐 미래의 목적에 가 닿는 필수 원인이라고 볼 때, 부정적인 사건에도 의미를 부여할 수 있다.

3. 긍정적인 전망을 유지하려고 노력하라.

위와 동일한 논지에서 죽음에 이르는 길을 어떤 최후의 목적지에 다가가는 과정으로 바라볼 경우, 현 상황에 대한 즉각적인 호불호와 무관하게 현 상황을 그 목적에 이르는 의미 있는 하나의 과정으로서 긍정적으로 바라볼 수 있다.

4. 특별히 복원력이 강한 사람에게 힌트를 얻으라.

그 사람의 강함에 대하여 내면 깊은 곳에서 우러나오는 존경심을 품을 수 있을 사람을 식별해 내어 그에게 배우라는 말이다.

5. 당신을 두렵게 만드는 것들로부터 도망치지 말고 직면하라.

과거사에 대한 내면의 성찰을 통해 마음속 깊은 곳의 닫혀 있는 문들을 열어서 그 안의 두려움을 담담히 바라보고, 두려움을 느꼈던 과거의 자신을 토닥여 주라는 말이다. 이는 아마 평생 지속해야 할 일일 것 같은데, 성인 교육의 개인사적 성찰(autobiographical reflection) 방법에서 사용되는 기억 재구성의 개념과 일맥상통한다고 본다.

6. 일이 틀어질 때는 재빨리 도움을 요청하라.

신뢰할 수 있는 멘토를 확보하라는 말로 들린다.

7. 할 수 있는 만큼 새로운 것들을 배우라.

새로운 것들을 배우는 과정이 성장의 중요한 부분이고 자기실현의 여정에서 필수적이라고 본다.

8. 당신이 포기하지 않을 운동 순서를 발견하라.

하버드 대학교의 허버트 벤슨(Herbert Benson)의 심신의학연구소가 알려 주듯이, 심신은 결코 분리되지 않는다.

9. 심하게 자책하거나 과거에 사로잡혀 살지 말라.

자책, 죄의식, 수치심, 억울함, 증오 등을 인식하고, 드러내고, 표현하는 것이 해방으로의 첫걸음임을 믿고, 글이나 대화를 통하여 과거의 과오를 표출해 보라는 말일 것이다.

10. 당신을 강하게 만드는 당신만의 개성을 파악하고 그것을 키우라.

이 대목은 강한 복원력이 자기실현 지향의 에너지와 관련 있음을 강하게 시사한다. 즉, 자신이 누구인지를 끊임없이 탐색하여 파헤쳐 들어가고, 죽기 전에 반드시 자신만의 꽃을 피워 보려는 욕망을 품고 살아가는 사람, 즉 자신의 고유성을 드러내고 개성화를 추구하는 사람이 그렇지 않은 사람에 비하여 복원력이 강할 것으로 예상하는 것이 이치에 합당하다. 그러므로 결론은, 힘차게 잘 살다 가고 싶다면 평소에 끝없이 배우며 자신의 개성을 발휘할 방도를 구해야 한다는 것이다. 이는 전혀 새로운 내용도 아니고, 고금의 성현들이 늘 일러 주던 것이다. 공자 왈, 배우고 때로 익히면 즐겁지 아니한가.

제2장에서 성리학이 인간 내면의 최상의 본성을 공부를 통해 포착하도록 가르쳤음을 보았는데, 이런 공부를 거경궁리(居敬窮理)라 하였다. 여기에서 공경한다는 '경(敬)'을 오늘날 서구에서는 'mindfulness'로 풀어서 이해하고 그 실용적 수행 방법을 개발하기 시작했는데, 이제는 우리가 이를 역수입하여 **마음챙김**이라고 번역하기도 한다. '마음챙김'은 지금 이 순간을 매번 새롭게 사는 것으로, 바로 듀이가 말한 '경험'과 같다고 본다. 우리는 마음챙김의 자세로 매사를 대할 때 매사를 제대로 경험한다고 할 수 있겠다. 마음챙김 연구의 대가인 하버드 대학교 심리학과의 엘렌 랭어(Ellen Langer) 교수는 호텔 방 청소원들로 하여금 방 청소하는 일을 건강 증진을 위한 운동으로 여기도록 유도했을 때 현저한 건강의 향상이 일어난 실험을 예시하며, 우리가 자신이 접하는 매번의 경험을 '경'의 자세로 온 마음을 다해 새롭게 경험하려 할 때 일어날 수 있는 긍정적인 효과에 대해 전언해 오고 있다(Langer, 1990). 경, 마음챙김 또는 mindfulness란, 하나의 일, 한 사람 등의 대상에 자신의 전부를 온전히 바쳐서 집중함으로써 그 일이나 사람 속에 감춰진 최상의 본질을 보고 느끼는 상태라고 할 수 있다. 다음은 마음챙김을 대중화한 미국의 사례이다.

마음챙김의 기술(The Art of Being Mindful)

스트레스 많고 디지털 기기에 의존적인 문화 속에서 평화를 찾기
(* 'mindfulness'라는 단어를 전부 '마음챙김'으로 표기함)

땀에 찬 손 안에 있는 건포도는 갈수록 끈적거린다. 건포도가 딱히 당기는 건 아니지만 선생님의 지시를 받고 한 개를 손가락으로 집어서 살펴봤다. 건포도의 껍질이 반짝거리는 게 보인다. 더 자세히 보니 그게 줄기에 매달려 있던 자그마한 자국이 보였다. 마침내 나는 건포도를 입 안에 넣고 혀로 그 주름진 물체를 굴리며 질감을 느꼈다. 잠시 후에 이빨로 지그시 눌러서 건포도를 잘랐다. 그러고는 마지막으로 아주 천천히 건포도를 씹어 먹었다.

나는 건포도를 먹고 있다. 그러나 내 생애 최초로 그걸 다르게 하고 있는 것이다. 나는 건포도를 '마음챙김'하여 먹고 있다. 이 모든 경험이 싱거워 보일지도 모르지만,

우리 시대에는 마음챙김을 건강과 행복에 이르는 비결로 삼고 실천하는 이들이 급증하고 있다. 또 마음챙김의 명백한 이점들에 대한 증거는 갈수록 늘고 있다. 내가 참여하고 있는 '마음챙김 기반 스트레스 감소(Mindfulness-Based Stress Reduction: MBSR)' 프로그램은 1979년에 MIT 출신의 과학자인 존 카밧진(Jon Kabat-Zinn)이 개발한 것이다. [1,000명 이상의 MBSR 인증 트레이너가 미국의 모든 주와 전 세계 30여 개국에서 활동 중에 있다.] 건포도 수련은 우리가 한 번에 한 가지만 생각하는 게 얼마나 어려워졌는지를 보여 준다. 기술 발달 덕분에 우리의 관심을 갈수록 더 작게 줄여 분할하는 일은 점점 더 쉬워진다. 우리는 자녀들 운동 경기를 응원하는 관람석에서 직장 동료의 질의에 대해 전화로 답변해 준다. TV를 보면서 공과금을 결제한다. 교통체증 와중에 식료품 배달을 주문한다. 아무도 시간 여유가 없는 것처럼 보이는 시대에 우리의 도구들 덕분에 우리는 한 번에 여러 곳에 있을 수 있다. 단, 우리가 진짜로 있고 싶은 그곳에 온전하게 있는 것을 불가능하게 만드는 피해를 감수하면서 말이다.

마음챙김에 따르면 우리는 더 잘할 수 있다. 한 수준에서 볼 때, 마음챙김 철학과 관련된 기술을 통해 일터에서 번잡한 마음을 고요히 만들어서 지금 이 순간을 보다 잘 깨닫게 될 수 있고, 전에 일어난 일이나 앞으로 닥칠 일 따위에 덜 사로잡힐 수 있다. 많은 인지치료사는 환자들에게 이런 집중을 통해 불안과 우울을 극복하도록 돕는다. 보다 넓게 볼 때, 마음챙김은 스트레스에 대응하는 방법으로 이해되고 있다.

그러나 마음챙김을 단순히 최신의 자기개발 유행쯤으로나 본다면 그것의 잠재력을 간과할 수 있고, 명상과 밀접하게 관련된 정신 수행 기법 같은 것엔 등을 돌릴 부류의 사람들인 실리콘밸리 기업가들, 『포춘』 500대 거부들, 미 국방성 부서장들 등과 같은 이들에게 마음챙김이 받아들여지고 있는 이유를 놓치게 된다. 만약 정신없는 삶이 우리 시대의 뚜렷한 생활 조건이라면, 마음챙김은 그 열성적 지지자들의 눈으로 볼 때 그에 대한 가장 논리적인 반응이다. 마음챙김의 위력은 그것의 보편성에 있다. 비록 명상이 마음챙김을 성취하는 필수적인 방법으로 간주되고 있지만, 그 궁극의 목표는 단순히 당신의 관심을 당신이 하고 있는 것에 완전히 주자는 데 있다. 우리는 마음챙김의 자세로 일할 수 있고, 마음챙김의 자세로 운동하거나 밥을 먹을 수도 있다. 금융계의 거인인 체이스 은행은 이제 고객에게 어떻게 마음챙김에 유념하여 지출할 것인지 조언하고 있다. …… [중략] …… 건포도 한 개에 몇 분 동안 집중할 수 있는 능력이 21세기를 살아남고 성공하는 데 꼭 필요한 역량을 줄 수 있다면, 그게 그렇게 싱거운 일만은 아니다. …… [중략] ……

[번잡한 내 생활 속에서 문제는 수많은 IT 통신 기기를 통하여] 내가 과도하게 타인들과 연결돼 있다는 것이다. …… [중략] …… 내가 어떤 기기의 모니터를 보지 않고 한 시간이라도 보내는 경우는 거의 없다. …… [중략] ……

과학은 우리의 두뇌가 적응하고 내적으로 재편성하는 방식으로 신경융통성(neuro-plasticity)이라는 현상을 제시하는데, 그에 따르면 두뇌를 훈련하는 데는 구체적이고 입증 가능한 이점들이 있다는 것이다. …… [중략] …… 바로 이런 과학적 부분 때문에 마음챙김은 회의적일 수 있는 이들에게도 받아들여지고 있고, 점점 거대한 산업이 돼 가고 있다. …… [중략] ……

연구자들에 따르면 멀티태스킹은 전체적으로 생산성 하락을 가져온다. 학생이나 근로자가 자꾸 자신의 일을 바꾸게 되면 불필요한 정보를 가려내는 능력이 떨어지고, 따라서 더 많은 오류를 범하게 된다. 그리고 많은 회사원이 휴식을 취하는 게 불가능하다고 한다. …… [중략] …… 지나치게 통신 기기에 의존해 가는 현상에 대한 전문가는 "테크놀로지가 우리의 역량의 한계를 뛰어넘어 버렸다."라고 말한다. …… [중략] ……

명상과 철저한 마음챙김 수행을 통하여 코르티솔 수치와 혈압을 낮출 수 있고, 면역계 반응을 증가시킬 수 있으며, 심지어 유전자 표현에도 영향을 끼칠 수 있다. 과학적 연구에서는 또 명상이 두뇌 구조 자체에 큰 영향을 끼친다고 한다. 두뇌는 경험에 따라 변화하고, 예전에 믿었던 것처럼 성인기 이후에는 정체되어 변하지 않는 게 아니어서, 점점 더 많은 신경과학자가 스트레스, 트라우마, 끝없는 정신 분산 등 때문에 우리 마음에 일어나는 일들에 대해 명상과 그에 따른 마음챙김 수행이 교정 작업을 해 줄 수 있을지 연구하고 있다. …… [중략] ……

(이번의 마음챙김 수업에서) 우리는 공원을 30분 동안 이른바 '정처 없는 발걸음' 방식으로 걷도록 지시받았다. 전화도, 대화도 금지되고 오직 '있으라'는 지시만 받았다. …… [중략] …… 나는 이 공원 부근에서 3년을 살았고 수백 시간 넘게 공원을 돌아다녀 봤지만 이날 나를 놀라게 한 다른 경험은 소리였다. 전에는 듣지 못했던 수많은 자연과 인공물과 사람과 짐승의 소리를 다 들을 수 있었고, 그로 인해 필자는 지금 이 순간에 얼마나 많은 것이 공존하고 있고, 지금 이 순간이 얼마나 소중한지 깨달았다고 한다. 이처럼 마음챙김 수행에는 전화를 끄고 아무 말 않고 걷거나, 타인들을 관찰하고, 지하철 안의 사람의 수를 세어 보는 등 지금 이 순간에 집중하여 존재하는 것을 권유하는 방법들이 많이 포함되어 있다.

출처: Kate Pickert, *Time*, 2014. 2. 3.

고도로 산업화한 서구의 성인 인구가 일상과 직무의 스트레스를 극복하기 위한 실용적인 방편으로 **마음챙김**과 같은 명상 기법을 실행하고 있다는 사실은 유사한 환경에 처한 우리의 학부모들에게 시사하는 바가 적지 않다. 마음챙김이란 결국 지금 이 순간을 온전히 살기 위한 방법이라 하겠다. 돌이킬 수 없는 과거의 과실에 붙잡혀 있거나 아직 일어나지도 않은 미래의 실패에 대한 우려에 사로잡혀 지금 이 순간을 놓치고 있는 불행한 현대의 성인들은 자신의 행복을 위하여 지금의 자신에 온전히 집중하는 수련을 할 필요가 있다. 부모의 행복이 자녀의 인성교육을 위한 최상의 밑거름 아니겠는가.

지금까지 **학부모의 자기성찰**을 위하여 능동적 생명력을 증대시키는 정신적 **복원력**의 개념과 성찰의 효과성을 제고해 주는 **마음챙김** 방식을 소개하였다. 21세기 초반을 지나며 서구에서 점점 그 저변이 확대되고 있는 복원력과 마음챙김은 심층심리학적 개념인 '**개성화**'의 도움으로 더욱 충실해질 수 있을 것이다. 왜냐하면 복원력의 강화를 위하여 필수적으로 요구되는 사항들이 제5장에서 제시한 융의 **자기실현** 개념과 밀접하게 맞닿아 있고, 또 자기실현을 위하여 필수적으로 요구되는 개인적 역량인 심층의 자기 이해에 도움을 주는 것 중 하나로 마음챙김 명상 같은 방법을 꼽을 수 있기 때문이다. 전술한 바와 같이 아직 교육계에서 폭넓은 지지를 받고 있지 못한 융의 심리학적 이론을 인성교육에 적용할 가능성에 대하여 부연하는 것은 다음과 같은 진실로 실용적인 pragmatic 이유들 때문이다. 첫째, 최근에 각광받고 있는 사회성·감성 학습 등에서 강조하는 감정과 정서적 차원은 마음의 '심층'에 대한 논의를 배제할 수 없다. 둘째, 심층무의식의 작동에 대한 대중적 오해는 정신병리의 치료뿐 아니라 인성교육의 실행에도 걸림돌이 될 수 있으므로 그에 대한 정확한 이해가 필요하다. 셋째, 심층 차원의 작용에 대한 인지적 접근만으로도 적지 않은 이들이 자기이해에 도움을 받는다. 넷째, 심층심리학적 이해를 통하여 교사의 자기인식이 심화될 수 있으며, 학생의 인간적 다양성에 대한 교사의 인식도 제고될 수 있다. 다섯째, 교사-학생 관계에서 흔히 발생하는 전이(transference)라든가, 학급 집단에서 일어나는 집단 심리의 병적인 투사에 관한 이론적인 이해는 학생 지도에 도움을 줄 수 있다. 여섯째, 무의식을 건드려 **개성화**를 촉발하고 **자기실현**을 이해하는 과정은 중·장년기의 교사에게 가치 있는 자기성찰 경험을 제공해 줄 수 있다(Mayes, 2005).

심층의 자기이해를 촉구하는 융의 분석심리학에 영향을 받은 독일의 작가 헤르만 헤세는 소설 『데미안(Demian)』에서 무의식적 주인인 '자기'의 인도를 받아 전인적 존재로 성장해 가는 소년의 이야기를 세상에 내놓아 적지 않은 반향을 일으켰다. 그런데 『데미안』은 필자의 경험에 의하면 우리나라의 십 대 후반 청소년부터 중년의 성인 세대에 이르기까지 자기성찰을 위한 텍스트로서 효과적인 도움을 주는 것으로 보인다. 그리하여 이 소설 안의 몇 문장을 예시해 보겠다.

• 『데미안』 서문

한 사람 한 사람은 그저 그 자신일 뿐만 아니라 일회적이고, 아주 특별하고, 어떤 경우에도 중요하며 주목할 만한 존재이다. 세계의 여러 현상이 그곳에서 오직 한 번 서로 교차하며, 다시 반복되는 일은 없는 하나의 점인 것이다. 한 사람 한 사람의 이야기가 중요하고, 영원하고, 신성한 것이다. 그래서 한 사람 한 사람은 어떻든 살아가면서 자연의 뜻을 실현하고 있다는 점에서 경이로우며 충분히 주목할 만한 존재이다. 누구 속에서든 정신은 형상이 되고, 누구 속에서든 피조물이 괴로워하고 있으며, 누구 속에서든 한 구세주가 십자가에 매달리고 있다.

한 사람 한 사람의 삶은 자기 자신에게로 이르는 길이다. 길의 추구, 오솔길의 암시이다. 일찍이 그 어떤 사람도 완전히 자기 자신이 되어 본 적은 없었다. 그럼에도 누구나 자기 자신이 되려고 노력한다. 어떤 사람은 모호하게, 어떤 사람은 보다 투명하게, 누구나 그 나름대로 힘껏 노력한다(Hesse, 2000: 8-9).

헤세가 개인의 특별함을 강조하고 있는 것처럼 융 심리학에서는 **자기실현**의 여정을 '**개성화**(individuation)' 과정이라고 본다. 사람은 자기 자신만의 방식으로 자신의 전 존재를 다 드러내며 살 수 있는 잠재력을 품고 있는데, 이는 아리스토텔레스가 예시한 거목이 될 잠재력을 다 품고 있는 도토리 씨의 개념과 유사하다. 그런데 이런 잠재력을 발휘하는 방식은 개인마다 다르기 때문에 그 과정에서 개성을 발휘해야 하고, 개성을 억압할 경우 전인성의 획득은 제지당한다. 따라서 개성화는 인격의 온전한 성숙을 위한 필수 요건이다. 융의 말을 빌려 이부영은 개성화를 다음과 같이 설명한다.

> **개성화**는 개별적인 존재가 되는 것이다. 그리고 우리가 개성이라는 말을 우리의 내적이며 궁극적이고 다른 것과 비길 수 없는 고유성(일회성, 유일무이성)이라고 이해한다면 그것은 본래의 자기가 되는 것이다. 개성화는 자기화 또는 자기실현이라고 규정될 수 있을 것이다(이부영, 2002: 95). 자기실현(개성화)을 통하여 '있는 그대로의 그 사람'이 되면 개체의 고유성을 소홀히 하거나 억압함이 없이 인간의 집단적 사명을 보다 나은 방향으로 보다 충실하게 충족시키게 된다(이부영, 2002: 94).

그런데 **개성화**는 세간에서 이해하는 도덕적 완성과는 반드시 일치하지는 않는 지향이다. 융 심리학적인 개성화-자기실현의 개념은 인격 전체의 활용과 의식-무의식의 통합 등을 목표로 삼으며, 때로는 그 과정에서 사회의 윤리관과 상이한 면모를 보일 수도 있다. 여기에서 자아의 전체성을 이해하는 데 도움을 주는 미국의 심리학자의 글을 인용해 보겠다. 그는 어떤 개인도 한 가지 성향만으로 설명할 수 없다고 주장하며 인간 성향의 무한대에 가까운 변형성을 강조한다.

> 아마도 자연은 우리의 관념보다 더 커서, 한 여성이 호전적이고, 맹렬하게 독립적이고, 수동적이고, 의존적이고, 여성적이고, 공격적이고, 다정하고도 신랄한 성향 모두를 한꺼번에 지니고 있는 것이 가능하다. 물론 그녀가 이 중의 어떤 것을 어떤 특정 순간에 드러낼지는 무작위적이거나 변덕스럽기만 하다는 것이 아니다. 그것은 그녀가 누구와 함께 있는지, 언제 함께 있는지, 어떻게 있는지에 따라서, 또 이보다 훨씬 더 많은 조건에 따라서 달라진다. 그러나 그녀의 자아가 드러내는 이러한 모든 성향 하나하나가 그녀라는 전체적 존재의 매우 진실하고도 실제적인 면모일 수도 있다(Mischel, 1969: 1015).

혹시 우리 자신도 주어진 상황과 여건에 따라 수없이 다른 모습을 보이며 살아온 것은 아닐까? 그중 특정한 모습만 나의 진정한 성향이며 인성이라고 지정할 수 있을까? 아니면 그 모든 모습이 나름대로 진정한 나일까? 동서고금의 수많은 사상가가 이런 나의 성향 중에서 세상과 잘 맞는 것들을 바람직한 덕성으로 규정하고 그런 덕을 함양하는 방식을 논하였다. 융 심리학도 우리가 그런 덕성을 함양하는 데 동의한다. 그러나 융은 그처럼 사회적으로 바람직한 덕의 진정한 소유자가 되기 위한 방도에 관해서는 자신의 전부를 드러내서 '시험'에 임하라는 과감한 제언을 하고 있다.

융 심리학의 관점에서는 **개성화**가 인격의 완성을 지향하는 바람직한 길이지만, 제2장에서도 지적했듯이 개성화 과정이 수반하는 무의식적 욕구에 대한 접근은 도덕적 갈등을 유발할 가능성을 안고 있다. 물론 그러한 갈등을 극복해 가는 과정 자체가 융과 그 지지자들에 의하면 삶에서 필수적으로 요청되는 자기실현의 중요한 부분이라고는 하지만, 전술한 조르바와 같은 거침없이 자유로운 자기실현인이라는 인간상이 과연 오늘의 세계에서 바람직하며 사회에서 수용될 수 있을지는 확언할 수 없다.

그럼에도 심층심리학적 무의식 개념을 실제 교육 현장에서 채용하여 유의미하고 가치 있는 교육적 성취를 일구어 낸 선구자들도 있다. 영국의 서머힐 학교로 유명한 닐(A. S. Neill)과 그의 영향을 받은 일본 키노쿠니 학원의 호리 신이치로와 같은 교육자들은 친자연적 대안 교육운동의 길을 개척해 냈고, 현대의 많은 교육자에게 영감과 통찰을 주고 있다. 이들의 교육관의 기저에는 인간의 무의식이 작동하는 방식에 대한 신중한 이해가 깔려 있는데, 아이의 감정을 억압함으로써 무의식에 형성되는 속박과 굴레의 위험을 경고하며, 아이가 예술과 운동을 통하여 충분히 감정을 해소하고 자신을 이해할 수 있도록 돕는 학교 모델을 제시해 준다. 그러므로 자녀의 인성 함양에 관심이 깊은 부모들은 대안교육의 개척자들에게 배울 바가 많다는 것을 인식하여, 자녀가 학교와 학원이 제공하는 '프로그램' 안에 안전하게 머물기보다는 무한하게 깊은 인간성, 즉 인성의 깊이와 범위에 걸맞도록 드넓은 세상을 참고서로 삼아 자신을 키워 가도록 이끌어 주는 것이 바람직할 것이라고 생각한다.

참고문헌

이부영(2002). **자기와 자기실현 - 분석심리학의 탐구 3**. 서울: 한길사.

홍숙기(2005). **성격심리(상)**. 서울: 박영사.

Bettelheim, B. (2010). *The Uses of Enchantment: The Meaning and Importance of Fairy Tales*. New York: Vintage.

Erikson, E. H. (1950). *Childhood and Society*. New York: W. W. Norton & Company.

Hesse, H. (2000). **데미안**[*Demian*](전영애 역). 서울: 민음사.

Langer, E. J. (1990). *Mindfulness*. Boston: Da Cappo Press.

Levine, M. (2005). **내 아이의 스무 살, 학교가 준비해 주지 않는다**(*Ready or not, here life comes*). (이희건 역). 경기: 소소.

Maslow, A. (1970). *Motivation and Personality*. New York: Harper.

Mayes, C. (2005). *Jung and Education: Elements of an Archetypal Pedagogy*. Lanham, MD: Rowman & Littlefield.

Mischel, W. (1969). Continuity and Change in Personality. *American Psychologist, 24*, 1012-1017.

Robertson, D. (2012). *Build your Resilience*. London: Hodder.

Chapter 07
교사가 실천하는 인성교육

한석훈

학습목표

- 인성교육이 사회의 가치관에 따라 다양하게 실행될 수 있음을 이해한다.
- 인성교육을 실행하는 교육자의 자질을 이해한다.
- 교사가 교육과정이 되어 학생들이 교사의 인격을 배우게 되는 작용을 인지한다.
- 교육과정과 콘텐츠가 객관적 정보와 지식뿐 아니라 개성 있는 교사의 인격도 담게 되는 과정을 인지한다.
- 교사의 전공 교과의 내용을 주관적으로 재구성하는 과정을 이해한다.
- 교육자의 소명 의식에 관해 성찰한다.

학습개요

인성교육을 실행하는 주체인 교사는 자신의 인성을 이해할 수 있어야 한다. 따라서 교사가 자신의 내면을 돌아보고 교육의 주체로서 자기이해를 심화하기 위한 자료와 사례들을 접하면서, 아동과 청소년의 인성을 함양한다는 과업의 깊이와 폭을 인식하여야 한다.

토의질문

- 미국의 인성교육을 실천하는 네 가지 입장의 장단점을 논해 보자.
- 내러티브를 사용한 실천적 인성교육의 사례를 수집하여 그 교육적 효과를 따져 보자.
- 교육자의 자기이해가 왜 인성교육에서 중요할까?
- 자기계발이나 인성의 개선 등을 실천해 보거나 그 효과를 본 경험이 있는가?

1. 교사의 유연한 사유를 위하여

제2부에서 소개된 대표적인 인성교육 이론들의 주요 논점이 예시해 주고 있듯이, 20세기 이후 현대의 인성교육은 각국의 교육 현장에서 새로운 논쟁을 유발하며 비선형적이며 비체계적인 형태로 전개되고 있다. 아마도 다민족사회로 20세기 이래 급격한 사회통합의 실험을 기친 미국에서 일어난 인성교육의 변화는 이런 추세의 대표적 사례가 될 수 있을 것이며, 특히 한국의 교육학계가 지난 60여 년간 미국의 교육학계에 깊게 의존해 온 실태를 볼 때 미국의 인성교육 변화는 우리의 교육자들에게 유의미한 시사점을 풍부하게 제공해 준다고 하겠다.

1) 인성교육 방식의 변천: 미국의 경우

20세기 말엽에 미국의 대표적인 교육학회(National Society for the Study of Education)가 미국의 인성교육이 직면한 여러 도전과 과제를 분석하기 위하여 종합적인 연구 보고서를 편찬한 바 있다. 이 책에서 저간의 다양한 인성교육 노선을 슈버트(Schubert, 1997)는 네 가지의 대표적인 입장으로 요약했다. 이 중 '사회적 행동주의자'와 '지성적 전통주의자'는 상당히 보수주의적인 캠프의 지지를 받은 노선인 데 반하여 '경험주의자'는 중도 노선의 지지를, '비판적 재건주의자'는 진보 진영의 지지를 받았다고 할 수 있다. 이처럼 각각의 인성교육적 노선이 정치 이념과 맞물리게 된 정황은 우리나라에서도 정치 이념 스펙트럼상의 보수-진보 간에 유사한 방식으로 일어났다고 하겠다. 예컨대, 행동주의는 정부와 보수적 학계의 지배적 입장인 데 반해, '비판적 재건주의'는 군부독재 시절의 민주화 투쟁 및 교원 노동조합운동 등에 간접적으로 영향을 미친 바 있다. 다음은 슈버트의 글을 대부분 발췌하여 국내 독자의 이해를 돕기 위해 필자가 의역한 내용이다. 어느 인성교육적 입장이 왜, 어느 정도 설득력이 있는지 토론해 볼 가치가 있다. 여기에서 슈버트는 각 노선의 대표자가 자신의 노선에 대해 설명하는 가상의 형식을 꾸며 논의를 전개하고 있다.

① 사회적 행동주의자

저는 정확하고, 체계적이며, 전략적으로 교육과정을 기획할 것을 주장합니다. 가능하다면 연구가 제공해 주는 근거에 입각하여 커리큘럼을 만들고 가르침을 실행해야 합니다. 실로 엄청난 규모의 활용되지 않은 연구 결과가 쌓여 있는데, 제대로 활용만 하면 정책과 커리큘럼과 교수 활동의 실제에 도움을 줄 수 있습니다. 즉, 우리가 내세우는 교육적 주장을 지지해 줄 근거를 우리가 보유하고 있어야 한다는 말입니다. 단순한 흥미로운 이야깃거리나 개별적인 사례들 말고 엄격한 과학적 근거들 말이죠. 그러나 저는 모든 중요한 교육적 질문에 대한 답을 연구 결과에서 찾을 수 있다고 보지는 않는데, 예를 들어 가치 있는 지식이란 무엇인지에 대한 우리의 기본 전제들은 대체로 과학적 입증의 대상이 되지 못합니다.

그렇지만 일단 교육 활동의 목적이 무엇이 돼야 할지 윤곽을 잡고 나면, 그것을 어떻게 달성해야 하는가에 대해서는 많은 과학적 근거를 모을 수 있습니다. 이런 논의의 흐름에서 볼 때 첫 번째 관건은 그 목적이란 것들을 결정하는 것인데, 이는 매우 철학적인 논의가 되겠습니다. 두 번째로는 학습 활동을 결정하는 것인데, 여기서 학습 활동이란 교사가 학생에게 이미 결정된 목적을 부과하는 일과 일치시키는 분석적이고 경험적인 과정이라 하겠습니다. 세 번째는 커리큘럼을 어떻게 짜느냐는 것인데, 여기에는 범위, 순서, 환경, 교수 등의 요소들이 포함됩니다. 예를 들어, 범위란 활용 가능한 모든 콘텐츠 중에서 목적을 달성하도록 촉진해 주는 최상의 것을 선정하는 것입니다. 순서란 학습 활동이 진행되며 기존 지식의 논점과 자연스럽게 연관을 맺어 가는 순서를 말합니다. 환경이란 학교 및 학급 생활의 물리적·정신적·사회적·제도적·인간관계적 차원이며 동시에 교육용 기자재와 교재의 구비 상태를 포함합니다. 그리고 네 빈째 논점은 평가로서, 애초의 목적들이 얼마나 잘 달성됐는지를 묻습니다. 그런데 이러한 네 가지 논점을 효과적으로 연계시키는 실행 방식에 대한 과학적 근거가 충분히 있음에도 교육의 실제에서는 무시되는 경우가 많습니다.

앞에 요약한 모형을 이용하면 누구나 인성교육 프로그램을 만들 수 있습니다. 이것은 기본적으로 도덕성과는 무관한 커리큘럼 개발 모형으로, 인성교육의 도덕적인 내용은 커리큘럼의 목적들 자체에 질적으로 내재해 있을 따름입니다. 그 어떤 목적의 진술에도 가치관이 깔려 있습니다. 우리가 무엇이라도 학습돼야 한다고 주장할 때, 우리는 실은 그 무엇 안에 들어 있는 가치관이 우리가 가치 있는 것으로 여기는 인성의 한 부분을 형성한다고 주장하고 있는 것입니다. 때로는 이런 주장이 명확하게 드러나 있지는 않은데, 그럴 경우에라도 그 커리큘럼 안에 함의된 가치관이 저 스스로 작동합니다. 이런 통제되지 않은 가치관의 영향을 방지하기 위해 우리는 학습의 목적을 행동 목표로 표현함으로써 보다 더 명확하고, 간략하고, 정확하게 다듬어야 할 것입니다. 이렇게 할 때, 교육의 기대되는 성과는 관리 가능하고 관찰할 수 있으며, 측정할 수 있는 행동으로 묘사됩니다.

이와 같은 '행동주의'와 더불어 '사회적' 부분을 짚어 보겠습니다. 우리는 종종 커리큘럼을 만드는 과정을 요구분석으로 시작하라는 주문을 받습니다. 그러나 인성교육의 경우, 체계적으로 학생이 어떤 사람이 돼야 할지를 결정하지 않고는 요구분석을 제대로 하기란 불가능합니다. 바로 여기에 '사회적' 부분이 등장합니다. 저는 교육자들이 '활동분석'이라는 방법을 사용해 보라고 권하겠습니다. 활동분석이란 관찰과 보고를 통하여 사회의 성공적인 구성원들이 무엇을 하며 시간을 보내는지를 판정하는 경험적 과정입니다. 이렇게 볼 때 커리큘럼의 목적들을 결정하는 요건은, 사회의 성공적인 구성원들이 자신의 시간을 투자하는 그 행동을 하게 될 때까지 무엇을 배워서 습득해야 하는지를 알아내는 데 있습니다. 이것이 선행돼야만 요구분석이 가치가 있는데, 왜냐하면 '성공인'들을 닮아가기 위한 과정의 초반에서 학생의 지식이 사회의 성공적인 구성원들의 지식과 비교될 수 있기 때문입니다. 커리큘럼 작성의 나머지 일들은 간단합니다. 학생들이 사회의 성공적인 구성원이 되도록 도와줄 지식을 습득할 수 있도록 커리큘럼을 효과적으로 구성하는 방식에 대한 연구에 기초하면 되기 때문입니다. 인성교육의 관점은 명백해야 합니다. 어떤 인성 특질—즉, 그 사람을 이끌어 가는 가치관이나 실천적 덕목—이 성공적인 개인들에게 공통적으로 엿보이는지를 결정하기 위하여 활동분석을 실행해야 합니다. 그리고는 이런 것들이 커리큘럼 내용에 녹아들게 만들면 됩니다.

이 과정의 유일한 단점은 어떤 사람이 과연 성공적인 개인인가 하는 점에 있습니다. 예컨대, 거의 언제나 커리큘럼의 방향을 좌지우지하는 중대한 시험에는 어떤 성공의 이미지가 깔려 있을까요? '성공적인'이 무슨 의미인지 결정하기 위해서 지자체와 정부 차원에서 각계각층의 대표자들이 모여 숙의해야 합니다. 이러한 토론은 민주적 의사결정의 필수 요건입니다.

그러므로 교육을 위한 핵심 질문은, '우리는 무엇을 우리 사회에서의 성공으로 간주해야 하는가?'입니다. 바꿔 말해서, 누가 성공적인 개인인가요? 그들의 주된 특질과 능력은 무엇입니까? 이런 폭넓은 질문은 학교 커리큘럼 전체와 관련되어 있는 한편, 인성교육의 구축을 위한 구체적 관심은 '도덕적으로 볼 때 누가 성공적인 개인인가?'가 되겠습니다. 누가 도덕적인 사람들인가요? 칭송받을 만한 도덕적 성품을 가진 사람들—즉, 그들의 행동이 도덕적으로 지지해 줄 수 있을 만한 사람들—에게서 발견될 것으로 보이는 성품들을 추려 내는 작업은 교육자에게 가치 있는 일입니다. 이 작업에 관해 사려 깊게 따져 봐야 하는데, 그 이유는 어떠한 행동들이 사회에 기여하는 바를 살펴보지 않고 '성공'에 대한 상투적이고 대중적인 인식을 맹목적으로 수용해서는 안 되기 때문입니다. 이처럼 사회에 대한 기여를 기준으로 학교에서 가르쳐야 하는 성품을 구성합니다. 만약 이와 같은 인성교육이 학교에서 매 세대의 아이들에게 행해진다면 사회는 세대가 바뀜에 따라 점점 더 성공적인 세대를 배출하게 될 것입니다. 우리 사회의 도덕적으로 가장 성공적인 구성원들의 성품을 따르는 것보다 더한 무엇을 우리가 바랄 수 있겠습니까?

② 지성적 전통주의자

저는 우리가 더 바랄 수 있는 게 뭔지 확실히 말씀드릴 수 있습니다. 우리는 우리의 후대 모두가 인류가 역사를 통해 창조해 낸 최상의 것을 접할 것을 바랄 수 있습니다. 무엇이 최상일까요? 그건 '위대한 작품들'에 담겨 있습니다. 문학적 고전, 음악, 미술, 연극, 철학적·사회적 문건들, 수학, 과학, 사회과학 등이 모든 이를 위한 최상의 교육을 구성하는 인간 상상력과 이성의 정수로 인정돼야 합니다. 왜냐고요? 그 작품들이 세월의 인증을 받았을 뿐 아니라 그것들은 위대한 사상의 정수를 담고 있기 때문이지요. 즉, 문화와 역사적 시대와 지리적 영역을 초월하고 인종, 계급, 성별, 연령의 차이를 뛰어넘는 사상 말입니다. 여기에는 진리, 미, 선, 자유, 평등, 정의 등에 대한 위대한 사상이 포함됩니다. 보다 실존주의적인 표현을 원한다면 로버트 울릭(Robert Ulrich)의 말을 빌려, '인생의 거대한 사건들과 신비, 즉 태어남, 죽음, 사랑, 전통, 사회와 대중, 성공과 실패, 구원, 그리고 번민'이라고 할 수 있겠지요.

위대한 작품들의 정수는 이러한 영원한 신비에 대한 빼어난 통찰에 있습니다. 물론 그 작품 속의 통찰이 잘 가르쳐질 때에 한해서이지요. 그러한 통찰은 자신이 가르치는 고전이나 학문을 깊이 알고 풍미하는 교사들이 가르쳐야만 합니다. 그와 같은 예리한 지성인, 영감을 불러일으키는 현자, 인간 경험의 여러 차원에 대해 질문을 던지는 탐구자, 그리고 다양한 문화와 시대의 위대한 작품들에 푹 빠진 위대한 교사와 평생 학습자야말로 인성의 최고봉이요 우리가 아동들로 하여금 본받도록 이끌어 줘야 할 본보기입니다.

지성적 전통주의자 중에는 특별한 가치관의 입장을 강력하게 내세우는 이들도 분명히 있고, 인성교육을 위해 교훈적 설교를 해야 한다고 주장하는 이들도 있습니다. 특히 그중에서 허쉬(Hirsch, E. D) 교수처럼 『문화적 문해력(Cultural Literacy)』이라는 책과 『각 학년에 알아야 할 것들(What Every Grader Should Know)』이라는 책을 통해 후세대가 읽어야 할 고전의 리스트를 집대성하며 큰 인기몰이를 한 이도 있는데, 비록 허쉬 교수가 서양 문명의 고전에 치중한다고 비판을 받지만, 그도 다양한 인종과 지역과 시대를 자신의 책에 망라하고 있습니다.

허쉬와 아들러(Adler) 등에 동의해서 특별한 성품을 옹호하는 것이 제 의도는 아닙니다. 저는 인성의 최상의 발달은 세계의 위대한 지적인 전통을 깊이 공부함으로써 이루어질 수 있다고 봅니다. 미술, 음악, 무용, 문학, 철학, 역사, 사회사상, 자연과학과 사회과학, 수학 등의 분야에서 인간이 이루어 낸 최고의 창조물들을 알게 됨으로써 한 사람은 자신의 인성을 만들고 다듬을 수 있는 최상의 위치를 점할 수 있습니다. 사실, 이것이 교육의 목적이 되어야 합니다. 지나치게 서구적으로 들릴 수 있다는 점을 인정하면서 (괴테, 쉴러 등과 함께) 이렇게 말하고 싶습니다. "교육은 최고의 지적인 전통으로부터 추출한 심리적 · 도덕적 · 영적 성품을 건설하는 것이다."

커다란 정책적 이슈는 우리가 단순히 우수한 교육시설에 재학 중인 소수의 선택된 학생들뿐 아니라 모든 학교의 학생들의 마음에 영감을 불어넣어 줄 우수한 교사들을 어떻게 발굴해 내느냐 하는 점입니다. 우리가 필요로 하는 교사들은 위대한 고전인문학을 이해하는 동시에, 가르침이란 자신의 교과목과 자신의 학생들을 사랑하는 것이라는 점을 이해하는 이들입니다. 가르치는 것에 대해 알기 위한 최고의 길은 가르침의 고수들 (예수, 소크라테스, 톨스토이, 간디 등과 같은)을 공부하는 것입니다. 그리고 지성적 전통주의자의 시각에 입각해 말하자면, 교사들로 하여금 자신의 교수 활동에 대해 성찰하도록 권해 줄 기본적 방법은 다음과 같은 질문을 던지는 것입니다. 어떤 위대한 작품이나 학문이 당신의 삶에 강력한 영향을 끼쳤는가? 당신의 공부를 통하여 얻게 된 어떤 본질적 신념, 사상, 또는 원칙들이 당신의 삶의 행보의 기반이 됐는가? 어떤 여건에 의하여 그러한 중심적 사상이 계발됐으며, 그러한 유사한 여건을 어떻게 조성할 때 당신 학생들의 인성과 지적 흥미를 형성해 줄 수 있겠는가?

③ 경험주의자

저의 커리큘럼에 대한 주장과 인성교육에 대한 주장은 분리되지 않습니다. 커리큘럼은 학생이 경험하고 인성을 형성하는 모든 것입니다. 역으로, 인성을 형성하는 것은 무엇이든지(학교 안에서 경험하건, 밖에서 경험하건 상관없이) 쓸 만한 형태의 커리큘럼입니다. 이런 관점을 설파하기 위하여 저는 청중에게 그들이 배웠던 가장 중요한 것이 무언지 생각해 보라고 요청합니다. 배운 것들의 종류를 다소 구분하기 위하여 다음 세가지를 적어 보라고 합니다. 첫째, 필요할 때 사용하면 쓸모가 있어 삶에 도움이 되어주는 기술, 둘째, 삶 속에서 자주 들춰 보고 참고하게 되는 지식, 셋째, 삶을 이끌어 주는 가치가 그것입니다. 이 중 마지막 것이 아마도 인성교육을 가장 잘 보여 주는 것 같습니다. 그럼에도 저는 이 세 가지 대답 각각이 한 사람의 인성의 중대한 부분을 구성할 것이라고 봅니다. 그래서 저는 교사들에게, 그와 같은 기술과 지식과 가치를 선사해 준 경험에 관해 세밀히 성찰해 볼 것을 요청합니다.

이를테면, 가치를 봅시다. 저는 교육자에게 하나의 원칙이나 신조 또는 자신의 개인적인 가치 체계의 특성에 관해 생각해 보라고 합니다. 그러고는 자신을 인도해 온 그러한 도덕적 힘이 어떤 성숙 과정을 거쳐 현재에 이르게 되었는지 그 경로를 다시 구축해 보라고 합니다. 그리고 다른 사람들과도 같은 사안에 관해 대화해 보라고 요청하고, 사람들과 이야기를 나눔으로써 각자의 여정을 비교해 보라고 합니다. 이렇게 대화를 나눔으로써 사람들은 자신의 삶 속에서 심대한 변화를 만들어 준 영향이 어떤 것들이었는지 깨닫게 되고, 그런 영향에 대하여 더욱 큰 의미와 방향성을 부여합니다. 여기에 경험주의적 커리큘럼의 상징이라 할 존 듀이(John Dewey)가 등장합니다. 듀이는 이렇게 선언했습니다. "교육은 경험의 재구성 또는 재조직으로, 이를 통해 경험의 의미가 배가되며, 그럼으로써 이후 경험의 진로를 지휘할 능력을 키워 주게 된다."

이러한 관점을 다르게 표현하기 위하여 저는 때로 교육자들에게 자신이 일생을 통해 무엇이 가장 중요한 결정이었는지 생각해 보라고 청합니다. 저는 누구와 결혼하거나 함께 살 것인지, 아이를 가질 것인지, 아이를 어떻게 키울 것인지, 어떤 커리어를 좇을 것인지, 어디에 살 것인지, 어떤 삶의 방식을 추구할 것인지 등에 대해 생각해 보라고 제안하지요. 그러고는 이런 결정을 내리게 된 연유나 근거가 무엇이었는지 묻습니다. 그것이 연구조사 보고서(사회적 행동주의)일까요, 아니면 전에 읽었던 어떤 고전이었을까요? 응답자들은 그런 것들이 아니라 중요한 결정을 하는 순간에는 강한 믿음이 있었다는 것을 깨닫게 됩니다. 즉, 우리가 가장 중요한 결정을 내릴 때는 우리가 사랑하는 이들에 대하여 듀이가 말하는 보편적인 믿음(common faith)이 작용했다는 것을 알게 된다는 것이죠. 사람들은 자신의 경험과 가장 가까운 이들의 경험을 신뢰합니다. 저는 그들이 자신의 삶에 관해 결정할 때와 마찬가지로 교육에 대한 결정을 내릴 때도 똑같은 진지함을 가져야 할 것이라고 일러 줍니다.

저의 이러한 입장에서 볼 때 인성교육은 학습자가 배우고 성장하고자 하는 욕구를 갖고 삶을 직면하며 살아가도록 이끄는 교육이라고 하겠습니다. 이런 교육은 듀이가 말한 심리적인 것들(또는 학습자의 삶 속의 흥미와 관심)로부터 시작하여 심리적인 것과 논리적인 것(사람들의 일상 경험에 의해 이미 창조된 지식의 보고, 또는 전문가들이 창조하여 학문의 내용이 된 것들) 사이의 연속선상에서 왕복하게 됩니다. 학생들은 자신의 일상생활에서 자라나는 깊은 흥미와 관심을 갖고 있습니다. 학생들이 학교의 문을 들어가며 자신의 흥미와 관심을 포기해서는 안 됩니다(학교에 들어간 후에는 다른 것들을 배우게 되므로). 그와는 달리 학생들의 흥미와 관심을 중심으로 삼아 커리큘럼이 만들어지고 뻗어 나가야 합니다. 학생들은 목적의식과 방향성을 가다듬어 줄 의미 있는 프로젝트를 만들 수 있어야 합니다. 현존하는 지식의 보고에 대해 알고 있는 교사는 사회 과목과 예술과 과학과 수학과 언어와 그 모든 지식의 영역이 어떻게 학생들의 프로젝트

나 탐구의 기초가 되는 흥미와 관심을 심화하고 확장해 줄 수 있는지 보여 줌으로써 이 프로젝트에 의미를 더해야 합니다. 이는 간학문적 유형의 자연스러운 학습 방법으로 학습자에게서 우러나오는 삶에 관한 흥미를 중심으로, 또 학습자가 어떤 사람이 되고 있는지에 대한 관심을 중심으로 통합되어야 합니다.

학생들이 자신의 진정한 관심사들에 관해 털어놓을 기회를 갖게 되면, 그들은 자신의 관심사와 남들의 관심사 사이의 호환성을 보고 놀라게 됩니다. 다른 점은 모르겠지만 바로 이 점 때문에 저는 지성적 전통주의자들에 대해 꽤 친밀감을 느끼게 됩니다. 모든 인간이 공유하고 있는 것은 삶의 위대한 신비와 관심사에 대한 근본적인 흥미입니다. 그러므로 경험주의자 교사들은 학생 한 명 한 명을 위한 별도의 커리큘럼을 만들어야 할 필요성 때문에 걱정하지 않아도 됩니다. 자연스럽게 공유하게 된 흥미(사랑, 탄생, 전통, 죽음, 구원, 정의, 자유, 선함 등에 대한 공통 관심사)에 의하여 작은 무리의 학생들끼리 공유하고 있는 흥미를 추구하는 일의 가치를 깨닫게 됩니다. 그리고 학생들 역시 교사와 함께 커리큘럼을 만들어 가는 주체이기 때문에 경험주의자 교사들은 학생 각각을 위한 별도의 커리큘럼을 만들어 줄 필요가 없습니다.

경험주의자 커리큘럼의 정수는 커리큘럼을 조직하는 구심점이 기본적인 커리큘럼 질문, 즉 '무엇이 경험하고, 알고, 되고, 나눌 만한 가치가 있는가?'를 지속적으로 묻는다는 것입니다. 이 질문은 교사와 학생에게 공히 적용됩니다. 이것은 끝이 없는 질문으로 항상 재개념화되고, 재구성되고, 그래서 좀 더 가치 있는 교육적인 경험을 가능케 하도록 다듬어져야 합니다. 이 질문을 본격적으로 추구한다 함은 실은 인성교육적 담론 발전의 최고 수준이라 하겠습니다. 이런 질문하기는 다문화적이고 다양한 인성의 이미지를 사용해 확장될 수 있습니다만, 아무리 훌륭한 텍스트라 하여도 한 사람의 인성을 다듬는 일의 보조 역할이 될 수밖에 없습니다.

④ 비판적 재건주의자

저는 대체로 경험주의자들과 동의합니다. 그러나 저는 그들의 본질적인 순진함을 따를 수는 없습니다. 즉, 불평등한 권한과 기회를 부여하는 사회적·경제적 연계망 안에 함몰되어 있는 타인들과 진정성 있고, 열려 있으며, 정직한 토의와 숙고가 가능하다고 믿는 정치적·이념적 순진함 말입니다. 자신의 일터에 관해 잠시 생각해 보면, 주어진 위계와 보상 체제 안에서는 관리자와 관리받는 자들 사이에 진정성 있고, 열려 있으며, 정직한 의사소통이 일어날 수 없다는 것을 알 것입니다. 의사소통상의 이러한 불평등한 기회(그리고 성장할 수 있는 불평등한 기회)는 여러 요인—인종, 계층, 성별, 능력, 건강, 연령, 국적, 지역, 언어 문화, 혼인 여부, 성적 지향성, 권력자와의 연줄, 자격증, 용모 등—에 따라 기회가 사회적으로 배분되고 있음을 보여 줍니다.

교육학 관련 연구 자료를 인용하여 말하자면, 저는 조엘 스프링(Joel Spring)의 『분류 기계(The Sorting Machine)』라는 도발적인 책을 곧잘 제시하는데, 어떤 위계질서 속으로의 진입 과정이 얼마나 자격증이나 재정 또는 권력층과의 연줄 등의 요인에 의하여 긍정적으로나 부정적으로 영향을 받는지 학생들에게 물어봅니다. 또는 4개의 상이한 사회계층 각각의 환경에서 숨겨진 커리큘럼(또는 학업 경험의 체제)을 통해 전달되는 성공에 대한 서로 다른 상(image)들에 관한 진 애년(Jean Anyon)의 비판적인 연구에 대해 말해 주기도 합니다. 사회경제적으로 낮은 계층의 학교생활에서는 학생들이 규칙을 따를 때 성공에 이르게 된다는 것(즉, 학교의 규칙을 준수함으로써 진급한다는 것)을 배우게 됩니다. 대조적으로 중산층 학생들은 올바른 답을 제시함으로써(윗사람이 무엇을 원하는지 알아내서 그것을 윗사람에게 주는 것—이를테면 윗사람 말을 경청하고 있든 말든 적절히 고개를 끄덕여 준다든가, 집중하고 있는 것처럼 보이도록 한다든가, 주어진 시간 내에 마치기에는 과도한 과제 속에서 윗사람이 진짜로 원하는 답이 무엇인지를 알아내기 위해 표면적인 것 이외의 힌트를 찾는다든가 하는 등의) 성공을 거둘 수 있다는 점을 배우게 됩니다. 전문직 종사자 부모를 둔 집안의 학생들은 '창의적이 되는 것'(종종 지배계층의 권익을 조금도 침해하지 않으면서 새로운 사고나 표현의 방식을 발견해 내는 일에 몰입해 있음을 뜻함)이 성공에 이르는 길임을 배웁니다. 경영자나 지배계층 출신 학생은 다른 모든 계층의 학생과는 달리 체제를 조작하고 이용하도록 권유받고 그럴 기회를 부여받습니다. 예컨대, 이들은 만약 어떤 규칙에 위배됐을 경우 그 규칙을 변경시키는 것이 지키는 쪽보다 쉬울 수도 있음을 배우게 됩니다. 여기서 일종의 헤게모니가 작동하는데, 사회 전체의 계층적 위계를 학교교육을 통해 재생산함으로써 지배적인 사회계층의 권력을 영속화하게 되는 것이지요.

애년의 연구는 인성과 인성교육이 얼마나 사회계층에 따라 달라지는지, 그 정도에 대한 심각한 질문을 유발하는바, 이 질문은 교육자들이 자신의 상황에 맞게 분석하려고 노력해야 할 것입니다. 예를 들어, 교사는 한 학생을 그의 처지에 맞는 직업으로 인도해 줄 것으로 보이는 인성 특질을 받아들이도록 이끌어 주는 데 만족해야 할까요?(즉, 낮은 계층 학생들에게 규칙을 따르는 것의 가치를 가르친다든가, 중산층 학생들에게 올바른 답을 제시하고 윗사람에게 좋은 인상을 심는 것의 가치를 가르친다든가, 전문직 계층 학생들에게 주어진 문제에 대한 창의적인 반응성을 계발하는 것의 가치를 가르친다든가, 상류층 학생들에게 체제를 조작하는 일의 가치를 가르치는 것 등). 물론 그래서는 안 됩니다. 이러한 각각의 지향성은 명백히 도덕성에 상처를 입힙니다. 윗사람이 만든 규칙에 맹목적으로 순종하기, 윗사람이 자신의 신조에 반하는 경우에도 그들에게 마지못해 동조하기, 정의롭지 못한 권력 행사에 항거할 책무감으로부터 도망치기 위하여 창의적인 활동에 몰두하기 등은 도덕성을 해칩니다. 차라리 모든 학생이 체제를 조작하는 법을 배워야 합니다. 그러나 그럴 경우, 낮은 계층과 중산층 학생에게는 무슨 일이 생길까요? 어떤 이들은 체제가 그들을 짓밟아 버릴 것이라고도 합니다. 그러니 교사는 학생들이 현재 자신이 속해 있는 사회경제적 계층에 적합한 인성 특질을 갖추도록 교육해야 할까요? 사회계층의 벽을 뛰어넘어 보편적으로 수용할 만한 인성을 정의하기 위하여 교사와 학생들은 무엇을 해야 할까요?

이러한 예를 통해 전하고자 하는 저의 명백한 메시지는, 인성교육의 의미는 사회계층에 따라 다르다는 것입니다. 인성교육은 또 인종, 성별, 건강, 연령, 문화 등과 같이 앞에서 언급한 요인들에 따라서도 달라집니다. 이러한 요인을 고려함에 있어 약자 계층이 피해를 보는 것에 대한 유일한 해독제란 학생들이 자신의 삶 속에 존재하는 불공정성을 인식하고 경험주의자들이 제공하는 것과 같은 프로젝트에 적극적으로 참여하도록 이끌어 주는 것입니다. 그러나 그러한 프로젝트에 참여함으로써 예컨대 학생이 대자보를 붙이고 시위를 할 경우 그가 입게 될 피해를 교육자는 예상해야 하고, 그래서 프로젝트 활동의 귀결에 대한 정교한 예측과 대책이 있어야 합니다. 교사들은 학생들을 정의의 희생양이 되도록 부추겨서는 안 됩니다! 그럼에도 교육자들은 사회의 엄청난 불평등을 경감시키기 위해 노력하는 운동가가 되어야만 합니다. 교육에 관여하는 시민으로서 그들은 그 정도는 할 수 있습니다. 나아가 젊은이들과 함께하는 교실에서 교육자들은 조지 S. 카운트(George S. Counts)가 제시한 고전적이고 진보적인 질문 '학교가 감히 새로운 사회질서를 세우려 하는가?'를 잊어서는 안 됩니다. 교육자들은 또 인종차별주의가 어떻게 젊은이들을 조련할 수 있는지, 그 위력에 대해 경고한 동시대 흑인 사상가의 다음과 같은 예시를 잊어서는 안 될 것입니다. "한 사람의 생각을 지배하면 그의 행위에 대해서 걱정할 필요가 없다. 그에게 여기에 서 있지 말고 저리 가라고 말할 필요가 없다. 그가 스스로 알아서 자신의 본분에 맞는 장소를 찾아가서 거기에 머물러 있을 것이다. 그에게 뒷문으로 가라고 말할 필요가 없다. 말 안 해도 그는 알아서 찾아갈 것이다. 사실은, 심지어 뒷문이 없다 해도, 그는 자신을 위해 뒷문을 하나 뚫을 것이다. 그가 받은 교육이 그런 게 필요함을 가르쳐 준 것이다."

파울로 프레이리(Paulo Feire)의 문제의식을 일으키는 교수법은 탄압받고 있는 많은 이들을 위하여 그들이 처한 상황에 대한 인식을 고양해 줄 커다란 잠재성을 갖고 있습니다. 이 교수법은 학습자들의 경험에서 우러난 소재를 활용합니다. 그리고 교사가 그런 소재들에 대해 해석을 가하는 대신에 '실은 그 소재들에 대해 학생 자신이 훨씬 많이 알고 있는데', 학생들이 자신의 세계에 대해서 스스로 이름을 붙이도록 권유받습니다. 프레이리가 제시하는 브라질 농민의 경우를 떠올려 봅니다. 선의의 외지인이자 자유주의 교육자인 교사는 그 농민을 술에 취했고 게으르다고 묘사하지만 같은 마을 사람들은 그를 매우 다르게 표현합니다. 즉, 필사적으로 자신의 가족을 먹여 살리기 위해 일했지만 여러 해에 걸친 몸부림에도 불구하고 탄압과 지독한 불평등 앞에서 머리를 벽에 찧고 있는 길 잃은 남자라고 말입니다.

프레이리가 비판적으로 묘사한 '은행저금식' 교수법에서 문제의식을 일으키는 교수법으로 옮겨 가기 위해서는 실천적 운동이 요청되는데, 이것은 은행저금식 지식 습득 방식이 우리 사회를 지배하고 있는 가치관이나 통념 등과 너무도 긴밀하게 연계되어 있기 때문입니다. 학생들은 실로 경험주의적 커리큘럼이 필요합니다만, 그 커리큘럼은 먼저 불의를 폭로하고 그다음에 불의를 극복하기 위해 노력하는 것을 강조함으로써 정의롭지 못한 상황을 경험해 보는 데 그 지적 활동의 초점을 맞춰야 할 것입니다. 학생들과 함께 그런 작업에 몰입하는 것은 인성교육의 가장 중요한 프로젝트입니다. 왜냐하면 그렇게 함으로써 불의를 이겨 낼 용기와 헌신을 발휘하게 되기 때문입니다. 이런 작업을 통하여 인성은 연마됩니다.

슈버트가 제시한 이 네 가지 인성교육 방식 각각은 무시할 수 없는 자신의 지지 세력에 의하여 보완·발전되어 왔고, 이런 현상은 우리나라에서도 찾아볼 수 있다. 인성교육을 진지하게 추구하는 교육자 개개인도 네 가지 방식 중에서 특정 방식에 보다 더 끌릴 수 있다. 그러나 나라는 한 개인이 그 특정 방식에 매력을 느끼는 것처럼, 나와 동등한 다른 교육자 중에는 또 다른 방식에 더 매력을 느끼는 이들이 엄존한다는 사실은 유념하자. 나 자신이 아무리 보수적인 성향의 교육자라 하더라도 '비판적 재건주의'의 관점을 터무니없고 전혀 가치 없는 것이라 단정한다거나, 나 자신이 아무리 진보적인 성향의 교사라 해도 '사회적 행동주의자'의 노력을 수구적이고 엘리트주의적인 것으로만 심판해도 좋을 것인지 생각해 볼 필요가 있다. 즉, 우리 사회 구성원들의 정치 이념적 성향을 교육적 담론에서 제외하기보다는, 그런 성향의 다양함을 직시한 연후에 반목과 대립보다는 화합과 통합의 길을 모색하는 편이 우리의 인성교육적 노력에 더 합당하지 않을지 묻고자 한다. 이러한 글을 쓴 슈버트는 이러한 통합의 필요성을 역설한다.

만약에 분열된 사회 구성원들의 마음을 치유하고 통합하는 것이 인성교육이 나아갈 길과 무관하지 않다면, 우리는 교육자로서 나의 방식과 다른 여러 다양한 방식과 믿음과 가치관을 무작정 배척하기보다는 한 번이라도 재고하는 정신적 유연성과 여유를 가져야 할 것 같다. 이번에는 이러한 유연성을 매우 색다른 교육적 전통의 경우에까지 적용해 보면 어떨까? 대안교육 기관인 발도르프 학원의 신화를 이용한 인성교육의 사례를 제시한다.

2) 발도르프 학원의 신화를 통한 통합인성교육

발도르프 학교는 독일의 교육자 슈타이너(Rudolf Steiner)의 독특한 '인지학(anthroposophy)'에 기초하여 앞에서 슈버트가 설명한 '경험주의'와 가까운 내용의 아동 중심적·자연주의적 교육을 실시하고 있는데, 전 세계적으로 60개국에 1,000개 이상의 학교와 2,000여 개의 유치원이 설립되어 있다. 인간 정신(spirituality)의 초자연적인 본질에 대한 관심에서 출발한 슈타이너의 교육철학은 특히 아동의 발달 수준에 적합한 교육을 중시하고, 지적인 면과 감성적인 측면 모두를 고르게 강조한다. 손을 사용하는 작업이 많은 것이 하나의 특징이며, 기계적인 지식의 습득을 지양하고 창의성이 우선시된다. 아동 정서의 자연스러운 발달을 위하여 미술과 음악이 매우 중시되며, 이 둘이 타 교과과정으로부터 분리되어 있지 않고 거의 모든 과정에 스며들어 있다고 할 수 있다.

발도르프 학교에서도 특히 유치원 수준에서는 창의력(creativity)이 재창조(recreation, 레크리에이션)와 동일시되고 있는 것으로 보인다. 즉, 아동은 놀이를 통해서 자신이 인식한 어른 세계의 일상을 재창조하는데, 이 과정이 풍부한 창의력을 요구하며 또 실제로 창의력을 키워 준다는 것이다. 그래서 서머힐에서와 같이 놀이가 매우 중요하다. 아이들이 놀 때는 단 한 가지의 사용 방법밖에 없는 장난감(퍼즐 같은)은 창의력 증진에 별 도움을 주지 못하며, 아이들이 상상력을 이용하여 가지고 놀 수 있는 것들이 도움이 된다.

발도르프의 생활과 일과 전체가 독특한 창의성 계발 활동으로 가득 차 있으나 대부분은 우리나라 학교에 도입하기에는 부적절해 보이는데, 그래도 몇 가지 특별 활동의 예들은 우리 환경에서도 소화할 수 있을 것으로 보인다. 그중 하나는 발도르프 고유의 블록식(block) 수업과 행사이다. 블록식 수업은 하나의 정해진 소재를 가지고 일정 기간, 예를 들면, 일주일 동안 집중적으로 학습하는 활동을 말한다. 즉, 그 블록의 기간 중에는 그 소재만이 학습의 대상이 되는데, 지역에 따라서는 그 블록에 참여하는 전체 학생이 아예 수학여행식으로 한 장소에 가서 일주일 동안 합숙을 하는 경우도 있다. 물론 이런 합숙 활동은 우리 현실에 적합하지 않으나, 일정 기간 지정된 한 소재만을 모든 학생이 참여하여 학습한다는 것은 실행 가능하리라 생각한다. 여기에서 '학습'이라 칭하기는 하지만, 이는 기존 학교에서 행해지는 종류의 공부와는 전혀 다른 것이다. 그리고 참여하는 학생은 동일하거나 비슷한 연령층으로 구성된다.

하나의 예로서, 발도르프 학교에서 중요시되는 파르치발(Parsifal) 블록을 살펴보자 (https://www.ime.usp.br/~vwsetzer/parsifal.html). 이 블록 기간에는 중세 전설의 기사인 파르치발의 일생에 관해 학생들이 여러 가지 방법으로 학습한다. 특기할 만한 것은 이 전설적인 인물의 생애가 슈타이너의 교육철학의 핵심을 표출시키는 효과적인 교재로 사용되고 있다는 점이다.

이 블록에 참여하는 학생들은 아주 다양한 방법을 동원하여 파르치발의 생애를 배운다. 그의 생애가 그가 실존 인물이든 아니든 간에, 한 순진한 소년이 세상을 배우고 자기의 자아를 발견하며 성장해 가는 과정을 감동적으로 보여 준다는 점에서 하나의 이야깃거리로서의 교육적 가치를 짐작해 볼 수 있다. 이러한 이야기나 전설 등은 꼭 파르치발의 전설 이외에도 여러 다른 설화 등으로부터도 찾아낼 수 있다. 자아발견과 세계관 형성의 과정을 보여 주는 풍부한 이야깃거리가 있는 인물을 선정할 수 있을 것이다.

먼저 이 파르치발 블록에 참여하기 적절한 연령층은 고교생 수준이라고 하는데, 필자가 접한 사례에서는 고교 2학년생들이 참석자였다. 교사의 관점에서 볼 때, 파르치발의 생애를 가르치는 첫 번째 접근 방법은 전반적인 이야기의 줄거리를 소개하는 것에서 출발한다. 이것은 어쨌든 간에 전통적인 강의식 교수 방법을 이용하는 것으로 보이는데, 두 차례에 걸쳐서 교사 또는 강사가 이 전설의 전반적인 줄거리를 이야기해 주고, 아이들의 연령 수준에 맞게끔 그 줄거리를 분석하여 제시해 주는 것으로 이루어진다. 이 과정이 전통적이고 재래적인 교수 유형을 벗어나기 위해서는 가능하면 간략하게, 그러나 요점과 핵심을 명확하게 보여 주어서 학생들에게 깊은 인상을 심어 주도록 실행되어야 한다. 이를 위해서는 물론 철저한 연구와 분석을 거쳐 줄거리와 그 분석 내용이 만들어져서 교사들에게 제공되고, 교사들 역시 그 전달 방식에 대한 충분한 사전 교육을 받아야 할 것이다.

발도르프 학교에서는 교사들이 학생들에게 한 가지를 더 전달해 준다. 중세의 기사 파르치발 전설에서 나오는 수많은 구성 요소나 소재 중에서 과학적인 함의를 지니고 있는 것과 역사학적인 의미가(더 나아가서는 사회과학적 의미까지도) 있는 것들을 풀어 이야기해 주는 것이 그것이다. 즉, 천문학적이거나 생물학적인 함의가 보이는 대목을 들어 현대 과학적으로 접근해서 논의해 보고, 전설에 등장하는 시대, 인물, 제도, 기구, 공동체, 사회상 등을 역사학의 지식을 빌려 소개해 주는 것을 말한다.

교사의 지식 전달과 논의 전개보다 훨씬 중요한 파르치발 블록의 활동은 말할 나위 없이 학생들 자신의 활동에 있다. 크게 세 가지 활동이 학생들에게 요구된다. 첫째, 교사에게 전설의 줄거리와 분석 등을 듣고 난 후에 학생들은 1시간 30분 동안 감상문을 작성해 낸다. 이 감상문에는 특별한 형식과 틀이 없는 것으로 보이며, 또 교사에게 제출한 후에 어떤 평가나 판단 또는 추궁의 근거로 사용되지도 않는다. 중요한 것은 교사에게 듣거나 또는 인쇄물을 통하여 대략의 줄거리를 파악한 어떤 전설 전체를 학생들의 두뇌 활동을 거쳐서 재구성한다는 데 있다.

둘째, 학생들은 이야기 중에서 자신에게 가장 인상 깊었거나 재미있었던 한 장면을 그림으로 그린다. 적절한 표현 도구(사인펜이건 색연필이건 물감이건)를 사용하여 충분하지만 과도하지 않은 시간 동안 그림을 완성한 발도르프 학교의 경우, 다른 학생들보다 먼저 그림을 완성한 학생들은 자신의 감상문이 기재되어 있는 공책의 페이지 여백에 그림을 그려서 장식(decoration)하도록 유도된다. 발도르프 학교에서와 같이 단체 합숙을 하여 일주일이라는 충분한 여유를 가지고 파르치발 블록을 행하는 경우에는 이와 같은 학생들의 글과 그림이 모여서 하나의 개인 포트폴리오를 만들게 되기도 한다.

셋째, 모든 학생이 참여하여 학급 전체의 공동 작품을 만드는 것이다. 발도르프 학교의 경우는 블록 행사 기간 중 매일 순번을 정하여 2~3명의 학생이 합의된 형식에 의하여 공동 발표물의 글과 그림을 작성한다. 이 과정은 물론 그 자체로 아동에게는 의미 있는 학습 경험이 될 것이 분명하지만, 한국의 실정에 맞게 창의적인 방안을 마련하는 편이 좋을 듯하다. 발도르프에서는 후배 학생들에게 물려줄 커다란 공책을 공동으로 만드는 것이 하나의 전통인데, '후배'의 개념이 모호한 사교육 기관(학원 등)의 경우에는 자신의 공동 성과를 만들어 낸다는 성취감과 또 그것을 타인들에게 발표하여 자랑할 기회를 가진다는 측면에서 재구성할 수 있을 것이다. 공책보다는 커다란 캔버스 종이를 활용할 수도 있겠다.

마지막으로는, 발도르프 측의 글에는 상세히 나타나 있지 않지만, 어떤 형식으로든 학생들 개개인의 이 전체 블록에 대한 반응을 표출시키는 과정이 있는 것으로 보인다. 즉, 학생들 각자가 전체적으로 느낀 점이라든지, 파르치발의 전설로부터 받은 감동 또는 블록 활동 중 어떤 부분으로부터라도 느낀 것들을 전체 토의의 형식을 통해서 발표하는 것으로 생각된다. 이런 과정에서는 심지어는 초인지적 분석까지도 학생들이 충분히 보여 줄 수 있다. '초인지적 분석(metacognitive analysis)'이란 학습자가 자신이 학습하고 있는 행위 자체에 대하여 마치 제삼자가 된 듯이 인식하고 분석하는 차원을 뜻한다. 거창한 이름을 갖고 있으나 실제로 많은 사람이 행하는 인지 활동이다.

발도르프 학교의 파르치발 블록 같은 학습 활동은 아동의 창의성 발현과 증진이나 사고력 계발을 위한 흥미로운 기회를 제공해 줄 것으로 판단된다. 서머힐이나 발도르프 학교 등이 보여 준 예에서는, 학생이 교사의 지시나 간섭 없이 자신의 머리와 손과 몸을 사용하여 자신만의 작품을 만들어 내는 행위 자체가 가장 창의성을 키워 주고 또 사고 활동을 자극해 주는 것으로 여겨지고 있기 때문이다.

발도르프 학교의 프로그램 중 아직 완전히 정착되지는 않았으나 중요시되며 우리 사회에 도입 가능하리라고 보이는 것으로 축제(festival)가 있다. 축제의 전반적인 구상이 창의성 계발 차원에서 매우 적절해 보이기 때문에 간략히 소개하려 한다.

발도르프에서는 한 해 동안에 걸쳐 거의 매달 다른 축제 행사를 가질 것이 건의되고 있는 것으로 보인다. 여기에서 축제는 발도르프의 종교적인 본질을 반영하여 신성과 인간성의 합일 같은 것을 찬양하며 즐기는 행사가 주로 등장한다. 그러나 모든 축제가 항상 종교적인 것은 아니며, 또 종교성을 지니고 있다고 해서 엄숙함과 경건함으로 가득 차 있는 것도 전혀 아닌 것으로 보인다. 어차피 아동은 이러한 것에 별 관심이 없으므로 눈길을 끄는 것은 이런 축제의 기본 개념이다. 즉, 교사와 아동들이 어떤 지정된 축제를 가장 잘 표현하고 즐기기 위하여, 즉 재미를 위하여 계획하고 준비해서 실행에 옮겨 본다는 것이다.

한 학기의 시작인 개학식에서부터 부활절, 할로윈, 추수감사절, 크리스마스 등 미국의 전통적인 축일들과 학기의 끝인 종업식까지, 또 매달 다른 여러 문화의 전통 축제일도 포함해서 일 년 내내 축제를 연결하는 구상이 발도르프 학교 내에서 추진되고 있다. 이러한 구체적인 축제일의 선정은, 만일 도입한다면 우리의 사회문화적 성격을 고려하여 결정되어야 하겠다. (발도르프 측에서 민감하게 여기는 것은, 학생들이 일률적인 종교적 배경을 가진 것이 아니라 여러 다른 문화권의 출신이기 때문에 한 가지 종교적 색채만을 강조하지 못한다는 점에 있다.) 적절하게 실행될 경우, 축제라는 포맷 자체가 학생들의 흥미와 참여를 유발하여 효과적으로 창의성을 증진하는 기제가 될 수 있을 것이다.

발도르프 학원의 독특한 종교적 색채를 제외한다면, 파르치발 블록의 내러티브 구조 및 청소년 발달단계에 적합한 인지적·감성적 활동의 사례 등을 우리의 학교 환경에서도 집중적인 인성 캠프 등의 활동에 적용해 볼 가치가 있다고 본다.

2. 교사 · 학생 동행의 인성교육: 하나의 제안

기존의 인성교육적 실천에는 성과도 있었으나 한계도 있었다. 이를 염두에 두고 21세기 초 우리나라의 상황에 보다 적합한 인성교육 방안을 구상하는 작업에는 교육 작용의 주체를 교사에게만 한정 짓는 기존 방식에서 벗어나서 학생을 적극적으로 **동반자**로 끌어안는 태도의 전환이 필요하다고 본다. 학생을 끌어안는다는 것은 결국 교사가 학생의 인성에 강한 영향을 끼치는 가정(부모)의 역동성과도 손을 잡는다는 것을 암시하기도 한다. 이를 가능케 할 인성교육과정을 예시해 보겠다.

1) 인성교육이 실행되는 배경

[그림 7-1]은 교사와 학생 양자가 거시적 사회의 정치, 경제, 문화 등과 미시적 일상의 매스미디어, 가정, 또래 집단 등의 영향을 받아 자신과 타자에 대한 인식을 형성함을 보여 준다. 교사의 경우, 이러한 자기인식의 바탕 위에 그의 역량이 만들어지고, 교사의 인식과 역량 안에서 인성교육과정이 도출된다. 학생의 경우, 무의식과 정서라는 기반(생물학적 본성에 영향을 받음) 위에 사회성과 도덕성(지성에 영향을 받음)을 함양하여 인성이 형성된다. 교사가 요체인 인성교육과정이 학생의 인성과 만나는 과정을 굵은 화살표가 보여 준다.

"공동체가 가르친다. 공동체가 건강하면 일관된 가치 체계를 전해 줄 것이다. 공동체가 혼돈에 빠졌거나 타락했다면, 가르침은 어쨌든 전해질 것이다. 그렇지만 그것이

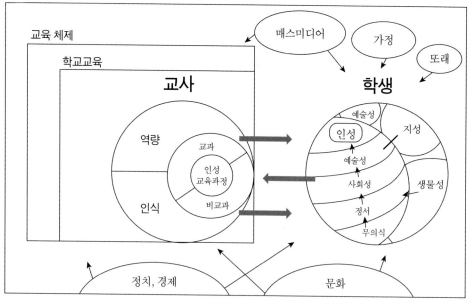

그림 7-1 인성교육과정: 숱한 영향력과 제약 속에서 교사와 학생의 마음이 만나는 순간

치유하거나 튼튼하게 만들어 주는 가르침은 못된다."(Noddings, 1997: 8) 1990년대 말에 미국의 인성교육을 진단한 교육학자의 말이다. [그림 7-1]의 구도를 잘 반영하고 있는 이 말에 따르면 거시적 사회의 정치, 문화 등이 건전할 때 그 사회의 가치관도 건전할 터인데, 오늘날의 우리 사회의 가치관은 어떠한지 교육자들 스스로 질문해 볼 일이다.

 이 그림에서 가장 바깥의 직사각형은 거시적 사회이고, 왼쪽의 사각형은 학교교육을 포함한 교육 체제 전체를 나타낸다. 그 체제 안의 교사는 학교와 학생의 외부, 즉 사회 환경의 다양한 영향의 주체들을 비판적으로(주체적으로) 인식하고 그 영향에 따라 형성된 자신을 인식하며, 궁극적으로 고유한 자기정체성을 확립하게 된다. 이러한 자기인식의 바탕 위에 교사의 역량(지성 · 감성을 아우르는)이 성숙하고, 이러한 역량을 통하여 (선정된 기존 방법을 재해석/적용한) 그만의 개성 있는 인성교육과정이 도출된다. 이 과정 안에는 학생의 성장과 인성 형성 과정에 끼쳐진 다양한 내 · 외적 영향에 대해 축적하게 된 교사의 인식이 담겨 있다.

학생 개개인의 인성에 영향을 끼친 요인들을 파악한다고 할 때, 현실적으로 한 명의 교사가 과연 몇 명의 학생을 상대로 이런 깊이 있는 의사소통을 할 수 있을지 의문이 제기될 수 있으나, 최소한 일 년 동안 담임을 맡은 30여 명에 대해서는 충분히 가능한 일이라고 본다. 일례로 성찰 글쓰기를 통해 한 해에 천 명에 가까운 학생을 상담하는 한 교사가 있는데, 그의 경우가 일반화될 수는 없다. 그러나 자신이 담당한 한 학급의 아이들을 위하여 이 정도의 정성을 외면하는 것을 변호하기는 어려울 것이다.

2) 인성교육과 교사의 인성

이와 같은 기본적 인식의 틀은 다양한 교과와 비교과 인성 수업 및 프로그램에 적용될 수 있다. 예컨대, 수학 교사는 자신이 어떤 정치, 경제 또는 문화적 영향에 의해 수학에 대한 자신의 인식과 성향을 형성하게 됐는지 성찰하여 이를 바탕으로 수학 교과 내 콘텐츠가 **자신의 인성**과 교류하는 점들을 추출해서 학생들에게 제시할 수 있을 것이다. 교사가 제시한 '수학적 인성'의 내용에 대해 학생들이 보여 주는 다양한 긍정적 · 부정적 태도, 관점, 반응을 그림 오른쪽의 구(球)에 해당하는 일종의 학생 인성 형성 모델에 기초하여 해석해 보는 토의를 통하여 교사와 학생 모두 주어진 수학적 콘텐츠가 **각자의 인성**과 교류하는 부분을 상상해 볼 수 있다. 이것은 삶의 경험에 대한 상기를 통해 이루어지기 때문에 지성과 감정을 수반하는 작업이 되고, 뇌과학적 연구에 따르면 감정이 동원된 교과 내용은 그렇지 못한 내용보다 훨씬 더 기억에 강하게 자리 잡는다 (http://people.brandeis.edu/~teuber/emotion.pdf).

이런 과정은 교사가 자신의 전공인 수학에 대해 남다른 애정과 흥미를 갖고 있을 경우에 그 내용이 더 풍부해지고, 나아가 학생의 연령대에 어떤 내적 성장 기제가 발생하고 있는지에 대한 식견을 교사가 소유하고 있을 경우에 효과적으로 실행될 수 있기 때문에, 실행 이전에 사전 교육이 제공될 필요가 있다. 또한 예컨대 수학의 한 부분을 통하여 특정 연령의 학생들의 인성에 접근한 교사들의 사례가 웹 공간 등을 통해 쌓이고 교류된다면 이 '방법'의 효용성은 차츰 커질 것이다. 이러한 일련의 과정에서 요청되는 것은 실은 학생의 인성 이전에 인성교육을 주관하는 **교사의 인성**이다. 왜냐하면 교사의 분야, 직무에 대한 애정, 학생과의 의사소통을 위한 노력 등은 단순히 교사의 지적 수준과 전문성만이 아니라 그의 인간적 진정성, 즉 인성과 관련되어 있기 때문이다. 따라서 인성교육의 주체인 **교사는 자신의 인성**을 함양해야 한다는 당위가 도출된다.

인성 함양을 위해서는 먼저 교사가 자신의 인성의 현 상태를 있는 그대로 직시해야 한다. 지금의 수준과 상황을 알지 않고서는 어디를 어떻게 개선해야 할지 논할 수 없기 때문이다. 그러므로 교사의 자기인식이 선행돼야 하고, 이를 위해 교사의 **자기성찰**이 요청된다. 교사의 성찰을 통한 자기인식은 그가 맡은 인성교육의 실행 이전에 선행되어야 하고, 또한 인성교육의 진행 과정 내내 병행되어야 할 것이다. 근육을 단련하여 신체적 힘을 키우는 데 시간이 걸리듯, 인성과 같은 정신적 힘을 강화하는 데도 시간이 필요하다. 이렇게 성찰을 통해 자기인식을 구하는 교사가 학생을 대상으로 인성교육을 실행할 때, 이 교육은 학생의 자기성찰과 인성 성숙이라는 과정과 교사의 성찰과 성숙이라는 과정의 2개 과정을 병행시킨다. 그리하여 이를 교사와 학생이 동반자 관계를 맺는 '교사-학생 동행의' 인성교육과정이라 부르겠다.

이러한 교사와 학생 양자의 성찰 및 자기이해의 과정은 앞에서 짚었다시피 지성과 감성을 모두 사용할 것을 요청한다. 이것이 비록 20세기를 풍미했던 북미 교육학에서 지적 영역과 정의적 영역을 분리하여 다뤘던 스타일과는 상이하겠으나, 성찰과 자기이해 양자는 지적인 사고와 통찰을 요청하며 자기이해는 감정과 무의식적 정동과의 대면을 요청한다는 점을 상기해 볼 때, 지성과 감성의 결합은 **자기성찰**에서 지향해야 할 새로운 인식의 스타일이라 하겠다(Mayes, 2005). 인성은 주정적 요소와 주지적 요소 양자의 결합으로 성숙하는 것이며, 미국의 대표적 인성교육 단체인 Character.org의 주된 원칙 중 한 가지도 사고, 감정, 실천의 통합을 표명하고 있다.

기존의 학술적 경계와 규칙은 또 다른 면에서 재조정될 필요가 있다. 서양철학사적으로는 칸트의 현상계와 예지계 사이의 인식론적 분리까지 논해야 하는 거창한 사안이기는 하지만, 제2장의 논의를 약술하자면 과학과 종교 간의 경계를 넘나드는 방식의 자기성찰과 감정 돌봄의 부인할 수 없는 유용성을 고려할 때 과학과 종교성의 **통합**을 교사-학생 동행의 인성교육과정이 감행해야 한다. 감정의 무의식적 원천을 논함에 있어 신화와 정신의학을 접목한 융의 분석심리학적 인성론을 차용한다든가(MBTI 검사의 모태가 융의 성격 이론이다), 선불교에서 뻗어 나온 마음챙김(mindfulness) 명상을 실천하는 등의 방식이 이런 경우에 속한다. 명상의 효용성에 대한 뇌과학적 연구의 눈부신 성과는 이성과 영성(spirituality) 간의 경계 재편성을 암시하고 있는데, 그 실제 용례는 제6장에서 제시되었다.

지성과 감성과 영성을 끌어안는 성찰과 자기이해를 실천하는 교사는 학생의 인성교육의 **동반자**가 된다. 그럼으로써 교사는 학생들의 자아의식 작용과 그들의 혼란과 분노와 꿈 등을 더 잘 이해할 수 있게 된다. 사고와 공감을 요청하는 인성교육과정의 실습을 통하여 교사는 자신과 학생에 대한 보다 총체적이고 심층적인(depth-psychological) 인식에 다가간다. 바로 이러한 교사의 동반자적 역할 때문에 학생들은 교사를 진지한 인격 성숙의 가이드로 수용하게 되고, 나아가 양자 간의 인간적 진정성의 교환은 상호 이해를 넘어 존경심에 가 닿을 수 있다. 이 교육과정이 성공적으로 실행될 경우, 학생과 교사에게 일어날 수 있는 교육 효과는 다음과 같다.

- 교사
  - 교과 내용과 자신의 인성을 연결하는 교과 연구를 통해 자기이해 심화
  - 학생의 인성교육과정을 지도하며 자신의 인성 역량 강화
  - 학생의 인성에 대한 이해 심화

- 학생
  - 다양한 교과 내외 활동을 통해 주요 인성 역량 함양
  - 인성은 자긍심, 자기주도성, 공감, 연민, 정의감 및 그 밖의 내면화된 가치관 등 포함
  - 역량(competency)은 자기성찰 능력, 의사소통 능력, 협동력, 사고력, 창의력 등 포함

이 인성교육과정의 단계는 [그림 7-2]와 같이 도식화하여 요약할 수 있다.

'교사-학생 동행의 인성교육'

교사: 자기성찰 → 자기이해 → 교과 재해석, 재구성 → 학생 이해

학생: 자기성찰 → 자기이해 → 교과 재해석, 수용 → 인성 자극 & 역량 강화

교사-학생 동행 인성교육을 위한 교사 연수 과정의 단계

교사의 인성이 인성교육의 교재가 된다.

"교사는 교사 자신을 가르친다."

그림 7-2 교사-학생 동행의 인성교육 개념도

앞에서 말하는 **교과 내용의 '재구성'**이란 막 교원으로 임용된 교사가 충실히 갖추고 있는 교과 지식의 수준을 넘어서서, 그 지식의 각 부분과 영역을 교사 자신의 삶을 통하여 공감하고 깨달은 매우 주관적인 재인식의 수준을 의미한다. 이런 주관적 재인식은 매우 오랜 시간이 소요되므로 경륜 있는 선배 교사의 인도를 받는다면 한층 수월해질 테지만, 이 모든 것이 실로 교사 개인의 추가적 노력과 헌신을 요한다. 제도와 '구조'는 변하지 않는데 교사만 자꾸 헌신하라고 요구하는 것이 무리하게 여겨질 수 있다. 그럼에도 교육의 질은 교사의 질을 뛰어넘을 수 없다는 지당한 금언을 모른 척할 수만도 없다. '교사의 질' 개선은 교사 개인의 헌신 없이는 불가능하다. 그렇지만 교사-학생 동행의 인성교육과정은 무리한 교사의 희생을 강요하는 방식이 결코 아니라, 장기적으로 교사 개인도 만족스럽고 행복한 직업생활을 구가할 수 있는 준비 작업으로(Freud) 구상되었다.

프로이트는 "호감을 갖지 않은 상대에게 무언가를 설명하는 것은 불가능한 일이다."라고 했지만(감정이 지성과 분리되어선 안 된다는 것), 교사가 **동반자**적 관계에서 학생의

깊은 호감을 사게 되면 어떤 것이든 설명할 수 있다고 말할 수도 있다. 즉, 교사와 학생이 인성 성숙의 동반자 관계에 동승하여 상호 공감을 형성하는 데 성공한다면, 무슨 방법을 사용한다 해도 나름의 교육적 성과를 달성할 가능성이 높아진다는 말이다. 자신이 맡은 일에서 성취를 이루는 교사의 직업생활은 만족스러울 것이며, 그 반대는 불행할 것이다. 성취와 보람이 있기 때문에 행복한 교사의 삶은 교사의 **자기실현**으로 이어진다. 학생을 인성 함양의 동반자로 끌어안는 노력은 궁극적으로 교사의 삶의 만족도를 높일 수 있다.

나아가 기본적으로 인성교육의 '방법'은 주지적이기보다 실천적이고, 명제적이기보다 서사적이며, 학교생활 전반과 통합되어 있고, 잠재적 커리큘럼으로서 작용할 때 그 효과가 커짐을 지지하는 다수의 연구 결과가 있다. '도덕적으로 가르치는 것과 도덕을 가르치는 것'을 구분해야 하듯이 인성적으로 가르치는 것과 인성을 가르치는 것을 구분해야 할 필요가 있다(최의창, 2014). 그간 '도덕을 가르치는 것'이 보여 준 만족스럽지 못한 성과를 고려할 때, 우리는 전자를 시도해 볼 필요가 있다.

혹 '도덕적으로 가르치는 것'과 같은 표현에서 도학 혁명을 꿈꾼 조선의 사대부라든가 신정국가 수립을 꿈꾼 제네바의 칼뱅을 떠올리며 부담스러운 윤리적 압박감을 느낄 수도 있으나, 세상에 도덕적 완성에 이른 사람은 거의 없을 것이라고 예상한다. 우리는 모두 불완전하다. 다만, 조금이라도 어제보다 나아지려는 꿈을 꿀 수는 있다. 이십 대에 갓 부임한 교사에게 도덕적 완성을 기대할 수는 없으나, 그가 학생과 대면하는 매일을 조금씩이라도 자신을 키우는 과정으로 끌어안아 주려는 마음을 먹을 것을 기대할 수는 있다. 바로 그러한 교사의 모습이 인성교육의 교재이다. 교사는 학생들에게 **교사 자신을 가르친다**. 교사는 자신의 완벽한 도덕성을 가르치는 게 아니라, 인간적 향상을 추구하는 인간적 진정성 또는 진정한 인성을 가르치는 것이다. 그리고 이렇게 매일매일 조금씩 자신의 향상을 추구하다 보면 언젠가 훌쩍 커 버린 자신을 발견하게 될 것이다. 이를 하버드 대학교의 사회심리학자 에이미 커디(Amy Cuddy)는 TED.com의 명강연에서 "Fake it till make it!"(될 때까지 된 척해라!)이라고 표현했다. 도덕적인 척 노력하다 보면 어느새 도덕적이 되어 있을 것이라는 말이다. 이를 미국의 필립 잭슨(Philip Jackson)은 '상향적 위선(upward hypocrisy)'이라고 부르기도 했다(Jackson, Boostrom, &

Hansen, 1993; 최의창의 번역 문구). 이 표현을 다소 순화하여 '일일신우일신(日日新又日新)'이라고 부를 수 있다. 비록 지금 완전하지는 않지만 매일 조금씩 나아지는 삶의 귀중함을 고금의 성현들이 외쳐 왔다.

3) 교사-학생 동행 인성교육과정의 특징

교사로 하여금 자기개선과 **자기실현**을 지향하고 학생을 인성 도야의 도반으로 품도록 촉구하는 교사-학생 동행 인성교육과정은 다음과 같은 특징을 지닌다.

① 기존의 인성교육과정들과 달리 이 과정에서는 교사가 교육과정의 요체가 되어 학생 인성 함양의 동반자 역할을 맡게 되고, 인성과 지성의 통합을 통하여 학생과 자신의 전인적 성장을 추구한다.

② 학생에게 특정 가치와 덕목 또는 역량을 함양하기 위하여 구안된 교과 내용 및 교수 방법을 실행하는 중립적이고 관조적인 진행자로서 교사를 설정하는 기존 인성교육과정과 달리, 이 과정에서는 교사가 교과 내용의 한 축이 되고 곧 교사의 인성이 교수 방법이 된다. 전형적인 기존의 인성교육과정은 먼저 가치 덕목 또는 역량을 사전에 설정한 후, 그것을 교과 내용과 연계하고, 다양한 수업 활동을 통하여 그 내용을 학습도록 한 다음, 학습의 결과를 평가하는 방식으로 운영되어 왔다. 교사는 이 같은 과정을 효과적으로 진행하는 역할을 담당했다. 그러나 새로운 시도에서는 교사 자신이 담당하고 있는 교과목을 학습해 온 여정이나 그가 관심을 기울이는 비교과적 활동, 자신의 인성을 형성한 중요하거나 의미 있는 개인적 경험, 자신의 인성 등을 통하여 교사 자신의 인성이 형성된 과정에 대한 '스토리텔링'이 교과 및 교과 외적 활동의 중요한 부분을 차지하게 된다.

③ 그러므로 이 인성교육과정의 실행은 교사와 학생 양자가 인성 형성의 **동반자**적 관계를 이룰 것을 요청한다.

④ 주로 주지주의적 학습관에 기반을 두고 운영되어 온 기존의 학교 교육과정에 인성교육이 별도의 분야로 첨가된 일반적 양상과 달리, 이 인성교육과정은 한 개인

이 **전인적** 존재로 성장해 가는 과정에서 지성과 인성이 결코 분리될 수 없다는 인식하에, 지성을 추구하는 교과목 전반에 인성이 함유되도록 유도하는 한편 인성을 주제로 삼는 비교과적 활동에도 지적인 작업을 포함한다.

⑤ 이 인성교육과정이 제시하는 교육 콘텐츠와 교수 방법은 교사와 학생 양자가 인성 성숙의 **동반자**적 관계를 형성할 것을 요청하며, 따라서 일방적인 교사 중심적 강의의 비중을 최소화하고 학생의 능동적이고 주체적인 학습 활동의 비중을 최대화하는 기조를 갖고 있다. 학습자의 능동적 지식 구축을 증진시킨다는 점에서 구성주의식 교육 방법과도 맞닿아 있지만, 교사는 중립적인 학습 촉진자(facilitator)가 아닌 성숙 과정의 참여자라는 점이 다르다.

⑥ 이 인성교육과정은 모든 교과목의 교사가 자신의 과목에서 인성교육의 요소를 추출할 것을 요청한다. 어떠한 기술적인(technical) 교과목이라도 궁극적으로는 학생의 인성을 형성하는 과정의 일정 부분에 속해 있기 때문이다.

⑦ 이 인성교육과정은 교사가 모든 비교과적 활동의 영역에서 인성교육적 요소를 발견해 낼 것을 요청한다. 학교 사회 속의 중요하거나 사소한 모든 활동 영역은 인성을 형성하는 과정의 일부분일 수밖에 없기 때문이다.

⑧ 교사는 학교교육을 통한 인성교육의 지도자이자 인성교육과정에 참여하는 **동반자**이다. 성인인 지도자로서 교사는 인성교육을 시작하고 관찰하고 도와주며 이끌어 주는 실행의 주체이다. 인성 성숙 과정의 동반자로서 교사는 자신의 인성 형성과정을 교재화한다. 학생들은 자신과 함께 스스로 인성의 성숙을 위해 노력하는 교사의 모습을 목격함으로써 비로소 인성교육을 진지하게 받아들이게 된다. 그러므로 교사는 인성교육의 동반자이자 모범이다.

⑨ 이 인성교육과정이 구축하는 데이터베이스의 교수 방법 각각에는 교사의 **자기성찰** 과정이 내장되고, 이를 참고로 삼아 교사는 자신의 수업과 학생 지도 활동에서 자신만의 방식으로 자기성찰을 시도할 것이 권장된다.

⑩ 교사가 교과목과 비교과 영역에서 실행해 본 **자기성찰**과 교수 방법은 이야기의 형태로 온라인 및 오프라인 포럼에서 공유될 수 있고, 그럼으로써 다양한 교수·학습 환경의 복잡다단한 변인과의 상호작용에 대한 수많은 가능성과 제약에 대한

이해를 심화해 갈 수 있다. 인성교육과정의 콘텐츠와 방법의 개발 과정은 항상 갱신되고 완성도를 높여 갈 뿐, 하나의 확정되고 종결된 형태를 지향하지 않는다.

⑪ 교사의 **자기성찰** 및 학생지도 과정에서 교사 또는 학생이 보이게 되는 정서적 · 사회적 · 도덕적 태도와 행동과 그 배경이 되는 가정, 학교, 그 밖의 매스미디어 등 사회 환경과의 연관성에 대한 인식의 성숙을 위해서는 일상에 대한 명상적 성찰과 더불어 인간학에 대한 전문적인 이론의 도움도 유용하다. 이 인성교육과정은 연수와 데이터베이스를 통하여 후자를 지속적으로 확충할 것을 지향한다.

4) 교사와 학생을 위한 자기이해 수업

이와 같은 교사-학생의 동행관계에 기초한 인성교육과정은 앞으로 다양한 방식으로 확장 · 발전될 잠재성이 높은데, 이는 기존에 국내외 교육계와 학계에 이미 제시된 학생 대상의 수많은 인성교육 방법, 프로그램 등을 교사-학생 동행 방식으로 재개발하여 교실 환경에 적용할 수 있기 때문이다. 사실, 기존의 수많은 방법에 대한 비판적 재해석(critique) 과정 또한 교사 연수 등을 위한 활용 가치가 높은 부분이기도 하다. 그런데 어떤 특정한 방법을 선정하여 재개발/적용하게 되든 간에 교사와 학생 양자의 자기성찰에 기초한 양자 간의 의사소통 과정에는 교사와 학생 각각의 인성을 형성하게 된 다양한 내적 · 외적 요인에 대한 고려가 포함될 수 있다. 즉, [그림 7-1]에서 제시한 교사와 학생의 인성에 영향을 끼치는 다양한 내외 요인들 각각에 대하여 교사와 학생이 대화할 수 있다. 이를테면 학생이 자신의 진로로 구상하고 있는 길을 선택하게 된 데 매스미디어의 영향이 있었는지에 관하여 사제 간의 대화를 통하여 성찰해 볼 수 있다.

5) 인성교육을 실천하는 교사 - 소명

'교사-학생 동행의 인성교육과정'은 교사에게 자기성찰을 감행하려는 내재적 동기유발이 발생할 것을 전제로 하고 있다. 이를 융 심리학적으로 말하자면 교사가 **자기실현**의 도정에 오르기로 자발적으로 마음먹는 것이고, 유교적으로 말하자면 교사가 성학

(聖學)의 길에 접어드는 것이고, 불교적으로 말하자면 교사가 견성(見性)의 길의 도반이 되는 것이며, 기독교 교육적으로 말하자면 교사가 사회적 기능을 넘어 영적 성장의 길의 사도가 되는 것이라 하겠다. 이런 무리한 요구를 전제로 삼는 교육 방식이 현실성이 있을까?

20세기의 공교육은 종교적 영성을 퇴출했고, 동시대의 교사관은 주지적 지식 전수나 인지 발달의 조력자 기능을 과도하게 강조하며 정보처리 작용 너머의 심층의 인성을 외면했다. 현대 문명의 특이점이라 할 수 있을 이러한 20세기적 교육의 모습과 현대 공교육의 인성교육 실패가 무관하지는 않을 것이다. 세계는 문명의 변화를 추구하고 있고, 우리가 우리의 후대를 교육하는 방식의 '패러다임'의 전환을 촉구하고 있다. 이 시점에 지식교육에 인성을 결합함에 있어 정신의 '심층'이나 영성의 개념을 도입하는 것은 전통 사회로의 퇴행이 아니라 인류 문명의 '오래된 미래'를 다시 꿈꾸는 것이다. 이처럼 심대한 시대적 변화를 우리 교육계가 수용할 수 있을지 단언할 수는 없지만 다음과 같은 이유 때문에 분위기가 무르익었다고 판단한다.

- 교사의 지적 역량에 과도하게 치중한 한국의 교원 양성 및 임용 과정에 대한 반성이 교육계 내외에서 증대하고 있다.
- 한국의 교사 집단의 우수한 지적 역량은 그들의 자기실현 욕구(매슬로 식)가 높을 것이라고 예상할 수 있을 상당한 단서가 된다. 자기실현 욕구는 전인성에 대한 욕구이며 필연적으로 인성의 심화와 확장을 촉구한다.
- 기계화, 정보화가 만연한 분위기에서 교사 집단의 주류를 이르는 중년 연령대에 근접하는 교사들은 교직을 통한 내적 고유성의 실현과 삶의 의미 추구 등에 대해 갈수록 더 많은 심각한 의문을 품을 것이고, '힐링'을 넘어선 정신 성숙의 길을 찾게 될 것이다.
- 교육 수준이 높은 타 직종 전문 집단과 마찬가지로 교사들도 전 지구적 위기(생태, 환경, 인구, 빈부 격차 등)에 관심을 기울이고 이를 극복할 교육의 가능성에 대해 무심하지 않다.
- 학생의 인성 문제로 사기를 잃고 좌절한 교사 수가 증가하고 있고, 그들은 교사로

서의 자신을 일으키고 자신의 직업에 빛과 의미를 부여할 전기를 간구하고 있다.

- 특정 종교, 종파에 국한되지 않는 정신적・영적 성숙에 대하여 교육 수준이 높은 인구 집단의 관심이 증대되고 있는데 교사 집단에서도 이런 현상이 일어날 수 있다.
- 바닥을 쳐야 튀어 오른다는 속설이 타당하다면, 신자유주의적 경쟁주의의 전횡이 교육풍토에 끼친 해악들의 막장을 접하고 나서야 우리 사회는 진정한 교육 변화에 대해 진정한 관심을 기울이기 시작할지도 모른다. 청년층의 결혼 기피, 출산 기피 등과 같은 한국인 공동체의 위기 상황은 교육적 파탄과 밀접하게 맞닿아 있고, 이 같은 위기의식이 진정한 변화의 단초가 될 수 있다. '근래 대한민국은 성장 정체와 청년실업, 저출산 등의 문제로 미래에 대한 낙관적 전망보다는 비관적 전망이 우세한 나라가 됐다.'(서울대학교 공과대학 백서, 2015).

결론적으로 인성교육을 실천하는 교사가 갖춰야 할 인식과 태도를 요약하면 다음과 같다.

- 인성교육을 실천하는 교사는 학생의 인성 형성 과정을 이해하고 의식하며 학생을 대할 뿐만 아니라, 교사 자신도 그러한 과정을 통해 인성을 형성해 왔고 또 형성하고 있음을 이해하고 의식하는 교육자이다.
- 즉, 자신의 내적 고유성이 외부 환경과 어떤 상호작용을 거쳐 지금 자신의 인성을 형성했는지, 지금 이 순간 자신의 인성은 어떻게 심화・확장되고 있는지를 의식하며 사는 교육자이다. 또한 그는 자신 앞의 학생 한 명 한 명이 그와 같은 복잡한 내면-외면 간의 상호작용을 겪으며 힘겹게 성장하고 있음을 알고 감지할 수 있는 교육자이다.
- 이러한 교사는 성숙한 인성에 바탕을 둔 성숙한 역량을 보유하게 됨으로써 학생과 원활하게 의사소통하고 협력하며, 깊은 **자기성찰** 과정에서 창의적인 교수 방법을 지속적으로 창출해 내게 된다.
- 인성교육과정이 학교급별, 교과목별로 인성 덕목을 함양하는 데 도움이 될 교수

방법과 사례 등을 구체적으로 예시하는 데이터베이스를 운영하는 것은 바람직하 겠지만, 인성교육을 실천하는 교사는 그런 예시를 자신만의 방식으로 자신의 학생 들에게 맞게 녹여내어 창의적으로 적용한다.

- 인성교육을 실천하는 교사는 자신의 교과목, 담임을 맡은 반, 그 밖의 비교과적 활 동 등에서 학생들과 조우하는 과정 전부를 교사 자신과 학생의 인성 함양을 위한 기회로 인식하여 비공식적 교육과정을 적극적으로 활용하며 도전한다.
- 인성교육을 실천하는 교사는 **자기실현과 전인적 성숙**을 지향하는 교육자이다.

공동체의 존망을 우려해야 할 지경에 이른 위기 의식에 대한 우리의 공감이 결국 세 계적으로 유례가 없는 「인성교육진흥법」 제정으로 이어졌는지도 모른다. 오죽 인성 문 제가 급박했으면 법으로 강제해서 그것을 개선하고자 하는 지경에까지 이르게 됐을 까. 그러나 「인성교육진흥법」은 그 중대성에 비추어 볼 때 너무 짧은 시일 안에 만들어 졌고, 이에 대한 학계의 회의적 시각이 부당한 것만은 아니다. 특히 법이 내세운 '예, 효, 정직, 책임, 존중, 배려, 소통, 협동' 등의 주요 덕목은 사람됨의 필수 영역인 자주성 을 제대로 부각하지 못했다. 사람됨을 이루어 가는 과정에서 우리는 이타적이 되어야 하지만, 이타심의 뿌리에는 자주성과 자존감이 없을 수 없다. 또한 이 주요 덕목은 예 컨대 유가의 인성 가치인 인, 의, 예, 지 중에서 인과 예에만 치중함으로써 의와 지 혹 은 그 단서인 수오지심(羞惡之心)과 시비지심(是非之心)을 홀대했다고 평가할 수 있다. 오늘의 한국인이 규정하는 인성에서 민주시민 의식을 제외할 수 없고, 민주시민 의식 의 함양에서 의와 지, 즉 정의감과 비판적 사고력이 빠질 수 없다는 점에서 이는 매우 아쉬운 부분이다.

그러나 법과 제도의 불완전성에 집착하기보다는 위기를 기회로 삼는 긍정적 정신 이 더 요청되는 시대이다. 많은 사람이 한국 사회에서 이른바 '구조적' 개선이 이루어지 지 않고는 교육의 개선은 물론이고 인성의 고양 같은 것은 일어나지 않을 것이라고 탄 식한다. 이런 부정적 시각의 배경이 되는 사회과학적 인식을 존중함에도 불구하고, 사 회적 틀이 짓누를 수 없는 생명력의 무한한 가능성에 희망을 걸 수는 없을까? 1930년 대에 이 땅의 교육자들은 제국의 식민지 통치라는 철통 같은 '구조' 앞에서 좌절하고 탄식만 했을까? 그때 희망을 품고 후대의 교육에 헌신했던 이들의 영혼을 상상해 본다. 그들은 자신의 직업인 교직을 occupation이 아닌 vocation으로 여겼을 것 같다. vocation은 영혼이 담긴 일이다. 교육은 교사의 영혼을 담는 일일 수밖에 없지 않은가? 그 일의 중심에 인성교육이 자리 잡고 있다.

참고문헌

서울대학교 공과대학 백서(2005). **2015 서울대학교 공과대학 백서: 좋은 대학을 넘어 탁월한 대학으로.** 서울: 서울대학교 공과대학

최의창(2014). 기법과 심법: 교수 방법의 잃어버린 차원을 찾아서. **교육철학연구, 36(3).**

Jackson, P., Boostrom, R., & Hansen, D. (1993). *The Moral Life of Schools.* San Francisco, CA: Jossey-Bass.

Mayes, C. (2005). *Jung and Education: Elements of an Archetypal Pedagogy.* Lanham, MD: Rowman & Littlefield.

Noddings, N. (1997). Character Education and Community. In A. Molnar (Ed.), *The Construction of Children's Character: Ninety-sixth Yearbook of the National Society for the Study of Education* (pp. 1-16). Chicago: University of Chicago Press.

Schubert, W. H. (1997). Character Education from Four Perspectives on Curriculum, In A. Molnar (Ed.), *The Construction of Children's Character: Ninety-sixth Yearbook of the National Society for the Study of Education* (pp. 17-30). Chicago: University of Chicago Prcss.

A Parsifal Block Lesson https://www.ime.usp.br/~vwsetzer/parsifal.html (2016. 2. 14. 인출)

Emotion, Memory and the Brain http://people.brandeis.edu/~teuber/emotion.pdf (2016. 2. 14. 인출)

Chapter 08

교과수업과 연계된 인성교육 실천사례

학습목표

- 주제통합수업의 실행 과정을 인지한다.
- 역사 교과 수업을 활용한 인성교육의 실행 과정을 인지한다.
- 학교 전체 단위와 학급 단위에서 인성교육 프로그램을 실행할 때 양자 사이의 차이점을 이해한다.
- 정규 교과수업에서 인성교육을 실행할 때 유의해야 할 점을 익힌다.

학습개요

중학교의 전교생을 대상으로 장기간 계획적으로 실행한 '주제통합수업'은 학생들의 흥미를 유발하고 실생활에서 의미를 부여할 수 있는 주제들을 선정하여 전 교과목에 걸쳐 학습하도록 이끎으로써 학생의 학업에 대한 관심뿐 아니라 인성 함양에도 가시적인 성과를 이끌어 냈고, 중학교의 역사 수업 시간에 토론과 탐구 활동을 통해 학생들의 흥미를 고양시킨 '역사 교과 수업을 활용한 인성교육'은 주지적이고 비판적인 사고 활동에서 출발하여 학생의 자기인식을 심화하고 인성 형성에도 도움을 주는 기회를 만들었다.

토의질문

- 인성교육에 보다 적합하거나 적합하지 않은 교과목이 있는가?
- 인성교육에 적합하지 않은 것으로 간주되는 교과목에서 인성교육을 실행할 방법은 무엇일까?
- 전체 학교 차원에서 인성교육을 실행하기 위하여 요구되는 사항은 무엇일까?
- 지식 위주의 수업에서 인성교육을 이끌어 내기 위하여 교수자가 준비해야 할 사안은 무엇일까?

1. 주제통합수업을 활용한 인성교육[1)]

1) 주제통합수업을 하게 된 배경

(1) 경청수업

혁신학교를 시작하면서 제일 먼저 변화를 시도한 것은 수업이었다. 교사는 말하고 학생은 듣는 일방적 강의식 수업을 넘어 학생들이 협력하여 스스로 배움을 찾아가는 수업을 꿈꾸며 학생들의 협력을 유도하는 수업에 도전하였다. 소극적이고 엎드려 자는 학생들이 점점 사라지고 수업은 조금씩 활기를 찾기 시작했다. 하지만 한번 말하기 시작한 학생들은 끊임없이 떠들어 댔다. 말을 멈추고 교사나 다른 친구들의 말을 들으려 하지 않았다. 엎드려 자는 아이들은 사라졌지만 어수선한 수업이 진행되었다. 이것을 못 견디고 다시 일방적 강의식으로 돌아가는 교사들도 있었지만 활기찬 수업의 재미를 경험한 교사들은 떠들기도 하지만 학생들이 듣도록 교육할 수 있는 방법을 찾아보자고 제안하였다. 함께 고민한 끝에 전교생이 하루 교과수업을 하지 말고 경청에 관련한 수업을 해 보자는 아이디어가 나왔고 한번 해 보기로 결정했다. 제안한 교사들이 경청교육에 대한 학습지(〈부록 1〉 참조)를 만들어 모든 교사에게 진행 방법을 설명하여 하루 동안 전 교실에 똑같이 경청교육을 실시했다. '이게 과연 가능할까?' 하는 걱정과는 달리 결과는 생각보다 훨씬 좋았다. 경청수업을 한 이후, 학생들에게 '우리 학교에서는 수업을 안 하고 경청교육을 할 정도로 중요한 것'이라는 인식이 생기기 시작했다. 모둠수업에서 약간 소란스러워지는 분위기가 생기면 "얘들아, 경청하자!"라는 말에 아이들이 반응하였고 모둠수업에서 이야기할 부분과 경청해야 할 부분을 서서히 알아가고 아이들이 몸으로 익혀 갔다. 교사가 함께 중요한 것을 정하고 그것에 맞추어 가르치면 아이들이 배운다는 경험을 하고 나서 교사들이 함께 모여서 우리 아이들에게 어떤 가치를 가르쳐야 하는지 정하고 그것을 위해서 함께 노력하면 가능하겠다는 생

---

1) 신능중학교의 김성수가 사례를 제공하였다.

각을 하게 되었다.

(2) 전 교사가 함께하는 교육과정 만들기

경청수업과 같은 단회적인 프로그램을 넘어 1년 동안 무엇을 강조하고 어떠한 가치를 가르칠지 학교 교육과정을 전 교사가 함께 만들어 보기로 하였다. 교육과정 만들기는 다음과 같이 진행되었다.

- 1단계: 지난해 교육과정 평가하기
- 2단계: 우리 학교만의 교육 목표 세우기
- 3단계: 목표를 이루기 위한 세부적인 내용 세우기(분과별 토론회)
- 4단계: 목표를 위한 교과 계획 세우기
- 5단계: 교육과정 평가하기

① 교육과정 평가하기

그동안의 학교교육 활동에 대해 잘하는 것은 무엇이고 잘못한 것은 어떤 것인지 알고 공유하는 활동이 필요해서 교육과정 평가부터 진행하였다. 교육과정 평가는 교사를 대상으로 온라인 설문조사를 통해 실시하였다. 온라인 설문조사로만 끝나는 것이 아니라 설문 결과를 전 교사가 함께 모여 확인하고 왜 그런 결과가 나왔는지 공유하였다. 대부분의 학교에서는 교육청 보고용으로 교육과정 평가를 하고 끝내지만, 그 내용을 전 교사가 공유하는 자리를 마련하는 것은 학교 상황을 같은 눈높이로 볼 수 있고 학교의 교육 목표를 무엇으로 해야 할지에 대한 기초가 되기 때문에 상당히 중요하고 의미가 있었다.

② 교육 목표 세우기

학교에는 이미 만들어진 교훈이나 학교 목표가 있지만 현재의 전 교사가 함께 고민하고 동의한 교육 활동 목표를 갖는 학교는 거의 없다. 관리자나 담당부장이 교육 계획서를 작성하면서 지난해나 다른 학교의 내용을 참고해서 학교 목표를 적으면 그만이었다. 하지만 교육 활동의 주체가 목표를 함께 결정하는 것은 교육에 있어서 매우 중요한 일이다. 길지 않은 시간을 효율적으로 사용하면서 모든 교사의 의견을 담아 학교 목표를 세울 수 있는 방법이 필요하여 집단 지성 회의법 중 하나인 '오픈 스페이스 테크놀로지' 방법을 사용하여 교육 목표 세우기를 진행하였다. 이 방법을 간단히 설명하자면, 동그라미 대형으로 앉아 일단 각자가 생각하는 학교 교육 목표를 준비된 종이에 적고 중심 바닥에 내려놓는다. 각자 쓴 목표를 보면서 비슷한 목표끼리 묶어 분류해 본다. 그리고 왜 그런 목표를 세우면 좋겠는지 의견을 돌아가면서 모두 이야기하고 토론하면서 한 가지 문구를 만들어 보는 작업이다. 시간은 2~3시간 정도 걸렸지만 상당히 재미있고 역동적이라 시간 가는 줄 모르고 진행했다. 결론적으로 '존중과 예의로 꿈을 찾는 신능인'이라는 교육 목표가 세워졌고 참여한 교사들에게 자신을 존중하고

그림 8-1 전 교사가 함께하는 교육 목표 세우기 활동 모습

타인에게 예의가 있고 미래를 위해 꿈을 갖는 교육을 해 보자는 공감대가 형성되었다.

③ 목표를 이루기 위한 세부적인 내용 세우기(분과별 토론회)

교육 목표를 세운 후 목표를 이루기 위해 학교 운영은 어떻게 할 것인가에 대한 분과 토론회를 가졌다. 분과 토론회의 주제는 다음과 같다 ① 학사 일정은 어떻게 할 것인가? ② 학교 행사(체험 활동, 동아리, 스포츠클럽)는 어떻게 운영할 것인가? ③ 생활교육은 어떻게 할 것인가? ④ 교사들의 성장을 위한 수업 공개 및 나눔 연수는 어떻게 진행할 것인가? 이 4개의 주제를 정하고 분임을 나누어 토론하고 발표하면서 전체 의견을 들으면서 교육과정을 결정했다. 누가 어떤 분과에 들어가서 토의할지는 교사들이 관심 있는 분과에 들어갈 수 있도록 자율에 맡겼다.

④ 목표를 위한 교과 계획 세우기

학교의 행사나 프로그램으로만 교육 목표가 이루어지는 것이 아니라 교과를 가르치는 수업에서도 존중, 예의, 꿈을 가르치는 것이 되어야 학생들이 목표에 맞추어 변화된다고 생각하였다. 그래서 교과별로 교과 내용에서 존중, 예의, 꿈과 연계된 수업을 할 수 있는 부분을 교과 협의회를 통해 정하고 계획을 세우도록 하였다. 처음에는 어렵게 생각하였지만 교과 교사들끼리 모여서 논의를 하면서 교과 내용에 인성적인 부분을 녹여서 가르칠 수 있는 부분이 많다는 것을 알게 되었다.

표 8-1 존중/예의/꿈을 가르치기 위한 교과 계획 예시

		연계 내용(학년/학기/반영 시간)	교육 목표
도덕과	1학년	• 인권 감수성 키우기(2학기 4차시) • 인권 관련 도서 읽고 토론, 탐구 활동하기(1, 2학기 각각 2차시) • 차이와 다양성 존중(양성평등 교육)(1학기 2차시)	존중
		• 다문화 가족 및 북한 이탈 주민에 대한 이해 및 공감 활동(2학기 4차시)	존중, 예의
		• 장애 체험을 통한 타인 입장 이해하고 배려하기(1학기 2차시)	예의

도덕과	2학년	• 인권 나무 만들기(1학기 4차시) • 인권 도서 읽고 독서 토론 활동하기(1학기 2차시, 2학기 2차시) • 타인의 고통에 대한 공감, 나눔 실천 활동(2학기 4차시) • 학교 폭력 예방에 대한 탐구, 토론 활동(1학기 4차시) • 자기존중과 타인존중 관점 바꾸기(1학기 4차시)	존중
		• 서로를 배려하는 학급 규칙 정하기(1학기 2차시) • 평화적 소통을 위한 디베이트(2학기 4차시)	예의
		• 진로 탐색과 진로 포트폴리오 만들기(1학기 4차시) • 미래 보고서 작성하기: 미래 유망직업 찾기(1학기 2차시)	꿈

사회·
역사과
	1학년	• 차이와 다양성 존중 수업: 1, 2, 3학년 사회-역사 프로젝트 학습
		  – 주제: 월드컵 본선 출전국의 역사와 문화 학습
		  – 사회: 월드컵 출전국 지도에 표시하고 가상 여행 짜기(6월 1/3)
		• 교과체험 학습 관련 계획: 생태(5월 1/7)
		  – 환경문제 해결 방안 논설문 쓰기(사회 수행평가 반영, 5월 1/1)
		• 학생 인권 관련 교육
		  – 사회: 사회적 불평등 해결 방안 논설문(수행평가 반영 9월 2/1)
		        신능 인권 선언문 제작(10월 2/1)
		• 독도 교육(7월1/2)
		  – 사회: 독도의 자연지리 학습
			존중

⑤ 교육과정 평가회

한 학기 동안 존중, 예의, 꿈이라는 키워드를 수업과 생활교육 등에서 진행하면서 잘 되고 있는지 점검하고 각 교과는 어떻게 진행하였는지 공유하기 위해 1학기 말에 진행하는 성적 사정회를 교육과정 평가회로 바꾸어 진행하였다. 진행 방식으로는 교과별 대표가 나와 각 교과별로 존중, 예의, 꿈이라는 교육 목표를 수업에서 어떻게 실현했는지를 5분씩 PPT 자료를 만들어 발표하는 시간을 가졌다. 평가회를 하기 전에는 상당히 부담스러워했지만 다른 교과에서 어떻게 진행했는지를 들으면서 다른 교과처럼 잘해야겠구나 하는 경각심도 가지게 되고 타 교과의 잘한 부분에 대해서는 함성과 박수도 치면서 우리가 혁신학교로 뭔가 하고 있구나 하는 생각이 들었다.

2) 주제통합수업

모든 교육 활동에 존중, 예의, 꿈의 가치를 녹여 가르칠 때 전반적인 학교 문화가 조금씩 변하는 것을 경험했다. 그래서 의미 있지만 어려운 활동에 도전하였다. 하나의 주제를 가지고 모든 교과가 통합교육을 하는 주제통합수업을 해 보자는 것이다. 학생들의 인성을 키워 주는 핵심 가치를 모든 교과가 함께 가르칠 때 교육 효과가 더욱 크게 나타날 것이라는 기대감을 가지고 2개월 동안 진행하기로 했다.

(1) 주제통합수업이란

주제통합수업은 통합 교육과정 수업의 한 분야로 기존의 학교교육 방식의 한계를 보완하기 위해 등장한 새로운 형태의 수업 방법의 하나이다. 교과 교육은 실생활의 간격을 좁히지 못해 학생들의 실제 삶에 필요한 인성교육이 어렵다는 단점이 있다. 이와 다르게 통합 교육과정은 교과 간 경계를 허물고 수업의 초점을 실생활에 둘 수 있어 현재 학생들에 필요한 가치나 인성, 실생활에 필요한 교육을 할 수 있다는 장점이 있다. 교과중심 교육과정이 각 교과의 학문적 내용과 중요성을 출발점으로 교육이 이루어져 학생들의 흥미와 관심을 이끌어 내기 어려운 데 반해 통합 교육과정은 학생의 실생활에서 연결된 내용을 중심으로 흥미를 유발할 수 있다. 또한 다양한 경험을 제공하고 교과 간 중복을 피하고 통합적 지식을 습득할 수 있으며 여러 주제에 대한 종합적 안목을 키울 수 있다. 교육과정 사회학적 관점에서 볼 때 통합 교육과정은 교과와 교과, 교과 안의 단원 간에 약한 분류화(classification)를 형성하여 지식의 위계질서를 약화할 수 있다. 지식의 위계 약화는 잘하는 학생과 못하는 학생의 간극을 없애고 학생들이 교육과정과 자신의 삶과의 관련성을 깨닫고 배움의 의미를 찾을 수 있다. 또한 자신의 정체성을 찾아가는 데 도움이 되어 우리나라 학교의 심각한 문제인 수업을 기피하거나 포기하는 학생을 줄일 대책이 될 수 있다.

반면, 통합 교육과정은 교사가 계획을 세우고 내용을 선정하여 구조화하는 것이 매우 어렵다. 교과서가 따로 준비되어 있지 않아 교사의 전문성과 운영하는 역량에 따라 교육 효과의 차이가 크게 벌어질 수 있어 제대로 이루어지지 않았을 때는 교육 효과를 얻지 못한다는 단점이 있다. 이러한 단점을 보완하기 위해 교사들이 수업을 위해 끊임 없이 논의하고 공부하는 과정을 갖는 것이 주제통합수업을 위해 가장 중요하다고 할 수 있다.

(2) 주제통합수업 계획 세우기

핵심 주제를 전 교사가 함께 모여 결정하려고 하였지만 학기 중 모여 함께 논의할 시간 여유가 없어 몇몇 핵심 교사가 모여 주제를 선정하였다. 선정된 주제는 '의리'였 다. 의리는 여러 가지 적용할 수 있는 범위가 넓으면서 한때 유행했던 말이라 학생들 도 익숙한 가치라는 장점을 가지고 있었다. 전 교사 1박 2일 하계 워크숍 시간을 이용 하여 주제통합수업 계획을 편성하였다. 계획 시간을 줄이면서 짜임새 있게 편성하기 위하여 주제통합 편성을 위한 템플릿(〈부록 2〉 참조)을 이용하였다. 템플릿의 장점은 짧은 시간에 짜임새 있게 편성하고 한눈에 볼 수 있다는 점이다.

1학년은 과학에서 먼저 광합성 단원이 있고 자연환경을 연결해서 아이들이 직접 식 물을 키우면서 관찰하는 활동을 해 보면 좋겠다는 의견을 제시하였다. 그 의견에 맞춰 미술에서 재활용품을 이용한 화분 만들기를 하고, 국어에서는 관찰 보고서 쓰기, 수학 에서는 관찰 보고서에 나오는 수치로 도수분포표를 만들어 보기를 했다. 이러한 활동 을 포괄할 수 있는 연결 주제로 '자연과의 인간의 의리의리한 삶'을 선정하였다. 연결 주제가 선정되고 음악, 미술, 영어 등 '식물 키워 관찰보고서 쓰기' 통합수업에 포함되

그림 8-2 주제통합수업 계획 세우기 장면

지 않은 교과들은 '자연과 인간의 의리의리한 삶'을 연결할 수 있는 수업 내용을 선정하여 통합된 활동은 없지만 시기를 맞추어 가르치기로 하였다.

2학년은 역사에서 조선 말 일제강점기 역사를 가르치고 도덕에서 위안부 문제를 다뤄 보기로 하고, 국어에서 주장하는 글쓰기를 가르치면서 일제강점기 위안부 문제를 집중해서 가르치면서 '사회적 약자와의 의리'라는 주제로 운영해 보기로 하였다. 이에 따라 수학은 도형 단원과 연결하여 장애인에게 필요한 시설이나 물건에서 도형적인 부분을 찾아보는 수업을 계획하였고, 과학은 감각 단원과 연결하여 장애인을 위한 발명품을 구상해 보기로 하였다.

3학년은 입시로 인해 수행평가가 일찍 끝나 통합 활동 후 수행평가를 하는 데 어려움이 있어 친구와의 의리를 주제로 하되 수행평가와 연결 짓지는 않기로 하였다. 템플릿을 이용하여 대략적인 계획과 통합 활동을 편성한 후 그 내용을 바탕으로 세부적인 학년별·교과별 실행 계획을 세웠다(〈부록 3〉 참조).

표 8-2 학년별 주요 주제통합수업 계획

학년	학년별 연결 가치	주요 통합 활동
1학년	자연과 인간의 의리의리한 삶	재활용품으로 화분 만들기(미술) → 식물 키우며 관찰보고서 쓰기(과학) → 도수분포표 만들기(수학) → 관찰 보고서 쓰기(국어)
2학년	사회적 약자와의 의리	조선 말, 일제강점기 역사 배우기(역사) → 『꽃 할머니』를 통한 위안부 문제(도덕) → 주장하는 글쓰기(국어)
3학년	친구와의 의리	친구의 등신상 그리기(미술) → 영어로 의리와 관련한 단어 찾아 정의하기(영어)

① 주제통합수업 실행

1학년은 '자연과 인간의 의리의리한 삶'이라는 연결 주제로 과학과, 미술과, 수학과, 국어과의 식물을 키우고 관찰 보고서 쓰기 통합 활동과 그 외 교과의 생태 환경을 소

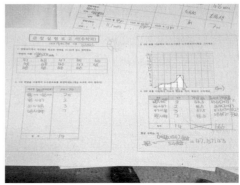

그림 8-3 1학년 재활용품 화분 만들기와 식물 성장에 대한 보고서 쓰기

재로 한 통합 교육과정이 운영되었다. 미술에서 재활용품으로 화분을 만드는 활동으로부터 시작되었는데, 여기까지는 계획대로 진행되었다. 이후 과학에서 미술 교과 시간에 만든 화분에 개별 식물을 심고 성장하는 과정을 관찰하며 보고서 쓰기를 진행하였고 관찰 보고서가 완성될 때까지 수학, 국어 교과는 기다렸다.

그러나 이 과정에서 교사들이 미처 예상하지 못했던 어려움이 발생하였다. 가을에서 겨울로 넘어가는 이 시기에 식물이 잘 자라지 않는다는 것을 생각하지 못했던 것이다. 화분에 식물을 심은 지 일주일이 지나도록 식물은 성장하지 않았고 열매도 맺히지 않아 관찰 일지에 식물의 성장 과정을 기록하고자 했던 활동은 이루어지지 않았다. 작성된 관찰 보고서를 토대로 식물의 성장 과정을 보고서와 도수분포표를 작성하려던 국어, 수학교과의 활동도 계획한 만큼 이루어지지 못하게 되었다. 이 과정에서 자연스럽게 통합 교육과정의 중심 교과 역할을 하게 된 과학 교사는 식물이 잘 자라지 못한 것에 대한 책임을 느끼며 심적 어려움을 겪게 되었고 11월로 넘어가자 식물들은 더 이상 자라지 않았다. 자연스럽게 학생들은 학습 활동에 흥미를 잃었다. 그 결과, 수학 교과에서의 도수분포표 및 히스토그램 작성이나 국어과에서의 보고서 쓰기에 활용되기에 충분한 자료로서의 역할을 하지 못했기 때문에 처음 계획했던 교육 효과는 나타나지 않았다.

2학년은 '사회적 약자와의 의리'라는 주제를 중심으로 한 통합 교육과정이 운영되었다. 도덕에서 위안부 할머니들의 이야기를 다룬 『꽃 할머니』라는 동화책을 함께 읽고

그림 8-4 2학년 위안부 할머니께 응원 편지와 주장하는 글쓰기

위안부 할머니에게 응원 편지를 쓰는 수업이 진행되었다. 역사과에서는 3학년에 배울 조선 말 역사를 2학년으로 앞당겨 일제강점기에 대한 역사 수업이 진행되었고 국어과에서는 도덕과 역사에서 배운 지식을 활용하여 위안부 문제에 대해 일본에 항의하는 글을 쓰는 활동이 진행되었다. 이처럼 역사과, 도덕과, 국어과가 유기적으로 연결된 통합 교육과정은 1학년 활동에 비해 원활하게 진행되었다.

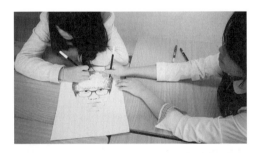
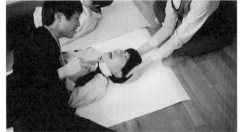

그림 8-5 3학년 등신상 그리기 장면과 전시된 작품

3학년은 '친구와의 의리'라는 주제로 진행했다. 미술과에서 점·선·면을 이용한 모둠별 등신상(等身像) 그리기가 진행되었다. 미술 수업에서 점·선·면으로 이루어진 미술 작품을 감상하고 점 모둠별로 한 명씩 정해서 점·선·면의 느낌을 활용하여 등신상을 그렸다. 영어과에서는 영영사전을 이용하여 의리와 관련된 단어를 찾아 뜻을 이해하고 가장 소중하다고 생각하는 단어를 프린트하여 등신상과 함께 전시하는 수업을 진행하였다. 완성된 작품들은 복도에 전시하였으며 아이들에게 큰 볼거리를 제공하였다.

② 주제통합수업의 어려움

주제통합수업은 학생들에게 정직, 자존감, 정의 등의 가치를 깊이 있게 가르치는 것에는 효과가 있고 매우 유용한 방법이다. 하지만 중등학교에서 익숙하지 않은 방식이기에 많은 어려움이 있었던 것이 사실이다.

첫 번째 어려움은 진도에 대한 부담이었다. 주제통합수업은 이러한 교과서 안의 내용을 일제식으로 가르치는 것이 아니라 주제에 맞추어 교과 내용을 구성하는 노력이 필요하고 수업에서도 모둠별로 탐구하고 표현하는 방식으로 진행되기 때문에 기존 수업에 비해 한 시간에 다룰 수 있는 내용이 적을 수밖에 없다. 그러다 보니 정해진 시간 안에 주제통합을 하면서 교과서 진도도 다 나가야 한다는 압박을 가지게 되었고 시험을 앞두고는 대부분의 교사가 힘들어했다. 특히 주당 시수가 적은 도덕, 기술·가정, 정보, 한문, 음악, 미술, 체육 역시 한 학기에 지필 평가를 2회 실시하고, 음악, 미술, 체육은 지필 평가에서 논술 시험을 봐야 한다는 규정 때문에 '평가를 위한 진도 나가기'를 해야 하는 등 진도에 대한 부담은 모든 교과에 해당되었다.

두 번째는 평가에 대한 어려움이다. 학생들의 통합적인 활동에 대해 서열을 매기기 쉽지 않고 모둠별로 같은 점수를 받는 경우가 많기 때문에 학생들을 객관적으로 다양한 단계로 변별하는 것은 쉽지 않은 일일 뿐 아니라 주제통합수업의 대부분 형태인 협력수업의 취지와도 맞지 않는다. 주제통합수업 후 평가를 어떻게 할 것인지에 대한 어려움으로 교사들에게는 부담과 갈등이 있었다.

세 번째 어려움은 동료 교사들과 협의할 시간과 여유의 부족이었다. 학기 중 교사들과 행정 업무로 협의할 시간은 있지만, 수업에 대한 협의할 시간은 사실 많지 않다. 또 현재 중등학교 교사 문화는 담임교사 간 생활지도 관련 내용으로 협의하거나 같은 학년을 가르치는 동 교과 교사들 간의 진도 맞추기, 시험 범위 결정, 시험 난이도 조정, 평가 문항 제작을 위한 역할 분담 등의 협의 정도가 이루어지지만, 다른 교과 교사와 수업, 교과 내용에 대한 소통과 협력은 찾아보기 쉽지 않다. 이와 같이 타 교과 교사 간 소통하는 문화의 부재는 주제통합수업을 운영하는 데 큰 걸림돌이 되었다.

③ 주제통합 교육과정으로 전환

짧은 기간에 한 가지 핵심 가치를 가르치는 것에는 효과도 있었지만 여러 가지 어려움과 한계가 있었다. 어려움을 해결하고 더 효과적인 교육과정을 만들기 위해 주제통합 교육과정으로 전환하였다. 주제통합 교육과정은 통합적인 활동에 강조점을 두는 것이 아니라 1년 동안 여러 학생에게 필요한 핵심 주제를 선정하여 그 가치에 맞는 교육 내용이 교과에 있을 때 통합하여 구성하는 교육과정이다. 그래서 학생들과 교사가 처음 만나 서로를 알아 가야 할 시기인 3~4월에는 '관계'라는 주제로, 체험 활동이 계획되어 있는 5~6월에는 학교 행사와 연계할 수 있도록 '생태와 환경'을 주제로 통합수업을 구성하였다. 어떤 교과가 통합수업에 참여할 것인지는 교과가 자율적으로 선택할 수 있도록 하였다. 또 계획을 세울 시간을 2월 근무 시기에 편성하도록 하여 시간적으로 여유를 갖고 편성할 수 있도록 하였다.

◆ 3~4월 '관계' 주제통합수업

관계라는 주제는 초등학교에서 중학교에 입학하여 낯선 환경에 잘 적응하고 2, 3학년 역시 새 학년 새 학기를 맞아 새로운 친구들과 서로를 알고 적응하는 데 도움이 되는 수업을 하자는 의견이 모아져 진행하였다. 자기소개하기, 마니또, 나 전달법과 대화법, 갈등 해결법 등으로 진행되었다. 이러한 수업은 처음 계획한 목적대로 학생들이 학급과 학교 적응에 상당히 도움이 되었다. 특히 1학년은 학기 초에 출신 학교별로 어울려 세력을 만들고는 대항하는 분위기가 형성되곤 하는데 '관계'를 중심으로 한 수업 이후 출신 학교와 상관없이 서로 친해지는 계기가 되었다.

3~4월 '관계' 주제통합수업의 내용은 다음과 같다.

- 국어
  - '자기소개' 내용을 선정하고 조직하기
  - 개요 작성하고 제작한 PPT 발표하기, '나 전달법' 익히기
  - 『이 선생의 학교 폭력 평정기』 독서 후 학교폭력 관련 토론 및 '나 전달법' 역할극 UCC 제작

- 도덕
  - 모둠원 중 한 명을 선택하여 2주간 관찰하기
  - 관찰한 친구의 장점, 특징을 찾아서 관찰 일기 쓰기
  - 평화적 문제 해결을 위한 모둠 활동(역할극 & PMI 토론하기, 자치법정)
  - 비폭력 대화/WANT로 말하기
  - 역지사지 활동/'나 전달법' 달인 되기

- 영어
  - 친구에 대한 정보를 영어 문장으로 수집하고 영어로 친구를 소개하기
  - 고마움을 느끼는 사람 정하기, 그 사람의 장점 적기, 감사 편지 쓰기

- 정보
  - 친구에 대해 자세히 알아본 후 친구 소개 UCC 동영상 만들기

- 음악
  - 친구의 특징을 살리는 가사를 작성하고 간단한 가락을 만들어 노래 부르기
  - 학교폭력 예방 캠페인 노랫말과 가락 만들기
  - '친구 사랑'을 주제로 한 M/V 시놉스 만들기

- 역사 · 사회
- 역사를 쓸 가족을 선정하기
- 사료 수집하고 가족의 역사 쓰고 발표하기
- 문화 갈등 사례 조사하고, 문화 공존 방안 모색

'나 전달법'은 학교 수업으로만 끝난 것이 아니라 집에서 부모와 하는 대화 중 서로 상처를 주는 대화를 나 대화법으로 다시 만들어 해 보고 느낌을 적어 오는 '부모님과 함께 하는 과제'로 진행하였는데 감사하다는 학부모의 반응이 있었다.

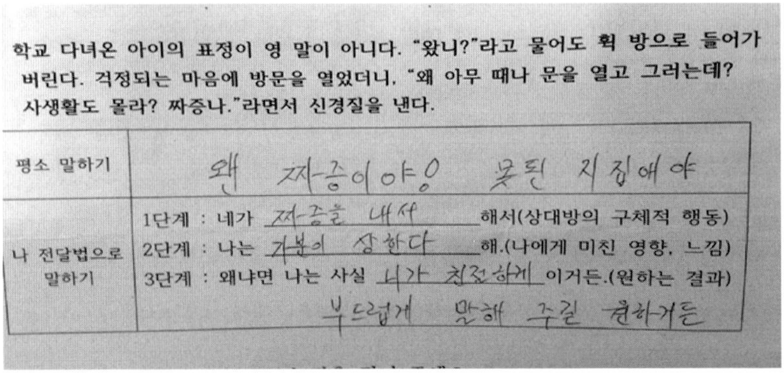

학교 다녀온 아이의 표정이 영 말이 아니다. "왔니?"라고 물어도 휙 방으로 들어가 버린다. 걱정되는 마음에 방문을 열었더니, "왜 아무 때나 문을 열고 그러는데? 사생활도 몰라? 짜증나."라면서 신경질을 낸다.

평소 말하기	왜 짜증이야앙 못된 지집애야
나 전달법으로 말하기	1단계 : 내가 짜증을 내서 해서(상대방의 구체적 행동)
	2단계 : 나는 기분이 상한다 해.(나에게 미친 영향, 느낌)
	3단계 : 왜냐면 나는 사실 네가 친절하게 이거든.(원하는 결과)
	부드럽게 말해 주길 원하거든

그림 8-6 가정에서 부모와 함께 할 수 있는 '나 전달법' 학습지

◆ 5~6월 '생태와 환경' 주제통합수업

'의리'를 주제로 한 통합수업에서 1학년 식물을 키워 관찰 일지를 작성하고 보고서를 쓰는 과정에서 가을에 식물이 잘 자라지 않아 여러 어려움이 있었다. 2차 실행에서 이것을 또 진행할 것인가에 대해 많은 고민을 했고 관련 교과 선생님들의 협의 끝에 지난해에 잘 이루어지지는 않았지만 식물이 잘 자라는 봄에 진행하면 좋은 내용이니 다시 해 보자고 결정하였다. 작년 계획에서 몇 가지 수정을 했다. 미술 교과와 국어 교과는 기간이 길어지는 문제가 있어 참가하지 않고 수학과 과학 두 과목만 진행하기로 했다. 또 개인별 식물을 키우면 개인차가 심해 모둠별로 식물을 키우고 학생들이 잘 아

는 상추, 토마토, 고추 같은 야채를 키우기로 하였다. 진행 과정은 같은 교무실을 사용하는 수학, 과학 교사가 주도적으로 진행하면서 다른 교무실에 있는 교사와 주기적으로 소통하는 형식으로 진행되었다.

한 번 경험한 과정이었기 때문에 수학, 과학 교사의 협의도 자연스럽게 잘 이루어졌고 학생들도 모둠별로 매일 번갈아 가며 물을 주는 등 잘 키우면서 관찰 일지를 작성했다. 학생들의 수업 만족도 높았다.

3) 주제통합수업을 통한 인성교육의 시사점

기존의 학교 인성교육은 교사들의 공동체적 논의 없이 각 교사의 개인 역량에 따라 이루어졌다. 예를 들어, 담임교사는 정직을 중요하게 생각하고 국어 교사는 바른말 쓰기, 도덕 교사는 친구 배려하기를 강조하는 식이다. 학생 입장에서 보면 이 모든 것을 배우기보다는 그 수업 시간을 잘 넘기기 위하여 어떻게 반응해야 하는지를 배울 수 있다. 또 수업 시간에는 시험에서 높은 성적을 위해 친구와의 경쟁에서 이기는 것을 강요하고 인성교육은 방과후 프로그램이나 학급 활동을 위해 별도로 배운다면 학생들은 매우 혼란스러울 것이다. 학교에서 인성교육이 제대로 이루어지려면 교육의 주체인 교사들이 어떤 내용의 인성교육을 할 것인지 함께 모여 공동의 목표를 세우고 추구하는 방향을 통일하여 지속적으로 교육하는 것이 필요하다. 인성교육은 학생들이 가장 중요하게 생각하고 집중하는 수업 시간을 활용하여 진행되어야 한다. 국어 교사가 교과 내용을 통하여 친구들과 소통하는 것을 중요하다고 이야기했는데 수학 교사가 들어와서 수학 내용을 통해 똑같은 것을 강조하고 가르칠 때, 아이들은 우리 학교 문화에서는 친구들과 소통하는 것이 중요하다는 것을 몸으로 배울 수 있다. 더 중요한 것은 중요한 가치를 학교 목표로 세우고 가르치려고 노력하는 과정에서 교사와 학생, 교사와 교사 간에 서로를 존중하고 예의 있게 행동하려는 문화가 형성될 수 있다는 것이다. 교육 목표가 수업 시간뿐만 아니라 학교 문화에 스며들어야 바른 인성교육이 된다. 주제통합수업만이 인성교육의 유일한 길이라고는 할 수 없다. 인성교육을 위해 반드시 주제통합수업을 해야 하는 것은 아니다. 하지만 인성교육이 학교에서 제대로 진행되기 위해서 어떤 가치를 가르칠 것인지 함께 정하고 그 가치를 위해 수업과 생활교육을 어떻게 해야 할지 함께 고민하는 노력은 반드시 필요하다고 생각한다. 주제통합수업의 경험은 이것을 증명했다고 할 수 있다. 따라서 인성교육을 제대로 하기 원하는 학교의 주체라면 '전 교사가 함께' '수업 시간을 통하여' 인성교육을 할 수 있는 방안을 찾는 것이 필요하다.

부록 1

경청교육 활동지

역할극: 두 명씩 짝을 지어 두 가지 경우 느낌을 나누기

1. 상대방이 이야기할 때 최선을 다해 들어주고 호응해 주기

이야기 내용: 방학 때 있었던 일

　　　　　　내가 좋아하는 연예인

　　　　　　내가 좋아하는 TV 프로그램

2. 상대방이 이야기할 때 딴짓을 하거나 중간에 엉뚱한 질문을 한다.

친구가 경청해 줬을 때의 느낌, 생각	친구가 경청하지 않았을 때의 느낌, 생각

ㄱ. 가벼운, 감격스러운, 감동한, 감미로운, 감사한, 개운한, 고마운, 고요한, 기대에 부푼, 기력이 넘치는, 기쁜, 기운이 나는, 긴장이 풀리는, 끌리는

ㄴ. 누그러지는, 느긋한

ㄷ. 담담한, 당당한, 두근거리는, 든든한, 들뜬, 따뜻한

ㅁ. 만족스러운, 매혹된, 뭉클한

ㅂ. 반가운, 벅찬, 뿌듯한

ㅅ. 사랑하는, 산뜻한, 살아 있는, 생기가 도는, 상쾌한, 신나는

ㅇ. 안심이 되는, 여유로운, 용기 나는, 원기가 왕성한, 유쾌한

ㅈ. 자신감 있는, 잠잠해진, 재미있는, 정겨운, 정을 느끼는, 즐거운, 진정되는, 짜릿한

ㅊ. 차분한, 충만한, 친근한, 친밀한

ㅌ. 통쾌한

ㅍ. 편안한, 평온한, 평화로운, 포근한, 푸근한

ㅎ. 행복한, 홀가분한, 흥미로운, 환희에 찬, 활기찬, 황홀한, 후련한, 훈훈한, 흐뭇한, 흔쾌한, 흡족한, 흥분된, 희망에 찬, 힘이 솟는

ㄱ. 가슴이 미어지는, 간담이 서늘해지는, 갑갑한, 거북한, 걱정되는, 겁나는, 격노한, 겸연쩍은, 고단한, 고독한, 곤혹스러운, 공허한, 괴로운, 구슬픈, 귀찮은, 그리운, 근심하는, 긴장한, 김빠진, 까마득한, 꿀꿀한, 끓어오르는

ㄴ. 낙담한, 난처한, 냉담한, 노곤한, 놀란, 눈물겨운

ㄷ. 답답한, 당혹스러운, 두려운, 뒤숭숭한, 따분한, 떨떠름한, 떨리는

ㅁ. 마음이 아픈, 막막한, 맥빠진, 맥 풀린, 멋쩍은, 멍한, 목이 메는, 무감각한, 무기력한, 무력한, 무료한, 무서운, 무안한, 민망한

ㅂ. 밥맛 떨어지는, 부끄러운, 분개한, 분한, 불안한, 불편한, 비참한

ㅅ. 서글픈, 서러운, 서먹한, 서운한, 섬뜩한, 섭섭한, 성가신, 속상한, 숨 막히는, 슬픈, 신경 쓰이는, 심심한, 쑥스러운, 쓰라린, 쓸쓸한

ㅇ. 안절부절못한, 안타까운, 암담한, 애끓는, 애석한, 야속한, 약오르는, 어색한, 억울한, 언짢은, 염려되는, 오싹한, 외로운, 우울한, 울적한, 울화가 치미는

ㅈ. 적적한, 절망스러운, 정떨어지는, 조마조마한, 조바심 나는, 좌절한, 주눅 든, 지겨운, 지긋지긋한, 지루한, 지친, 진땀 나는, 질린, 찝찝한

ㅊ. 참담한, 창피한

경청 정의 만들기

경청이란 _____ (이)다.

부록 2

주제통합수업 템플릿

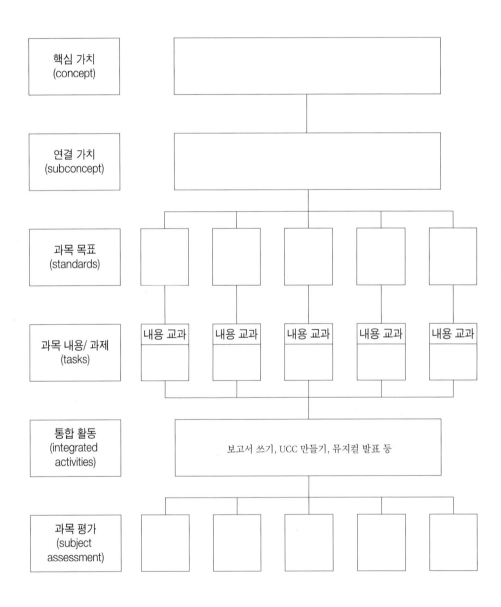

핵심 가치 (concept)	
연결 가치 (subconcept)	
과목 목표 (standards)	
과목 내용/ 과제 (tasks)	내용 교과 내용 교과 내용 교과 내용 교과 내용 교과
통합 활동 (integrated activities)	보고서 쓰기, UCC 만들기, 뮤지컬 발표 등
과목 평가 (subject assessment)	

부록 3

1학년 주제통합 프로젝트 학습 운영 계획

'자연, 환경과 공존하는 인간의 의리의리한 삶'

1. 목표

• 주제통합 교육과정 운영을 통해 교과 간의 연계성을 찾고 학생들에게 학습의 연계성을 갖게 한다.

• 학생들의 참여와 협력을 통한 문제 해결식 프로젝트를 진행함으로써 사고력을 신장시킨다.

• 자연과의 의리(공존)를 주제로 한 활동을 통해 자연의 소중함을 깨닫고 자연과 인간의 공존적 삶의 필요성을 알게 한다.

• 자연을 느끼고 환경을 생각하며 친환경적 삶을 실천할 수 있는 태도를 갖게 한다.

2. 교과별 세부 목표

교과	세부 목표
국어	• 설명 방법을 파악하며 설명하는 글을 읽을 수 있다. • 설명 방법에 맞는 글을 쓸 수 있다. • 여러 가지 설명 방법을 적용하여 보고서를 작성할 수 있다.
미술	• 재활용품을 이용한 화분을 만들 수 있다. • 아름다움이 있는 화분으로 탈바꿈할 수 있다. • 독특한 형태의 화분으로 만들 수 있다.
과학	• 광합성에 영향을 주는 요인을 찾을 수 있다. • 광합성이 잘 일어나는 조건을 찾아 식물을 기를 수 있다. • 식물의 성장 과정을 관찰할 수 있다.
수학	• 주어진 자료를 이용하여 도수분포표를 만들고 자료를 분석할 수 있다.
도덕	• 환경의 중요성을 알고, 환경 파괴의 원인과 실상에 대해 설명할 수 있다. • 소비가 환경에 미치는 영향을 이해하고, 환경을 생각하는 소비를 실천할 수 있다. • 환경문제 해결을 위한 구체적인 실천 방안을 알고, 이를 생활 속에서 실천할 수 있다.

한문	• 환경과 관련된 한자 단어의 뜻을 이해하고 문장 속에서 활용할 수 있다.
사회	• 세계화 시대에 자연환경 파괴 사례를 말할 수 있다. • 환경을 생각하는 친환경적인 개발의 사례를 조사하여 발표할 수 있다. • 자연환경 파괴와 친환경 개발 사례를 조사한 생태 신문을 만들기를 통해 환경을 생각하는 태도를 갖는다.
영어	• 날씨 등을 설명할 때 비인칭 주어를 사용할 수 있다. • when의 의미를 알고 적절하게 사용할 수 있다. • 영어로 가을 날씨를 묘사하는 시를 쓸 수 있다.
음악	• 다양한 시대의 음악을 듣고 악곡의 특징을 이야기할 수 있다. • 악곡을 듣고 그 느낌을 표현할 수 있다.
체육	• 인간이 자연과 공존해 살아가야 하는 것은 선택이 아니라 필수라는 점을 알 수 있다. • 트래킹에 흥미를 갖고 자연과 더불어 살아가는 공존의 태도를 기를 수 있다.
기술·가정	• 발명 아이디어 발상법 및 발명 기법을 알고 활용할 수 있다. • 친환경 제품에 대한 창의적인 아이디어를 발상할 수 있다. • 요리 실습하면서 음식물 쓰레기를 줄일 수 있다.

3. 세부 진행 내용

교과		시기	과제 활동 내용
식물과의 의리 프로젝트	국어	10. 20. ~ 11. 07.	• 1~4차시: 글에 사용된 설명 방법을 파악하기/설명 방법에 맞는 글 써 보기 • 5~8차시: 보고서 작성 절차 및 과정 익히기/관찰 일지, 활동지를 바탕으로 보고서 개요 작성하기 • 9~12차시: 관찰 보고서 작성하기 • 평가: 설명 방법 적용하여 보고서 작성하기(수행평가 10점 반영)
	미술	8. 25. ~ 9. 19.	• 1~2차시: 재활용에 관한 설명을 듣고, 재활용품을 이용한 화분 만들기를 이해하고 아이디어 스케치하기 • 3~4차시: 아이디어 스케치대로 재활용 화분을 만들고 아크릴 물감을 이용해 채색하기 • 5~6차시: 채색 마무리하고 소품 달기 • 평가: 화초 심고 상호 평가(수행평가 10점 반영)
	과학	10. 13. ~ 11. 07.	• 1차시: 광합성에 영향을 주는 요인을 찾고 식물 관찰 계획 세우기 • 2~11차시: 매일매일 식물을 관찰하여 관찰 일지 기록하기/관찰 일지 점검 • 12차시: 관찰 일지 정리 • 평가: 관찰 일지 기록 상태 평가 • 수행평가(국어 수업 중 보고서 쓴 내용)

	수학	11. 03. ~ 11. 07.	• 1~2차시: 과학수업 시 작성한 관찰 일지 통계자료 분석하기 • 3~4차시: 도수분포표 만들기 • 평가: 도수분포표 자료 만드는 과정을 수행평가 태도 점수에 반영
	사회	10. 20. ~ 10. 30.	• 1차시: 현대 사회의 특징(산업화, 정보화, 세계화)과 문제점 파악 – 자연환경 파괴 사례 조사하기 – 친환경적인 개발 사례 조사 • 2차시: 개별, 모둠별 생태 신문 만들기(사진 자료, 환경 파괴 사례와 친환경적 개발 사전 자료를 이용)(수행평가 10점 반영)
환경 과의 의리 프로 젝트	도덕	10. 13. ~ 11. 07.	• 1~3차시: 인간의 삶과 환경의 관련성, 환경의 중요성 알기, 두 가지 자연관 비교하기, 환경문제의 원인과 실상 파악, 소비와 환경의 관계 파악 • 4~5차시: 일회용품, 음식물 쓰레기가 분해되는 과정 조사, 습지의 중요성 조사, 10월 23일 체험 학습 시 일회용품 덜 쓰기, 쓰레기 분리수거 방법에 대해 조별로 토론하고 계획 짜기, 환경, 경제 체험 활동 실천 계획 짜기 • 6차시: 체험 보고서 작성하기, 조별로 돌려 읽고 평가하기, 지속적인 방안 탐구해 보기 • 평가: 보고서 작성하기, 한문 과목과 연계하여 평가(수행평가 10점 반영)
	한문	11. 03. ~ 11. 07.	• 1~2차시: 환경과 관련된 한자 단어를 책에서 찾아보고 단어 뜻 써 보기 • 평가: 도덕 교과 보고서 작성 시 사용된 단어를 한자어 병기하여 적기(수행평가 10점 반영)
	기술 · 가정	10. 13. ~ 10. 31.	• 1차시: 발명 아이디어 발상법 이해하기 – 발명 기법을 이해하고 실생활에서 적용된 예를 찾아보기 • 2차시: 친환경 제품에 대한 창의적인 아이디어를 발상하여 스케치하기 • 3~4차시: 요리 실습하면서 음식물 쓰레기 줄이기
영어		10. 13. ~ 10. 31.	• 1~3차시: 한국 가을 날씨 및 가을 활동 설명하기, 비인칭 주어 / when절 문형 연습 • 4~6차시: 글 이해하기, 시 형식 익히기, 활동지를 바탕으로 시 쓰기(시 작품 전시)
음악		10. 13. ~ 10. 17.	• 1차시: 비발디의 4계 감상 – 4계절에 따른 느낌을 구분하며 감상하기 – 작곡자의 표현 방법 알아보기 • 2차시: 악곡을 듣고 느낀 점이나 떠오르는 이미지 표현하기 • 평가: 교실이나 관현악실에 게시하여 느낌 나누기
체육		10. 13. ~ 10. 17.	• 1차시: 트래킹의 의미와 기술을 익히고 계획 세우기 • 2차시: 장소를 선정하여 트래킹 체험하기

2학년 주제통합 프로젝트 학습 운영 계획

'사회적 약자를 배려, 공감하며 실천하는 사회정의'

1. 목표

- 주제통합 교육과정 운영을 통해 교과 간의 연계성을 찾고, 학생들에게 학습의 연계성을 갖게 한다.
- 학생들의 참여와 협력을 통한 문제 해결식 프로젝트를 진행함으로써 사고력을 신장시킨다.
- 사회 구성원의 의리(사회정의)를 주제로 한 활동을 통해 사회 구성원의 협력과 배려의 필요성을 알게 한다.
- 사회적 약자에 대한 공감과 배려, 공정한 경쟁을 통해서 사회정의를 실천하는 태도를 갖게 한다.

2. 교과별 세부 목표

교과	세부 목표
도덕	• 사회 정의의 의미와 중요성을 이해하고 불공정한 사회 제도를 해결하기 위한 방법을 설명할 수 있다. • 공정한 경쟁의 의미와 조건을 이해하고, 공평하게 경쟁하는 사회를 만들기 위해 노력할 수 있다. • 공감과 배려를 통해 사회적 약자의 인권을 보장하는 자세를 지닌다.
국어	• 논증 방식을 파악하며 주장하는 글을 읽을 수 있다. • 근거를 바탕으로 주장하는 글을 쓸 수 있다. • 논증의 방식을 배울 수 있다.
역사	• 일제강점기 위안부의 역사를 알 수 있다. • 위안부에 관련된 현재의 역사를 파악할 수 있다. • 일본의 망언과 반박 근거를 조사하고, 학생으로서 할 수 있는 일을 찾아 실천할 수 있다.

과학	• 감각기관의 구조와 기능을 익히고 조절 작용이 일어나는 과정을 설명할 수 있다. • 감각기관의 이상으로 장애를 가진 사람들의 다양한 유형을 알아본다. • 장애인의 감각기관을 대신할 수 있는 도구가 어떤 것이 있는지 조사해 본다.
일본어	• 『오체불만족』 발췌 글을 읽고 난 후 감상문을 쓸 수 있다. • 사회적 약자에는 어떤 사람들이 있는지 조사해서 발표할 수 있다. • 사회적 약자를 위해 할 수 있는 일을 쓸 수 있다.
체육	• 경기 규칙에 대한 이해를 바탕으로 스포츠맨십을 실천할 수 있다. • 경기 규칙에 따라서 경기를 함으로써 준법정신과 협동심을 함양할 수 있다.
영어	• 『종이 봉지 공주(The Paper Bag Princess)』를 읽고 전체 내용을 파악할 수 있다. • 일정한 토론 주제에 관해 의견을 주고받을 수 있다. • 본인의 의견을 주장하는 에세이를 작성할 수 있다.
정보	• 주어진 문제를 해결하기 위한 다양한 해결 방법을 찾을 수 있다. • 다양한 문제해결 방법 중 최적의 해결 방법을 선택할 수 있다. • 사회적 약자를 보호할 수 있는 제도를 검색하여 보고서를 작성할 수 있다.
기술 · 가정	• 사회적 약자를 배려하는 마음을 표현할 수 있는 문구(머리글자), 기호 등을 정하여, 이를 파우치에 바느질로 새길 수 있다.
수학	• 생활 속에서 사회적 약자를 배려한 시설물(건축물, 생활도구, 편의시설)을 찾아볼 수 있다. • 사회적 약자를 위한 시설물 속에서 수학적 원리(경사로, 각의 크기, 수평거리 등)를 적용해 보거나 여러 가지 도형을 찾아볼 수 있다.

3. 세부 진행 내용

교과		시기	과제 활동 내용
꽃 할머니 프로젝트	도덕	9.~10.	• 1~4차시: 사회 정의의 의미와 중요성 　- 마인드맵, 그림책(종이 봉지 공주) 활용 토론 활동 　- 모둠 토론 활동(브레인스토밍 & 모서리 토론-정당한 분배의 기준과 조건, 새치기에 대한 탐구) • 5~8차시: 공정한 경쟁의 의미와 공정한 경쟁을 위한 노력 　- 모둠 토론 활동(피라미드 토론-정당화 가능한 역차별 제도에 대한 탐구) 및 토론개요서 작성하기 • 9~12차시: 사회적 약자(위안부)의 고통 공감하기 및 대안 모색하기 　- (역사 교과와 교과 간 통합수업) 　- 『꽃 할머니』(권윤덕, 평화 그림책)를 읽고 모둠 토론 활동(월드카페토론) 하기 　- 희망 나무 만들기(위안부 할머니에게 응원 메시지 보내기) • 평가: 토론 활동 및 토론개요서 작성하기(수행평가 10점 반영)/글쓰기 (수행평가 10점 반영)
	국어	11. 03. ~ 11. 07.	〈주제〉 일제강점기 위안부 피해에 대한 일본의 사죄와 대책 마련 (역사, 도덕 교과와 통합수업) • 1차시: 관련 영상 보기 　- 예시 글을 통해 논증 방식 파악하기 • 2차시: 도덕과 수업과 연계, 도덕과 수업 중에 했던 토의 내용을 조별로 정리 　- 주장에 맞는 근거를 찾아 조별로 활동지에 기록하기 • 3차시: 주장하는 글을 쓰기 위한 개요 작성하기 　- 주장하는 글쓰기 • 4차시: 조원끼리 돌려 읽으며 첨삭해 주기 　- 완성 글 제출 • 평가: 주제와 논증의 방식에 맞는 주장하는 글(수행평가 10점)
	역사	10. 10. ~ 10. 17.	• 1차시: 일제강점기 역사적 배경을 파악하고, 한국정신대대책협의회 위안부 관련 PPT와 위안부 관련 노래들을 통해 위안부의 역사를 파악하기 • 2차시: 현재 위안부의 역사를 파악하며, 일본의 망언과 만행을 조사하고, 이에 반박하는 주장을 완성하며, 모둠별로 할 수 있는 일을 찾아 피켓 만들기

사회적 약자 와의 의리 프로 젝트	과학	10. 13. ~ 10. 31.	• 1~8차시: 눈, 코, 귀, 피부 감각기관의 구조와 기능을 파악하기 • 9~10차시: 시각장애인과 청각장애인의 눈, 귀의 이상에 대해서 조사하기 • 11차시: 시각장애인과 청각장애인 입장에서 다양한 상황 경험하기 • 12차시: 시각장애인과 청각장애인의 불편한 점을 공감하고 그들의 감각기관을 대신해 줄 도구 생각해 보기
	일본어	10. 27. ~ 10. 31.	• 1차시: 『오체불만족』의 발췌 글 읽기 • 2차시: 사회적 약자를 조사하고 도움을 줄 수 있는 일을 조사해서 발표하기
	정보	10. 20. ~ 10. 24.	• 1차시: 문제 해결 과정에 대해 학습하기 • 2차시: 사회적 약자 보호 제도를 검색하여 보고서 작성하기(실습 수행평가에 1점 반영)
	기술·가정	10. 27. ~ 10. 31.	• 1차시: 사회적 약자를 배려하는 마음을 표현할 수 있는 문구(이니셜), 기호 등을 정하기/정한 내용을 파우치에 바느질로 새기기
	수학	10. 13. ~ 10. 17.	• 1차시: 생활 속에서 사회적 약자를 배려한 시설물(건축물, 생활도구, 편의시설)을 찾아보고 모둠별 의논하기 • 2차시: 모둠별로 8절지에 정리하기 　- 사회적 약자를 위한 시설물 속에서 수학적 원리(경사로, 각의 크기, 수평거리 등)를 적용해 보거나 여러 가지 도형을 찾아본 후 모둠별로 다양하게 표현 및 정리하기
영어		10. 20. ~ 11. 07.	• 1, 3, 5, 7, 9차시: 그룹별 토의를 통해 전체 내용을 파악하기 　- 발표(PPT 등) 준비하기 • 2, 4, 6, 8차시: 발표(PPT 등) 하기 　- 토론 주제로 책 내용에 관해 의견 주고받기 • 10차시: 책 내용을 바탕으로 일정 주제에 관한 논설문 쓰기 • 평가: 에세이 쓰기(수행평가 5점 반영)
체육		10. 15. ~ 11. 15.	• 1~6차시: 플로어볼 게임 규칙 배우기 • 7~12차시: 팀별 플로어볼 경기를 통한 스포츠맨십 익히기

2. 역사 교과 수업을 활용한 인성교육[2]

어디로 튈지 모르는 중학생! 대한민국 중학생을 일컫는 말 중 하나이다. 엄청난 혼란과 갈등을 거치는 시기에 있는 우리의 불안한 중학생들을 염두에 둔 표현일 것이다 (고봉익, 이정아, 2015: 4-9). 이들이 건강한 어른으로 자라날 때까지 교사는 포기해선 안된다.

『엄마가 아이를 아프게 한다』는 책이 있다. 부제가 '사랑인 줄 알고 저지르는 엄마들의 잘못'이다. 사랑 부족이 아닌 아이에 대한 이해와 기술 부족을 꼬집고 있다(문은희, 2011). 이 시대의 아이들을 길러 내는 교사도 마찬가지이다. '인성이 녹아 있는 수업', 그것도 내용과 방법에서 아이들의 가슴을 뛰게 하는 수업으로 그 사랑이 의미 있는 사랑으로 나타나게 해야 할 것이다.

필자 역시 현장의 교사로서 매번 부족함을 느낀다. 그러나 우리 아이들에게 무언가 진실하게 해야 하겠기에 나름대로 인성이 있는 수업을 시도하고 있다. 그 고민을 함께 나누고 싶다.[3]

1) 왜 교과 수업에서의 인성교육인가

중학교 학생들은 하루 중 가장 많은 시간을 수업 시간으로 보낸다. 더욱이 수업 시간은 다양한 교사 자원이 투입되어 다양한 내용을 접할 수 있는 기회이다. 이 시간을 무시하거나 소홀히 할 경우 인성교육의 중요한 부분을 놓치는 것이다. 지속 가능하고 최대 효과를 얻기 원한다면 '수업 시간 중 인성교육'에 관심을 두어야 한다. 무엇인가

---

2) 경희여자중학교의 박일승이 사례를 제공하였다.

3) 필자가 생각하는 인성교육의 큰 틀은 그것이 모든 순간에 모든 장소에서, 적시에, 의도적이고도 잠재적으로 이루어져야 한다는 것이다. 인성교육은 지성교육과 분리될 수 없으며, 이벤트적 일회성이 아닌 전 시간, 특히 교과수업 시간 중 지속적으로 이루어져야 한다는 것이다. 수업도 교사의 일방적 훈화 형태가 아닌 교사와 학생, 학생과 학생 상호 간의 대화와 질문과 토론 등의 참여와 소통이 있는 방식이어야 한다. 방향성 측면에서는 내면이 우선되고 이어 외면의 변화로 이어져야 한다. 단지 일회성 가르침에 그쳐선 안 되며 '가르쳐 지키게 함'에 이르도록 지속적인 관찰과 평가가 동반되어야 한다고 본다.

자극적이고 특별한 것을 찾기보다 '다시 수업'을 생각해야 한다. 필자의 전공인 역사 수업을 중심으로 교과 수업에서의 인성 수업 사례를 제시하고자 한다.

2) 역사 수업에서의 인성교육을 위한 준비

필자의 경험에 비추어 보면 교과에서 인성 수업을 하기 위한 가장 중요한 준비는 교사의 인성 수업에 대한 중요성과 필요성에 대한 인식 및 열정이다. 열정이 창조적 방법을 만들어 오기 때문이다. 이 외에 몇 가지 구체적 준비가 필요하다.

(1) 핵심 인성 요소 도출 및 역사적 인물과 사건의 선정

국가 차원이나 학자마다 강조점에 따라 학생들이 갖추어야 할 핵심 인성 요소에 관한 정의가 다양하다. 필자는 역사 수업 시간에 방향성을 가지고 임하기 위해 몇몇 학자의 견해[4] 및 학생 지도 경험에서 나온 개인적 확신을 반영하여 나름대로 핵심 인성 요소를 도출하였다. 영역이 구분되어 있지만 각각의 인성 요소들은 각각의 영역에 서로 연결되어 있다.

사람을 변화시키는 일은 너무나도 어려운 일이다. 변화에는 방향성과 청사진이 있다. 적어도 인성교육에 관심이 있는 교사라면 자신과 함께하는 학생들을 어떤 인성을 가진 존재로 이끌어야겠다는 청사진이 있어야 한다. 이를 위해 일반적으로 통용되는 인성 요소 및 교사 자신이 속한 교육 및 학교 환경을 고려하여 어떤 인성 요소를 강조해야 할지 고민해 보는 작업은 그 무엇보다도 중요하다. 다음의 핵심 인성 요소는 교사 자신이 인성교육의 큰 틀과 관련하여 어떤 것을 강조할지를 고민해 보아야 한다는 측면에서 필자가 선정한 인성 요소들이다.

- 자기정체성과 관련: 꿈, 열정, 인내, 자기조절(절제), 정직, 초월(본질을 보는 철학적 사고)

---

4) 마틴 셀리그먼(M. E. P Seligman,)의 『긍정 심리학』, 채인선의 『아름다운 가치 사전』, 박영배 외의 「교과 교육을 통한 간학문적 인성교육의 방안과 자료개발 연구」 등에서의 인성 요소 참조.

- 타인과의 관계와 관련: 공감, 배려, 나눔, 소통, 협력, 긍휼(불쌍히 여김)
- 보다 나은 세상을 만드는 것과 관련: 분별과 통찰, 정의감, 용기, 실천력(책임감), 지도력
- 보다 수준 높고 행복한 삶과 관련: 희생(봉사), 감사, 겸손, 유머(웃음)

(2) 핵심 인성 요소와 연결되는 역사적 인물과 사건 도출

학생 입장에서 핵심 인성 요소를 잘 습득할 수 있는 역사적 인물과 사건들을 선정하는 작업이 필요하다. 여기에는 교사의 평상시 독서와 경험, 시사에 대한 관심 등이 요구된다. 딱딱한 지식이 아니라 학생들이 생각지 못한 영역을 다루어 줄 수 있으며, 자신의 삶을 들여다보며 생각에 잠길 수 있는 역사적 인물이나 사건 사례를 잘 선정할 필요가 있다.

(3) '인성이 있는 역사' 활동 자료 준비 – 내용

먼저 인성 활동지는 고정된 내용이 아니라는 것을 강조하고 싶다. 매년 내용이 달라질 수 있으며 학생들의 상황에 맞게 변형할 수 있고 또 그렇게 되어야 한다고 본다. 필자 역시 학생들과 활동하기 전 또는 이후에 활동지의 내용을 수정하고 있다.

개인적으로 '책의 민족'이라 부르는 유대인들을 볼 때 부러운 것이 있다. 그들이 가지고 있는 『탈무드』는 탁월한 지혜 · 토론 · 인성 교육서이다. 『탈무드』는 대략 기원전 2세기부터 기원후 6세기까지의 약 800년 이상에 걸쳐 랍비들이 꾸준히 기록해 온 문서로 유대인 교육의 핵심이 되는 교재이다. 탈무드는 그들이 받은 토라(율법)를 연구하고 토론하면서 삶의 현장에 구체적으로 적용하기 위한 필요에서 만들어진 것이다(허정문, 2015: 16-20).

『탈무드』를 보면서 좋은 교육 방법에 선행하여 민족적으로 사용하고 있는 좋은 교육 자료가 있다는 것은 참으로 부럽다는 생각이 든다. 바라건대, 수업에 임하면서 교육 방법을 더 빛나게 할 수 있는 학생들의 눈높이에 맞는 좋은 내용의 자료를 제공하고 싶은 마음이 가득하다.

인성교육은 지성교육과 분리될 수 없다. 올바른 인성은 올바른 지식에 근거한다. 물

론 삶으로 전달되는 것이기에 삶에서의 모범이 중요한 전달 도구가 된다.

다음은 수업 시간 중에 활용하고 있는 '인성이 있는 역사' 활동을 위한 내용 자료이다. 참고로, 자료는 수업 진행 상황에 맞춰 또는 필요한 상황이 발생했을 때 작성하며 영감을 받을 때 미리 제작해 놓기도 한다.

〈활동지 내용 - 예시〉

인성이 있는 역사 활동지   학년 반 이름 : _____

연계단원	Ⅶ 현대 세계의 전개	세부내용	히틀러, 괴벨스 반면교사 (깨어진 성품의 위험)
인성 요소	성품(인격)의 중요성	토론 방법	하브루타

성적 ≠ 성공, 성품 = 성공

아돌프 히틀러! 청중을 휘어잡는 카리스마·뛰어난 연설 능력·동물적인 정치 감각으로 독일의 극우정당 '나치당'을 이끌었던 당수. 합법적 투표를 통해 권력의 중심에 자신의 당을 올려놓았으며 결국에는 1934년 독일의 모든 권력을 손에 쥐고 총리와 대통령을 겸하게 된 총통. 그것도 초대 총통이자 마지막 총통이면서 종신총통. 한 가지만 보면 대단한 인물이지요. 하지만 또 다른 그는 장애인 안락사 작전으로 열등 유전자로 지목된 정신병자나 발달장애인들을 몰살한 인물이며, 반유태주의 전통을 이용하여 600만 명의 유태인을 학살한 인물입니다. 독재자요, 세계를 2차 대전이라는 전쟁 속으로 몰아넣었던 인물이기도 합니다. 그의 최후는 1945년 베를린 지하 벙커에서의 권총 자살이었습니다.

히틀러와 비슷한 또 한 명의 인물이 있습니다. 인간의 감정과 본능을 예리하게 꿰뚫어보는 예술가적 통찰력이 있던 인물이었습니다. '나에게 한 문장만 달라. 누구든지 범죄자로 만들 수 있다.' '대중은 거짓말에 처음에는 부정하고 그 다음에는 의심하지만 되풀이하면 결국에는 믿게 된다.' '이성은 필요 없다. 감정과 본능에 호소하라!'는 말을 남긴 요제프 괴벨스입니다.

그는 나치 독일의 선전장관으로 최후 순간까지 히틀러와 함께 했던 히틀러주의자로 '총통 신화'의 창조자이며 열정적인 선동가요 정치 심리의 천재적 예술가로[1] 독일 대중을 사로잡은 인물입니다. 그는 유년기에 골수염으로 불구가 되어 가난과 장애로 인한 소외를 겪었습니다. 이에 대한 보상 심리로 학업에 열중하였고 그로 인해 뛰어난 지적 능력을 소유하게 되었으며 문학 창작에도 몰두하였습니다.[2]

나치 독일의 군수장관이었던 알베르트 슈페어의 말에 따르면 괴벨스는 의심할 바 없이 나치주의자들 중에서 가장 머리가 좋은 사람이었으며 선전의 천재였습니다. 그러나 깊은 열등감과 증오심을 다스리지 못한 관계로 괴물 같은 존재가 되었던 것입니다. 그는 언론을 장악하고 라디오와 TV를 정치에 이용하여 독일 국민의 의식 속에 히틀러를 세뇌시키며 나치즘에 열광하게 하였습니다. 유태인들을 학살하는 데 앞장섰으며, '복수는 우리의 미덕, 증오는 우리의 의무'라고 외치며 독일 젊은이들이 히틀러를 위한 전쟁에 앞장서게 했습니다.[3] 독재자 히틀러에게 복종하도록 만든 대중 선동의 교과서적 인물 괴벨스의 최후는 히틀러가 자살한 다음날 6명의 자녀와 부인과 함께한 음독자살이었습니다.

수많은 사람들이 자신을 따르게 만들 수 있는 비범한 능력을 소유한 히틀러와 괴벨스! 그러나 자신은 물론이고 많은 사람을 불행하게 만든 문제적 인간의 대명사가 되었습니다. 무엇이 문제인가요? 그들이 갖고 있었던 지적 능력의 부족이 문제일까요? 리더십의 부족일까요?

『성품은 말보다 더 크게 말한다』의 저자 스탠리의 말입니다.
"당신의 성품이야말로 당신의 참 모습이다.
당신이 평생 얼마나 많은 일을 이룰지는 성품의 영향을 입는다.
당신이 남들이 알 만한 가치가 있는 사람인지도 성품으로 결정된다.
당신의 모든 인간 관계는 성품 때문에 잘 되기도 하고 깨지기도 한다.

인성이 있는 역사 활동지　　　　　　　　　　　　　　　학년　반　이름 : _____

> 노력과 행운으로 얻은 재산을 당신이 얼마나 오래 지킬 수 있을지도
> 성품으로 보아 가늠할 수 있다.
> 성품은 실패와 성공과 부당한 대우와 고통에 대한 당신의 반응을 결정짓는 내면의 각본이다.
> 성품은 당신 삶의 모든 면과 맞닿아 있다.
> 성품이 미치는 범위는 당신의 재능, 교육, 배경, 인맥보다 더욱 넓다. 재능, 인맥 등으로 문이 열
> 릴 수 있으나 일단 그 문에 들어선 후 어떻게 될지는 성품으로 결정된다."

　히틀러와 괴벨스의 문제는 성품의 문제였습니다. 그들의 재능과 상관없이 성품이 깨어진 경우 자신은 물론이고 주위 모든 사람을 힘들게 하고 불행하게 합니다. 성품은 그릇과도 같거든요. 그릇이 깨어져 있으면 내용물을 담을 수 없게 되듯 성품이 깨어져 있으면 아무리 좋은 재능이 있어도 새어 나가버리게 됩니다.

　몇 년 전 한 학생의 어머니와 상담을 했습니다. 수학을 무척 잘 하였는데 생활지도부에 자주 불려 다니는 학생이었습니다. 어머니의 말씀이 '공부 잘하면 모든 것이 용서되니까 공부만 열심히 해라'고 가르쳤다고 하더군요. 그 때 충격이었습니다. 공부만 잘하면 모든 것이 용서된다? 오직 공부만 하면 모든 것이 해결된다는 부모의 그릇된 교육열! 그리고 그 생각을 그대로 배워버린 아이! 거친 언어와 행동, 잔머리 굴리면서 겉과 속이 다른 행동을 하고 다니는 아름답지 못한 인격은 주위 학생들과 선생님들에게 눈살을 찌푸리게 하였습니다. 성품보다 성적이 중요하다는 생각, 언제쯤이나 벗겨질 수 있을까요? '듣고, 암기하고, 시험보고, 잊어버리기'를 반복하며 성적 때문에 공부하는 우리의 현실이 언제나 바뀔 수 있을까요?

　논어에 人無遠慮 必有近憂(인무원려 필유근우)란 말이 있습니다. 사람이 멀리 생각함이 없으면, 반드시 가까이에 근심이 생긴다는 뜻입니다. 의역하면 사람이 미래를 생각하지 않으면, 현재의 사소한 것에 근심을 하게 된다는 의미입니다. 꼭 기억하세요! 성적과 재능을 담고 있는 '성품이란 그릇'이 깨어지면 결국은 그 성적과 재능도 버려지게 된답니다.

　분별과 통찰의 눈이 떠지길 바랍니다. 멀리 내다보는 지혜가 있길 바랍니다. 바로 앞 현실의 성적이 여러분을 좌지우지하도록 내버려 두지 마세요. 당장 영어 성적, 수학 성적에 울고 웃지 마세요. 중학교 시기, 독서와 사색을 통해 올바른 철학과 사상을 갖도록 노력하고, 이에 따른 바른 성품을 다듬기 위해 고민하는 시간을 가지세요. 여러분의 생각 속에 기본 예의, 상식, 양심, 사랑, 꿈, 열정, 인내, 절제(자기조절), 정직, 온유, 희락, 배려, 나눔, 공감, 긍휼, 나눔, 친절, 소통, 협력, 화평, 분별과 통찰, 정의감, 용기, 책임감, 충성, 지도력, 회생, 감사, 겸손, 유머, 초월(본질을 보는 철학적 사고), 제 9의 지능 영성 등 이런 단어들이 자리 잡게 하세요. 머리로만 알지 말고 가슴으로 느끼고 손발이 움직이는 데까지 나아가도록 하세요.

　히틀러와 괴벨스가 되지 않도록 브레이크를 걸기 바랍니다. 성취 지향적 인생에서 성품 지향적 인생으로 방향 전환하기 바랍니다. 성적이 성공이 아닙니다. 성품이 곧 성공입니다.

(4) '인성이 있는 역사' 활동 자료 준비 − 방법

자료를 숙지한 후, 개인적으로 충분히 생각할 시간을 갖게 하며, 좋은 질문을 통해 파트너와 질문하고 토론하며 상대방의 생각을 알아 갈 수 있도록 활동지는 하브루타 방식을 응용하여 제작한다.

〈활동지 방법 - 예시〉

인성이 있는 역사 활동지   학년   반   이름 : _____

■ 토의토론을 위한 질문입니다. 스스로 정리해 본 후에 옆의 짝꿍과 짝토론 하겠습니다.
손바닥을 대보고 손가락이 짧은 친구가 먼저 얘기하겠습니다. ^^

Q1. 성적과 성품 중 어느 것이 더 중요하다고 판단하시나요? 그 근거는?	
Q2. 2쪽의 여러 핵심 인성 중 나에게 절실히 필요한 것은? 그 이유는?	
Q3. Q2와 관련, 가장 필요한 한 가지 성품 개발을 위해 구체적으로 실천할 수 있는 적용은 무엇인가요?	

■ 옆의 짝꿍과 함께 하브루타 해보아요. 눈이 큰 사람이 먼저 얘기하겠습니다. ^^

1. Q1과 관련하여 상대방의 내용 중 나의 주장과 다른 점을 적어 보세요.
　짝의 이름 : _____
　짝의 주장 :

2. Q2,Q3를 묶어서 얘기하고 구체적인 적용이 무엇인지 경청해 보고 아이디어를 얻어보세요.
　짝의 이름 : _____
　짝이 절실히 필요로 하는 성품과 그 이유 :

　짝의 적용 :

Q4. 논쟁적 질문을 만들어보고 이 주제로 토론해 보세요.	토론 주제 : _____ 토론 후 글쓰기(나의 입장)

---

1) 랄프 게오르크 로이트, *대중선동의 심리학*, 김태희 (서울: 교양인, 2006), 11.
2) 위의 책, 1026.
3) 위의 책, 883.
4) 앤디 스탠리, *성품은 말보다 더 크게 말한다*, 윤종석 (서울: 도서출판 디모데, 2006), 17.

〈학생 결과물 1〉

인성이 있는 역사 활동지

3 학년 7 반 14번
이름 : 박혜민

■ 토의토론을 위한 질문입니다. 스스로 정리해 본 후에 옆의 짝꿍과 짝토론 하겠습니다.
손바닥을 대보고 손가락이 짧은 친구가 먼저 얘기하겠습니다. ^^

Q1. 성적과 성품 중 어느 것이 더 중요하다고 판단하시나요? 그 근거는?	성품이 더 중요하다고 생각합니다. 성적만 가지고 모든 사람이 성공한다면 흔히 우리가 말하는 SKY 대를 졸업한 사람들은 모두 성공한 삶을 살고 있어야합니다. 하지만 그 중 몇 몇 사람만이 정말 자기자신을 돌아보았을 때 부끄럽지 않은 삶을 살고 있다고 생각합니다. 이 사람들은 좋은 인품 즉 자신의 재능을 담을 수 있는 그릇이 크다고 생각합니다. 히틀러는 굉장히 비상했고 통찰력이 뛰어났지만 그의 그릇을 깨버리며 자신의 어떠한 재능을 담지 못하였습니다. 아무리 좋은 성적과 재능을 가졌더라도 바르지 않은 성품으로 인해 모든 것을 잃어버린 예라고 보입니다.
Q2. 2쪽의 여러 핵심 인성 중 나에게 절실히 필요한 것은? 그 이유는?	제게 필요한 것은 나눔이라고 생각합니다. 여러 사람들과 생활하다보면 남과 나의 것을 함께 공유하기란 굉장히 힘든 것 같습니다. 그러나 함께 나눈다는 것은 그 속에 진정된 즐거움을 담고있었다고 생각합니다. 욕심을 가지려하지않고 남과 함께 나누는 즐거움을 깨달을 필요가 있다고 생각합니다.
Q3. Q2와 관련, 가장 필요한 한 가지 성품 개발을 위해 구체적으로 실천할 수 있는 적용은 무엇인가요?	저는 '나눔우산에'라는 성품을 개발하고 싶습니다. 어느날 비가 오지 않아 우산을 가지고 나가지 않았지만 갑자기 비가 와 당황스러웠던 경험이 있었습니다. 이때 누가 우산을 빌려주면 하고 생각했었습니다. 이에 저는 나눔우산이를 만들어 제가 먼저 우산을 꽂고 남이 사용할 수 있도록 할 것입니다. 그리고 사용한 우산은 다음에 꽂아두면 계속해서 필요한 사람이 사용할 수 있다고 생각합니다. 물론 처음에는 힘들겠지만 제가 먼저 실천해서 실천한다면 양심과 나눔을 동시에 키울 수 있는 성품이 될 수있다고 생각합니다.

■ 옆의 짝꿍과 함께 토의토론 해보아요. 눈이 큰 사람이 먼저 얘기하겠습니다. ^^

1. Q1과 관련하여 상대방의 내용 중 나의 주장과 다른 점을 적어 보세요.
   짝의 이름 : 김예지
   짝의 주장 : 성품이 중요하다. 뛰어난 재능과 리더쉽을 가지고 있지만 성품이 좋지못해 이러한 재능을 즐기지못한 곳에 낭비했다.

2. Q2,Q3를 묶어서 얘기하고 구체적인 적용이 무엇인지 경청해 보고 아이디어를 얻어보세요.
   짝의 이름 : 김예지
   짝이 절실히 필요로 하는 성품과 그 이유 : 열정·끈기라고 입시 등 힘든 일이 많은데 무기력해져서 포기 무력하다고 생각한다.
   짝의 적용 : 플래너·휴식이 꼭 필요하지만 효율적으로 사용해야한다.

개인 토론 주제: 성품이 좋다라는 것만으로 성공할 수 있는가?

	모둠 토론 주제 : 성적과 성품 중에 어떤 것이 중요한가?
Q4. 논쟁적 질문을 만들어보고 이 주제로 토론해 보세요.	토론 후 글쓰기(나의 입장) 저는 성품이 중요하다고 생각하지만 요즘 사회의 모습을 보았을 때는 성적이 중요하지 않다고 생각할 수 없습니다. 그렇기 때문에 공부도 열심히 해야하고 바른 성품을 가질 수 있도록 노력해야한다고 생각합니다. 만약 성적만 좋다면 자신의 어떠한 재능을 담을 그릇이 없고 성품만 좋다면 우리 사회에 적응하지 못할 것입니다. 이에 저는 둘다 중요하고 열심히 해야한다고 생각합니다.

1) 랄프 게오르크 로이트, 대중선동의 심리학, 김태희 (서울: 교양인, 2006), 11.
2) 위의 책, 1026.
3) 위의 책, 883.
4) 앤디 스탠리, 성품은 말보다 더 크게 말한다, 윤종석 (서울: 도서출판 디모데, 2006), 17.

〈학생 결과물 2〉

인성이 있는 역사 활동지

3학년 3반 이름: 위현지

■ 토의토론을 위한 질문입니다. 스스로 정리해 본 후에 옆의 짝꿍과 짝토론 하겠습니다.
손바닥을 대보고 손가락이 짧은 친구가 먼저 얘기하겠습니다. ^^

Q1. 성적과 성품 중 어느 것이 더 중요하다고 판단하시나요? 그 근거는?	성품이 더 중요하다고 생각한다. 왜냐하면 세상은 나 혼자 사는 것이 아니라 다른 사람들과 함께 어울리며 살아가는 것이기 때문이다. 나치스의 히틀러나 괴벨스를 보면 아무 쓸모없이 성적은 좋지만 성품이 올바르지 못한 사람이 많은 것을 거부한다면, 세상은 망가져가고 어지러워질 것이다. 따라서 비록 성적이 좋지 못한다라도 성품이 아름다운 사람이 세상으로부터 인정받고, 행복해질 수 있다
Q2. 2쪽의 여러 핵심 인성 중 나에게 절실히 필요한 것은? 그 이유는?	현재 나에게 필요한 것은 감사이다. 항상 모든 것에 감사할 줄 아는 태도를 가져야 할 것 같다. 항상 내가 갖고 있는 것들에 만족하지 못하고 감사하지 않고 더 많이 갖기 위해 욕심을 부리는 한다. 현재 내가 갖고있는 것들을 항상 소중하게 여기고 아껴간다 한다면 감사하며 살면 현재보다 더 여유롭고, 만족스럽고, 행복하게 살 수 있을 것 같다.
Q3. Q2와 관련, 가장 필요한 한 가지 성품 개발을 위해 구체적으로 실천할 수 있는 적용은 무엇인가요?	매일 자기 전에 오늘 감사했던 일들을 생각해본다. 내가 오늘 다른 사람에게 도움을 받아서 감사했던 일, 소중한 사람이 곁에 있으므로 행복한 마음을 매일 항상 생각하면면, 내 인성은 성숙할 수 있다. 또한 내가 고마운 사람들에게 감사의 말을 전하면 신뢰도 쌓이고 더 두터워질 것이다.

■ 옆의 짝꿍과 함께 토의토론 해보아요. 눈이 큰 사람이 먼저 얘기하겠습니다. ^^

1. Q1과 관련하여 상대방의 내용 중 나의 주장과 다른 점을 적어 보세요.
   짝의 이름: 최예은
   짝의 주장: 태도가 평등 못한 사람은 인정받지 못한다.

2. Q2, Q3를 뒤에서 얘기하고 구체적인 적용이 무엇인지 경청해 보고 아이디어를 얻어보세요.
   짝의 이름: 최예은
   짝이 절실히 필요로 하는 성품과 그 이유: 감사 / 세상에 나보다 부족한 사람이 많은데 많이 갖는 내가 감사하지 않으면 그분들을 모욕하는 것이다.
   짝의 적용: 사소한 것부터 시작하여 감사한다.

개인 토론 질문: 나라의 이익을 위해 국민들을 거짓말로 세뇌시키는 것이 과연 옳은가?

모둠	토론 주제: 자신의 나라를 위해 다른 민족을 학살하는 것이 옳은가?
Q4. 논쟁적 질문을 만들어보고 이 주제로 토론해 보세요.	토론 후 글쓰기(나의 입장) 다른 민족을 학살하는 것은 옳지 못하다. 세상의 모든 사람들은 평등히 존중받아야 하기 때문에 인권을 침해 해서는 안 된다. 모든 민족들은 다 똑같고 자유롭게 살아가야 하기 때문에, 누군가의 권력 욕망을 위한 수단으로 사용해서는 안 된다. 다른 민족을 학살하는 것은 자신을 괴물과 같은 존재로 만드는 행위이다.

─────────────

1) 랄프 게오르크 로이트, 『대중선동의 심리학』, 김태희 (서울: 교양인, 2006), 11.
2) 위의 책, 1026.
3) 위의 책, 883.
4) 앤디 스탠리, 『성품은 말보다 더 크게 말한다』, 윤종석 (서울: 도서출판 디모데, 2006), 17.

이 외에도 〈표 8-3〉과 자료를 제작하여 '인성이 있는 역사' 수업에 활용하고 있다.

〈표 8-3〉 역사적인 한마디

시대	주제 및 인물
고대	1. 진짜 강함(다윗)
	2. 회의하는 용기(플라톤)
	3. Here and now(디오게네스)
	4. 인생은 사랑입니다(예수와 바울)
중세	5. 어두울수록 빛나는 별(프란시스)
근대	6. 내가 알잖아!(미켈란젤로)
	7. Here I stand(루터)
	8. 진짜 나(루소)
	9. 괜찮아 길이 약간 미끄럽긴 해도 낭떠러지는 아냐(링컨)
현대	10. 사흘만 볼 수 있다면(헬렌 켈러와 설리번)
	11. 성품이 성공이다(히틀러와 괴벨스)
	12. 감동이 있는 웃음(찰리 채플린)
	13. 공부란 무엇인가(아인슈타인)
	14. 내 꿈은 헌신(존 F. 케네디)
	15. I have a dream!(마틴 루터 킹)
	16. Never give up!(윈스턴 처칠)
	17. 한 번에 한 사람씩(마더 테레사)

인성적 요소가 필요하다고 판단되는 상황이 발생하면 특별한 주제와 인물을 수시로 제작하여 적용하기도 했다. 〈표 8-4〉는 그 예이다.

〈표 8-4〉 역사적인 오늘

상황	주제 및 인물
광복절	안중근을 아시나요? (용기, 희생)
한글날	세종대왕 & 송암 박두성 (배려) ('훈맹정음': 지식채널-e 영상물 활용)
세월호 사건	이순신 & 빅터 프랭클 (자기조절, 분별과 통찰, 용기, 초월-본질 추구)
체육과 융합 수업	이순신과 그 곁의 사람들 (리더십과 팀워크)

수업 중 적합한 토론 주제가 나올 시 인성 측면과 연결하여 본격적인 토론 수업으로 연결하여 수업을 진행하기도 한다. 토론 주제는 교사가 제시할 때도 있고 학생들이 논쟁적 질문을 만들어 토론에 임할 때도 있다. 시간이 걸리더라도 후자를 더 권장한다.

〈표 8-5〉 역사 토론

수업 내용	관련된 토론 주제
신항로 개척	신항로 개척은 인류를 위한 역사적 사건이었나? (역사의식, 분별과 통찰, 공감, 배려)
일제강점기	조선총독부 철거는 바람직한 선택이었나? (역사의식, 분별과 통찰)
독립운동 방법	일제강점기 독립운동 노선 중 최선의 방안은? (역사의식, 분별과 통찰)

계속하여 '진짜 일' '진짜 어른' '스플랑크 리조마이' '그룬트비와 윌버포스' 등의 자료를 구상하고 있다.

3) '인성이 있는 역사 수업' 실행

수업과 관련짓거나, 때로는 필요에 따라 수업 진도와 무관하게 '인성이 있는 역사 수업'은 [그림 8-7]과 같은 흐름에 따라 진행된다.

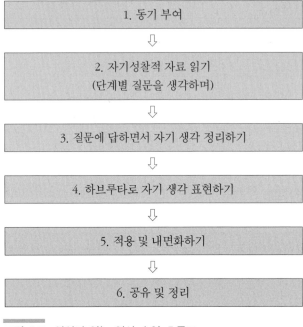

그림 8-7 인성이 있는 역사 수업 흐름도

(1) 동기 부여

자료를 배부한 후 관련 동영상 등으로 제시된 주제에 대해 흥미를 갖고 임할 수 있게 한다. 경험상 여기에는 교사와 학생 간의 평상시 신뢰관계 및 교사의 모범이 선행되어야 좋은 반응을 이끌어 낼 수 있다. 학생이 교사의 수업을 기다리는 형태가 되어야 하며, 교사의 말이 단지 공허한 말이 아니라는 신뢰가 평상시 삶에서 구축되어 있어야 효과를 얻을 수 있다.

개인적으로 앞서 제시한 인성 자료 '성적≠성공, 성품=성공'의 경우 '지식채널 e'에서 제공된 〈괴벨스의 입〉이라는 영상 자료를 활용하여 동기 부여하였다. 때로는 히틀러의 연설 장면을 보여 주면서 대중을 선동하는 그의 언변과 리더십을 언급하면서 읽기 자료에 관한 동기 부여를 하기도 한다.

동기 부여는 교실 및 학생 상황에 따라 교사가 가장 적합한 도구를 선택·사용하여 실행해야 한다. 때로는 사진 자료를 보여 주면서 질문을 유도하거나 개인적인 경험담을 통해 접근하는 것도 좋은 방법이다.

방법-하브루타 관련
KBS스페셜 세계탐구기획 유대인 2부작 〈유대인 1부
-0.2%의 기적, 유대인 성공의 미스터리〉(2009.12.6.)

활동지 내용 관련
〈괴벨스의 입〉(지식채널 e, 2008. 8. 4)
(http://www.ebs.co.kr/tv/show?
prodId=352&lectId=3002198)

[그림 8-8] 역사 속의 유대인

(2) 자기성찰적 자료 읽기 − 질문하며 읽기

제시된 자료를 둘이 함께 읽되 자기성찰의 자세로 질문하면서 읽도록 강조한다. 이 시간은 정확한 내용 이해를 위한 시간이다. 자료에 가슴을 울리는 내용이 포함되도록 구성하였기 때문에 자기성찰적인 자세로 읽되, 마음에 다가오는 부분은 밑줄을 치면서 읽도록 한다. 교사가 자신이 만든 자료에 감동하지 않으면 학생도 감동시킬 수 없다고 믿는다. 질문하면서 읽을 수 있도록 사전에 단계별 질문 생성법을 훈련해 두어야 한다. 다음은 단계별 질문 생성 훈련 자료이다.

자기성찰적 자료 읽기
(단계별 질문을 생각하며)

연계단원	18세기 계몽사상	세부내용	프랑스 계몽주의 거장 - 루소
인성 요소	철학적 사유-본질 탐구, 자기정체성	토론 방법	짝 토론

진짜 나

"세상 사람들은 온통 가면을 쓰고 살고 있다. 거의 자기 자신으로 존재하지 않기에, 자신에게로 돌아가야 할 때에도 항상 자기 자신에게 낯설고 편하지 못하다. 자신이 누구인가 하는 문제는 그들에게 아무 의미가 없으며, 오로지 자신이 어떻게 보이는가 하는 것만이 문제다."*

18세기 프랑스 계몽주의 거장 루소가 그의 저서 『에밀』에서 언급한 내용이다. '진짜 나는 누구인가?'를 고민하게 하는 말이다.

심리학에서 사용하는 용어로 '페르조나(persona)'가 있다. '가면'을 뜻하는 말로 가면을 쓴 나를 말한다. '진정한 나(the Self)'라는 말과 대비되는 용어이다. 둘 다 나를 반영하고 있다. 그런데 우리는 의식하지 못한 사이 '가면 속의 나'를 '진짜 나'로 생각하고 살아가곤 한다. 가면 속의 나를 살찌우고 그럴싸하게 포장하면서, 가면 뒤 나의 내면 더 깊은 곳에 있는 또 다른 나, 참된 나를 잊어버린 채로……

읽기 자료(일부)

[그림 8-9] 자기성찰 질문

〈토론 및 인성교육을 위한 질문 훈련지〉

학년   반   번 이름: _____

'질문이 있는 교실'을 위한 단계별 질문법

주 제			
질문 단계	도움을 위한 그림	질문의 예	내가 만든 단계별 질문
Step 1. 텍스트 '바로 거기에' 있는 질문 누가, 언제 어디서…, 모르는 단어·구, 핵심어 등 답이 텍스트 한 문장 안에 담겨 있는 질문으로, 정확한 사실적 내용 파악을 위한 질문		① 5W 1H? 특히 why? how? ② ○○단어의 뜻? ③ ~ 문장의 뜻은? ④ 가장 중요한 핵심어는? (아는 것?-독서퀴즈식 & 모르는 것?)	
Step 2. 텍스트 '분석 및 종합' 질문 1을 기초로 저자의 주장 및 근거 등 텍스트의 여러 곳에 흩어져 있어서 여러 부분을 결합해야 답할 수 있는 질문		① 이 글의 요지는(무엇을 설명?) ② 설명을 위한 근거, 증거, 예는? ③ 저자의 주장은? ④ 주장의 근거는?	

Step 3.
'저자의 생각에 대한
나의 해석' 질문
 	
텍스트 행간을 읽으면서
저자의 의도를 묻고, 평가 및
비판하는 등 '나의 생각, 나의
해석'이 들어가는 질문
		① 저자 의도 파악 : 왜 이런 표
		  현(주장)을 했는가?
		② 유추 : 이 내용을 접할 때 떠
		  오르는 생각은?
		③ 가정 : 만약~라면(이었다면) 어
		  떻게 되었을까?
		④ 제시된 내용 공감(수용할 건가?)
		  or 반박(과연 그러한가?)
		⑤ 연관 : 다른 자료에서는 어떻
		  게 말하고 있나?(보충, 반박 등)
		⑥ 비교 : 비교할 때 어떤가?
		  어느 것이 더 나은가?
		⑦ 비판 : 근거는 정확한가? 참인
		  가? 저자 주장에 동의하는가?
		⑧ 평가 : 나의 해석 or 평가는?	

Step 4. 적용과 변화를
위한 질문
 	
텍스트를 떠나 나 스스로에게
성찰적·실천적 질문을 하는 등
적용·문제해결·대안제시 및
새로운 생각 창출을
시도하는 질문
		① 문제해결 및 제기 : ~에 대한
		  나의 대안 or 해결책은? 새롭게
		  제기되는 문제는?
		② 실천적 적용 : 위의 내용을 내
		  삶에 어떻게 구체적 적용할건가?
		③ 의미 및 영향 : 나의 삶에 어
		  떤 관계? 의미 or 영향을 주는가?
		④ 전달 및 영향 : 다른 이에게
		  어떤 나눔과 영향을 줄 것인가?
		⑤ 본질 고민 : 본질적 내용으로
		  고민해보아야 할 토론 주제는?	

질문은 아무나 할 수 있지만 좋은 질문은 아무나 할 수 없다. 좋은 질문이 답을 바꾼다. 좋은 질문은 종종 대답보다 훨씬 더 큰 힘과 영향력을 지닌다. 질문을 보면 그가 어떤 사람인지 알 수 있다(Sobel, A. & Panas, J. 2014: 14-17). 따라서 학생들로 하여금 부단히 좋을 질문을 할 수 있도록 훈련하는 것이 중요하다는 것을 깨닫게 된다.

이를 위해 2015년 질문이 있는 교실을 위한 단계별 질문 생성법 연구에 참여하여 '질문이 있는 교실?로 채워가는! 수업'이라는 자료를 만들었다.[5] 이를 기초로 학생들이 수업 시간에 활용할 수 있는 질문 생성법을 한 장으로 요약하여 토론 및 인성 수업에 활용하고 있다. 학생들이 다양한 텍스트를 접할 때 항상 질문하는 습관을 기를 수 있도록 지도한다면 생각하는 아이로 자랄 수 있을 것이다. 올바른 지식에 근거하여 올바른 생각을 할 수 있는 자질은 인성교육에서 빠뜨릴 수 없는 기초이다.

특히 3, 4단계 질문은 인성 수업에서 중요한 질문이다. 1, 2단계가 텍스트를 분석하고 파악하는 질문이라면 3, 4단계는 이를 기초로 나 자신을 돌아보고 적용까지 이르는 단계의 질문이기 때문이다.

(3) 질문에 답하면서 자기 생각 정리하기

질문은 두 종류로 나눌 수 있다. 교사가 학생들에게 하는 질문과 학생 스스로 만든 질문이다. 활동지에는 교사가 학생들의 인성과 관련하여 꼭 다루었으면 하는 질문을 제시하였으며, 학생들이 스스로 질문하도록 열어 놓음과 동시에 친구들과의 토의·토론을 통해 함께 생각할 수 있는 논쟁적 질문을 만들도록 제시하였다. 자기 생각을 갖도록 강조하는 것은 주입식 인성교육이 아닌 스스로 깨닫는 인성교육으로 이끄는 측면에서 중요하다.[6]

'질문이 하브루타의 핵심'이다. 네 번째 단계에서 하브루타로 친구들과 대화하고 자기의 생각을 나누며, 더 나아가 토론까지 하게 될 경우 '질문'의 중요성은 더욱더 커진

---

5) 서울특별시 교육청(2015). 질문이 있는 교실?로 채워가는! 수업. 질문 생성 단계는 라파엘 교수의 질문 생성 전략인 '질문-대답 관계' 모형(Raphael, 1986)에 기초하여 제작하였다.

6) 후쿠하라 마사히로(2014). 하버드의 생각수업(김정환 역). 후쿠하라 마사히로는 하버드, 옥스퍼드 등 세계 명문 대학의 사람들을 만나는 경험을 통해 세계 최고의 지성이라는 사람들의 공통점은 하나같이 "자신의 생각으로 말하고 그 생각을 논리적으로 이야기한다."라고 강조한다.

다. 질문한다는 것은 생각한다는 것이며, 좋은 질문을 한다는 것은 대화가 질적으로 심화되고, 더 깊이 있는 토의·토론으로 나아가게 된다는 것을 의미한다. 또한 이 과정에서 자기 생각이 정리되고, 다른 친구의 생각까지 고려하게 되며, 더 폭넓은 사고 및 고차원적인 사고에 이르게 된다. 그리고 이 과정에서 사고의 변화와 이어지는 인성의 변화가 일어난다.

다음은 '인성이 있는 역사' 수업 시간 중 교사가 학생에게 하는 질문과 학생이 자신의 질문을 스스로 구분하여 제시한 것이다.

〈표 8-6〉 인성 활동 시 학생 질문

교사가 학생에게 제시하는 질문	〈인성 활동지 '성적≠성공, 성품=성공' 진행 시 교사 질문〉	
	Q1. 성적과 성품 중 어느 것이 더 중요하다고 판단하시나요? 그 근거는?	성품이 더 중요하다고 생각한다. 왜냐하면 세상은 나 혼자 사는 것이 아니라 다른 사람들과 함께 어울리며 살아가는 것이기 때문이다. 나치스의 히틀러나 괴벨스들을 보면 안 두 있듯이 성적은 좋지만 성품이 올바르지 못한 사람이 세상을 지배한다면 세상은 암울해지고 어려워지기 쉬울 것이다. 따라서 비록 성적이 좋지 못하더라도 성품이 아름다운 사람이 세상으로부터 인정받고 행복해질 수 있다
	Q2. 2쪽의 여러 핵심 인성 중 나에게 절실히 필요한 것은? 그 이유는?	현재 나에게 필요한 것은 감사이다. 항상 모든 것에 감사할 줄 아는 태도를 지녀야 될 것 같다. 항상 내가 꿈 꾸는 것들이 만족하지 못하고 감사하지 않고 더 많이 갖기 위해 욕심을 부리기는 한다. 현재 내가 갖고 있는 것들을 항상 소중하게 여기고 아껴야 할 것 같다. 감사하며 살면 현재보다 더 여유롭고, 만족스럽고, 행복하게 살 수 있을 것 같다.
	Q3. Q2와 관련, 가장 필요한 한 가지 성품 개발을 위해 구체적으로 실천할 수 있는 적용은 무엇인가요?	매일 자기 전에 오늘 감사했던 일들을 생각해본다. 내가 오늘 다른 사람에게 도움을 받아서 감사했던 일, 소중한 사람이 곁에 있어서 등 감사한 마음을 매일 항상 생각하면 내 스스로 성장한 수 있다. 또한 내가 고마운 사람들에게 감사의 말을 전하면 신뢰도 쌓이고 더 두터워질 것이다.

〈인성 활동지 '진짜 꿈' 진행 시 교사 질문〉

■ 토의토론을 위한 질문입니다.
　스스로 자기 생각을 갖고, 자기 생각을 정확히 표현해 보기 바랍니다.^^

Q1. '꿈은 명사가 아니라 형용사이다.'는 말을 어떻게 생각하는가?	예) 슈바이처처럼 가난하고 소외된 자들을 도와주는(형용사) 의사(명사) 명사에만 집중하는 우리들의 마음을 세게 뒤흔드는다는 말같다. 매우 멋진 말이어서 대기업 시험에서 꿈을 물어볼 때 이 말을 하고 형용사 + 명사 를 말하면 바로 합격 통지를 받을 만큼의 명언이다!!
Q2. '무엇이 될까'보다 '어떻게 살까'를 고민한다면 내가 살고 싶은 '어떤 삶'이란 무엇인가?	내가 처한 처지를 탓하기 보다 더 아래에서 묻혀있는 사람들을 어루만져주고 함께 눈물하며 일으켜주는 사람이 되고싶다. 예를들면 빈곤에 시달리는 아프리카 주민들을 위해 의학을 공부하는 여러가지 도움이 될만한 학문을 배우고 그들에게 가서 아픈 사람을 치료해 주고 아이들을 위해 학교들을 지어주고 대신 돌아다녀서 캠페인 등으로 책, 연필 등을 많이 보내주는 사람이 되고 싶다. 아직 명사는 잘 모르겠지만 형용사는 정해졌다.
Q3. 나는 장차 어떤 사람으로 기억되고 싶은가?	'나의 사망 기사'를 만들어보세요. 내가 죽은 뒤 신문에 나에 관한 기사가 실린다면 어떤 내용으로 적혀지길 소원하시나요? 어린 시절 '명사가 아닌 형용사가 진정한 꿈이다' 라는 말을 듣고 형용사를 먼저 정한 그녀, 자신만의 이익을 추구하는 자본주의 사회를 비판하는 연설, 강의 등을 열며 유리들의 (그녀는) 진정한 삶의 방향을 잡아나갔다. 그녀의 말을 들은 많은 사람들은 자신의 재산 등을 환원하고 모임에 행복하고 즐겁게 임하였고　　　기부활동을 열성히 하자 우리나라의 행복지수는 OECD 최고를 몇 년 안에 들게 되었다. 그리하여 여러 대학원에서는 김나영교수의 말을 인용하며 '기부와 행복지수의 관계' 등 여러 논문을 내며 세상을 들썩이게 하였고 그녀의 자서전은 유명해졌다. 그 책은 베스트셀러가 되어 여러나라 언어로 해석되어 여러나라에 퍼졌고 그 결과 세계 빈곤층 사망률은 매우 낮아졌다. 또한 여러 사람의 기부활동으로 국가간의 빈부격차는 거의 사라졌고 모든 나라의 아이들이 같은 환경을 유지하게 되었다. 비록 그녀는 이세상에 있지 않지만 이 모임은 그녀가 죽은 뒤 알려진 것에서 그녀는 '가장 조용하게 있는 명예를 쌓은 사람'으로 기억된다.
위의 질문들을 기초로 꿈에 대해 새롭게 배운 것과 나의 꿈은 무엇인지 적어보세요.	원래 나의 꿈은 Q2의 대답과 같은 것이었는데 사망기사를 써보니까 나의 꿈으로 많은 이들을 변화시켜 주고 싶다는 생각이 들었다. 그래서 이 기사를 쓰기 전보다는 훨씬 내 꿈이 더 넓게 확장되었다. 형용사는 정했으니 나의 성격이 명사에 걸림돌이 되지않게 공부를 열심히 해야겠다.

■ 옆 짝꿍과 위의 내용들을 서로 나누면서 하브루타 해 보아요^^

학생 스스로 만드는 질문	〈인성 활동지 Never give up! 진행 시 학생 질문〉 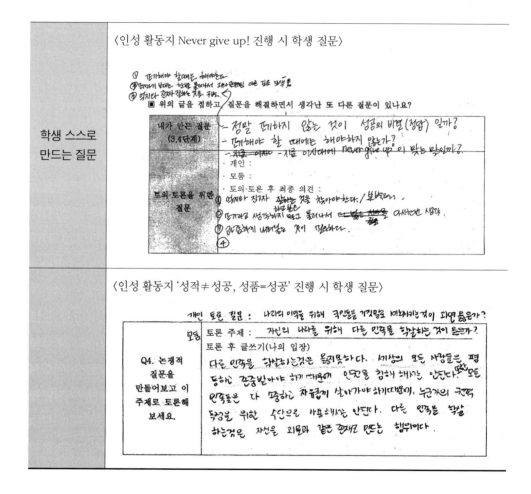

(4) 하브루타로 자기 생각 표현하기

하브루타(תיקון עולם, Havruta)는 둘이서 대화하고 질문하며 토론하는 유대인의 전통적인 학습 방법이다.[7] 특정한 절차나 형식이 없고, 시간 제약에서도 자유로워 매우 쉬운 방식이다. 한 사람도 소외되지 않게 모두 참여할 수 있으며, 이기는 것에 집착하지 않는 비경쟁적 토론 방식이다. 변용 또한 자유롭다. 유대인에게 하브루타는 학교뿐

---

7) 하브루타와 관련된 연구도서로 읽어 본 자료 중 다음의 책을 추천한다. ① 헤츠키 아리엘리(2014), **헤츠키 아리엘리의 탈무드 하브루타 러닝**. 서울: iMD center. ② 전성수(2013) **부모라면 유대인처럼 하브루타로 교육하라**. 경기: 예담. ③ 전성수, 양동일, **질문하는 공부법 하브루타**. 서울: 라이온북스, 2014. ④ 이대희(2014) **한국인을 위한 유대인 공부법**. 서울: 베가북스.

짝과의 하브루타

모둠에서의 하브루타

[그림 8-10] 하브루타 수업 광경

만 아니라 가정과 직장, 군대에서도 자연스러운 문화이다.

인성교육에 있어 하브루타 방식은 매우 유용하다. 일방적으로 듣고 주입되는 훈화성 방식이 아닌, 스스로가 성찰한 인성 관련 내용을 친구와 나누고 질문하고 토론하는 방식을 통해 반성적 사고 및 상대방의 이야기를 통한 자기 생각의 수정 및 확장, 상대에 대한 이해와 공감 능력의 제고, 이로 인한 여과 과정을 거친 자기확신 및 가치의 내면화가 보다 효과적으로 이루어질 수 있기 때문이다.

특히 개인적으로 토론 질문을 만들고 모둠원들과 수정 또는 합의하여 모둠의 토론 질문으로 완성해 함께 토론하고 창의적 합의에 이르도록 협력하는 과정을 통해 이 시대가 요구하는 다양한 인성 요소를 함양할 수 있다.

물론 대화하는 중에 스트레스가 풀리는 것도 부차적인 큰 유익이다. 말문이 막힌 교실에서는 스트레스가 가중된다. 사람은 말하는 존재이다. 교실에서, 인성교육 방법에 있어 일방적이 아닌 말할 기회가 많이 주어져야 한다. 단, 의미 있는 지식에 근거하여 삶과 관련된 삶을 변화시키는 대화가 많아져야 한다.

(5) 적용 및 내면화하기

인성 수업의 경우 특히 강조되어야 하는 부분이다. 자신이 성찰하고 깨달은 내용을 자신의 삶의 변화를 위해 적용하지 않는다면 머리만 커지고 가슴만 부푸는 형태가 될

| Q3. Q2와 관련, 가장 필요한 한 가지 성품 개발을 위해 구체적으로 실천할 수 있는 적용은 무엇인가요? | 저는 '나눔우산꽂이'라는 상품을 개발하고 싶습니다. 비가 내릴때는 비가 먼저 않아 우산을 가지고 나가지 않았지만 갑자기 비가 와 당황스러웠던 경험이 있었습니다. 이때 누가 우산을 빌려주었으면 하고 생각했습니다. 이에 저는 나눔우산꽂이를 만들어 제가 먼저 우산을 꽂아 놓고 남이 사용할수 있도록 할 것입니다. 그리고 사용한 우산은 나중에 다시 돌려두면 계속해서 필요한 사람들이 사용할 수 있다고 생각합니다. 물론 처음에는 힘들겠지만 제가 먼저 계속해서 실천한다면 양심과 나눔을 동시에 키울수 있는 상품이 될수 있다고 생각합니다. |

■ 옆의 짝꿍과 함께 토의토론 해보아요. 눈이 큰 사람이 먼저 얘기하겠습니다. ^^

1. Q1과 관련하여 상대방의 내용 중 나의 주장과 다른 점을 적어 보세요.

　짝의 이름 : 김태서

　짝의 주장 : 성품이 중요하다. 뛰어난 재능과 리더십을 가지고 있지만 성품이 좋지못해 어떤 재능을 좋지못한 곳에 낭비했다.

2. Q2,Q3를 묶어서 얘기하고 구체적인 적용이 무엇인지 경청해 보고 아이디어를 얻어보세요.

　짝의 이름 : 김예기

　짝이 절실히 필요로 하는 성품과 그 이유 : 열정 - 고등학교 입시 통 팀든 일이 많은데, 무기력해져서 필요하다고 생각한다.

　짝의 적용 : 들째나 - 휴식이 꼭 필요하지만 효율적으로 사용해야한다.

[그림 8-11] 내면화 대화

것이다. 손과 발이 움직이도록 하는 과정이 적용 단계이다. '가르치는' 것으로 끝나지 않고 '가르쳐 지키게 하는' 지경까지 나아가기 위해 짝과의 하브루타 과정에서 짝의 주장뿐만 아니라 짝의 적용까지 공유하면서 자기적용의 실현 가능성 및 구체성, 실용성을 비교해 보며 아이디어를 얻게 하였다.

　학생들이 적용을 깊이 있게 하도록 강조하고, 이를 지속할 수 있도록 관찰하고 평가하는 과정이 필요하다. 여기에는 담임교사를 포함한 교과 교사의 관심과 열정이 필요하다.

(6) 공유 및 정리

　하브루타 방식으로 대화하고 질문과 토론할 때 둘 또는 네 명의 모둠 내에서만 이루어진다. 모든 사람이 참여할 수 있다는 장점이 있는 반면 전체가 다양한 생각을 공유하기가 어렵다는 단점이 있다. 이를 위해 '쉬우르(Shiur)'라는 공유하고 정리하는 단계를 거쳐야 한다.

'인성이 있는 역사' 수업을 진행하면서 자신만의 독특한 생각으로 보편적 인성이라 생각되는 사고를 갖지 못한 학생도 보게 된다. 전체적으로 모둠별로 나온 주요 내용을 공유하고 정리하는 시간을 통해 교사가 다양한 사고를 인정하되 보편적으로 나아가야 할 방향성을 제시하고 학생들이 생각지 못하는 부분을 자극하고 보완해 줄 필요가 있다.

'사람 없는 곳에서 사람 되는 것'이 유대인의 교육 모토이다. 유대인은 아무도 보는 사람이 없는 곳에서 바르게 생각하고 바른 행위를 할 수 있는 사람으로 세우는 교육을 추구한다(변순복, 2009: 9-11). 나아가 '티쿤 올람(Tikun Olam)' 사상에서 엿볼 수 있듯이 나를 바르게 하는 것을 넘어 세상에 올바른 영향을 줄 것을 강조한다. '티쿤 올람'은 유대교 신앙의 기본 원리로 '세상을 고친다'는 뜻이다(홍익희, 2013: 96-98; 요셉 슐람, 2013: 59-60). 이처럼 유대인은 어릴 때부터 자신만을 위한 삶이 아니라 세계에 유익을 끼치는 존재가 되도록 사고하고 행동하기를 교육받는다.

이처럼 교사가 먼저 인성교육에 대한 큰 그림과 방향성을 갖고 학생들을 이끌어야 한다. 학생들이 성찰하고 토론한 내용을 공유하고 정리하는 시간에도 마찬가지이다.

4) 역사 수업에서의 인성교육 평가 및 피드백

(1) 수행평가에 반영 - 적극적 참여를 위한 동기 부여

인성 수업을 수행평가에 반영하는 것도 좋은 방법이다. 물론 내적 동기 유발이 가장 최선이겠으나, 현실적으로 점수에 많은 영향을 받는 이 시대 학생들에게 외적 동기 유발을 통한 내적 동기 유발로 나아갈 필요가 있다.

실제로 수행평가에 반영할 때 보다 적극적으로 참여하는 것을 볼 수 있다. 교사가 취지를 잘 설명하고 운영의 묘를 살린다면 교사가 강조하는 인성 수업이 평가에도 적극 반영된다는 측면에서 중요성을 부각하며 적극적 참여를 유도할 수 있다.

(2) 학생에 대한 긍정적 이해 및 부정적 상황 발견과 피드백

인성 수업을 진행하면서 학생에 대해 이해를 더 할 수 있게 된다. 학생들이 자신의

	'나의 사망 기사'를 만들어보세요. 내가 죽은 뒤 신문에 나에 관한 기사가 실린다면 어떤 내용으로 적혀지길 소원하시나요?
Q3. 나는 장차 어떤 사람으로 기억되고 싶은가?	오늘 1견, 희망과 봉사로 학생들에게 빛을 가르친 버가영 선생이 교통사고로 죽었다. 버가영 선생의 모든 제자들과 그 가족들까지 강제 빅 가려를 거쳤을 있다. 버가영 선생은 장애아나 문제아를 버려 않으려 했으며 모두가 포기한 학생도 포기하지 않고 그 학생와 소통하며 노력하면 끝에 그 학생을 변화시켰다. 이렇게 변화시킨 개가들 중에는 국회의원, 변호사, 교수 등도 있다. 그리고 가난한 학생이나 가정에 어려움이 있는 학생에게도 끝없는 관심을 쏟았다. (70이 넘은 나이까지 존경받고 있는 이유가 아닐까 싶다.

[그림 8-12] 나의 사망기사 보기 1

	'나의 사망 기사'를 만들어보세요. 내가 죽은 뒤 신문에 나에 관한 기사가 실린다면 어떤 내용으로 적혀지길 소원하시나요? 몇십년동안 낚시와 기부를 꾸준히 하던 이모씨가 개포대교에서 투신자살을 하였습니다. 이모씨는 겉으로 밝고 사람들에게도 좋은평가를 받았었지만 이모씨는 남모를 아픔이
Q3. 나는 장차 어떤 사람으로 기억되고 싶은가?	있었던걸로 추정됩니다. 이모씨는 평소 인사성도 밝고 사교성도 좋았습니다. 하지만 지인들은 그런 이모씨에 사정과 사연에 황당해 황당했습니다. 지금까지 이모씨에 낚싯대와 기부금은 약 1억3000만원이라고 알려져있습니다. 하지만 시민들이 더 놀라워하는것은 이모씨는 고작 20대 였습니다. 이모씨에 고인의 명복을 빕니다 지금까지 OOO부에 OOO 기자였습니다!

[그림 8-13] 나의 사망기사 보기 2

삶을 노출하기 때문이다. 긍정적인 상황도 있고 부정적인 상황을 발견하게도 된다.

[그림 8-12]는 긍정적으로 자신을 표현한 경우이다. 이런 경우 이 학생에 대한 이해와 더불어 어떻게 도와줄지를 파악하고 담임교사와 더불어 공유할 수 있다.

때로 부정적인 상황을 발견할 때도 있다. [그림 8-13]의 학생은 담임교사에게 자신의 부정적 상황을 노출하지 않았지만 인성 수업 자료를 검사하는 도중 이상하게 생각되어 담임교사와 협조하여 이 학생의 부정적 상황을 학부모로부터 더 자세히 알게 되고 구체적으로 돕게 된 경우이다.

이처럼 평가하고 피드백하는 과정을 볼 때 다양한 잡무에 시달리는 교사에게 교과 수업의 부담 외에 인성 수업의 부담까지 안겨 주는 것이 아니냐고 반문할 수 있다. 물론 수업에만 몰두할 수 있는 교육 여건이 구조적으로 주어지는 것 또한 인성교육에 중요한 과제이다. 그러나 마냥 제도가 바뀌고 환경이 바뀌기를 기다릴 순 없지 않는가!

대안 없는 비판을 하기보다 현재 신음하는 아이들을 위해 나부터라도, 지금 여기서부터라도, 내 교실에서 조용한 개혁을 시작해야 하지 않을까?

(3) '인성이 있는 역사' 학생 설문 및 분석

학생들의 반응을 확인하고 다음 학년도에 반영하기 위하여 수업 시간 중에 진행하였던 '인성이 있는 역사' 활동에 관하여 설문조사를 하였다. 다음과 같은 학생들의 반응 및 변화된 모습을 확인할 수 있었다.

① 말문을 트게 하여 내면의 쉼과 치유를 가져오게 되었다.

> 평소에 이러한 생각을 할 수 있는 시간도 여유도 없다. 항상 숨이 턱턱 막히는 주입식교육 우리에겐 신선한 산소가 필요하다. 공부에 관련 리어서만 토론을 하는 것이 과연 올바른 토론인가? 그렇지 않다. 우리가 토론에 흥미를 떠는 것도 똑같은 원리이다. 왜? 우리에게 맞음을 틔어주기 때문이다. 이러한 수업을 전개해 주시는 박완숙 선생님께 감사의 말을 전하고 싶다.

학생 설문 분석: 주입식 교육으로 숨이 막히는 우리 학생들. 인성 관련 하브루타를 통한 대화와 토론으로 말문을 트게 함으로써 쉼을 얻고 숨통이 터지는 경험을 갖게 하는 데 본 수업이 도움이 되었다.

② 활동지의 내용과 방식이 어떤 학생에게는 인생의 위기 상황을 벗어나게 만들어 주었다.

> '페르소나'
>
> 중학교 2학년 때 한창 방황하고 많이 삐뚤어지 시기에 '진정한 나' 라는 내용을 담고 있는 인성교육을 받아서 나의 정체성에 대해 좀 더 생각하는 수 있게 되었다. '이세상에 맞추가는 가짜의 나가 아선 나의 정체성을 가지고 살아가는 나가 되겠다' 라는 생각이 들었다. 한창 정신 못 차리고 살아가는 시기 에 인성교육이 있었기에 나에 대해 좀 더 생각하고 알아가는 기회가 된 것 같아 좋았다.

학생 설문 분석: '페르소나(persona, 가면 뒤에 숨겨진 나)'와 '셀프(the self, 진짜 나)'라는 인성 활동지를 스스로 탐구하고 하브루타로 대화하고 토론하면서 방황하던 시기에 자신의 정체성을 발견하고 마음을 바로잡는 계기가 되었다.

③ 지식을 뛰어넘은 긍정적인 마음의 변화와 사고의 변화를 가져왔다.

> 내 마음을 움직였고 따뜻해졌으며
>
> 인생수업 후 기분이 좋아졌다
> 느끼는 점이 많았다
> 바른 맨성 박일능쌤이 좋다♡

> 생각의 편견과 막혀있던 벽이 무너졌다.
> 조금더 생각의 폭을 넓혀주고 더많은 생각을 할 수 있게 되었다.

> 내가 다른 중학교에 다녔다면 지금처럼 많은것을 알지 않았고 내가 이걸 하면서 느낀 것이 너무많고 하면할수록 점점 나의 인성이 더좋아지고 예의도 생기고 좀 더 생각하는것이 많았던 것 같아서 좋았고 이런 인성 교육은 나에게 처음이자 시각점인 것 같다

학생 설문 분석: 마음의 안정을 얻게 되고 넉넉한 마음을 갖게 되었으며, 편견과 벽이 무너지는 것을 경험하게 되었다. 더불어 친구와 하브루타 토론을 하는 동안 자신의 좁은 울타리에서 벗어나 생각의 폭이 넓어지고 더 많은 생각을 하게 되었다.

④ 지식으로 끝나지 않고 삶에 적용하는 방법을 배우는 교육이 되었다.

새로운 지식과 함께 마음을 교육하는 인성교육을 해주셔서
감사했고 유익만하고 '아, 이사람이 이렇구나'라는 것인
아는것이아니라 삶에 적용하는 법을 알려주셨던 게기가 된것
같다. 중학교시절에 제일에 좋은 추억이된 것 같고, 나중에
다른 역사들을 배우고 하나하나 지식을 알때 이때의 방법을
사용해서 삶에 적용할 수 있을 것 같다.

* 내가 생각 고민하고 있을 때, '인성 있는 역사수업'을 해면서 도움이 된 것 같다.
굳이 매우 내 마음 속에 불쑥 들어타서 반성과 '아, 이렇게 해야지.'라고
저녁 생각하고 변화한 적들도 가끔! 있어서 너무 감사한 것 같다.
그리고 새로운 앞, 그리고 앞 모 있던 인물들의 새로운 면들 알게되면서 지혜가 차곡차곡
생기는 느낌 미다.

학생 설문 분석: 지식 일변도의 수업이 아닌 스스로 생각하면서 특히 자신의 삶에 지식을 적용하는 지혜를 강조하면서 '삶에의 적용'이란 개념을 알아 가고 미래 생활에서 이러한 방법으로 자신의 삶에 적용하는 법을 배웠다.

⑤ 지식적으로도 심화하였으며 진지하게 올바른 삶에 대해 긍정적 사고를 하게 되었다.

1) 많은 역사적 사실들을 알게되었다.
2) '인성이 있는 역사' 수업을 하기 전에는
   별생각 없이 하루하루를 보냈는데
   '인성이 있는 역사' 수업을 하면서   진지한
   많은 지식과 더불어 교양하고 성숙된 교양을 할수있었다.
   결과적으로 생각이 깊어지고 인성 면에서나 지식면으로나
   성장할 수있었다

학생 설문 분석: 인성교육은 지식과 괴리된 교육이 아니다. 오히려 바른 지식에 기초해야만 그 지식과 사상에 기초하여 인성이 변화될 수 있음을 이 학생의 경험을 통하여 발견할 수 있다. 스스로 참여하여 얻은 삶과 관련된 의미 있는 많은 역사적 사실 습득과 함께 생각이 깊어지고 인생을 돌아보며 진지하게 생각할 시간을 갖게 되는 변화가 있었다.

⑥ 자기 생각을 갖게 되고 사고의 확장을 가져왔으며 소통의 기쁨도 맛보게 되었다.

평소에는 이렇게 나만의 생각을 정립하고 친구와 함께 토의할 기회가 거의 없다. '인성이 있는 역사' 수업를 통해 '나만의 생각'을 자꾸 하게 되고 폭넓은 사고의 확장을 할 수 있었다는 점에서 이런 수업을 받아볼 수 있었음이 감사하다.

틀에서 벗어난 생각을 하도록 만들었다.
(다른 관점과 시각에서 생각해 보는 계기를 주고 학생들의 잠자고 있던 생각과 토론 본능을 깨워주는 살아있는 소통수업이다.)
친구들과 많이 대화할 수 있어서 정말 좋았다.

단순히, 받아적는 주입식 수업보다 다양한 주제로 내 생각을 말할 수 있는 시간이라 좋았다. 또, 한가지 관념이 아닌 여러 관념들에 나의 생각을 맞춰보아서, 생각의 폭을 넓히는 데 도움이 되었다.

학생 설문 분석: 일방적인 주입식 교육에서 궁금증도, 스스로 생각하는 것도 잊어버리게 되는 상황에서 자신만의 생각을 하도록 자극받고 친구와의 토의를 통하여 함께 대화하고 상대의 생각을 들으면서 다양한 관점을 이해하고, 폭넓은 사고의 확장을 갖게 되었다.

⑦ 자신의 생각을 나눌 수 있고 자기 생각이 수용되고 있다는 기쁨을 갖게 되었다. 더불어 더 깊은 생각을 하는 기회를 누리며 말하는 방법도 배우게 되었다.

> 짝꿍과의 하브루타를 통해 짝꿍 생각을 들을때 더 깊게 생각 하게 되고 더 집중이 되는 것 같다.

> 주어진 글을 보고 내 생각을 말하는게 좋았다. 학교라서 하는거라고 선생님 말씀 듣기 싫었는데 이젠 나의 말을 할수있고 들어주는 사람이 있다는게 좋았다. 주어진 글을 보면서 생각할수있는 시간과 아, 이렇게 말을 할수도 있구나 하는걸 느꼈다.

학생 설문 분석: 하브루타는 둘이서 짝이 되어 질문하고 대화하고 토의·토론하는 공부 방식이다. 눈을 마주보고 경청해야만 하고, 둘인 관계로 책임감을 가지고 대화에 참여해야 하기 때문에 집중력을 높이면서 수업에 참여하고 더 깊은 생각을 하게 되는 변화의 모습을 확인할 수 있다.

5) 교과수업에서의 인성교육을 위한 첨언

인성교육에서는 무엇보다 가르치는 교사가 가장 중요한 변인이다. 『최고의 교사』에서 뛰어난 교사들의 공통점 중 하나는 학생들과의 관계가 좋았다는 것이다. 수업 중 인성교육에서는 더더욱 학생들과의 신뢰관계가 중요하다. 특히 교사의 모범, 즉 '가르치는 대로 살고 사는 대로 가르치는' 삶을 지향하는 철학이 있어야 하며 실제로 모범이 되어야 한다. 『후한서』에 "말로 가르치니 거부하고 몸으로 가르치니 따르더라."라는 말이 있다. 교사의 입에서 나오는 말과 삶이 괴리되지 않도록 스스로가 먼저 신독(愼獨)의 자세를 연마해야 할 것이다. 교육에서 교사를 대신할 수 있는 것은 없다.

다른 교과에서도 유사한 방식으로 자신의 과목에 맞게 개발하고 실행에 옮길 수 있다. 배우는 것을 멈추면 가르치기를 멈추게 된다. 인성 수업을 위해서 연구하고 준비하는 것은 각 교과 교사의 몫이다. 그러나 그 열매는 준비의 수고보다 훨씬 더 크고 감동적일 것이다.

참고문헌

고봉익 · 이정아(2015). 어디로 튈지 모르는 중학생의 멘토 부모 되기. 서울: 움직이는서재.

문은희(2011). 엄마가 아이를 아프게 한다. 서울: 예닮.

변순복(2009). 바르게 사는 방법을 가르치는 유대인 교육법, 서울: 도서출판 대서.

허정문(2015). 꿈이 열리는 리쉬마 교육. 서울: KIM 출판사.

후쿠하라 마사히로(2014). 하버드의 생각 수업(김정환 역). 서울: 엔트리.

홍익희(2013). 유대인 창의성의 비밀. 서울: 행성B잎새.

Raphael, T. E. (1986). Teaching Question Answer Reationships, revisited. *The Reading Teacher*, 39(6), 516-522.

Shulam, J. 여호와의 집에 심겼음이여(*Planted in the House of the lord*). 경기: 로이미션. (원전은 2012년에 출판).

Sobel, A. & Panas, J. (2014). 질문이 답을 바꾼다(*Power Questions*). (안진환 역). 서울: 어크로스. (원전은 2012년에 출판).

Chapter 09

비교과 활동을 위한 인성교육 실천사례

- 중학교 담임교사가 제작·실행한 '인성 플래너'의 내용 및 실행 방안을 알아본다.
- 담임교사가 학생들과 의사소통하는 과정에 내재된 어려움을 이해한다.
- 등교, 쉬는 시간, 점심시간 등의 다양한 비교과적 활동의 영역에서 학생을 지도하는 교사가 학생의 인성에 도움을 줄 수 있는 방안을 알아본다.
- 비교과 활동 시 교사와 학생 간의 감정·정서적 상호작용이 일어나는 양상을 이해한다.

학급의 담임교사가 학생 지도 및 인성교육을 위하여 제작·실행한 '인성 플래너'의 구성 및 활용 방식을 살펴봄으로써 비교과 영역에서 교사가 학생들과 소통할 수 있는 가능성을 제고하는 길을 모색해 보고, 학생 지도에서 간과하기 쉬운 다양한 측면에 대하여 오랜 학생 지도 경험을 갖춘 교감의 조언을 듣고, 한 명의 교사로서 불특정 다수 학생의 인성에 영향을 끼치는 방식에 관하여 사고해 본다.

- 담임교사가 학생의 인성 함양을 위하여 실행할 수 있는 효과적인 방법은 무엇일까?
- 수업 시간 이외의 학교생활을 통하여 교사가 학생들의 인성 함양을 위하여 갖춰야 할 자세 및 실천 방안은 무엇일까?
- 교사와 학생의 소통을 향상시키는 방안은 무엇일까?
- 학생과 소통하는 교사의 긍정적인 사례와 부정적인 사례들에 관하여 이야기해 보자.

1. 중학생 대상 인성 플래너 프로그램[1]

1) 학급 인성 플래너 활용의 동기

> "강 선생, 매일 종례 후에 매일 교실에 남아서 하는 게 뭐야?
> 요즘 얼굴 보기가 통 힘들어."

인성 플래너 활동을 하면서 내가 가장 많이 들었던 질문 중 하나이다. 여러 선생님의 반복된 질문에 나는 단지 흐뭇한 미소를 지을 뿐이었다. 내가 담임을 맡은 반의 학생들과 인성 플래너를 통해 나누는 행복한 교감의 기쁨은 직접 경험하지 않고는 구체적인 설명이 어렵기 때문이다.

인성 플래너를 통하여 나는 매일같이 학생들과 연애편지를 주고받으며 아름다운 인성 함양을 꿈꾸었다. 때로는 유치한 이모티콘을 써서 마음을 표현하기도 하고, 때로는 시시콜콜한 신변잡기 이야기를 나누지만 그러한 가운데 오롯이 피어나는 아름다운 인성의 꽃밭을 발견할 수 있었다.

지금까지 나름대로 다양한 모형의 인성교육을 적용해 보았지만 과연 학생들의 아름다운 인성 함양에 얼마나 좋은 영향을 주었을지 늘 의문이 남았다. 다양한 인성교육 프로그램을 적용해 보고, 또 기존에 개발된 인성교육 자료를 활용해 보았지만 늘 마음 한구석에는 일회성 교육으로 끝나 버리는 게 아닌가 하는 아쉬움이 남았다. 이러한 가운데 백화점식으로 나열된 다양한 활동보다 지속적으로 실시할 수 있는 인성교육 활동을 통해 보다 깊이 있고 효과적인 인성교육을 해 보고자 하는 마음이 생기게 되었다. 이러한 고민을 바탕으로 생각해 낸 것이 바로 '학급 인성 플래너'이다.

---

[1] 경희여자중학교의 강승태가 사례를 제공하였다.

2) 왜 인성교육인가

• 공교육의 붕괴, 인성의 부재, 학생 지도의 어려움, 사제 간의 정 상실

현재 대한민국의 교육 현장을 설명하는 말 중에서 밝고 긍정적인 표현을 찾아보기 어렵게 되었다. 그러나 이런 교육 현장의 분위기에 편승하여 학생의 인성 지도의 어려움만 호소하며 손을 놓기에는 우리 학생들의 미래가 너무도 소중하다. 우리 학생들의 미래는 비단 한 개인의 미래일 뿐 아니라 우리 대한민국의 미래이기 때문이다.

최근 교육계의 화두는 '인성'이다. 말로만 화려하게 포장된 인성이 아니라 실제로 학생들에게 올바른 인성을 함양하기 위해서는 어떠한 교육 방법이 필요할까? 변화하는 시대, 변화하는 학생, 쏟아져 나오는 지식의 홍수 속에서 과거와 같은 인성교육 방법만 고수한다면 기대한 만큼의 인성교육 효과를 누리기 어려울 것이다. 사람이 갖추어야 할 기본적인 품성과 덕목이 시대 변화에 따라 달라지는 것은 아니지만 변화하는 학생 수준과 교육 패러다임에 맞게 인성교육의 방식도 변화해야 하는 것이다. 즉, 교사 중심에서 학생 중심으로, 단순한 도덕적 덕목 암기 중심에서 배려와 존중의 실천적 덕목을 강조하는 쪽으로 변모하여야 한다.

최근에 학교폭력과 집단 따돌림 등 학교 현장의 문제가 사회 이슈로 부각되면서 학교 현장의 인성교육 부재를 질책하는 목소리가 드높다. 이러한 점에서 학생들이 매일 자신의 삶을 돌아보고 인성의 실천적 측면을 반성할 수 있는 인성 플래너 활동은 매우 효과적인 인성교육 방안이라 할 수 있다.

3) 학급 인성 플래너 구안하기

학급 인성 플래너는 학급 인성교육의 주체는 '담임교사'라는 확신을 바탕으로 구안되었다. 실제 중·고교 현장에서 담임교사는 자칫 전달 사항을 공지하고 출결을 확인하는 행정 업무 중심의 역할에만 머물기 쉽다. 그러나 담임교사가 단순한 정보 전달자나 학생 관리자의 역할에서 벗어나 교사 본연의 역할에 부합되게 사표(師表)가 되려면 학생의 올바른 인성 함양에 많은 노력을 기울여야만 할 것이다.

기존에 개발된 플래너는 학습 플래너와 시간 활용 플래너에 국한되어 있고 오롯이 인성교육을 목표로 제작된 플래너는 찾아볼 수 없었다. 따라서 담임교사 중심의 인성교육을 위해서는 학급에서 사용할 수 있는 새로운 개념의 인성 플래너를 구안할 수밖에 없었다.

인성 플래너를 통해 학생들은 매일 계획하고 반성하는 습관을 기르고 이를 통해 자연스럽게 인성 덕목을 함양하게 된다. 또한 스승과 제자 사이에 인성 함양과 관련된 글을 나눔으로써 더욱 깊은 관계를 맺으며 사제 간의 정을 돋우는 행복한 학급 문화를 조성한다.

학급 인성 플래너는 인성 덕목을 Happy(행복한 나), Harmony(조화로운 우리), Harvest(아름다운 인성 열매)라는 세 가지로 나누어 총 마흔 가지의 인성 덕목을 내면화하도록 한다. 한 가지 인성 덕목은 5일간 훈화하여 총 200일간 내면화하도록 구성되어 있다.

Happy, Harmony, Harvest의 인성 덕목은 각각 기본에 해당하는 1단계(기본 개념), 구체화에 해당하는 2단계(생활 속 실천), 개념의 확대와 적용에 해당하는 3단계(인성 덕목의 내면화)로 이루어져 있다.

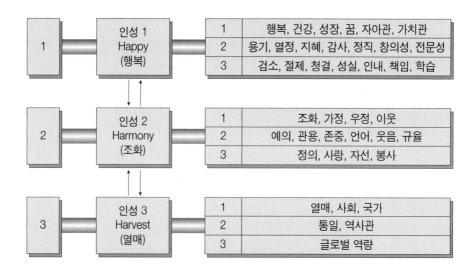

그림 9-1 인성 덕목

또한 인성 플래너에서 가장 중요한 부분이 매일 아침 학생들과 함께 읽고 인성과 관련된 생각을 나누는 인성 훈화 자료이다. 인성 훈화 자료는 다음과 같은 원칙에 의해 체계적으로 선별하였다.

① 내용: 청소년기에 아름다운 인성 함양에 도움이 될 글귀나 사진 자료를 활용한다.
② 형식: 학생들이 부담을 느끼지 않도록 최대 80자 이상을 넘지 않는 단문 형식의 글
③ 활용: 매일 아침 번호 순서대로 한 명의 학생이 당일 해당하는 인성 플래너의 훈화 글을 큰 소리로 읽는다.
④ 적용: 훈화 자료의 하단에 제시된 짧은 질문에 답하며 아름다운 인성 함양의 중요성을 되새기고 실천 의지를 다진다.
⑤ 인성 훈화: 40개의 구체적 덕목에 각 5개의 훈화 자료를 수록하여 총 200개의 훈화 자료로 정리하였다.

학급 인성 플래너는 [그림 9-2]와 같이 크게 네 가지 항목으로 구성되어 있다.

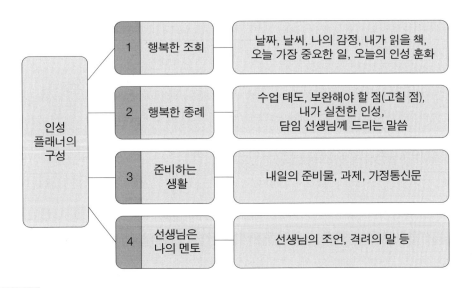

그림 9-2 인성 플래너의 구성

(1) 행복한 조회

① 일반 항목

행복한 조회는 크게 세 부분으로 나누어져 있다. 일반 항목에는 날짜, 날씨 등 기본 사항과 자신의 감정, 읽을 책, 중요한 일 등 하루의 시작을 점검해 보도록 되어 있다. 그리고 간단한 인성 훈화와 질문으로 이루어져 있다.

▶ 행복한 조회

날짜	( )월 ( )일 ( )요일		날씨	
오늘 아침 나의 기분은?	유쾌 ☺ ( ) 우울 ☹ ( ) 보통 ( ) 이유:			
오늘 내가 읽을 책은?				
오늘 가장 중요한 일은?				

② 인성 훈화 항목

인성 훈화 항목은 인성 항목에 따른 총 200개의 인성 훈화 자료를 읽고 간단한 질문에 답을 하면서 아름다운 인성을 함양하기 위한 항목이다.

	제목	〈행복이란?〉	오늘의 한자	幸 다행 행
오늘의 이야기	아리스토텔레스는 행복을 유다이모니아(eudaimonia)라고 했습니다. 행복이란 '자신의 잠재력을 실현하기 위해 노력하는 과정에서 느끼는 희열'이라는 뜻이지요. 나의 잠재력을 실현하면서 행복을 느껴 보세요.			
행복을 과일에 비유하면 무슨 과일일까요?				

③ 한자 항목

한자는 훈화 자료의 옆에 제시되어 있으며 따로 받아쓰거나 하는 과제는 제시하지 않았다. '행복' '조화' '열매'의 세 가지 범주의 인성 항목에 맞추어 한자를 눈에 익히도록 제시하였다. 같은 한자를 5일 연속 보는 가운데 눈으로 익히고 한자에 담긴 인성의 뜻을 되새길 수 있도록 유도하였다.

- '행복' 관련 한자: 幸福, 健康, 成長, 希望, 自我, 價値, 勇氣, 熱情, 智慧, 感謝, 正直, 創意, 專門, 儉素, 節制, 淸潔, 誠實, 忍耐, 責任, 學習
- '조화' 관련 한자: 調和, 家庭, 友情, 近隣, 禮儀, 寬容, 尊重, 言語, 微笑, 規律, 正義, 愛情, 慈善, 奉仕
- '열매' 관련 한자: 果實, 社會, 國家, 統一, 歷史, 世界
  (중첩되는 한자를 제외한 총 77개의 인성 덕목 한자)

(2) 행복한 종례

종례에 해당하는 부분으로서 자신의 수업과 생활 태도를 반성하고 내일의 준비물을 확인하도록 되어 있다.

▶ 행복한 종례

오늘 하루 몇 번 웃었나요?	
오늘 나의 수업 태도는?	
내가 보완해야 할 태도는?	
내가 실천한 아름다운 인성은?	
담임선생님께 하고 싶은 말은?	

(3) 준비하는 생활

▶ 행복한 준비

준비물	
과제	
가정통신문	

(4) 선생님은 나의 멘토

담임교사가 학생이 작성한 노트를 확인한 후 긍정적 피드백을 주고 학생과 교감을 나누도록 구성되어 있다.

▶ 선생님과 나눈 행복

4) 학급 인성 플래너 활동의 전개

학급 인성 플래너 활동은 3월 첫날 오리엔테이션이 끝난 후부터 매일 활동이 실시되었다. 시험 기간이나 학교 행사가 있는 날을 제외하고는 지속적인 인성교육 활동이 진행된 것이다. 또한 매월 말에 인성 플래너를 꼼꼼하게 작성한 사람을 선발하여 시상하였다. 월별 인성 플래너 우수자로 선발된 학생과 우수 내용은 〈표 9-1〉과 같다.

〈표 9-1〉 인성 플래너 우수 내용

연번	월	우수자	우수 내용
1	3월	곽○○	자신이 실천한 아름다운 인성을 구체적으로 잘 기록함.
2	4월	유○○	선생님께 하고 싶은 말을 진솔하게 잘 서술함.
3	5월	민○○	인성 플래너와 별도로 감사일기를 만들어 작성함.
4	6월	권○○	오늘 가장 중요한 일 등에 대한 계획을 꼼꼼하게 기록함.
5	7, 8월	안○○	다른 친구들에 대한 배려와 존중을 구체적으로 실천함.
6	9월	오○○	인성 플래너를 자세하고 구체적인 내용으로 성의껏 기록함.
7	10월	조○○	인성 실천에 대한 자신의 생활 반성이 구체적으로 드러남.

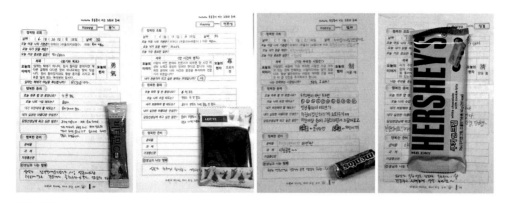

그림 9-3 인성 플래너를 통해 작은 선물을 나누며 칭찬과 격려 활동 전개

    그리고 인성 플래너에 작은 과자류의 선물을 첨부하여 학생들을 격려함과 동시에 인성 플래너를 작성하는 재미를 느낄 수 있도록 유도하였다. 인성 플래너를 통한 칭찬과 격려는 학생 생일, 체육대회 등의 학교 행사, 정기고사 전일에 이루어졌다.

    이렇게 진행된 인성 플래너 활동에 대해 11월 초에 간단한 설문조사를 실시하였다. 인성 플래너 활동을 통해 자신이 겪게 된 가장 큰 변화를 묻는 질문에 대해서 다음과 같은 대답을 듣게 되었다(중복 답변 있음).

- 예전보다 심성이 많이 착해졌다(2명).
- 나 자신의 삶이 많이 행복해졌다(3명).
- 자신에 대해 생각해 보는 시간이 늘어났다(3명).
- 하루를 계획하고 정리하는 습관을 지니게 되었다(13명).
- 담임선생님과의 관계가 더욱 친밀하고 돈독해졌다(9명).
- 다음 날 준비해야 하는 과제들을 잘 준비할 수 있게 되었다(2명).
- 나의 생활을 반성하고 잘못된 행동을 고치려고 노력하게 되었다(7명).
- 기분이 좋아진다. 그리고 나를 다시 한 번 돌아보고 반성하는 기회가 생긴다(1명).
- 오늘 할 일에 대해 미리 생각하게 되었고 그날 하루의 인성에 대해 반성하게 되었다(3명).

- 원래는 담임선생님과 대화가 거의 없었는데 이렇게 하루에 한 번씩 대화하게 된 것이 신기하다(1명).
- 인성 플래너를 꾸미는 것이 재미있고 선생님이 적어 주시는 코멘트도 정말 재미있다. 덕분에 학교생활이 심심하지 않아서 좋다(2명).
- 생활 속에서 아름다운 인성을 실천하는 일이 많아지고 다음 날 학교 오는 것이 기다려진다(1명).

학급 인성 플래너 활동이 매일 수업과 업무, 학생 지도에 여념이 없는 여건에서는 매우 힘들고 고달픈 일임이 분명하다. 매일 많은 시간을 투자하여 학생들 개개인의 인성 플래너를 확인하고 조언해 주는 일은 인성교육에 대한 열정과 의지가 없이는 불가능한 일이다. 하지만 그 가운데에서 교사와 나누는 아름다운 인성의 조언을 듣고 조금씩 변화되어 가는 학생들의 모습을 보는 것은 그 어떤 말로도 표현할 수 없는 기쁨과 만족을 준다.

학생들의 아름다운 인성 함양을 위해 수고하고 애쓴 노력이 금방 가시적인 성과로 드러나긴 어려울 것이다. 그러나 인성 플래너 활동을 통해 매일 조금씩 나눈 인성의 훈화와 조언이 언젠가 학생들의 삶 속에 아름다운 인성 열매로 오롯이 결실을 거둘 것을 확신한다.

〈인성 플래너의 구성〉
- 행복한 조회: 날짜, 날씨, 나의 감정, 내가 읽을 책, 오늘 가장 중요한 일, 오늘의 인성 훈화
- 행복한 종례: 수업 태도, 보완해야 할 점, 내가 실천한 인성, 담임 선생님께 드리는 말씀
- 준비하는 생활: 내일의 준비물, 과제, 가정통신문
- 선생님은 나의 멘토: 선생님의 조언, 격려의 말 등

〈참고자료 1: 학급 인성 플래너 활동 오리엔테이션 자료〉

안내 1
HaHaHa 웃음꽃이 피는 조종례 200일은?

① 목적

자칫 전달사항 위주로만 이루어지기 쉬운 조회와 종례시간을 활용하여 간단한 인성 덕목을 배우고 스스로의 성활태도를 반성한다. 이를 통해 기본 인성을 내면화하고 생활 속에서의 실천 의지를 다지도록 한다. 또한 스승과 제자 사이에 짧은 글을 나눔으로서 더욱 깊은 관계를 맺으며 사제 간의 정을 돋우는 행복한 학급 문화를 조성한다.

② 인성 덕목

인성 덕목을 'Happy(행복한 나), Harmony(조화로운 우리), Harvest(아름다운 인성 열매)' 라는 3가지로 나누어 총 40가지의 인성 덕목을 내면화하도록 한다. 1가지의 인성 덕목은 5일간 훈화하도록 되어 있으며 총 200일간 내면화하도록 구성되어 있다.

Happy, Harmony, Harvest의 인성 덕목은 각각 기본에 해당하는 1단계(기본 개념), 구체화에 해당하는 2단계(생활 속의 실천), 개념의 확대와 적용에 해당하는 3단계(인성 덕목의 내면화)로 이루어져 있다.

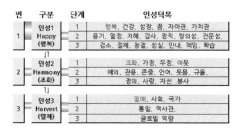

번	구분	단계	인성덕목
1	인성1 Happy (행복)	1	행복, 건강, 성장, 꿈, 자아관, 가치관
		2	용기, 열정, 지혜, 감사, 정직, 창의성, 전문성,
		3	겸손, 절제, 청결, 성실, 인내, 책임
2	인성2 Harmony (조화)	1	조화, 가정, 우정, 이웃
		2	예의, 관용, 존중, 언어, 웃음, 규율,
		3	정의, 사랑, 자선, 봉사
3	인성3 Harvest (열매)	1	열매, 사회, 국가
		2	통일, 역사관,
		3	글로벌 역량

안내 2
HaHaHa 웃음꽃이 피는 조종례 노트 작성법은?

① 구성

이 노트는 크게 4가지 항목으로 구성되어 있다. 1번 행복한 조회 항목은 날짜, 날씨 등 기본 사항과, 자신의 감정, 읽을 책, 중요한 일 등 하루의 시작을 점검해보도록 되어 있다. 그리고 간단한 인성 훈화와 질문으로 이루어져 있다.

2번과 3번은 종례에 해당하는 부분으로서 자신의 수업과 생활태도를 반성하고 내일의 준비물을 확인하도록 되어 있다. 마지막 4번 항목은 담임선생님께서 학생이 작성한 노트를 확인하신 후 긍정적 Feed back을 주고 학생과 교감을 나누도록 구성되어 있다.

Ha Ha Ha 웃음꽃이 피는 조회와 종례	행복한 조회	날짜, 날씨, 나의 감정, 내가 읽을 책, 오늘 가장 중요한 일, 오늘의 인성 훈화
	행복한 종례	수업태도, 보완해야 할 점(고칠 점), 내가 실천한 인성, 담임 선생님께 드리는 말씀
	준비하는 생활	내일의 준비물, 과제, 가정통신문
	선생님은 나의 멘토	선생님의 조언, 격려의 말 등

② 인성 관련 한자학습

1. '행복' 관련 한자 : 幸福, 健康, 成長, 希望, 自我, 價値, 勇氣, 熱情, 智慧, 感謝, 正直, 創意, 專門, 儉素, 節制, 淸潔, 誠實, 忍耐, 責任, 學習
2. '조화' 관련 한자 : 調和, 家庭, 友情, 近隣, 禮儀, 寬容, 尊重, 言語, 微笑, 規律, 正義, 愛情, 慈善, 奉仕
3. '열매' 관련 한자 : 果實, 社會, 國家, 統一, 歷史, 世界

총 77개의 인성 덕목 한자 (중첩되는 한자 제외)

〈참고자료 2: 학급 인성 플래너 표지〉

〈참고자료 3: 학급 인성 플래너 구성 개요도〉

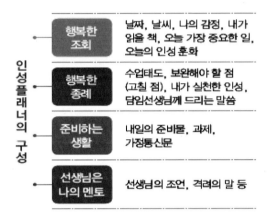

1) 행복한 조회

① 일반항목 : 행복한 조회는 크게 세 부분으로 나뉘어져 있다. 일반 항목에는 날짜, 날씨 등 기본 사항과, 자신의 감정, 읽을 책, 중요한 일 등 하루의 시작을 점검해보도록 되어 있다. 그리고 간단한 인성 훈화와 질문으로 이루어져 있다.

② 인성 훈화 항목 : 인성 훈화 항목은 인성 항목에 따른 총 200개의 인성 훈화 자료를 읽고 간단한 질문에 답을 하면서 아름다운 인성을 함양하기 위한 항목이다.

③ 한자 항목 : 한자는 훈화 자료의 옆에 제시되어 있으며 따로 받아쓰거나 하는 과제는 제시하지 않았다. '행복', '조화', '열매'의 3가지 범주의 인성 항목에 맞추어 한자를 눈에 익히도록 제시되었다. 같은 한자를 5일 연속보는 가운데 눈으로 익히고 한자에 담긴 인성의 뜻을 되새길 수 있도록 유도하였다.

2) 행복한 종례

종례에 해당하는 부분으로서 자신의 수업과 생활태도를 반성하고 내일의 준비물을 확인하도록 되어 있다.

3) 준비하는 생활

준비물, 과제, 가정통신문에 대해서 기록하도록 되어 있다.

4) 선생님은 나의 멘토

담임교사가 학생이 작성한 노트를 확인한 후 긍정적 피드백을 주고 학생과 교감을 나누도록 구성되어 있다.

〈참고자료 4: 학급 인성 플래너 활동 소감 글(편지에서 발췌)〉

저는 2학년 1학기에 올라와 선생님과 1년동안 수업할 수 있었던 것이 큰 축복이라고 생각합니다. 특별한 일이 없는 경우에는 정말 1년동안 담임 선생님과 이야기하는 기회가 흔히 없는데, 선생님께서는 항상 '인성플래너' 등을 통해, 바쁘심에도 묵묵히 학생들과 소통하기 위해 노력해 주시기 때문입니다.

단순히 선생님과 제자로만 여기는 것이 아니라 마음까지 덜어놓는 아빠같은 선생님! 다음 반에 재학될 미련만의 좋은점이 아닐까 생각합니다.

그리고 바쁘신 와중에도 '인성 플래너'를 통하여 저희들의 생각과 고민도 들어주시고, 선생님과 대화를 나눌 수 있게 해 주셔서 감사합니다~ 아침에 새벽 같이 일어나셔서 항상 바르게 사시는 선생님을 보면 정말 저도 바르고 도덕적으로, 부지런히 살아야겠다는 생각이 들어요.

저희반은 다른반과다르게 현종웅도가라 인성플래너도 쓰잖아요! 저는 선생님와 꾸준 동안의 곁에서 얘기가 할수있는거 전 정말 좋아요! 나중에 지내면 뜻은 추억 만들었다고 생각너요 또 너무 축복 받은 거 같아요

인성플래너다
같이 서로 대화할 수 있는 것으로 학생에게 관심을 가져주셔서 정말 좋았어요 선생님인것 같아요. 좋은 선생님을 2년전쯤 먼저하게 보게 해서 좋은 학교 좋은 2학기 일들을 만들어나가 노력하겠습니다!

마지막으로, 강승태 선생님 이번 저희 2-11반 학생들을 열심히 가르쳐주시고, 행복한 인성플래너 답장을 길게 써주셔서 감사합니다~~

아빠, 짱이에요 ♡ ~!!

선생님은 인성플래너에 수준덕.기분.일 등 쓰면 한명한명 전성껏 써주셔서 감사큽니다!

사랑하고 항상 인성플래너 답글을 길게 달아주셔서 감사합니다

인성플래너에 달아주시는 멘트 매일 잘 읽고 있어요.
(물론 다 꼬깃겠지만) 때론 귀찮기도 한데 쓰는날이 기다려진다고 해야하나?

〈참고자료 5: 학급 인성 플래너(2014년)〉

Harmony —— 예의

행복한 조회

날짜	(11)월 (24)일 (월)요일	날씨	딱좋다
오늘 아침 나의 기분은?	유쾌☺ (V)우울☹ ( )보통☺ ( ) 이유: 애들이랑 싸워 곧바로 본 것같다.		
오늘 내가 읽을 책은?	음악교과서		
오늘 가장 중요한 일은?	음악 수행평가, 물리 강당론, 해부두박 숙제, 역사 시험 음원(전화음·오파) 뒤치기, 선조림 암기		

	제목	〈작은 행동 하나에도〉	오늘의 한자	禮
오늘의 이야기	미국 초대 대통령 조지 워싱턴이 14세 때 쓴 노트에 '작은 행동 하나에도 주변 사람을 존중하는 마음을 담도록 하라'는 글귀가 있습니다. 이러한 마음이 바로 예절의 근본입니다.			예의 예
	작은 행동 하나에도 다른 사람들을 존중하십니까?	네		

행복한 종례

오늘 하루 몇 번 웃었나요?	50번
오늘 나의 수업 태도는?	열심히 한듯 안한듯 열심히 했다 ㅋㅋㅋ
내가 보완해야 할 태도는?	과학책을 못 가지고 왔다 ㅠㅠ
내가 실천한 아름다운 인성은?	친구한테 웃음 주었다.
담임선생님께 하고 싶은 말은?	저번 주말에 친구랑 홍차린 강당론 뮤지컬이랑 대본을에 뭐처럼 보러 갔었는데 매들것도 없고 봉거리도 넘넘넘 거기서 (음을 단본)

이라고 같은 천 8명 만들어 앉아 '틀어야한 노래를 나왔는데 아이뜨랑이랑 생분에 불려졌고 경히 맛있어!! 다만 시간에서 뭐처 놓아서 놀이셔해 끝까지이랑 몫이 많이 기억나는 중 보니 우리같은 역시 뽀성에이 이따이만 뭐거라면 같이 더 가까워졌으면 참이로 뭐 위했는데 않는 주제로 관심생겼다 그게서 하비 조것이쪽이 내려버릇 않이었다까 ^^ 대본쯤까
빨리보다 가까워더라자점 그래서 아름이랑 새학선을 통해서만 행러시보며 비렸고 서럽고더라나 ~

행복한 준비

준비물	음자리 강당론, 음악 종례
과 제	음악 음력 정리, 음자리 강당론 쓰기
가정통신문	학교 폭대기 날, 정자기 기망과과 영경 및 시험 범위 (14년2년)

선생님과 나눈 행복

새롭과 경종마름' 선생님도 먹기로 울과요. 대학도 공연도 채워왔요와나오겠노.
날과 배우를 좋도 좋았고 섭 기안교라 풀면 친구들과 시간을 맞추어
또 새밍보로 공연을 보러 가거요노. 모두 기안교나 완강 가정통신문이 나왔어
시킬음록 계획은 좀 세워요! 그학년 시기의 마지막 시험 화선을 다하여
하루에 하나씩, 하나 되는 우리 🌸 ▮ 122

중비하고 좋도 인배껴 결실을 거두기요노. 새울과 내인도 친구들과 아름다운
우정 나누고 멋진으 좋거운 시간 보내길 ~♡

HaHaHa 웃음꽃이 피는 조회와 종례

Harmony ─ 예의

행복한 조회

날짜	(11)월 (26)일 (화)요일	날씨	맑았다
오늘 아침 나의 기분은?	유쾌☺(✓)우울☹( )보통☺( ) 이유: 집에 있으면 (거울을) 발견하였다		
오늘 내가 읽을 책은?	과학 필기 노트		
오늘 가장 중요한 일은?	미술 육신 대체자, R&B 가져, 받기, 과학 필기 정리, 한자 외우기, 대나 연장 돋기, 모듬내장 하자, 이후 문제집 체위하기		

	제목	〈인간과 동물의 차이점〉	오늘의 한자	儀
오늘의 이야기	사람이 동물과 다른 가장 큰 차이가 무엇입니까? 바로 '예의(禮儀)'를 갖춘다는 것입니다. 인간관계가 평화를 유지하기 위해 가장 필요한 덕목이 바로 예입니다.			거동 의
예의가 인간관계의 중요한 덕목임을 확신하십니까?	네			

행복한 종례

오늘 하루 몇 번 웃었나요?	땡땡이 간지럽혀서 웃음이 멋었어요...섭
오늘 나의 수업 태도는?	조금 정신 놓고 졸았다
내가 보완해야 할 태도는?	너무 깜빡하고 과학책을 안가져 와서 짝꿍에게 빌렸다
내가 실천한 아름다운 인성은?	강예안에게 책받침을 빌려줌
담임선생님께 하고 싶은 말은?	어제 되게 떠든 거 있으니 언어여갔어요 아비 동생이 친밀로 비뚤티 삐뚤면 안돼으로 나쁘다해가 같이 연관러 검 있어 매우 동원이 비장상러다 재밌아보는데 어제 한갈라 봤더니 세계 거려이 인간관계란 심범한 거게 맺는데 조금 어려워어요ㅠ 한 커플이 눈 떴인 얼을 들반하는 영경이 거동을 발전해는데 그 커플을 연관해보니 과배 목살일까? 옛분 이유 만데된 거뿐이라 비벌만게 전배배한데 그 심맺에 아련이 사랑 기운이 다 좋았데요.. 얼맞은 아련 발하게서 얘기가 인트러 아이면 네요. 아려도 거너둘이라는데 뭐가 비안해도 안좋은말이 성길 것 같아요㉯께

행복한 준비

준비물	신문지, 목판, 비닐봉지, 청잖
과 제	한자 이름프린트 13~18번 까지 외워오기, 미술 문제집 1대자하기
가정통신문	학교 파매의 날

선생님과 나눈 행복

새롬아 바림상회샘의 해준 이야기는 왠지 으쓰쓰하냐. 선다보아 으쓰한 걸혼은 하게 된 때가 없지? 서롬이가 바림상회짜은 꺼 좋아하는것 같아.
새롬아 '집에 왔던 거길'은 목게? 혹시 북글러 인거길에 영눈 사람은 출간나보냐.

하루에 하나씩, 하나 되는 우리 123

소중하게 쫀 선녀하았. 내년 오모인 1모가 하는 선녀 가슴빼고 활기차게 얺윤히 수업들자넋~ 건강쑤도 조하르 취꾸주도 깔끔하게 선녀하였~ ♡ㅅ♡

〈참고자료 6: 학급 인성 플래너(2015년)〉

행복한 조회

날짜	(5)월 (21)일 (목)요일	날씨	맑음 근데 서늘하고 더움

오늘 아침 나의 기분은?	유쾌☺( ) 우울☹( ) 보통☺(✔) 이유: 졸려서 (?) 자고싶어서

오늘 내가 읽을 책은?	세계역사이야기 1

오늘 가장 중요한 일은?	한자숙제

오늘의 이야기	제목	〈나는 무엇을 소중하게 여기는가?〉	오늘 한자	따라써봐
	'가치관'이란 '내가 소중하게 여기는 것'에 대한 생각과 관점입니다. 나는 무엇을 소중하게 생각합니까? 내가 소중하게 여기는 그것을 얻기 위해 어떠한 노력을 하고 있습니까?		價 값 가	價 값 가

내가 소중히 여기는 것을 찾았습니까?	네, 찾았습니다.

행복한 종례

오늘 하루 몇 번 웃었나요?	약 30번정도.
오늘 나의 수업 태도는?	국어시간에 조금 졸렸다.
내가 보완해야 할 태도는?	잠 푹자기 ^ㅜ^
내가 실천한 아름다운 인성은?	원선이한테 테이프를 빌려주었다.
담임선생님께 하고 싶은 말은?	요즘 미술시간이 좋아요 ^^ (요즘이 아닌가..?)
기쁜 일, 슬픈 일, 건의사항 칭찬(꾸중)들은 일, 궁금한 것 아픈 것, 숙제, 고민거리 등	원래 그리는 거 말고 만드는 걸 좋아했는데 그리는 것도 재미있는거 같아요. 만드는걸하면 만든 작품이 남아서 좋아했는데 오히려 그리는게 작품도 남고 망치는것도 없고 보관도 쉬워서 좋은거같구 ♡♡ 동명쌤도 좋고 지현쌤도 좋구♡♡ 물론 은태 아빠도 너무 좋아♡ WOW! 진짜? ^3^

오늘의 낙서

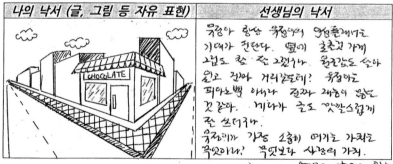

나의 낙서 (글, 그림 등 자유 표현)	선생님의 낙서

바른 마음, 바른 언어, 바른 행동 🌀

학급 인성플래너

행복한 조회

날짜	. (5)월 (26)일 (화)요일	날씨	☀맑고 더움
오늘 아침 나의 기분은?	유쾌☺( )우울☹( )보통☺(V) 이유:할게 많아서		
오늘 내가 읽을 책은?	고전은 나의힘 ; 철학읽기		
오늘 가장 중요한 일은?	국어책 만들기		

오늘의 이야기	제목	〈꼭 가져가고 싶은 것 3가지〉	오늘 한자	따라써봐
	'무인도에 가게 된다면 꼭 가져가고 싶은 3가지'를 묻는 앙케트 조사가 있습니다. 여러분들은 무인도에 갈 때 3가지만 가져갈 수 있다면 무엇을 가져가시겠습니까?		價 값 가	價 값 가
	무인도에 가져갈 3가지는 무엇입니까		가족,친구,밧줄 ...(?)	

행복한 종례

오늘 하루 몇 번 웃었나요?	약 15번 😊
오늘 나의 수업 태도는?	아름다웠다.
내가 보완해야 할 태도는?	할일 미리미리하기 _ !!
내가 실천한 아름다운 인성은?	윤선이한테 물 나눠준것♡ Good!
담임선생님께 하고 싶은 말은?	매일 기대해주시는거 감사해요 'ㅂ' 제가 소중히 여기는 것이라면 역시 가족이겠죠? 선생님요? me too!
기쁜 일, 슬픈 일, 건의사항 칭찬(꾸중)들은 일, 궁금한 것 아픈 것, 숙제, 고민거리 등	하..그리고 요즘 할게 많아요ㅠㅠ 시험준비 전에 신나게 놀아두려고 했는데 국어책 만들기에다 체육도 수행평가하고 화학도 써야하고 숙제도 많고 학원도 가야하고 ...게다가 가장

오늘의 낙서

충격인건 이제 방학 때까지 쉬는 날이 없다는 잔혹한 현실이죠ㅋㅋ 푸힝ㅠㅠ   ㅠㅠ

나의 낙서 (글, 그림 등 자유 표현)	선생님의 낙서
 MARINE & PIRATES	윤정아 무인도에 갈때 깃술도 가져가는구나. 깃술은 아마도 탈출하기 위한 용도로 사용하겠지? 무인도 거기는 어디더라도 위험한 상황이 닥치더라도 지혜롭게 자연과 회와의 해결책을 찾아내면 윤정이 가득면 좋겠구나 😊 요즘 각종 수행평가 준비로 바쁘겠구나. 하지만 늘 성실하고 꼼꼼한 윤정이로 쭈 해내거라 믿는단다. 피아노의 森は

바른 마음, 바른 언어, 바른 행동 🌸 ❘ 2키   面白かった? どうだった?
日本のアニメは 面白いね.

2. 학생 지도를 통한 인성교육[2)]

1) 신뢰와 인성교육

예전에 어떤 기업체에 초청되어 논술 및 면접 특강을 한 적이 있다. 이때 나는 사회자에게 부탁하여 의도적으로 거짓 스펙을 발표하게 한 다음, 강의가 매우 잘 진행되고 있을 때 강의를 중단해 사실을 밝히고 선입견이 강의에 미치는 영향에 관해 이야기한 적이 있다. 사람은 같은 말도 누구에게 듣느냐, 즉 말하는 사람을 어떻게 생각하느냐에 따라 전혀 다르게 받아들인다. 학교 현장에서 학생들을 지도할 때도 그 사실은 똑같이 적용되는 것 같다. 따라서 어떻게 하면 학생들에게 긍정적인 자세를 유발할 수 있느냐는 교육에 있어 매우 중요한 요소가 될 것이다.

많은 선배가 교사가 제일 중요하게 생각해야 하는 것이 교과수업이라는 말을 하는 이유도 바로 수업이야말로 학생들에게 신뢰를 얻고 관계를 형성하는 출발점이기 때문일 것이다.

교사생활을 시작하면서 몇 가지 알게 된 일반적인 사실이 있다. 그중에는 '생활지도는 담임이 해야 잘 된다.'와 '생활지도부 선생님들은 체육 선생님들이 많다.'라는 것이 있다. 왜 그럴까에 대해 생각해 보려 한다.

교사라면 누구나 한 번쯤 겪었을 만한 상황이 있다. 학생을 지도하다 보면 어떤 학생은 전혀 교사로 받아들이지 않고 지나가는 아저씨쯤으로 여기는 경험 말이다. 조금만 생각해 보면 그런 경우에는 대개 교사 자신이 수업하지 않는 학생이라는 사실을 발견할 것이다. 물론 수업을 듣는 학생이라면 수업 중에도 불만을 표시하던 학생일 것이다.

학생들은 기본적으로 수업을 들어오는 교사를 선생님이라 생각한다. 거기에다 수업의 경험이 매우 감명 깊었을 뿐 아니라, 다른 학생들도 그 교사의 교과수업을 통해 존

---

2) 경희중학교의 남광현이 사례를 제공하였다.

경심을 가지고 있을 때 그 교사의 생활지도도 받아들이는 경향이 크다. 다른 학생들의 존경도 매우 중요한 것 같다. 그런 교사에게 반항하는 것은 다른 학생들을 모두 반대편에 두게 되므로 본능적으로 그 교사에게는 순종적이 되기 때문이다. 수업을 들어오시기는 하는데, 학생들이 그 수업에 불만이 많은 경우에는 오히려 다른 교육 활동에도 부정적인 영향을 미친다. 어떤 경우에는 모든 학생을 대표하여 반항하는 경우도 종종 발생한다.

이런 경험으로 미루어 볼 때, 수업이든 담임으로서의 조회든 종례든 학생들과 사전에 접촉하여 신뢰를 얻는 것이 생활지도에 핵심이 된다는 사실을 알게 되었다. 따라서 교사는 항상 첫 수업이 얼마나 중요한지를 알고, 첫 수업에 몇 배의 정성을 기울여야 한다. 수업은 50분간 온전히 나를 노출하는 시간이기 때문이다. 첫 수업은 나에게 최고의 스펙이 될 수도 있고, 최고의 핸디캡이 될 수도 있다. 현장에서 이를 적용하는 예를 생각해 볼 수 있다.

나는 교감으로 새로 부임하였다. 교감으로서 학생들에게 훈화하거나 인성 지도를 해야 할 경우가 자주 있다. 그러나 학생들은 나에 대해 아는 것이 없다. 심지어는 얼굴을 아는 데에도 한참이 걸릴 것이다. 그래서 부임한 다음 날부터 아침 시간에 20분씩 한 학급씩 독서교육을 수업 형태로 준비하여 실시하고 있는데, 확실히 수업이 진행된 학급의 학생들을 복도에서 만나면 형성된 신뢰를 느낄 수 있다. 바로 이런 점이 학교에서 이루어지는 인성교육의 첫 출발은 바로 수업이라고 확신하는 이유이다.

2) 기다림의 지혜

학부모나 교사들을 지도하다 보면 한 가지 사실을 발견하게 된다. 그것은 학생들에게 본인이나 성인도 하기 힘든 많은 주문을 한다는 것이다. 사람이 과연 안다고 해서 바로 바뀌는 존재인가에 대해서 생각해 볼 필요가 있다. 애벌레가 자라서 나비가 된다. 우리는 애벌레를 나비라 부르지 않을뿐더러 나비처럼 날기를 기대하지도 않는다. 인간도 유년과 성년을 분리하여 생각해 보자.

학교 복도의 천장에 무언가를 매달아 놓으면 학생들은 어김없이 뛰어올라 때리고 지나간다. 난 그 학생들에게 왜 그랬냐고 물어본 적이 있다. 대답은 "그냥요."였다. 인간은 유년기에는 모든 것은 접촉하고 경험하며 배우도록 설계되어 있는 것이다. 본능에 따라 행동한 것이다. 그런데 그것을 지켜본 교사들은 왜 그런 행동을 하느냐고 야단치기도 한다. 전 세계 어느 박물관이든 '만지지 마시오.'라는 문구가 있다는 것은 인종을 불문하고 아이들은 만지려고 하기 때문이다.

그런데 어른들은 아이들의 생김새가 어른과 같다고 어른과 같은 기준으로 행동을 요구할 때가 많다. 수업 중에 졸면 안 된다, 심한 장난을 치지 말라 등과 같이 당연하다고 생각하는 주문도 이를 받아들이고 변화하는 데까지는 상당한 시간이 필요하다. 어쩌면 졸업하기 전에 변화를 확인하는 것이 불가능할 수도 있다.

이런 형태의 지도를 하지 말아야 하는 것은 아니다. 다만, 그 지도에 대한 결과가 당장 나오지 않는다고 해서 무리하게 지도하다 보면 오히려 역효과를 볼 수 있다는 게 중요한 점이다. 어떤 경우에는 당장 결과를 기대하기보다 알려 주는 것으로 만족하고 기다려야 한다는 것이다. 물론 이는 지도를 포기하는 것과는 전혀 다른 것이다.

교사라면 누구라도 말썽꾸러기 학생들이 어엿한 성인이 되어 나타나는 경험을 했을 것이다. 대부분의 경솔한 행동은 교육에 의해 십수 년이 지나서 반응이 나타나는 것이다. 현재 어른이라면 1970년대 전후에 불조심 글귀를 한달 동안 가슴에 달고 다닌 걸 기억할 것이다. 불조심에 대한 강력하지만 일시적인 교육보다는 약하더라도 지속적으로 인지시키는 것이 얼마나 큰 변화를 이루는지를 보여 주는 좋은 예라 하겠다.

학생들의 행동이나 생각의 변화를 원한다면 지속적인 인식이 필요하다. 당장에 결과가 나타나지 않는다고 해서 화를 내거나 포기하는 것이 아니라 얼마나 오랜 시간 지속적으로 교육하느냐가 핵심이라고 생각한다. 우리 교사들을 포함하여 어른들도 당연히 알고 있고 고쳐야 할 행동들을 당장은커녕 평생 못 고치는 경우도 허다하다. 그럼에도 학생들에게는 그런 행동들 수십 가지를 동시에 가르쳐 주었으니 당장 고치라고 요구하고 있는 것이다. 사람은 누구나 무언가를 고치고 바뀌는 데 상당한 시간이 필요하다.

교사라면 수업 중에 조는 학생을 보면 깨우고 나서 다신 졸지 말라고 할 것이다. 그런데 학생이 다시 잠들진 않지만 계속 졸린 눈을 하고 썩 내키지 않는 표정으로 수업을 듣는다. 그러면 대부분의 교사는 지시에 불응한다고 야단을 치게 되고 학생들은 자신이 왜 야단맞아야 하는지도 모르는 채 관계가 악화되기도 한다. 하지만 깨우고 나서 졸면 안 된다고 주지시킨 후 표정이나 태도가 마음에 들지 않더라도 참고 예의주시하면 시간이 지날수록 점점 정신을 차리면서 수업을 듣기 시작하는 학생을 발견할 수도 있다. 물론 그렇지 않은 학생도 많다. 그때 "이제 정신이 들었구나."하고 칭찬해 보기를 권한다. 그렇게 하면 학생은 교사를 더욱 신뢰하고 앞으로의 지도에도 영향을 미칠 것이다.

3) 꾸짖음과 교육의 차이

꾸짖음과 교육은 어떤 차이가 있는가? 꾸짖음은 이미 알고 있으면서 고의로 잘못을 저지를 때 이루어질 것이고, 교육은 생각이나 앎이 부족해 고의성이 없이 잘못을 저질렀을 때 행해질 것이다. 또한 꾸짖음은 당장에 결과를 기대하는 조급함에 기인하고, 교육은 훗날 교정되기를 원하는 기다림의 마음으로 이루어진다.

아이들은 왜 잘못을 하는가? 다른 어른들이 동의할지는 모르겠지만, 대부분은 나빠서가 아니라 몰라서라고 생각한다. 즉, 아이들이 하는 대부분의 잘못에 대해서 꾸짖음보다는 가르침이 필요하다는 이야기이다. 몰라서 그랬다는 것에 동의하지 않을 수도 있지만, 아이들이 안다는 것은 이론적으로 아는 것이고, 그 잘못에 대해 이해하거나 왜 그래서는 안 되는지에 대해서 인지하지 못하고 있는 경우가 대부분이라고 생각된다.

또한 잘못인지 알더라도 인간은 원래 경험에 의해 학습하도록 설계되었기에 아이들은 대부분의 행동이 본능적으로 일어난다는 것을 이해해야 한다. 본능적인 행위에 대해 꾸짖음으로 일관한다면 아이들은 위축되고 기성세대에 대해 부정적인 생각을 가지게 될 것이다. 아마 독서가 최고의 교육일 수 있는 이유가 책은 꾸짖거나 잔소리하지 않아서가 아닐까 생각되기도 한다. 인성교육의 순서는 가르침-변화-칭찬-변화-칭찬의 순서가 되어야 하지 않을까?

4) 좋은 환경이란

교육 환경에는 가정환경, 물리적 환경(학교 건물, 지리적 위치), 인적 환경(교사, 친구 등), 교육 시스템 등 여러 가지 요소가 있다. 이 중 대부분은 현장에서 교사의 힘으로 어떻게 하기에는 불가항력적인 것들이다. 특히 인성교육에 대해 논하다 보면 원론적으로 교사 자질론에 이르게 되고, 교사를 어떻게 할 수는 없다는 결론에 좌절하곤 한다. 현장에서 동료 교사의 인성을 고칠 수 있는 것도 아니고, 교장, 교감조차도 교사 개개인의 인성을 바꾸는 것은 불가능하여 임용제도의 개선을 주장하고 있는 게 현실이다.

그럼 인성교육을 포기할 것인가? 내 경험으로는 그렇지 않다고 감히 말할 수 있다. 내가 근무하는 학교의 화장실에는 휴지와 종이타월이 비치되어 있다. 그런데 초기에 학생들이 너무 낭비하고 주머니에 넣어서 다니는 바람에 학교가 많은 고민을 하였다. 어떤 때는 몇 주간 공급을 중단도 해 보고 교육도 시켜 보았으나 큰 효과를 거두지 못했다. 그런데 이런 현상은 평소 학생들이 화장실에 휴지가 없을 수 있다는 생각이 바탕이 되어 동물이 굶을 때를 대비해 지방을 축척하듯이 휴지를 축척한다고 생각하기에 이르렀다. 몰라서가 아니라 본능적으로 하는 행동이라는 판단을 내린 것이다. 그래서 인내를 가지고 지속적으로 휴지를 제공한 결과 수년이 지나 거의 개선이 되었다. 나는 물리적 환경과 시스템이 생각보다 중요하고 강력하며 이런 것은 교사 개개인이 충분히 개선할 수 있다고 믿는다.

동네 주변을 둘러보라. 쓰레기로 지저분한 곳은 어김없이 쓰레기 투기 금지 푯말이 붙어 있다. 문제는 푯말보다 그 지저분함이 훨씬 더 강력한 유인책이 된다는 것을 금방 알 수 있다. 유리창이 몇 개 깨진 건물을 방치하면 그렇지 않은 건물을 방치하는 것보다 나머지 유리창이 훨씬 빨리 깨진다는 실험을 구태여 하지 않더라도 그에 동의할 것이다. 결론은 학교 환경을 깨끗이 하는 것이 그만큼 교육적으로 중요하다는 것이다.

방법(시스템)을 바꾸어 보는 것도 매우 중요하다. 예를 들어, 교실 환경이 지저분한 학급의 담임교사들은 학생들이 청소를 시켜도 하지 않는다고 푸념한다. 하지만 정작 그 담임교사는 오늘의 청소 당번이 누구인지 모른다. 그런데 학생들은 자기가 청소 당번인지를 알 수 있을까? 여러 명이 한 조가 되어 청소를 하는데, 누구는 하고 누구는 하지 않아도 담임교사는 그 사실을 알 수 없다. 그렇다면 학생들에게 청소 당번이면 당연히 책임감을 가지고 청소를 하라고 말할 수 있을까?

나는 고민 끝에 청소 당번으로 한 명씩만 지정하기 시작했는데, 그 이후로 청소를 하지 않고 도망을 가거나 변명을 하는 학생을 거의 보지 못했다. 청소 당번이 누구인지 나도 알고 학생도 알고 그 책임은 온전히 한 명에게 주어지고부터 변화될 수 있었던 것이다.

또 내가 근무하는 학교에는 교내 흡연이나 학교폭력이 거의 없다. 이십 년간 다니면서도 신기해하던 일이다. 그런데 어느 날 깨달았다. 우리 학교는 공간상 학생들이 담배를 피우거나 다른 학생들을 몰래 구타할 만한 공간이 없었던 것이다. 화장실은 모두 교무실 옆에 있고, 학교에 뒤뜰이 없으며, 교정 어디에도 어두컴컴한 사각지대가 존재하지 않았던 것이다.

인성교육에 있어 교사의 자질은 필수적인 것이지만, 고민한다면 현재의 교사로도 얼마든지 학생들에게 좋은 환경을 제공함으로써 인성교육에 이바지할 수 있다고 생각한다. 좋은 교육 환경이야말로 지속적으로 제공되고 학생들을 야단치지 않고 변화시키는 훌륭한 교사이지 않을까.

Chapter 10

방과후 활동을 위한 인성교육 프로그램

경희대학교 인성교육센터

학습목표

- 방과후 활동에 활용할 수 있는 인성교육 프로그램의 전개 과정을 익힌다.
- 프로그램의 실행을 위하여 요구되는 교육자의 사전 준비 사항들을 알아본다.
- 중등학생의 자기이해 심화가 인성의 형성에서 차지하는 중요성을 이해한다.

학습개요

교사뿐 아니라 교육복지사, 시민운동가 등이 방과후 활동 등을 이용하여 중등학생을 대상으로 실행할 수 있는 인성교육 프로그램을 살펴봄으로써 교육 현장에서 통용될 수 있는 실질적 팁과 더불어 인성교육의 주체가 되는 교육자가 유념해야 할 인식 및 태도에 관하여 생각해 본다.

토의질문

- 인성교육을 주된 목적으로 삼는 교육 프로그램을 체험했거나 그에 관해 들어본 것이 있는가?
- 인성교육을 실행하는 교사가 갖춰야 할 마음가짐에는 어떤 것이 있을까?
- 교과목과 관련되지 않은 인성교육 프로그램을 실행할 때 예상되는 어려움은 무엇인가?
- 중학생이나 고등학생에게 자기이해가 필요한 이유는 무엇일까?
- 자기이해는 인성 함양에 어떻게 영향을 끼칠까?

청소년과 아동을 대상으로 하는 인성교육 프로그램의 필요성은 학교의 안과 밖에서 제기되고 있으므로 교사, 교육복지사 및 그 밖의 민간 교육 활동가들이 정규 교과와 무관하게 방과후 활동 등을 통하여 활용할 수 있는 프로그램을 예시하고자 한다. 여기에 소개되는 프로그램의 구성과 개념은 경희대학교 인성교육센터에서 구축한 것으로, 민간구호단체에 의뢰하여 이를 초등학생을 대상으로 하는 9회분의 프로그램으로 적용·개발한 바 있다.[1] 여타 프로그램에 비교해 보았을 때, 이 프로그램만의 특징은 교사의 사전 성찰을 요청하고 교사가 교육과정의 일부분이 되도록 유도하고, 인성 덕목들을 자연스럽게 수업 활동을 통하여 이해하도록 이끌어간다는 점이다. 이 장에서는 중학생을 대상으로 하는 3회분의 '자기이해 및 긍정' 수업을 예시하겠다. 구성은 다음과 같다.

〈도입: 교육자를 위한 인성교육 프로그램 소개〉
- 1차시: '나'를 불러내자
- 2차시: 가장 나다운 나
- 3차시: 가장 멋진 나

1. 교육자를 위한 인성교육 프로그램 소개

1) 교육 목표

교육자의 교육 목표는 다음과 같다. 첫째, 청소년이 자신의 소중함을 알고 자신의 재능과 적성을 파악할 수 있도록 도와주고자 한다. 둘째, 청소년이 가족이나 또래와 같은 가장 가까운 이들과의 관계가 함의하는 긍정적·부정적 요소들을 이해하며, 가

---

1) 이 프로그램은 기본적으로 '자기이해 및 긍정 → 가정과 학교에서의 소통 및 협동 → 사회와 세계 속의 역할'이라는 자아의 확장적 지향성을 바탕으로 본문에 제시한 것처럼 3부로 이루어져 있다. 경희대학교 인성교육센터가 민간구호기관인 기아대책의 의뢰를 받아 2016년에 공동 제작한 프로그램을 모태로 하고 있다.

족과 또래의 중요성을 느낄 수 있도록 이끌어 주고자 한다. 셋째, 자아상과 자기효능감을 세워 가는 과정에서 청소년이 자신의 개성을 발휘하는 건강한 삶을 꿈꾸도록 자극하고자 한다.

2) 인성교육의 효과

학습자의 학업 성취도를 향상시키는 교수 · 학습 방법을 만드는 것도 어려운 일이지만, 그의 인성 수준을 높여 주는 방도를 만드는 일은 더더욱 어렵다. 국내외의 교육학계에 그 효과성이 확고하게 입증된 인성교육의 방법은 존재하지 않는다. 다만 교사와 학부모가 상호 신뢰를 기반으로 하여 학교 문화 전반과 공식적 · 비공식적 교육과

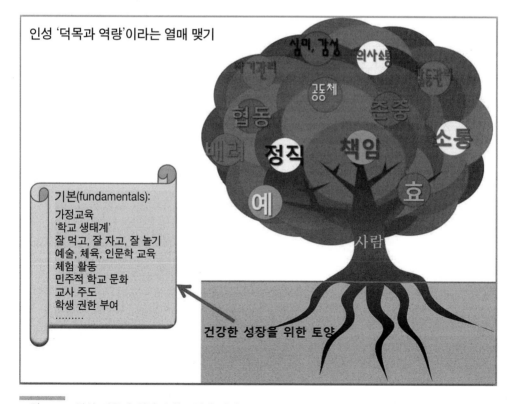

그림 10-1 인성 덕목과 역량이라는 열매 맺기

정 전체—학교 생태계—를 통하여 일관성 있는 방식으로 철저하게 장기적으로 인성교육을 실행해 나갈 때 그 교육 효과가 드러날 수 있다는 점 정도를 주장할 수 있을 따름이다. 이는 [그림 10-1]에서처럼 구체적 덕목과 역량이라는 결실을 보기 위해서는 그 토양을 비옥하게 하는 기본적 교육 활동 여건의 강화가 전제되어야 함을 말한다. 또한 가시적 성과만 바라고 단시일 내에 무리하게 인성교육과정을 밀어붙일 경우, 득보다 실이 더 많다는 점을 잊지 말아야 한다. 예컨대, 매일 선행일기를 쓰라고 학생을 다그칠 경우, 적지 않은 학생들이 거짓 선행일기를 쓰게 되고, 이는 결과적으로 부정직함이라는 악덕을 학습하게 만든 셈이다. 따라서 인성교육 프로그램을 통하여 빠른 성과를 거두려는 과욕은 금물이고, 기본을 중시해야 한다.

3) 한시적 인성교육의 제약과 가능성

학교 전체가 철저히 오랫동안 노력해야 겨우 성과를 볼 수 있는 것이 인성교육이라면, 몇 회에 걸쳐 한시적으로 실행하는 인성교육 프로그램이 과연 어떤 도움을 줄 수 있을지 의문이 들 수 있다. 그러나 늘 접하는 교사나 교과서와는 또 다른 신선한 외부의 자극은 학생들에게 의미 깊고도 오래 남는 인상을 심어 줄 수 있고, 이러한 매혹적인 일탈은 예측할 수 없는 방식으로 청소년의 의식 속으로 스며들 수 있다. 따라서 본 인성교육과정의 지향점은 비록 지금 당장 그 효과가 드러나지 않는다 하여도 청소년의 마음속에 오래도록 간직될 수 있는 인상과 감동을 심어 주는 데 있다.

4) 교사의 인성이라는 교재

최근의 교육학계는 인성에 관해서 가르치기보다는 인성적으로 가르쳐야 한다는, 교단의 경험에 기초한 결론을 지지하게 되었다. 즉, 교사가 아무리 배려와 존중에 대하여 설명하고 가르쳐도 교사 스스로 배려와 존중의 태도를 진정성 있게 보여 주지 못하면 학생들은 그런 덕목을 내면화하지 못한다는 것이다. 따라서 인성교육 프로그램을 주관하는 교사는 자신의 언행, 표정, 심지어 기분 등이 부지불식간에 학생들에게 영향을 끼친다는 사실을 잊지 말고, 교사부터 부끄럽지 않은 사람으로 살아가도록 노력해야 할 것이다. 그렇기 때문에 교사는 매번의 수업에 자신의 사람됨(인성)의 최상을 발휘해 보겠다는 마음가짐으로 교실에 들어가야 한다. 그런데 자칫 이런 마음가짐이 교사에게 심적 부담을 주어 부자연스러운 언행을 보일 위험도 있으므로, 본 교안의 서두에는 교사가 자연스럽게 학생과 소통하며 상호작용할 수 있는 마음의 준비 과정이 제시되어 있다. 각 수업의 주제와 관련된 교사 자신의 성장기의 기억을 찾아내는 회상 성찰을 통하여 교사는 청소년의 심적 수준에 다가갈 수 있고, 청소년은 자신을 이해하고 인정해 주는 참신한 성인과 보다 잘 소통할 수 있다.

5) 감정과 사고

20세기 후반에 미국에서는 추론과 사고에 기반을 둔 도덕교육의 실효성에 대한 비판이 고조되면서 사회성과 감성 기반의 인성교육에 교육자들의 관심이 쏠리게 되었다. 이후로는 사회성·감성 수업과 감정이해 수업 등이 부각되고 사고 능력은 점차 도외시되었지만, 최근 들어서는 건전한 인성의 함양을 위하여 감정과 사고를 분리시킬 수 없다는 데 국내외의 인식이 수렴되는 경향을 볼 수 있다. 이에 따라 우리나라의 인성교육정책 종합계획도 정의적 영역과 인지적 영역을 아우르는 교육과정을 제시하고 있다. 청소년이 타인들과 함께 잘 살 수 있는 인성을 함양하기 위해서는 감정·정서적으로 건강할 뿐 아니라 합리적인 사고력과 판단력을 갖추어야 하는 것은 당연한 일인 만큼, 이 프로그램은 청소년의 감정, 정서와 사고 영역을 아우르는 교수 방법을 제시한다.

6) 학생의 능동적 활동

사람들은 지식 위주의 강의와 읽고 쓰는 학습 활동보다는 손과 몸을 움직이고 대화를 나누며 놀이처럼 실행할 수 있는 수업 방식에 훨씬 흥미를 느끼고 쉽게 동기 부여된다. 교사 중심의 주지적 수업에서 수동적으로 지식을 받아 가는 학습이 아니라, 능동적으로 수업 활동에 참여하여 자신의 앎을 구성해 가는 학습이 청소년을 배움의 주인으로 세워 줄 것이다. 따라서 이 프로그램의 활동은 대화, 토의, 놀이 등이 수업의 중심을 차지하도록 구성되어 있다.

7) 한국 청소년의 발달단계의 특수성

청소년의 표면적 공손함과 규범적 선행을 강조하기보다는 '스스로를 사랑하는 이가 다른 사람을 사랑할 줄도 안다.'는 인식하에, 먼저 청소년이 자신을 긍정적으로 수용하는 건강한 인격체로 키워 줄 것을 우선시하는 이 프로그램은 인격심리학과 심층심리학 분야의 인성관을 채용하고 있다. 아동 및 청소년의 발달 과정에 대해서는 미국의 에릭 에릭슨의 발달단계 이론이 정설의 입지를 굳혀 왔는데, 에릭슨이 제시하는 각 연령 단계의 발달 과제가 1940년대의 미국 아동을 대상으로 수립된 개념이어서 한국의 아동과 청소년에게 그대로 적용하는 데에는 문제가 따른다. 따라서 이 프로그램은 에릭슨의 고전적 발달 과제를 다소 수정하여 중학생을 위한 교안의 수업 목표를 지정하는 기준으로 삼았다. 예컨대, 에릭슨이 유아 및 초등학생 기간의 과제로 규정한 자율성, 주도성, 근면 등을 우리나라의 경우에는 중학생이 된 이후에도 여전히 유효한 발달 과제로 포함시켰는데, 이는 우리의 학부모가 미국 학부모보다는 더 오랜 기간 자녀를 부모에게 의존하도록 양육한다는 일반적인 관찰을 고려한 것이다.

8) 교육 활동의 부산물인 덕목과 역량

특정 덕목이나 역량을 획득하기 위한 직선적이고 도식화된 학습 프로그램은 그런 프로그램을 소개하는 데에는 도움이 되지만, 청소년의 인성이 실제로 그러한 도식적 단계와 절차를 거쳐 개인차 없이 형성된다는 과학적·경험적 근거를 찾기는 어렵다. 이 프로그램은 청소년이 자연스럽게 흥미를 가지고 참여하는 다양한 활동 속에서 예, 정직, 배려 등의 인성 덕목을 서서히 이해하고 긍정하며 나아가 소통과 화합 등의 역량도 키우게 될 것이라는 기대하에 덕목과 역량을 활동의 표면에 드러내지는 않는다. 그럼에도 각각의 덕목의 의미를 청소년이 이해하는 것은 바람직하므로, 교수자가 각 수업의 적정 시점에 특정 덕목을 부각시켜 이해를 도모할 수 있도록 하였다.

9) 교수자의 재량과 창의

각 교안의 내용을 교수자가 그대로 정확히 실행함으로써 1회분 수업을 완수할 수 있지만, 교수자만의 개성을 살려서 현장 상황에 맞게 자유로이 확장, 축소 및 변경하여 실행할 것을 권장한다. 성공적인 수업 뒤에는 자신의 주관에 대하여 강한 확신을 가진 교수자의 창의성이 자리 잡고 있는 경우가 많다.

2. 1차시: '나'를 불러내자

1) 첫걸음

(1) 도입(10분)
자기인식의 중요성과 칭찬을 통한 개개인의 고유성 알기

(2) 목적
자신 내부의 고유한 개성과 자신 외부의 타인의 시선을 긍정적으로 연결시켜 주는 칭찬의 의미에 대해 알아본다.

(3) 교사 예습
학생들이 지금까지 성장하며 받은 칭찬을 떠올리도록 하기 위해 기억을 끄집어내는 질문을 많이 해야 한다. 사소한 칭찬이라도 이야기할 수 있게끔 유도하는 것이 중요하다.

교사, 마음의 준비

청소년이 자신의 이름과 칭찬의 기억을 연계시키는 활동을 통하여 자신 내부의 고유한 개성과 자신 외부의 타인의 시선을 긍정적으로 연결시켜 봄으로써 자존감과 자긍심을 고양시킬 수 있다. 이런 작용이 일어나는 청소년의 내적 상태를 이해하기 위하여 교사는 다음과 같은 자신의 청소년기의 경험을 회상해 볼 필요가 있다.

교사 자신의 청소년기에 누군가에게 칭찬받아 본 기억을 떠올려 본다. 칭찬의 기억은 대단한 성취와 관련된 것만이 아니라 오히려 사소한 행위에 대한 것들이 더욱 유용할 수 있다. 예컨대, 어린 여아로서 머리를 잘 묶는다는 칭찬을 이웃집 할머니에게 들었다든가, 남아인데 색종이 오리기를 잘한다고 고모에게 칭찬을 들었다든가 등과 같이 일견 대수롭지 않으나 자신의 기억에 여전히 남아 있는, 자신의 행위에 대한 타인의 긍정적인 인정의 추억을 살려내 보는 것이다. 청소년기를 회상함으로써 청소년기의 마음으로 돌아가 보자. 어쩌면 이 수업으로 만나게 될 아이들과 더 잘 통하게 될지도 모를 일이다.

(4) 학습 진행

교사가 일상생활을 통해 경험한 구체적인 사건을 소재로 소개할 것을 권한다. '자기 인식의 중요성과 칭찬을 통한 개개인의 고유성 알기'를 목표로 진행한다.

교사: 내가 어떤 사람인지 아는 것이 왜 중요할까요? 우리는 모두 행복하게 살고 싶지요? 행복하게 살기 위해서는 내가 어떤 사람인지 알아서 나에게 잘 맞는 삶을 살아야 한답니다. 그런데 우리는 아직 내가 어떤 사람인지 잘 알지 못할 수도 있어요. 그래서 우리는 다른 사람한테서 들은 칭찬을 갖고 내가 무엇을 잘하며 어떤 점이 예쁘고 바른지를 알아볼 거예요. 여러분은 어떤 칭찬을 받아 봤나요? 집에서, 학교에서, 학원에서 혹은 친구들과 놀 때도 어떤 칭찬을 받았는지 생각해 봐요. 축구를 잘한다든지, 잘 웃는다든지, 청소를 잘한다고 들은 칭찬을 이야기해도 좋아요. 이렇게 내가 들은 칭찬들을 모아 보면 내가 어떤 사람인지 조금씩 알게 되겠죠?

2) 두 번째 걸음

(1) 전개(20분)

마인드맵을 활용한 자기소개 게임

(2) 목적

자신과 상호작용하는 주위 환경을 통해 '나'를 표현함으로써 공동체와 그 밖의 상호 관련된 것들로 인해 내가 형성되었다는 것을 알게 된다.

(3) 교사 예습

마인드맵을 통해 자신으로부터 확장된 세계를 잘 나타낼 수 있도록 마인드맵의 상호연결성에 대해 논리적으로 이해하도록 지도하는 것이 중요하다.

(4) 학습 진행

제목	마인드맵을 활용한 자기소개 게임
목표	마인드맵을 활용하여 사고의 폭과 깊이를 확장시켜 주고, 주위 환경에서 받은 칭찬을 바탕으로 긍정적인 자아관을 수립할 수 있다. 게임을 통해 수업에 대한 흥미를 가지고 적극적으로 자신을 소개할 수 있다.
준비물	활동지, 밝은 색상의 색채도구(색연필, 형광펜 등)
방법	1. 마인드맵의 중앙에는 자기 얼굴을 그려 넣고 학교, 집, 취미나 특기 등 자신과 상호작용하는 주위 환경들을 키워드로 잡아 가지치기를 한다. 2. 앞서 나눈 칭찬받았던 경험을 연장하여 학교나 집, 특기 등에서 칭찬받았던 것을 쓴다. 3. 빈 곳에는 대영역(취미와 특기, 집, 학교 등 처음 시작하는 부분)과 마찬가지로 자신에 관한 내용을 학생이 스스로 자유롭게 적는다. 단, 모든 추가 내용은 동그라미를 쳐서 각각 구분한다. 4. 완성 후, 모둠끼리 가위바위보를 하여 이긴 사람이 대영역(취미와 특기, 집, 학교) 이후로부터 가지치기 한 동그라미 안의 내용을 이야기한 후 동그라미를 색칠한다. 5. 제한된 시간까지 4번과 같은 방식으로 활동이 진행되며 동그라미를 가장 많이 색칠한 사람이 승리한다.

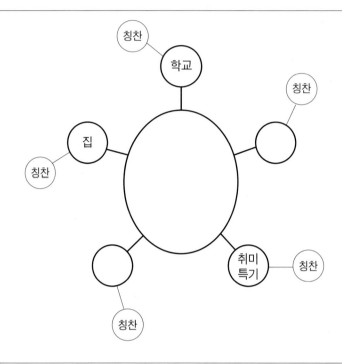

TIP	이 게임은 제한된 시간 내에 양적으로 승리하는 규칙으로 계속적인 가지치기로 인해 하위 영역이 많을수록 유리한 게임이다. 따라서 게임의 규칙을 앞서 설명하며 활동의 동기유발을 일으키기에 적절하다. **교사:** 여러분의 생활에서 중요하거나 필요한 곳, 장소, 활동 등을 마인드맵으로 그려 봅시다. 집과 학교에서 우리는 많은 시간을 보냅니다. 학원을 가기도 하고 놀이터를 가기도 해요. 또 어떤 곳이 있을까요?(학생 발언 유도: 할머니댁, PC방, 놀이터, 학원 등) 혹은 또 나를 나타낼 수 있는 것들은 무엇이 있을까요?(학생 발언 유도: 몸, 특징, 특성 등) 그리고 각 키워드에서 칭찬받았던 것들을 적어 봅시다. 칭찬받았던 것들을 모두 적었다면 또 각 키워드에 맞게 나에 관한 것들도 적어 봅시다.

3) 세 번째 걸음

(1) 정리(10분)

나의 고유성과 자긍심 → 오늘 수업에 관하여 생각 정리하기

(2) 목적

타인으로부터 받은 칭찬을 긍정적 자아관 형성의 소재로 삼도록 도와준다.

(3) 교사 예습

활동을 게임으로만 인식하지 않도록 자신 내부의 고유성과 자긍심에 대해 긍정적으로 고양시킬 수 있게 정리하는 것이 필요하다. 시간 여유가 있을 경우 교사가 자신이 청소년기에 받은 사소한 칭찬으로 고무되었던 사례를 들려주면 좋다.

'고유성'이란 '개성'으로 바꿔 쓸 수도 있는 개념으로, 타인의 기대에 부응하기 이전에, 즉 남들의 평가와 무관하게 그 사람으로부터 자발적으로, 자연스럽게 우러나는 기질적·성격적·역량적 특성들을 의미한다. 예컨대, 조용하며 침착한 성향 또는 반대로 말이 많으며 활동적인 성향이라든가, 기계를 잘 만지고 다룰 줄 아는 역량이나 동물들과 잘 사귀는 재주 등 한 개인이 별 훈련 없이 태생적으로 지니고 있는 것들이다. 이러한 자신의 고유성에 대해 구체적으로 어른의 칭찬을 받았을 때 그 기억을 키워 줌으로써 자긍심을 유발시킬 수 있다. 이때 청소년이 갖는 자긍심을 성인의 사회적 기준으로 평가해서는 안 된다. 성인의 기준 역시 시대적 통념의 일부이고 제한적이어서 예측할 수 없는 방향으로 자랄 청소년의 가능성에 제약을 가하기 쉽기 때문이다.

(4) 학습 진행

제목	나의 고유성과 자긍심
목표	칭찬의 의미와 자신의 고유성과 자긍심에 대해 정리하며 생각해 볼 수 있다.
진행	**교사:** 친구들의 소개 잘 들었나요? 우리는 모두 다른 칭찬을 들었고, 또 각자 얼굴도, 키도, 몸무게도, 또 생각도 다르지요. 이렇듯 우리는 다 다른 모습을 가진 특별한 한 사람입니다. 그래서 우리는 다른 사람에게서 자기만의 특별한 칭찬을 받지요. 내가 받은 칭찬을 생각해 보니 내가 뭘 잘하는 사람인지 조금이라도 알 것 같은가요? 앞으로도 나만의 특별한 장점과 특기를 자꾸 자꾸 많이 알아내도록 해요.
덕목	**교사:** 그런데 우리는 누구나 칭찬을 좋아하죠. 만약에 칭찬 받은 게 하나도 없다면 기분이 조금 나쁠지도 몰라요. 하지만 칭찬받은 게 없다고 솔직히 말하는 학생은 멋진 학생이에요. 그게 바로 정직한 것이니까요. 우리 친구들도 남들 속이고 거짓말하는 사람 싫죠? 우리는 정직한 사람을 좋아합니다.

TIP	이번 수업에서 이와 같이 '정직'이라는 특정 덕목을 학생들에게 예시했듯이, 앞으로 진행되는 수업 각각에서도 한 가지의 덕목씩 예시하는 방식을 제시할 것인데, 이를 예로 삼아 교수자는 활동 속에서 자연스럽게 드러나는 덕목을 순간순간 포착하여 학생들에게 알려 줄 것을 권장한다.

3. 2차시: 가장 나다운 나

1) 첫걸음

(1) 도입(10분)

- OX퀴즈
- 가드너의 다중지능 이론과 다양한 직업

(2) 목적

IQ가 높으면 지능도 높을 것이라는 편견을 없애며 내가 잘하고 좋아하는 일(직업)을 하는 것이 행복한 삶이라는 것을 알도록 한다.

(3) 교사 예습

경제협력개발기구(OECD)가 2012년에 작성한 OECD 국가의 삶의 질 결정 요인 탐색 보고서에서 우리나라 국민의 삶의 질은 32개 회원국 중에서 31위인 것으로 나타났다. 행복지수는 일과 삶에 대한 만족도를 포함하고 있다. 따라서 직업은 삶의 만족도에 큰 영향을 끼치며 자신의 강점지능과 일치한 직업을 선택하는 것이 중요하다는 것을 인식시킬 필요가 있다.

하워드 가드너의 다중지능 이론은 재래식 지능검사의 점수가 높은 사람이 점수가 낮은 사람보다 지적으로 우수하다는 종래의 획일적 지능관에서 벗어났다. 가드너에 따르면 지적 능력은 IQ 점수만으로 표현되지 않으며, 개인은 다양한 다수의 지능을 동시에 가질 수 있다. 가드너와 그 후예들은 통상 여덟 가지의 '지능'을 제시한다. 언어지능은 언어와 글로써 사물을 표현하는 능력을 말하며 문학가나 뉴스 앵커 등에게서 높게 나타난다. 논리수학 지능은 수리, 공식, 논리 등을 쉽게 익히고 활용하는 능력으로 과학자나 컴퓨터 공학자 등이 이에 뛰어나다. 신체운동 지능은 운동이나 춤을 잘 익히고 능숙하게 해내는 능력으로 운동선수나 무용가 등이 이에 뛰어나다. 음악 지능은 음감과 리듬감을 잘 발휘하는 능력으로 음악가에게서 나타난다. 공간 지능은 도형이나 이미지를 3차원상에서 인식하고 구현하는 능력으로 건축가, 무대 설계자 등에게서 잘 나타난다. 자연친화 지능은 동식물과 친밀하거나 자연환경과 쉽게 교류하는 능력으로 곤충학자, 수의사, 원예가 등이 이에 뛰어나다. 개인내적 지능은 자신 내면의 정서, 감정 및 사고를 잘 포착하고 이해하는 능력으로 철학자, 심리학자, 종교가 등에게서 높게 나타난다. 대인관계 지능은 다른 사람들과 쉽게 어울리고 힘을 합쳐 일을 해내는 능력으로 정치가, 사회운동가 등에게서 잘 나타난다.

교사, 마음의 준비

교사 자신은 청소년기에 무엇을 좋아하고 무엇을 잘했는가? 그 기억을 더듬어 보자. 어떤 놀이나 운동을 좋아했는지, 어떤 만화책이나 TV 프로그램을 좋아했는지, 특별히 남들보다 잘하는 장기가 있었는지 회상해 보자. 이번에도 아무리 사소한 행위라도 하찮게 여겨 제외하지 말고 회상 작업에 포함시키는 편이 좋겠다. 아이들은 어른과는 다른 이유로 세상사를 중요하거나 그렇지 않다고 판단하기 때문에 어른들 눈에는 하찮거나 유치해 보이는 행위에 의미를 부여하기도 한다. 교사인 나는 그런 청소년을 교정해 주는 것이 아니라 이해하고 공감할 때 더 잘 통할 수 있다.

(4) 학습 진행

제목	OX 퀴즈
목표	다중지능을 이해하기 전에, IQ가 높으면 지적으로 더 우수할 것이라는 편견을 없애며 '지능'에 대해 새롭게 생각할 수 있다. **교사**: 여러분, 수학을 100점 맞은 학생과 달리기를 1등 한 학생 중 수학을 100점 맞은 학생이 더 지능이 우수하다고 생각하는 사람은 O를 머리 위로 표시해 주고 아니라고 생각하는 사람은 X를 머리 위로 표시해 주세요. 자, 다 표시했나요? 정답은 무엇일까요? 정답은 X입니다. 왜냐하면 우리에게는 모두 다 하나씩은 잘하는 지능들이 있기 때문입니다. 또 그 지능들은 어느 것이 더 우수하다고 판단할 수 없지요. 그럼 지금부터 그 지능들에 대해 알아볼까요?
진행	가드너의 다중지능 이론을 설명하면서 각각의 지능과 연관된 직업군에 대해 설명한다. **교사**: 영어를 잘하는 친구와 달리기를 잘하는 친구 중 누가 더 똑똑하다고 생각하나요? 이들은 각자의 잘하는 분야에서 똑똑하다고 할 수 있습니다. 이렇듯 미국 하버드대의 하워드 가드너 교수는 '다중지능 이론'을 만들었는데, 이것은 우리 각각은 잘하는 분야가 따로 있다는 거예요. 예를 들면, ○○는 수학을 잘하고 □□는 국어를 잘하는데 △△는 체육을 잘한다는 말이에요. 그렇다면 이 친구들 중 돈 계산하는 일은 누가 가장 잘할까요?, 국어 선생님은 누가 가장 잘할까요?, 축구선수는 누가 가장 잘할까요? (이하 설명은 위의 교사 예습 부분을 참고하여 설명한다)
TIP	교수자 혹은 학생들의 이해가 어렵다면 EBS 다큐프라임 아이의 사생활 4부 〈다중지능〉 영상 중 직업적성과 다중지능 편을 활용해도 좋다. 더 고차원적인 이해가 필요하다면 강점지능과 직업의 관계성에 대한 내용을 활용한다.

2) 두 번째 걸음

(1) 전개(20분)
'다중지능표'를 통해 잘하는 것과 좋아하는 것 찾기 → 강점지능과 장래희망 관계성

(2) 목적
강점지능을 찾으며 이와 장래희망이 일치하는지에 대해 알아보도록 한다.

(3) 교사 예습

잘하는 것과 좋아하는 것의 개념이 모호할 수 있으므로 구분할 수 있게 지도해야 한다. 다중지능표에 ○(잘하는 것)와 △(좋아하는 것)를 동시에 친다는 것의 의미를 확실히 전달하는 것이 필요하다. 잘하는 것과 좋아하는 것의 차이에 대하여 다음과 같이 예시해 줄 필요가 있다. "나는 축구를 좋아하는데 잘하지는 않아." 또한 장래희망과 강점지능이 불일치하더라도 노력하면 지능을 발전시킬 수 있다는 것을 알려 주는 것이 중요하다.

(4) 학습 진행

제목	'다중지능표'를 통해 잘하는 것과 좋아하는 것 찾기							
준비물	학생용 활동지							
목표	여덟 가지 다중지능을 마흔 가지 예로 나타낸 표를 활용하여 여러 가지 지능에 쉽게 접근하여 자신의 강점지능을 찾아볼 수 있다.							
다중지능	잘하는 것과 좋아하는 것							그 밖에
음악	악기 연주	노래 하기	음악 수업	작사·작곡	콘서트	연주회	리듬 타기	
언어	책읽기	끝말 잇기	국어 수업	영어 수업	이야기 만들기	외국어 배우기	설득 하기	
논리수학	숫자 계산	실험 하기	과학 시간	수학 시간	기억 하기	탐정	규칙 찾기	
공간	길 찾기	그림	레고	칠교 놀이	퍼즐	별자리	지도 만들기	
신체운동	춤추기	공놀이	체육 시간	연극	균형 잡기	수학	마술	
대인관계	친구와 놀기	반장, 회장 하기	분위기 전환	고민 들어 주기	사람들의 기분 알기	협동	모둠 수업	
개인내적	자신의 기분 알기	잘하는 것 알려 주기	일기 쓰기	혼자 생각하기	자기 소개 하기	좋아하는 것 말하기	싫어하는 것 말하기	
자연친화	식물 기르기	곤충 채집	애완 동물	우주	산	캠핑	바다	

방법	1. '다중지능표'에서 잘하는 것에는 ○를 치고 좋아하는 것에는 △를 친다. 이때 ○와 △는 겹쳐도 가능하다. 2. 예시로 적혀 있지 않은 경우는 직접 마지막 빈칸에 적을 수 있도록 한다. 3. 잘하면서 좋아하는 것에 부합하는 강점지능을 찾는다.
진행	**교사:** '다중지능표'에는 여덟 가지 다중지능에 대한 마흔 가지 예시가 적혀 있어요. 이 중에서 여러분이 잘하는 것에는 ○를 치고 좋아하는 것에는 △를 치세요. 만약 잘하고 좋아하는 것들이 많다면 여러 가지에 표시해도 좋아요. 개인은 강점지능을 하나 가지고 있을 수도 있고 2개, 3개 이상으로 다양하게 가질 수도 있답니다. ○와 △가 많이 겹친 영역이 여러분의 다중지능 중 강점지능에 가까울 수 있습니다.

제목	강점지능과 장래희망 관계성
준비물	학생용 활동지 강점지능과 장래희망의 일치 혹은 불일치를 알아 가면서 강점지능을 더욱 발전시키거나 부족한 지능을 보완할 방안을 생각해 볼 수 있다.
방법	1. 장래희망과 앞서 알게 된 강점지능과의 관계성을 생각한다. 2. 장래희망과 강점지능이 일치한다면 그 지능을 더욱 발전시킬 수 있는 방안을 생각해 본다. 장래희망과 강점지능이 일치하지 않는다면 장래희망에 필요한 취약지능의 보완 방안을 생각해 본다. **교사:** 여러분의 장래희망은 무엇인가요? 그렇다면 그 장래희망을 이루기 위해서는 어떠한 지능이 필요할지 다중지능표를 보며 찾아보세요. 찾아본 지능이 나의 강점지능과 일치하나요 혹은 불일치하나요? 불일치한다면 나의 장래희망을 위해 필요한 지능은 어떤 것일까요?
TIP	장래희망과 강점지능의 연관성을 생각하는 것은 다소 어려움을 느낄 수 있다. 따라서 각자의 장래희망을 이루기 위해서 갖추어야 할 지능들에 대해 돌아가면서 간략히 이야기하는 시간을 가져도 좋다.

3) 세 번째 걸음

(1) 정리(10분)
오늘 수업에 관하여 생각 정리하기

(2) 목적

자신의 강점지능이 무엇이고 그 지능과 관련된 직업이 무엇인지 정리한 후 자신의 재능을 활용하여 세상에 도움을 주는 사람의 영상을 보여 줌으로써 청소년의 마음에 강한 인상을 심어 준다.

(3) 교사 예습

강점지능과 장래희망의 연관성이 다소 부족한 학생들의 사기가 저하되지 않도록 고무적인 말을 더해 줄 필요가 있다. 마지막에 동영상을 보여 줄 때 학생들의 주의를 환기시키는 시도를 한다.

(4) 학습 진행

교사: 오늘은 각자가 가지고 있는 지능을 알아보는 시간이었어요. 내가 느끼지 못했던 나의 강점지능들을 새로 발견한 사람도 있을 거예요. 나의 장래희망과 강점지능이 맞아떨어진다면 큰 행운이겠지만 일치하지 않는다고 해서 걱정하지 말아요. 우리는 노력을 통해 무궁한 발전을 할 수 있는 잠재력을 가지고 있답니다. 그렇기에 부족한 지능은 노력해서 나의 또 다른 강점지능으로 만들 수 있다는 것을 잊지 마세요.

덕목: 여러분 중에는 자신의 강점지능을 쉽게, 많이 찾아낸 사람도 있고 찾기가 아주 힘들었던 사람도 있었을 거예요. 찾기 힘든 학생도 시간이 지나면 반드시 뭔가를 찾게 될 것이고, 따라서 쉽게 많이 찾은 사람들에 비해 부족한 게 전혀 아니지요. 누군가가 지금 뭔가를 잘하거나 아니면 못하거나 간에, 우리는 그 누구도 함부로 여겨선 안 되겠죠. 우리는 다 중요하니까요. 이런 걸 존중이라고 합니다. 내가 친구를 존중해 주면 친구도 나를 존중해 줍니다. 그러니 오늘 강점지능을 못 찾은 친구도 다들 존중해 주세요.

4. 3차시: 가장 멋진 나

1) 첫걸음

(1) 도입(10분)
수업 진행 방향 소개 → 소망을 실현한 사례

(2) 목적
누구나 스스로 알든 알지 못하든 나름의 소망을 가지고 있음을 보게 한다. 또한 얼핏 보기에는 불가능할 것 같은 일도 노력하면 충분히 이뤄질 수 있다는 것을 깨닫게 한다.

(3) 교사 예습
영상 및 사진 자료 내용을 충분히 숙지한다. 또한 자신이 꿈꾸던 소망이 실현되었을 때 새로운 꿈을 꿀 수 있다는 것을 학생들이 알게 해 줘야 함을 유념한다.

교사, 마음의 준비

교사의 현 상태 그대로 자신의 버킷 리스트를 완성해 보자. 그리고 자신의 청소년기 버킷 리스트를 회상해 보자. 양자 사이에 연계성이 있는지, 커다란 변화가 있는지 대조해 보자. 나의 꿈은 지금의 나를 만드는 데 얼마나 기여했을까? 교사가 꿈의 역동성에 대해 자신의 삶을 통하여 느끼거나 이해한 것이 없는 상태로 학생들의 꿈에 대하여 물을 수는 없다. 교사가 꿈의 역동성에 대하여 스스로의 체험을 바탕으로 확신하게 된 것이 있을 경우, 때로는 청소년에게 꿈을 심어 주는 진귀한 역할을 수행할 수도 있다.

(4) 학습 진행

제목	소망을 실현한 사례
도입	**교사**: 오늘은 우리 인성교육 수업의 마지막 시간이에요. 여러분이 얼마나 크고, 신나고, 멋있는 꿈을 꿀 수 있는지 재미있게 상상해 보는 시간을 가질 거예요. 이걸 선생님은 '소망 리스트'를 채우는 놀이라고 말하겠어요. 소망은 물건이 아니지만 머릿속으로 상상해서 모아 볼 수는 있겠죠?
준비물	영상 자료 또는 사진 자료
진행	**교사**: 지금 본 이야기들처럼 불가능하다고 생각한 소망을 이룬 사람들이 있습니다. 그럼 이제 우리 자신의 소망을 찾아봅시다.

2) 두 번째 걸음

(1) 전개(20분)

- 나와 친구의 소망 찾기
- 소망나무 내용을 정리하며 자신의 개성 살펴보기

(2) 목적

소망나무를 통해 나의 소망이 다양할 수 있음을 인지한다. 그리고 나의 소망을 이루는 방법도 다양하다는 것을 보게 한다.

(3) 교사 예습

소망나무는 버킷 리스트와 같은 것으로 죽기 전에 하고 싶은 일의 목록을 가리킨다. 대중매체를 통해 널리 사용되고 있지만 이를 생소하게 여기는 학생도 있을 수 있기 때문에 충분한 예시와 설명이 필요하다.

제목	나와 친구의 소망 찾기
준비물	학생용 학습지, 등기우편 라벨 또는 견출지
방법	1. 교수자는 소망 리스트의 원안인 '버킷 리스트'의 개념을 설명해 준다. **교사**: 소망이란 지금 나는 갖고 있지 못한 것을 갖고 싶어 하거나 지금 내가 아직 되지 못한 사람이 되고 싶은 것을 말해요. 각자 자기가 갖고 있는 소망을 1개씩 적어 보는 거예요. 예를 들면, 갖고 싶은 물건이 있는데 지금은 없거나, 연예인을 만나 보고 싶거나, 어른이 되어 축구선수가 되고 싶은 것 등등을 말해요. 이해가 되었나요? **학생들**: 네. **교사**: 자, 그럼 나눠 준 나무 그림은 세월이 흐를수록 커 가는 우리의 모습이에요. 나무가 어떤 열매를 맺을지는 우리가 갖고 있는 소망에 따라 달라져요. 지금부터 '나의 소망'을 이름표 라벨에 적어서 나무에 붙여 보는 거예요. 2. 학생들은 소망과 우선순위를 적어 나무에 붙여 본다. [약 5~7분의 시간을 준다.] 예시) 소망: 1순위-스마트폰이 갖고 싶어요. 　　　　　 2순위-연예인 ○○○을 만나 보고 싶어요. ※ 참고: 예시에 적은 바와 같이 소망과 우선순위를 알아볼 수 있도록 적는다. 이때 교사는 작성하고 있는 학생들을 둘러보고, 잘 못하는 학생들에게는 어떤 사소하거나 특이한 소망도 가능하다고 말한다. 3. 학생들 각각 교실을 돌아다니며 종이의 뒷면에 친구 5명의 소망을 듣고 적어 보게 한다. [약 5~7분의 시간을 준다.] ※ 참고: 이렇게 적어 봄으로써 나와 친구의 소망이 다르다는 것을 알게 되고, 소망이 없는 학생은 친구의 이야기를 들어보는 시간을 갖는다.
TIP	소망나무의 중요성과 작성 방법을 알려 준다. 1. 하고 싶은 일을 명확하게 알 수 있다. 2. 소망나무를 작성하는 것은 감정을 좋게 만든다. 3. 종이에 작성하여 문자화/가시화한 소망은 꿈을 구체화시키는 첫걸음이 된다. 소망나무의 표를 채우는 과정은 제한 없이 자유로워야 한다. 이때 성인의 지지를 받아야 하고, 옆의 급우들과 비교가 허용돼야 하고, 가능하면 불가능해 보이는 모든 소망이 인정받아야 한다. 성인 교수자의 섣부른 개입과 제지는 '검열' 작용을 일으켜 진정한 내면의 소망을 표현하는 것을 방해한다. 만약, 소망이 없는 학생을 발견한다면 과거에 갖고 싶었던 물건을 선물로 받게 된 일, 자신이 갖고 있는 꿈을 떠올려 보도록 지도하고, 아무것도 없다면 왜 그런지에 대해 써 보는 시간을 갖는다. **교사**: 여러분 중에는 오늘 이렇게 써 본 소망들을 정말로 이루는 사람들이 있겠죠?

덕목	**교사:** 남들을 위해 봉사하는 사람들을 여러분은 '착한 사람'이라고만 생각할지도 몰라요. 하지만 그런 분들은 용기 있는 사람이기도 해요. 우리는 용기란 악당과 싸워 약한 사람들을 구해 주는 슈퍼히어로나 갖고 있는 걸로 생각하는데요, 그것도 용기지만 남들이 다 자기 혼자 잘 살려고만 할 때 그런 남들을 따라가지 않고 자기만의 방법으로 힘든 이들을 도와주는 사람들도 분명 용기 있는 사람들이죠.
TIP	**교사:** 어떤 사람들이 자신의 소망을 정말로 이루게 될까요? 한번 생각해 봅시다. (창밖의 저) 나무도 처음에는 작은 새싹이었겠죠? 그런데 따스한 햇볕을 받고, 구름이 가져다주는 빗물을 마시고, 땅속의 양분을 빨아들이며 건강하게 쑥쑥 자라나서 이처럼 큰 나무가 된 것이죠. 여러분도 이 나무와 똑같아요. 잘 먹고, 잘 뛰어놀고, 잘 자고, 건강하게 쑥쑥 자라나면 큰 나무처럼 큰 어른이 될 겁니다. 그뿐 아니라 멋지고 아름다운 열매도 맺을 수 있어요! 그 열매란 여러분의 아름다운 소망과도 같아요. 여러분의 소망을 이루려면 건강하게 자라며 뭐든 열심히 하면 됩니다. 열심히 놀고, 열심히 친구들 사귀고, 열심히 공부도 하고, 열심히 책도 읽고, 열심히 스포츠도 하고······. 여러분은 지금까지 3회에 걸쳐서 여러분 자신에 대해 질문해 보고, 여러분이 이 세상에서 이룰 수 있는 꿈에 대해서 알아봤어요. 여러분 모두가 건강하고 힘차게 자라서 이 나무처럼 아름다운 열매를 맺는 어른이 되기를 진심으로 기원할게요. 그리고 여러분 중에서 어떤 학생들은 '사람들과 더불어 봉사하는 리더'라는 소망을 품게 될 수도 있어요. 세상에는 이런 소망을 이루어서 행복하게 살아가는 어른이 많아요. 여러분도 그런 소망도 품어 보면 어떨까요?

PART 04

인성교육에 대한
국제사회의 대응과
정책 동향

Chapter 11
인성교육에 대한 국제사회의 대응

한석훈

학습목표

- 21세기 들어 국제사회에서 역량과 인성을 연계한 교육개혁을 외치게 된 배경을 이해하고, 역량과 인성이 학교교육 속에서 통합되어야 하는 이유를 안다.
- OECD의 역량론의 대강을 파악하고, DeSeCo의 관점이 우리의 공교육정책에서 어느 정도 실행에 옮겨졌는지 분석한다.
- 사회정서 학습의 핵심 요소들을 인지한다.
- 유네스코의 횡단적 역량의 대강을 파악하고, 이 역량들과 '4차 산업혁명'의 교육 변화 사이의 연결 지점들을 파악한다.

학습개요

인성교육에 대한 국제사회의 요구는 단순히 오늘날의 아동과 청소년의 인성 순화의 목표에 국한되지 않고, 인성을 기반으로 하는 학습자의 역량 계발과 공동체 발전이라는 보다 포괄적인 범사회적 목표와 깊은 관련이 있다. 대표적인 국제기구인 OECD와 유네스코가 최근까지 추진해 온 인성 및 역량과 관련된 프로젝트들의 내용을 살펴보고, 또한 최근 들어 해외에서 대두되고 있는 사회정서 학습과 관련된 논점을 살펴본다.

토의질문

- 오늘날의 직업 세계에서 요구되는 역량은 어떤 것들일까?
- 우리의 공교육은 우리에게 이러한 역량들을 충분히 배양해 주었는가?
- 역량과 인성은 어떻게 연관되어 있을까?
- OECD DeSeCo의 역량 주장에 대하여 비판할 만한 점은 무엇일까?
- 우리의 공교육 현장에서 사회정서 학습을 실천하기 위하여 필요한 정책적 대비는 무엇일까?
- 유네스코의 횡단적 역량 주장에 대하여 비판할 만한 점은 무엇일까?

산업화를 이룬 사회에서 아동과 청소년의 건강한 인성 함양을 위하여 인성교육을 공교육의 중요한 요소로 인정하게 되었는데, 여러 국가의 교육 당국이 인성교육을 강조하게 된 데에는 급격한 산업 구조의 변화와 지식·정보사회의 도래라는 사회문화적 변화에 대응하여 인재들에게 적합한 역량을 키워 줘야 한다는 인식의 대두를 그 이유로 들 수 있다. 이렇듯 인성과 역량을 연계하여 공교육에 변화를 일으키기 위한 준비 작업 격으로 국제사회에서 이론적으로 제시한 주요 프로젝트들을 살펴보고, 거기에서 표방한 인성교육의 목표들이 정책을 통하여 어떻게 교육 현장에서 실행될 수 있을지 비판적으로 고찰해 볼 필요가 있다. 특히 인성교육을 정책적으로 추진하는 초기 단계에 처한 우리나라는 더더욱 인성교육의 실행 과정의 문제점들을 깊이 있게 파악하는 것이 중요한 선결 과제라 하겠다. 이 장에서는 OECD와 유네스코의 교육 관련 기관들이 종합적으로 발표한 보고서들을 토대로 인성교육과 역량을 통합하는 국제사회의 움직임을 파악하고, 이를 토대로 인성교육의 정책적 실행 국면에서 점검해야 할 논점들에 관하여 고찰해 볼 것이다.

1. OECD DeSeCo[1]

1997년에 OECD 회원 국가들은 의무 교육학제의 종반에 다다른 학생들이 사회에 온전히 참여하는 데 필수적인 지식과 능력(skills)을 어느 정도 획득했는지 관측해 보기 위한 목적으로 국제학생평가 프로그램(Programme for International Student Assessment: PISA)을 출범시켰다. PISA를 개발하는 과정에서 다음과 같은 측면이 부각되었다.

• 각국 정부는 학업성취도 평가를 실행함으로써 정책 개발을 위한 시사점을 추출해 내고자 하는 정책 지향적 의도가 강했으므로, 이러한 의도가 PISA의 보고 방식에 반영되었다.

---

1) 이 절의 내용은 다음 자료를 요약·정리한 것이다. OECD DeSeCo. (2003). *Executive Summary*.

- 학생들이 다양한 교과 영역에서 문제를 접하고, 해결하고, 해석하는 과정에서 효과적으로 분석하고, 추론하고, 의사소통할 수 있는 능력을 포괄하는 혁신적인 '문해(literacy)' 개념이 제기되었다.
- PISA 평가에서 학생의 교과 및 통합교과적 성취도 이외에 학생 자신의 학습 동기, 자신에 대한 믿음, 학습 전략 등도 보고하도록 요구함으로써 학업 성취를 평생 학습 차원의 성장으로 확장시켜 가는 움직임을 보여 주었다.

　PISA 평가는 읽기, 수학, 과학, 문제 해결 등의 영역에서 학생의 지식과 능력을 비교하는 작업에서부터 출발한다. 그런데 학교의 특정 교과목에서 학생의 수행 역량을 평가하면서도 PISA가 간과하지 않은 것은, 바로 학생의 삶의 성공이 학교의 공부보다 훨씬 더 넓은 영역에 걸친 역량에 달려 있다는 점이라 하겠다.

　OECD는 **핵심 역량**들을 규정하기 위하여 협업에 바탕을 둔 간학문적 접근 방식을 개발하였다. 1997년 후반에 OECD는 핵심 역량의 선정을 지원하고 아동과 성인의 역량 수준을 측정하는 국제 조사를 기획하였는데, 이러한 조사를 강화해 줄 견고한 개념 틀을 제공하려는 목표하에 이 책의 제1장에서 언급한 DeSeCo 프로젝트를 개시하였다. 이 프로젝트는 회원국 각각이 규정한 역량의 목록 및 그 활용 방식에 대한 보고서와 더불어 다양한 분야의 학자와 전문가들의 연구 결과를 수렴하여 전반적인 개념 틀을 조성하고자 하였다. 이 과정에서 핵심이 되는 질문은, 문화와 관점이 상이한 국가들 간에, 혹은 한 국가 내에서 엄존하는 다양한 문화적 전통 간에 포괄성 있는 역량군을 지정하는 것이 가능할 것인지 묻는 것이었다. 문화 다양성을 프로젝트의 출발점이자 지향점으로 삼아야 하는 어려움에도 불구하고 결과적으로 인류 보편적인 기본적 이상에 대한 합의를 이끌어 냈고, 이를 바탕으로 각 역량의 문화적 적용을 검토하였다. 이는 인간 보편의 열망을 인식하면서도 각 문화의 수준에서 개별적인 정의를 시도할 여지를 남겨 둠으로써 다양성을 수용하는 방식이라 하겠다.

1) 개인의 삶과 사회 기능 양자를 위하여 요청되는 역량

오늘날의 개인은 삶의 많은 부분에서 복잡성과 직면하고 있고, 사회는 이들에게 어려운 과제를 부과하고 있다. 이런 사회적 요구에 부응하기 위하여 개인이 습득해야 할 것으로 간주되는 역량을 식별해 내고 규정할 수 있다면, 우리의 청소년뿐만 아니라 성인이 삶의 도전에 얼마나 대비되어 있는지 평가하는 작업을 향상시킬 수 있을 것이다. 또한 교육제도와 평생 학습적 노력을 통합시켜 줄 목표를 선정할 수도 있을 것이다.

역량은 지식과 능력 이상의 그 무엇이다. 역량은 복잡한 요구에 부응할 수 있는 능력을 포함하는데, 이는 특정 맥락 속에서 심리사회적 자원(능력과 의식을 포함한)을 동원함으로써 작동된다. 예컨대 효과적으로 의사소통하는 능력은 한 개인의 언어에 대한 지식, 실질적인 IT 기술, 자신이 소통하는 타인에 대한 태도 등과 연결되어있다.

각각의 **주요 역량**은 사회와 개인 양자에게 가치 있는 성과를 제공해야 하고, 개인이 드넓은 맥락에서 요구되는 중요한 사안들에 부응할 수 있도록 도와야 하며, 전문가뿐 아니라 모든 개인에게 중요한 것이어야 한다. 오늘날 역량이 더욱 중요시되는 이유로는, 먼저 세계화와 현대화 속에서 점점 더 다양하고 상호 연결된 세계가 창조되고 있다는 점을 들 수 있다. 이러한 세계를 제대로 이해하고 그 속에서 능력을 발휘하기 위해서는 각 개인이 변화하는 기술에 숙달되고 다량의 정보를 소화할 수 있어야 한다. 또한 경제성장과 환경의 지속 가능한 개발 사이의 균형을 유지한다든가 경제적 번영과 사회적 정의 사이의 접점을 찾는 것과 같이 우리 사회가 직면한 전반적인 어려움과 맞서야 한다. 이러한 맥락에서 각 개인이 자신의 삶의 목표를 달성하기 위하여 갖춰야 할 역량이란 갈수록 더 복잡해지고, 특정의 협소한 분야의 기존 능력을 답습하는 행태를 뛰어넘을 것이 요청된다.

2) 3대 범주와 핵심 역량

DeSeCo 프로젝트의 **핵심 역량**을 위한 개념 틀은 이 역량들을 세 가지 큰 범주에서 분류하고 있다. 첫째, 각 개인은 환경과 효과적으로 상호작용할 수 있는 다양한 종류의 도구를 사용할 수 있어야 하는데, 여기에는 IT와 같은 물리적인 것과 언어 사용과 같은 사회문화적인 것이 포함된다. 이들은 이러한 도구를 충분히 이해하여 자신의 목적을 위하여 그 도구를 응용할 수 있어야 한다. 둘째, 점점 상호 의존적이 되어 가는 세계에서 개인은 타인과 교류할 수 있어야 하고, 다양한 배경의 사람들과 조우할 것이므로 이종(異種) 집단 속에서 상호작용할 줄 아는 것이 중시된다. 셋째, 개인은 자신의 삶을 관리할 책임을 질 수 있어야 하고, 자신의 삶을 폭넓은 사회적 맥락에서 조망하며 자율적으로 행동할 수 있어야 한다.

이러한 범주들 각각은 구체적인 초점 영역을 갖고 있으며 상호 연관되어 있고, 총체적으로 핵심 역량들을 지목하고 그 위치를 지정하기 위한 기반을 형성한다. 이러한 역량의 틀 속에서는 무엇보다도 각 개인이 성찰적으로 사고하고 행동해야 할 필요성이 반드시 대두된다. **성찰적 태도**란 단순히 틀에 박힌 방식으로 하나의 공식이나 방법을 주어진 상황에 적용하는 능력만이 아니라 변화에 대응하고, 경험을 통해 배우며, 비판적인 자세로 사고하고 행동할 수 있는 능력 등을 포괄한다.

이러한 핵심 역량은 어떤 개인적 성향과 인지 능력이 바람직한지에 대한 자의적인 결정에 따라 선정된 것이 아니라 성공적인 삶과 잘 기능하는 사회를 위한 정신사회적 선제 조건들을 세심하게 고려하여 결정되었다. 오늘날의 사회는 시민에게 어떤 요구 사항을 부과하고 있는가? 이에 대한 대답은 핵심 역량들을 구성하는 일관된 개념 안에 뿌리내리고 있다.

수요(demand) 기반의 접근 방식은 자신이 속한 사회를 스스로 이해해 가는 과정에 처해 있는 각 개인에게, 자신이 그 사회 속에서 제대로 기능하기 위하여 필요한 것들이 무엇인지 묻는다. 사람들은 직업을 갖고 유지하기 위하여 어떤 역량을 필요로 하는가? 변화하는 기술에 적용하기 위하여 어떤 역량과 성향 등이 요청되는가? 그러나 동시에 역량은 개인이 세계에 자신을 적응시키는 것뿐만이 아니라 그들이 세계를 형성해 가는 작용 속에서도 중요성을 가진다. 그러므로 현대인의 삶 속의 핵심 양상이 특정 역량을 요구해서뿐만이 아니라 우리가 개인적으로, 또 사회적으로 어떤 목표를 갖고 있는지에 따라서도 역량은 결정된다.

역량이 집단의 목표를 달성하기 위하여 요구되는 한, 핵심 역량들의 선정은 집단의 구성원들이 공유하고 있는 가치관을 이해함으로써 어느 정도 계발될 수 있을 것이다. 따라서 역량의 틀은 일반적 수준에서 이러한 가치들에 기반을 두고 있다. 한편, 모든 OECD 회원국은 민주적 가치와 지속 가능한 발전을 이루는 과업의 중요성에 합의하고 있다. 이러한 가치들이 함의하는 바는, 각 개인이 자신의 잠재성을 성취할 수 있어야 하고, 또한 타인을 존중하여 공정한 사회를 만드는 데 기여해야 한다는 것이다.

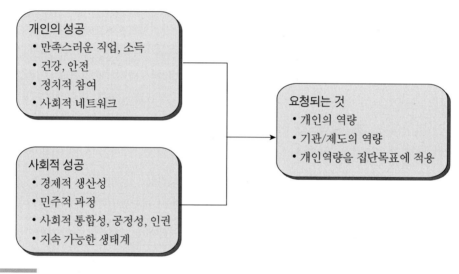

그림 11-1 개인과 집단의 목표와 역량

3) 전체 개념 틀의 성격

대부분의 OECD 국가에서는 융통성, 기업가 정신, 개인의 책임감 등에 가치를 부여한다. 개인은 적응력이 있을 뿐만 아니라 혁신적이고 창의적이며, 자기주도적이고 자발적이 될 것으로 기대를 받는다. 많은 학자와 전문가는 오늘날의 도전에 부응하기 위해서는 축적된 지식의 기본적인 재생을 뛰어넘는, 복잡한 정신적 과업을 수행할 수 있는 개인의 능력을 개발해야 함을 역설한다. **핵심 역량**들은 인지적이고 실제적인 능력과 창의력 및 의식, 동기 유발, 가치관 등과 같은 여타 정신사회적 자원을 동원하는 작용을 포함한다. 핵심 역량의 틀의 중심에는 개인이 스스로 사고할 수 있는 능력과 자신의 학습과 행동에 대하여 책임질 줄 아는 능력이 자리 잡고 있으며, 이는 한 개인의 도덕적·지적 성숙의 표현이다.

이 개념 틀의 초석이 되는 **성찰적 사고**는 상대적으로 복잡한 정신적 과정을 요청하고, 사고의 주체로 하여금 사고의 대상이 될 것을 요구한다. 예를 들어, 한 개인이 특정 사고 기술을 익히고 난 뒤에는 성찰적 태도에 따라 그 기술에 대해서 생각해 보고, 그것을 흡수하고, 자신의 경험의 다른 면모들과 연관시켜 보고, 그럼으로써 그 기술을 변화시키고 응용할 수 있다. 성찰적인 사람은 연습하고 행동함으로써 이러한 사고 과정을 거친다.

그러므로 성찰이란 초인지적 능력, 창의력, 비판적 사고력 등을 함의한다. 이는 단순히 한 개인이 어떻게 생각하는가에 국한되지 않고 그가 자신의 사고와 느낌과 사회적 관계 등을 포함하여 보다 일반적으로 자신의 경험을 어떻게 구축하는가 하는 문제와 관련되어 있다. 성찰적인 개인들은 다수의 사회적 압력에 꼭 순응하지 않고, 상이한 관점을 채택하고, 독립적인 판단을 내리며, 자신의 행위에 대해 책임을 지는 사회적 성숙도에 다다른 이들이다.

성찰적 태도의 일례로 흑백론의 극복을 들 수 있다. 차이와 모순을 다룰 수 있는 능력은 경제와 교육 분야에서 제작한 다수의 핵심 역량 리스트에서 발견된다. 오늘날의 다양하고 복잡한 세계에서 우리는 단 하나의 답을 서둘러 택하거나 흑백론적 해답을 구하기보다는, 자율성 대 연대라든가 다양성 대 보편성 또는 혁신 대 연속성 등 사이의 긴장을 감내하여 겉보기에 모순적이거나 상호 배타적인 목표들을 동일한 현실의 면모로서 통합할 것이 요구된다. 따라서 각 개인은 보다 통합적인 방식으로 사고하고 행동하는 법을 배워야 하고, 겉으로는 모순돼 보이지만 간혹 단지 피상적으로만 그렇게 보일 수도 있는 입장이나 사상들 사이에서 중첩되는 상호 연관성과 관계성을 고려해야 할 것이다.[2]

---

2) 이와 같은 입장은 이 책 제1장의 창의성 관련 논의에서도 제기되고 있다.

(1) 역량 범주 1: 도구를 상호작용하는 방식으로 사용하기

지구촌 경제 및 정보사회는 개인으로 하여금 사회성과 전문성을 갖추도록 요구하는데, 이는 컴퓨터와 같은 물리적 도구뿐 아니라 언어처럼 정보나 지식과 상호작용하기 위한 사회문화적 도구에도 숙달될 것을 포함한다. 개인은 기술적 발전에 뒤처져서는 안 되고, 새로운 도구를 자신의 목적에 적용할 수 있어야 하며, 세계와 활발한 대화를 나눌 필요가 있다. 각 개인은 인지적·사회문화적·물리적 도구를 통하여 세계와 조우한다. 이러한 조우를 경험함으로써 개인은 그가 세계를 어떻게 이해하며 그 안에서 능력을 어떻게 발휘할 것인지, 변혁과 변화에 어떻게 부응할지, 장기간에 걸친 도전에 어떻게 반응할지 등을 타진해 보게 된다. 이때 각 개인이 상호작용하는 방식으로 도구들을 사용한다면, 그가 세계를 바라보고 세계와 관계를 맺는 방식에 새로운 가능성이 열린다.

이 범주의 첫 번째 핵심 역량은 언어, 상징, 텍스트 등을 상호작용하는 방식으로 사용할 수 있는 능력이다. 여기에는 다양한 상황에서 구어와 문어를 효과적으로 구사하고 전산 및 그 밖의 수학적 기술을 활용할 줄 아는 능력이 포함된다. 이것들은 사회와 일터에서 제대로 역량을 발휘하고 타인들과 효과적인 대화에 참여하기 위한 필수적인 도구이다. '의사소통 역량'이나 '문해력' 등과 같은 용어가 이 핵심 역량과 관련되어 있다.

두 번째 핵심 역량은 지식과 정보를 상호작용하는 방식으로 사용할 수 있는 능력이다. 서비스 업종과 정보 산업의 역할의 중요성이 점증하고 있음을 인지하고, 오늘날 사회 속에서 지식 경영이 차지하는 중심 역할을 고려할 때, 사람들이 정보와 지식을 상호작용하는 방식으로 사용할 줄 안다는 것은 필수 과제가 되어 버렸다. 이 핵심 역량은 정보의 본질 자체에 대한 비판적 성찰을 요청한다. 즉, 정보의 기술적 하부 구조와 그 사회적·문화적·이념적 맥락과 파급 효과 등이 이에 포함된다. 정보 역량은 선택의 폭을 이해하고, 의견을 형성하고, 의사결정을 하며, 지적이고도 책임감 있는 행위를 일으키기 위한 기반으로서 필요하다. 따라서 개인은 알려지지 않은 것을 인지하고 식별해 내고, 적절한 정보의 원천을 찾아내고, 정보와 그 원천의 질과 적절성을 평가하며, 지식과 정보를 조직화할 수 있어야 한다.

이 범주의 세 번째 핵심 역량은 기술을 상호작용하는 방식으로 사용할 수 있는 능력으로, 각 개인이 일상생활에서 기술을 사용하는 새로운 방식을 익힐 것을 요구한다. 정보통신 기술은 사람들이 함께 일하고, 정보에 접속하고, 타인들과 상호작용하는 방식을 변혁시킬 잠재력을 품고 있다. 이러한 잠재력을 제대로 활용하려면 개인은 단순히 인터넷을 이용하고 이메일을 보내는 정도의 기초적 기술을 뛰어넘는 수준에서 활동할 수 있어야 할 것이다.

(2) 역량 범주 2: 다문화 집단 속에서 상호작용하기

인간은 평생 동안 사회적 정체성과 관련하여, 또 물질적·심리적 생존을 위하여 타인들과의 관계에 의존한다. 사회가 여러 면에서 더욱 분절되고 다양해지면서 개인의 이득을 위해서도, 새로운 형태의 협동을 구축하기 위해서도 인간관계의 경영이 중요해졌다. 즉, 다문화사회 속에서 다양성을 수용하며 살아야 하기에 타인에게 공감할 수 있어야 하고, 사회적 자본이 더욱 중요해졌다.

다문화 공동체 속의 삶을 위해서는 먼저 타인들과 관계를 만드는 능력이 요청되는데, 이 능력을 갖춤으로써 한 개인은 사적인 관계를 개인적 지인이나 동료, 고객 등과 시작하고 유지하고 관리할 수 있게 된다. 타인과 관계를 맺는 것은 사회의 단합을 위한 요청일 뿐만 아니라 날이 갈수록 강해지는 경제적 함의 또한 반영하고 있는데, 이는 변화하는 기업들과 경제 구조가 갈수록 정서지능을 강조하고 있기 때문이다. 한 개인이 타인들과 함께 환영받고 소속감을 느끼며 활동할 수 있는 환경을 만들어 내기 위해서는 타인들의 가치와 신념과 문화와 역사를 존중하고 수용할 수 있어야 한다는 말이다.

타인들과 협력을 잘하기 위해서는 공감 능력이 필요한데, 이는 타인의 입장이 되어서 그의 시점에서 상황을 상상할 수 있는 능력이다. 공감 능력은 자기성찰을 유발하는데, 이때 넓은 범위의 의견과 신념을 고려하면서 각 개인은 어떤 상황에서 자신이 당연시하는 것들을 반드시 타인들도 당연시하지는 않는다는 것을 인정하게 된다. 타인들과의 협력에는 감정의 효과적인 관리도 요청된다. 즉, 자신과 타인의 기저의 감정과 동기 등을 효과적으로 해석하고 자각할 수 있어야 한다.

다문화 환경에서는 협동 능력이 필수적이다. 수많은 요구와 목표 등은 한 사람만으로는 성취할 수 없고, 이권을 공유하는 사람들이 모여서 작업 팀, 시민 모임, 경영 집단, 정당, 조합 등의 집단을 이루어 일할 수밖에 없다. 협동하기 위해서는 각 개인이 집단에 대한 기여와 자신의 우선순위 사이에서 균형을 맞춰야 하고, 집단에 대한 통솔력과 집단을 따르는 성향을 고루 갖춰야 한다. 구체적으로 다음과 같은 역량이 포함된다.

- 자신의 생각을 제시하고, 타인이 제시한 생각을 경청하기
- 토론의 역동을 이해하고 안건을 소화하기
- 전술적이거나 지속적인 동지들을 규합하기
- 협상하기
- 다양한 의견을 포함시킬 여지가 있는 결정 도출하기

다문화 상황에서는 갈등을 관리하고 해소하는 능력이 요청된다. 갈등은 가정, 직장, 지역 공동체, 사회 전반 등 삶의 모든 영역에서 발생한다. 갈등은 사회적 현실의 한 부분이자 인간관계에 내재된 지평이다. 갈등은 서로 엇갈리거나 상반되는 욕구, 이권, 목표, 가치관 등으로 인하여 둘 또는 그 이상의 개인이나 집단 사이에서 발생한다. 갈등에 건설적으로 접근하는 요건은, 갈등을 부정해야 할 대상으로 취급하는 것이 아니라 갈등이 관리되어야 할 과정임을 인정하는 것이다. 따라서 타인들의 이권과 욕구를 고려해야 할 필요가 있고, 양측이 이득을 얻을 수 있는 해결책을 마련해야 한다. 개인이 갈등 관리 및 해결 과정에 적극적으로 참여하기 위해서는 다음 사항들을 갖춰야 한다.

- 당면한 문제와 이권 등을 분석하고, 갈등의 원천과 당사자들 모두의 주장을 분석하며, 가능한 또 다른 입장이 있을 수 있음을 염두에 둔다.
- 합의되는 부분과 그렇지 않은 부분을 식별해 낸다.
- 문제를 재구조화한다.
- 욕구와 목표의 우선순위를 정하여 누가 어떤 조건에서 얼마만큼 포기할 수 있는지 결정한다.

(3) 역량 범주 3: 자율적으로 행동하기

자율적으로 행동한다는 것은 사회적으로 고립되어 기능하는 것을 뜻하지 않는다. 반대로, 자신의 환경과 사회적 역동과 자신이 맡고 있으며, 또 맡기를 원하는 사회적 역할을 잘 알 것을 요구한다. 또한 한 개인이 충분한 권한을 갖고 자신의 생활과 직업 여건을 통제함으로써 자신의 삶을 의미 있고도 책임감 있게 영위하는 것을 말한다. 그러므로 개인은 복잡한 세계 속에서 자신의 정체성을 깨닫고, 목표를 설정하며, 권리를 행사하는 동시에 책임도 질 줄 알아야 한다. 또한 자신의 환경과 그것이 작동하는 방식을 이해할 수 있어야 한다.

자율적 행동이 요청하는 첫째 능력은 너른 시야를 갖고 삶을 조망할 줄 아는 것이다. 각 개인은 자신의 행위와 결정의 바탕이 되는 보다 넓은 맥락을 이해해야 하는데, 이는 자신의 행위와 결정이 예컨대 사회의 규범, 사회적 · 경제적 제도 그리고 과거에 일어난 일들과 어떻게 연계되어 있는지에 대하여 사고하는 것을 의미한다. 즉, 그는 패턴을 이해할 수 있어야 하고, 자신이 속한 체계(system)를 볼 수 있어야 하며, 자신의 행위의 직간접적 결과를 예측할 수 있어야 하고, 성찰을 통해 다양한 행위 경로 중에서 선택할 수 있어야 한다.

자율적 행위의 차원에서 둘째로, 인생 계획을 세우고 개인적 프로젝트를 수행하는 능력이 필요하다. 이는 프로젝트 관리를 개인에게 적용한 것과 같은데, 한 개인이 인생을 일종의 조직된 이야기로 이해하여 그것에 의미와 목적을 부여함으로써 변화하는 환경 속에서 때로 조각나서 무의미해 보이는 삶을 고양할 수 있는 능력이다. 이 능력은 미래에 대한 시야와 낙관주의와 잠재력 등을 함의하면서도 현재 달성 가능한 부분에 대한 사실적인 이해에 기반을 둘 것을 요청한다.

자율적 행위를 위해서 세 번째로 요청되는 능력은 권리와 이권과 제약과 필요한 것들을 주장하는 능력이다. 이 능력은 고도로 구조화된 법적 행위에서부터 일상 속의 개인의 권한에 대한 주장에 이르기까지 너른 맥락에서 필요하다. 이러한 권리 등이 법과 계약 등에 의해 수립되고 보호되고 있지만, 궁극적으로는 개인 스스로가 이를 식별하고 자신의 권리와 욕구와 이권을 평가하여 적극적으로 자신을 내세우고 보호해야 한다. 한편으로 이는 자기를 향하는 권리와 욕구를 포함하고, 다른 한편으로는 공동체에 소속된 한 구성원으로서의 개인의 권리와 욕구를 포함한다. 다음과 같은 사항들이 이에 속한다.

- 예를 들어, 선거 등의 활동에서 자신의 이권을 이해한다.
- 자신의 경우를 내세우기 위한 성문화된 규칙과 원칙을 안다.
- 자신이 필요한 것들과 자신의 권리를 인정받기 위하여 주장을 구축할 줄 안다.
- 대안적인 해결책을 제시할 줄 안다.

2. UNESCO IAE 사회정서 학습[3]

사회정서(social-emotional) 능력은 학생이 학교와 삶에서 성공하기 위하여 필요한 것이다. 교실에서 학습이 제대로 일어나기 위해서는 교사가 학생들과 좋은 관계를 만들어야 하고, 학생 역시 교사와 다른 학생들과 좋은 관계를 만들어야 한다. 사회정서 능력, 또는 '정서지능'은 학생들이 다른 이들과 함께 일하고, 효과적으로 배우며, 가정과 공동체와 일터에서 필수적인 역할을 맡을 수 있도록 해 주는 능력들에 부여된 이름이다. 연구에 의하면 사회정서 능력은 학생들에게 가르쳐질 수 있으며, 이런 가르침이 교실과 학교에 상존할 때 지적인 학습도 향상된다. 지적인 학습과 사회정서 학습 양자가 학교교육의 한 부분이 될 때, 학생들은 배운 것들을 더 잘 기억하고 더 잘 활용할 수 있게 된다. 여기에서 교육은 학생 자신뿐 아니라 타인들에 대한 책임감, 돌봄, 관심 등을 포괄하게 된다. 그러므로 배움이란 '머리'와 '가슴' 둘 다에 손길을 뻗고, 그 결과 학급은 더 잘 운영되고 학생들은 더 배움에 고무될 것이다. 실제로 지적인 학습과 사회정서 학습은 세계의 모든 학교 안에서 연결되어 있다. UNESCO와 연합한 국제교육학술원(International Academy of Education: IAE)이 개발한 사회정서 학습 프로그램은 국제교육학술국(International Bureau of Education and the Academy)이 전 세계에 보급하

---

3) 이 절의 내용은 다음 자료를 요약 · 정리한 것이다. Elias, M. J. (2003). *Academic and Social-Emotional Learning*. Paris: UNESCO IAE. 또한 사회정서 학습의 이론적 발달에 관한 상세한 내용은 이 책의 제5장에 제시되어 있다.

며, 프로그램 개발 전문가의 연구 성과는 CASEL(Collaborative for Academic, Social, and Emotional Learning) 단체의 웹사이트에도 게시되어 있다.

사회정서 학습은 학생들의 전인교육을 지향한다. 전인교육은 동서고금을 통하여 제시되어 온 오랜 전통을 지닌 교육관으로, 20세기의 산업화 시대에는 경시되었으나 사회·경제적으로 갈수록 복잡·다양화하고 있는 21세기에 그 중요성이 다시금 부각되고 있다. 주지적 교육(언어와 수리 등) 이외에 IAE에서 특히 강조하는 전인교육적 요소들은 다음과 같은데, 이들 모두는 인성교육의 범주에 속한다고 볼 수 있다.

- 문제해결 능력
- 건강과 복지에 대한 책임
- 다양한 집단 내에서 협동할 수 있는 사회성
- 타인을 존중하고 돌볼 줄 아는 심성
- 사회의 전체상을 이해하여 미래의 발전에 대비하는 능력
- 좋은 성품을 계발하고 건전한 도덕적 결정을 내릴 수 있는 능력

주지적 역량뿐 아니라 위의 인성 관련 능력도 사회정서 학습을 통해 효과적으로 신장될 수 있다. 이러한 사회정서 학습은 흔히 주지적 학습과 실제 삶 속에서의 성공 사이를 이어 주는 '잃어버린 조각'으로 불리기도 하는바, 오늘날의 교육자들은 이를 활성화시킬 실제적 방법을 구안해야 한다. 다음에 제시되는 열 가지 원리 또는 제안은 이러한 노력을 효과적으로 지원해 줄 것이다.

첫째, 학습은 돌봄을 수반해야 한다. 효과적이며 지속되는 주지적 사회정서 학습은 서로 돌보는 따뜻한 관계가 형성되어 있으면서도 동시에 학생들로 하여금 어려운 과제도 능동적으로 해결하도록 촉구하는 교실 및 학교 분위기에서 발달할 수 있다. 지속적인 사회정서 학습과 건전한 인성 그리고 학업의 성공 등은 학생들을 고압적으로 다루거나 더 공부할 것을 강요하는 교실이나 학교가 아니라 학생들의 기를 꺾지 않는 방식으로 동기를 유발하는 곳에서 일어날 수 있다. 또한 이런 학교들은 학생들이 돌봄을 받고 있고, 환영받고, 자신의 가치가 인정받고 있는 곳이라고 느끼는 곳이다.

둘째, 일상적 생활 기술을 가르쳐야 한다. 학업과 사회정서 학습을 증진시키는 생활 기술은 모든 학년을 대상으로 구체적으로 가르쳐야 한다. CASEL의 뇌과학 및 교육학적 접근을 동반한 연구에 따르면 광범위한 사회적 역할과 삶의 임무를 효과적으로 수행할 수 있게 도와주는 사회정서 기술이 있다. 이 기술을 익혀 아동과 청소년은 학교 안팎의 모든 삶의 영역에서 취해야 할 행동에 대한 폭넓은 안내와 지도를 받을 수 있는데, 여기에는 대표적으로 자기이해 및 타인 이해, 의사결정을 위한 숙고, 타인 돌보기, 의사소통과 인간관계를 포괄한 사회 활동 등이 포함된다.

셋째, 사회정서 수업을 여타 학교 활동과 연계해야 한다. 사회정서 능력을 일상생활에 적용하기 위해서는 학교에 지속적이고 발달단계에 적합한 지원 체계가 마련되어 있어야 한다. 예를 들어, 아동은 흡연, 약물 사용, 음주, 임신, 폭력, 집단 따돌림 등과 같은 특정 문제들을 예방하기 위하여 발달단계에 적합하게 고안된 수업을 이수함으로써 많은 도움을 받을 수 있다. 또한 섭식, 수면, 학습 환경 등을 아우르는 건강한 생활 습관에 대한 교육도 문화적으로 적합한 방식으로 제공될 때 도움을 준다. 그 밖에도 갈등 해소, 스트레스 해소 전략이나 특수교육 대상 학생들을 위한 특화된 교육의 유용성도 고려되어야 한다.

넷째, 수업의 초점을 잡기 위하여 목표 설정 방식을 사용하는 것이 좋다. 목표 설정과 문제해결 활동은 학습을 위한 방향성과 활력소를 제공해 준다. 아동은 많은 것을 습득하도록 요구받지만, 자신이 배운 것들 사이의 연계성을 인지하지 못한다면 배운 것들을 기억하여 삶 속에서 사용하지 못하게 된다. 그러나 자신이 배운 것들이 어떤 목표에 다가가기 위하여 필요한 것이라고 인식할 때, 아동은 보다 학습에 집중하고 문제 소지가 있는 행동을 저지르지 않는다. 따라서 다양한 교과 분야들을 연계하고 통합시킬 뿐 아니라 교과와 학교 밖 일상과의 연관성을 깨치게 도와주는 교수·학습 방식을 통하여 아동이 자신의 학습의 목표를 볼 수 있도록 이끌어 줘야 한다.

다섯째, 다양한 수업 방식을 활용해야 한다. 교과 및 사회정서 학습은 모든 학습자의 다양한 인지 성향과 특징을 반영하기 위하여 다양한 방식을 채택해야 한다. 교과 및 사회정서 학습은 사실 각 학교의 사정에 적합하도록 맞춤형으로 제공될 때 가장 효과성이 높아진다. 이상적으로는 학생 개개인의 학습 방식에 맞춰진 수업을 실행하는 것이 최상이겠고, 현실적으로는 최대한 다양한 수업 실행 방안을 구비하여 학습자들이 자신의 학습 방식이 존중받음을 느끼고 자신의 방식으로 지식을 구축할 수 있도록 돕는 것이 바람직하다. 이러한 다양한 방식에는 모방, 역할놀이, 미술, 무용, 연극, 공작, 디지털 매체 활용, 컴퓨터 조작과 인터넷 활용 등이 다 포함된다. 덧붙여 규칙적인 교사의 피드백, 정답이 없는 열린 토의, 사회정서 기술 활용 등이 동반되어야 할 것이다.

여섯째, 공감 능력을 증대하기 위하여 공동체 봉사활동을 증진해야 한다. 공동체 내의 봉사활동을 통하여 아동은 사회정서 능력 중에서도 특히 공감 능력을 발달시키는 데 큰 도움을 받을 수 있다. 가능하면 어린 연령대에 공동체 봉사활동을 시작함으로써 아동은 생활에 필요한 기술을 익히고, 그 기술을 통합 · 응용하며, 이를 통하여 자신의 개성과 역량에 관해 인식하고 표출하는 기회를 누리게 된다. 이 과정에서 다양한 타인과 접촉하여 인간 이해가 확장되고, 타인과 공감할 수 있는 여건을 경험하게 되고, 이러한 공감 능력이 사회생활에서 필수적이라는 사실을 알게 되고, 사회적 성공이 삶의 만족에 기여하는 바를 깨달을 수 있다.

일곱째, 학부모와 함께해야 한다. 학부모가 학교와 동반자적 관계에서 자녀의 교과 및 사회정서 학습에 참여할 때 더 좋은 성과를 얻을 수 있다. 오늘날의 아동과 청소년은 인터넷을 포함한 대중매체의 콘텐츠와 끝없이 접촉하며 실제 사회생활에서 사회성과 정서를 함양할 기회를 충분히 갖지 못하고 있는데, 이들이 가장 오랜 시간 머무르는 학교와 가정의 성인들이 이들의 학습과 생활을 지지하기 위하여 협동함으로써 '오프라인' 활동에서 사회정서 역량을 키울 기회를 늘릴 수 있다.

여덟째, 사회정서 능력을 점진적이고 체계적으로 키워 줘야 한다. 사회정서 학습을 학교에서 구현하는 것은 기존의 환경의 장점 위에 진행되어야 하고, 또 수년간의 성장 단계를 거쳐야 하는 작업이다. 사회정서 학습은 대개 단위 학교에서 2~3년에 걸쳐 시범적으로 시행되어 교직원들이 이 학습에 대한 자신감을 축적하도록 한 뒤에야 학교 생활의 전반에서 일상화될 수 있다. 중요한 것은 교과 학습과 사회정서 학습이 분리된 것이 아니고, 후자가 또 하나의 교과목으로서 취급되어서는 안 된다는 점이다. 너무 오랫동안 오늘날의 학교에서는 협소한 주지적 학습과 그 성취도에만 몰두함으로써 다수의 학생을 교육에서 소외시키는 결과를 초래했다. 사회정서 학습은 교수법에 대한 보다 깊은 성찰을 바탕으로 학생들을 보다 더 활발하게 학습의 주체로서 끌어들임으로써 학생의 문제 행동을 감소시키는 효과를 발휘한다.

아홉째, 교직원을 제대로 준비시키고 지원해 줘야 한다. 효과적인 교과 및 사회정서 학습을 실현하기 위해서는 시행의 초기 단계에서 전 교직원을 대상으로 하는 잘 계획된 역량 개발 프로그램과 지원 체계가 수립되어야 한다. 사회정서 학습은 상대적으로 많은 교육자에게 생소한 영역이므로, 교사와 교직원들이 인내심을 갖고 차근차근 이 과정을 이해하고 참여해 가도록 학교에서 지원할 필요가 있다.

열째, 실행을 평가해야 한다. 사회정서 학습을 증진시키기 위한 노력을 평가하는 작업은 윤리적 책무이며, 여기에는 실행에 대한 지속적인 관찰, 성과에 대한 평가, 또 이 교육을 실행하는 이들과 받는 이들의 의견과 반응에 대한 이해가 포함된다. 일종의 고객 만족도에 대한 조사를 실행하기 위하여 다양한 정보를 활용할 필요가 있다.

결론적으로, **사회정서 학습**, 아니 모든 교육 활동에서는 학생 한 명 한 명이 잠재력을 지니고 있음을 신뢰해야 할 것이다. 그 잠재력이 모든 학생에게 동일한 정도로 내재된 것은 아니지만, 모든 학생은 자신의 잠재력을 계발할 기회를 부여받는다. 교과 및 사회정서 학습의 조합은 이러한 기회를 실현하게 도와줄 가능성이 가장 높은 방식이다. 이 과정을 통하여 교육자는 자신의 학생들로 하여금 삶의 도전에 대응할 수 있고 시민 의식과 책임감을 가진 사람으로 자라도록 준비시킬 수 있다.

다음은 CASEL에서 제시하는 사회정서 역량의 세부 사항들이다.[4]

- 자신의 감정을 알고 관리하기
- 주의 깊게 듣고 정확하게 소통하기
- 자신과 타인의 장점을 인식하기
- 윤리적 · 사회적 책임감을 보여 주기
- 다양한 타인과 인사하고 다가가고 대화하기

---

4) 교육부(2014), p. 42에서 재인용하며 번역 용어를 부분적으로 수정한 것이다.

- 다양한 관점을 수용하기
- 타인의 감정을 정확하게 감지하기
- 타인을 존중하기
- 적합한 목표 설정하기
- 효과적으로 문제를 해결하고 판단하기
- 협력하기
- 팀의 구성원이 되고 리드하기
- 갈등을 관리하고 조정하기
- 건설적이고 상호적인 윤리적 관계를 형성하기
- 도움 주기

3. 유네스코 횡단적 능력[5]

유네스코의 아시아-태평양 지역 교육연구 네트워크인 ERI-Net(Education Research In stitutes Network)은 2013년에 지역 내 국가들의 인성교육 분야의 시도를 「교육정책과 실제에서의 횡단적 역량(Transversal Competencies in Education Policy and Practice)」이라는 보고서로 발표하였다. 여기에서 'transversal'은 '횡단의' '이종 분야의' 등의 우리말로 번역되기도 하는데, 상이하고 다양한 영역을 가로지르는 **통합적 역량**을 지칭하며, 실은 대체로 우리가 '인성교육'이라고 부르는 영역과 일치하는 교육 활동을 포함하고 있다. 즉, 21세기의 삶에 요청될 것으로 예상되는 기술, 능력, 지식, 가치관, 의식 등 비교과적 영역의 역량으로, OECD의 **핵심 역량**(key competencies)과도 흡사하다. 이와 같은 역량을 통칭하는 하나의 용어에 대하여 학계의 합의가 이루어진 바는 없으며, 또한 이러한 역량들에 대한 명칭은 문화권에 따라 매우 다양하다. 아태 지역 내에서만도

---

5) 이 절의 내용은 다음 자료를 요약·정리한 것이다. UNESCO. (2015). *2013 Asia-Pacific Education Research Institutes Network (ERI-Net) Regional Study on Transversal Competencies in Educational Policy and Practice (Phase 1)*. Paris: UNESCO.

예컨대 필리핀에서는 '비인지적 역량'이라 표현하고, 한국에서는 '인성교육'이라 지칭하며, 홍콩에서는 '범교과적 역량'이라고 부르기도 한다. 이러한 역량들에 대한 강조는 앞서 제시한 OECD의 논지와 마찬가지로, 세계화 및 정보통신 기술(ICT)의 급격한 발달이 가져온 사회적·경제적·문화적 변화에 부응하려는 취지를 담고 있다. 아태 지역에서는 이러한 횡단적 역량의 교육에 대한 연구가 순수한 연구의 단계를 벗어나 교육 현장에서 실행하기 위한 실제적 활동을 요청하게 되면서 공동체의 교육정책에도 적용되기 시작했다. 아태 지역의 연구에 참여한 국가들의 경우에는 구체적으로 다음과 같은 역량들이 이 범주에 속한다.

- 비판적·혁신적 사고: 창의성, 기업가 정신, 임기응변 능력, 응용력, 성찰적 사고, 추론에 기초한 의사결정
- 대인관계 능력: 발표와 의사소통 능력, 리더십, 조직력, 팀워크, 협동력, 솔선 능력, 친화력, 동료애
- 자기관리 능력: 절도, 열정, 인내, 자발성, 자애심, 정직, 헌신
- 세계시민성: 의식, 관용, 개방성, 다양성 존중, 다문화 이해, 갈등해소 능력, 정치적 참여, 환경 존중

횡단적 역량을 공교육에 통합하는 노력의 필요성은 전 지구적·국가적·개인적 차원의 관점 각각의 경제적·사회적·인간성 부문에서 다음과 같이 제시되고 있다. 첫째, 전 지구적 관점에서 볼 때 경제적인 면에서의 경쟁력과 사회적인 면에서 이해와 평화, 인간성 면에서의 세계시민 의식이 요청되고 있다. 둘째, 국가적 관점에서는 경제적으로 GDP 성장과 사회적으로 인간개발지수(Human Development Index: HDI) 성장, 인간성 면에서 애국심이 꼽힌다. 셋째, 개인적 관점에서 경제적으로 고용 자격 보유, 사회적으로 공동체와의 조화, 개인적으로 도덕성 형성이 제시되고 있다.

이 프로젝트에 참여한 아태 지역 국가에서는 여섯 가지의 역량과 능력이 정책적으로 다루어지고 있는 것으로 나타났다. 이 여섯 가지에는 창의적-혁신적 사고 영역에 속하는 비판적 사고, 혁신적 사고, 성찰적 사고, 추론에 기초한 의사결정과 대인관계

역량 영역에 속하는 의사소통 능력과 협동 능력이 포함된다. 이렇듯 보편적으로 퍼져 있는 두 범주의 역량들과 함께 각국마다 자국의 특수성이 반영된 독특한 역량들을 정책적으로 거론하고 있다. 예를 들면, 필리핀에서는 가톨릭 신앙을 고려한 듯 '전 지구적 영성'을 중시하고, 한국에서는 온라인 학교폭력 문제에 대한 고민을 담아 '읽기, 쓰기의 예절'과 '사이버 예절' 등이 부각되어 있다.

유네스코에서는 아태 지역 국가들의 공통점과 특수성을 고려하여 횡단적 역량에 속하는 주요 역량의 범주를 수정하여 발표하였는데, 이는 다음과 같다.

- 비판적 · 혁신적 사고: 창의성, 기업가 정신, 임기응변 능력, 응용력, 성찰적 사고, 추론에 기초한 의사결정
- 대인관계 능력: 발표와 의사소통 능력, 조직력, 팀워크, 협동력, 친화력, 동료애, 공감 능력, 자애
- 자기관리 능력: 절도, 자기주도 학습 능력, 융통성과 호환성, 자기인식, 인내, 자발성, 자애심, 정직, 위험 감수, 자기존중감
- 세계시민성: 의식, 관용, 개방성, 책임감, 다양성 존중, 윤리적 이해, 다문화 이해, 갈등해소 능력, 민주적 참여, 환경 존중, 국가 정체성, 소속 의식
- 매체 및 정보 문해력: ICT 매체, 도서관, 기록 보관소 등을 통하여 정보를 찾아내고 접속하는 능력, ICT를 통하여 생각을 표현하고 소통하는 능력, 민주적 과정에 매체와 ICT를 통하여 참여하는 능력, 매체의 내용을 분석하고 평가하는 능력

이와 같은 틀 위에 아대 지역 국가들이 횡단적 역량의 증진을 위하여 정책적으로 투자해 온 노력은 나름의 성과를 거두고 있는 동시에 적지 않은 장애에 직면해 있기도 하다. 무엇보다도 일단 횡단적 역량을 기존 교육 체제 속에 통합시키려는 쉽지 않은 노력을 감행하고 그 실제적 체계를 수립했다는 것을 성과로 볼 수 있겠다. 한국의 「인성교육진흥법」 제정과 그에 따른 정책적 움직임을 유네스코에서는 대표적 사례로 꼽고 있다. 유네스코의 평가에 의하면, 이는 적어도 한국에서 인성교육에 대해서 교사들의 주의를 환기시킬 수 있었고, 예체능 교육의 중요성이 부각되었으며, 지역 공동체 및 가

정과 동반자 관계를 형성하는 교육 활동에 대한 인식에 영향을 끼칠 수 있었다. 또한 중국의 여러 지역에서 학생들의 횡단적 역량이 부분적으로 향상되었음을 보여 주는 지표도 발표되었다. 그러나 아태 지역 국가들의 횡단적 역량 증진 사업이 직면한 도전도 상당한데, 이를 유네스코는 다음과 같이 분석하여 논의하고 있다.

- 정의의 문제: 횡단적 역량들의 범위에 대한 명료성의 부재
  - 횡단적 역량들을 가르침으로써 얻을 수 있는 성과에 대한 명료성의 부재
- 작동의 문제: 평가 기제의 부재
  - 불충분한 교수·학습 교재 및 교사 안내서
  - 유인책의 부재
  - 교사 역량 부족
  - 예산의 부재(정책 예산 일관성의 부재)
  - 교사에게 추가적 부담
- 체제적 문제: 과대 학급 규모
  - 교육과정 과부담
  - 학업 성취에 대한 압박
  - 중요 선발 시험과의 연관성 부재
  - 학부모와 여타 관련자들의 이해 부족
  - 학교와 공동체 전반의 문화

아태 지역의 횡단적 역량 교육 현황을 마무리 지으며 유네스코는 특히 이러한 역량을 획득하기 위한 단 하나의 일관된 활동을 식별할 수는 없고, 각국이 자신의 사회경제적·문화적 환경에 부응하여 자발적으로 자국 학생의 횡단적 역량 제고를 위한 노력을 기울이기 시작했음을 강조한다. 그 결과 횡단적 역량 교육의 틀과 내용 등은 국가에 따라서 상이한 형태를 띠게 되었다. 다양성이 동반하는 중요한 문제는 횡단적 역량에 대한 확정적이고 명확한 정의와 해석을 지정하기 어렵다는 점이고, 결국 인성교육을 포함한 횡단적 교육의 시도는 앞으로도 지속적으로 재정의되고 갱신될 수밖에 없

다는 점을 유네스코도 인정하고 있다. 그럼에도 앞으로 횡단적 역량을 증진하기 위한 교육을 실행하는 이들은 다음의 사항들을 유념해야 할 것을 조언한다.

- 정부가 횡단적 역량들을 교육정책의 중핵으로 간주하여 일관되고 지속적으로 실행해야 한다.
- 횡단적 역량 교육을 교실로 끌어들이는 과정에서 교사가 충분히 준비되어야 한다.
- 학교의 의사결정을 둘러싼 다양한 관련 주체 간에 횡단적 역량에 대한 인식과 이해도가 제고되어야 한다.

최종적으로, 20세기의 굴뚝산업을 위한 인력을 양산하던 교육 체제에서 벗어나 이른바 4차 산업혁명 시대를 이끌어 갈 인재를 양성하기 위해서는, 과거의 주지적 학습의 범주를 뛰어넘어 인성의 다양한 영역을 포괄하여 전인적 성숙을 기하는 횡단적 역량을 키우는 것이 각국의 핵심 국가 발전 과제가 되어야 할 것임을 천명하고 있다.

지금까지 대표적인 국제기구의 활동을 통하여 최근의 국제사회의 인성교육에 대한 대응 방식을 살펴보았다. 국제사회는 각국의 개별적 환경에서 요청되는 교육적 문제들을 통합하여 논하다 보니 지나치게 추상적인 수준에서 교육적 방침을 제시하게 되는 제약이 있는데, 그럼에도 날이 갈수록 상호 연계성이 강화되고 있는 '지구촌' 사회에서 보편적으로 증강되고 있는 '역량'과 인성 간의 통합에 대한 요구를 인식하고 공감함으로써 우리가 우리의 후대를 미래에 대비하도록 도와줄 수 있는 길을 설계하는 데 도움을 받을 수 있다.

참고문헌

교육부(2014). **인성교육 비전 수립 및 실천 방안 연구.** 서울: 진한엠엔비.

Elias, M. J. (2003). *Academic and Social-Emotional Learning.* Paris: UNESCO International Academy of Education.

UNESCO. (2015). *2013 Asia-Pacific Education Research Institutes Network (ERI-Net) Regional Study on Transversal Competencies in Educational Policy and Practice (Phase 1).* Paris: UNESCO.

OECD DeSeCo (Definition and Selection of key Competencies). (2003). *Executive Summary.* www.oecd.org/edu/statistics/deseco.

Chapter 12

세계 각국의 인성교육 사례

이명준

이명준

학습목표

세계가 후기 산업시대로 진입하면서 첨단 통신기기(스마트폰, 컴퓨터, 인터넷, 인공지능)를 통해 가상현실과 증강현실을 즐길 수 있게 되었다. 이처럼 인간의 활동 세계가 온라인에서부터 오프라인까지 무제한으로 넓어지면서 개인의 능력 확산에 따른 책임과 윤리의 문제가 심각하게 대두된다. 이로 인하여 세계 각국, 특히 선진국은 교육을 통한 개인의 인성과 도덕성의 계발을 중시한다. 미국, 프랑스, 독일의 학교가 어떻게 인성 함양을 위한 교육을 하는지 살펴본다.

학습개요

• 미국은 사립학교와 공립학교가 공존한다. 미국의 인성교육은 공사립을 가리지 않고 실행된다. 연방정부 차원에서 인성교육의 지원, 사립중학교의 인성교육의 실제, 공립고등학교의 인성교육의 실태와 방법을 살핀다.

• 프랑스는 프랑스 혁명 이후 자유 · 평등 · 박애의 정신을 교육에 반영하여 인성교육을 실시한다. 프랑스 초 · 중 · 고교의 인성교육의 실제, 교과통합형 인성교육의 예를 수학 교과를 예시, 비교과 시간과 교육평가에서 인성교육의 결과를 평가하고 재투입(feedback)하는 방법, 가정과 연계된 인성교육 등의 실천을 살핀다.

• 독일은 제1 · 2차 세계대전과 그 후 전후의 복구와 산업 발전에서 생긴 다양한 문제를 인성교육을 통해서 해결하기 위하여 노력한다. 고등학교에서 인성교육을 간접적으로 실천하는 방법, 주정부 차원에서 인성교육의 장려, 종교와 정치 교과를 통한 인성교육 강조 등을 살핀다.

토의질문

• 건국 이래 미국의 인성교육이 강화된 이유를 토론하고 미국 인성교육의 장단점을 논의하라.

• 프랑스의 인권교육이 프랑스 혁명의 공화국 정신으로 개인을 존중하는 관점에서 학교 인성교육 실천의 장단점을 토론하라.

• 독일의 인성교육의 장단점 및 그 이유와 독일 인성교육과 우리 인성교육의 차이를 논의하라.

• 위의 3국이 통합형 인성교육을 하는 이유와 그 장단점을 우리 인성교육과 비교하여 토론하라.

세계 각국은 교육에서 어떤 형태로든 인성교육을 실시한다. 다만, 나라마다 인성교육의 형태는 각각의 정치·경제·사회·문화의 상황이 다른 만큼 교육 환경과 전통과 사정이 다르고, 이런 까닭으로 인성교육을 시행하는 내용과 방식도 다양하다. 그러나 각국의 인성교육의 형식과 양상이 다르다고 해서 인간을 인간답게 교육하는 인성교육의 내용과 본질이 나라마다 다른 것은 아니다. 우리는 세계의 다양한 인성교육의 내용과 방법과 실태를 살펴서 그들의 장단점을 이해하고 장점을 수용하여 보다 나은 인성교육을 실시하고 개선하는 계기로 삼을 필요가 있다. 이런 취지로 이 장에서는 미국, 프랑스, 독일의 인성교육을 살펴보고자 한다.[1]

1. 미국의 인성교육

1) 인성교육의 현황과 관점

미국은 국가 차원에서 인성교육을 지원한다. 이민으로 이루어진 미국은 인종의 다양성만큼이나 다양한 문화가 공존한다. 미국은 건국 초부터 세계 각국 출신의 시민의 정체성 문제로 갈등을 겪어 왔다. 이런 내부 갈등을 해결하고 바람직한 인재 양성을 위한 방안 중의 하나로 인성교육을 강조하였다.

미국적 교육의 가능성을 연 듀이는 인성을 개인의 행동을 매개로 하여 알려지는 습관의 상호침투(interpenetration)로 보았다. 그에 의하면, 사람의 인성은 개인의 경험을 통하여 얻어진 습관과 사회적 관습의 사회적 상호작용에 의해서 형성된다. 인성(character)은 사람의 인격의 핵심이면서 기초이다. 듀이에게 습관은 행동의 저변에서 주변의 영향력 있는 요소들과 개인의 역량이 상호 침투하며 서로 적응하는 과정의 작용이다. 광의로 보면 인성은 곧 그 사람의 인격(the person)이라고 할 수 있다. 인성을 갖춘 사람을 알아보기 위해서는 겉으로 드러난 행동 아래에 보이지 않게 작용하고 있

---

[1] 이하의 내용은 이명준 외(2011) 「교과교육과 창의적 체험 활동을 통한 인성교육 활성화 방안」 중의 일부(한국교육과정평가원, 2011)인 '국외의 인성교육 동향'을 새롭게 수정·보완한 것이다.

는 것을 세밀하게 장시간에 걸쳐서 관찰하는 것이 필요하다(Dewey, 1922: 29-30). 학교에서는 학생이 법과 이성의 규칙을 자발적으로 따를 수 있도록 하기 위하여 지성과 도덕의 내적 능력에 의존하여야 한다. 이 점에서 인성교육이 지성과 도덕성을 함양하는 기본이라고 보았다.

미국 교육의 역사를 보면 인성교육은 전혀 새로운 것이 아니다. 그것은 초기 미국 공립학교의 중요한 교육 목적으로 포함되어 있었다. 오늘날 달라진 교육 상황은 미국으로 하여금 인성교육을 예전과 달리 법으로 제정해서 추진하도록 하고 있다(「미국학교개선법(The Improving America's Schools Act)」, 1994).

20세기 초에 미국은 인성교육의 필요성을 상당히 강조하였고, 많은 연구 결과가 출판되었다. 당시에도 하버드 대학교나 예일 대학교 같은 명문대의 우수 졸업생이 정치를 타락시키고 각종 기금을 유용하는 것은 더 이상 놀랄 일이 아니었다. 이런 점증하는 비판과 더불어 철학자와 심리학자와 지성인들은 도덕성을 사회 정의와 덕의 관점에서 재검토하고 들여다보기 시작하였다. 이런 사회 상황과 더불어 다윈의『종의 기원(The Origin of Spices)』의 출판에서 비롯된 생물학적 영향으로 이제 심리학자는 더 이상 전통적인 영혼이나 그리스도교적 인성론에 머물지 않고 인간의 의지와 성향을 자연적 환원의 관점에서 연구하게 되었다. 사람들은 인성의 작용을 정의 가능한 기능들의 단위를 모아 놓은 것으로 설명할 수 있다고 생각하였다. 손다이크(E. L. Thorndike)는 인성의 본래의 경향이 구체적 인간 행동의 용어로 서술될 수 있다는 전제하에 인성을 행동적 용어로 분류하고, 분석하고, 궁극적으로 그에 따라 훈련될 수 있다는 자신의 주장에 근거하여 인성에 대한 경험적 연구를 시행하였다.

2) 인성교육의 특성

미국은 태생부터 전통적 사회가 아닌 이민으로 이루어진 나라임을 자각하고 다양한 문화 속에서 국가적 가치, 사회 통합 등에 대한 정체성 문제를 해결하기 위하여 여러 이론을 효과적으로 개발하고 활용하여 화합적 실천을 하려고 시도하였다. 미국은 18세기 말경에 나타난 문화적 융합을 꾀하는 용광로 이론(melting pot theory)에 의해서 고질적인 인종적 차이와 그로 인한 차별을 넘어서 하나의 화합된 문화 국가를 이루고자 하였다(de Crèvecœur, 1782: 39). 비록 용광로 이론은 1970년대에 다문화주의(multiculturalism)에 근거한 모자이크 혹은 샐러드보울 이론(mosaic or salad bowl theory)으로 변화하였지만 그것은 시대적 변화와 현실에서 효과적 인성교육을 위해서 불가피한 선택이었다. 미국은 이들 이론을 활용하여 문화와 인종적 다양성 속에서 통합성(unity in diversity)을 추구하였다. 이를 계기로 제 민족의 다양성을 하나의 단일 이론으로 용광로에서 녹여내는 것보다는 다양한 문화적 실체를 인정하면서 각자의 다양한 가치 속에서 거시적 통합성을 이루어 내는 것이 국가와 사회의 발전을 이루기 위해서 필요함을 강조하였다.

이런 역사적 관점에서 보면, 미국의 인성교육은 역사적으로뿐만 아니라 국가적으로 나라의 화합적 통합과 윤리적 타락의 시정과 같은 교육의 기본적 역할을 하면서 동시에 지역사회의 요구, 학교교육에서 도덕적 인간과 훌륭한 시민을 동시에 양성하는 것을 총합적으로 담아내는 매우 중요한 역할을 하는 것이었고, 그 점에서 조금도 등한시할 수 없는 다양한 목적을 이루는 교육의 중요한 한 축이 되었다.

3) 인성교육의 실제

현재의 미국은 초기의 전통적 인성교육에 따른 노력에 더하여 최근의 윤리학과 심리학 등에서 새로이 발전된 다양한 이론을 활용하여 학교에서 인성교육을 효과적으로 실시하려 시도하는 것은 물론이고 연방 차원에서 행정적·재정적 지원 체제를 강화하고 있다. 최근의 인성교육 강화정책을 보면, 미국은 국가 차원에서 '주 수준의 인성교육 파트너십의 파일럿 프로젝트(Partnerships in Character Education State Pilot Projects)'를 통하여 인성교육을 강화하였다. 이 프로젝트는 1995년에서 2001년까지 미국의 50개 주 중에서 45개 주와 수도인 워싱턴 DC까지 참여하여 자발적으로 인성교육을 하려는 학교의 신청을 받아 심사를 통해서 시범적 선도 학교를 선발하였다. 이후에도 네바다 주와 텍사스 주가 2002년에 참여하여 전체 참여 수는 47개 주로 증가하여 거의 전국적으로 인성교육을 실시하고 있다. 각 주에서 자발적으로 참여를 신청한 학교 중에서 이 프로젝트에 선발된 학교는 교육부에서 지원금을 받아서 인성교육 프로젝트를 진행하였다. 각 주는 초·중·고에서 참여를 원하는 10개 학교까지 인성교육을 신청할 수 있도록 했다. 대부분 학교의 프로젝트는 2001년에 끝났지만 가장 늦게 끝난 프로젝트는 2006년까지 실행되었다. 지원이 끝난 학교는 그동안 학교 단위로 실시했던 인성교육의 내용, 방법, 평가의 결과 등을 보고서로 작성하여 제출하였다. 이 과정에서 주 교육부(State Education Agenceis: SEAs)와 지역 교육청(Local Education Agencies: LEAs)이 프로젝트와 관련된 프로그램 개발에 적극 협조하였다. 이 가운데 상당수의 학교가 지원 기간이 끝난 후에도 계속하여 인성교육을 하고 있으며 또한 그에 대한 지원을 받고 있다. 최초의 인성교육정책이었던 '주 수준의 인성교육 파트너십의 파일럿 프로젝트'에 이어서 2001년에 도입된 「아동낙오방지법(No Child Left Behind Act: NCLB)」(2001)에 의해서 인성교육은 멈추지 않고 계속 추진되었다.

'주 수준의 인성교육 파트너십의 파일럿 프로젝트'는 1994년에 「1994 미국학교개선법」 정책에 따라 만들어진 프로젝트이다. 이 인성교육 프로젝트는 다양한 목적을 가지고 있다. 첫째, 미국인의 지적·도덕적·정서적 인성과 사회 친화적 행동을 함양하는 것을 목표로 한다. 둘째, 인성교육은 자아, 가족, 친구, 이웃, 지역사회, 국가에 필요한 인재를 양성하는 것이다. 인성교육은 미국이 추구하는 가치와 신념을 공교육을 통해서 강화하고 함양한다. 「미국학교개선법」(1994)은 인성교육을 통해서 학교, 지역사회, 학부모의 참여를 적극적으로 유도한다. 인성교육 참여를 독려하는 이 정책은 참여하는 학교의 프로그램의 내용, 교수·학습 방법, 교육 이후 변화를 막연하게 평가하는 것이 아니라 증거 중심으로 평가하여 인성교육의 향상을 적극적으로 도모한다. 2001년 이후에 시행된 「아동낙오방지법」은 「미국학교개선법」 정책이 끝나는 시점에 바로 이어서 미국의 학교 인성교육을 멈추지 않고 계속 추진하도록 지원하고 있다.

이 두 정책에 의해서 1999년부터 2010년까지 인성교육에 참여한 전체 초·중등학교 수는 826개교이다. 그 가운데 초등학교 160개교, 중학교 55개교, 고등학교 116개교가 참여했다(〈표 12-1〉 참조).

그 가운데 국가 수준의 인성교육 우수상을 받은 학교(National School of Character: NSOC)는 총 127개이고(〈표 12-2〉 참조), 주(州) 수준의 인성교육 우수상을 받은 학교

(State School of Character: SSOC)는 총 204개교이다(〈표 12-3〉 참조).

표 12-1 전체 인성교육 우수학교 수상 통계

	초등학교	중학교	고등학교	합계
	1998~2010	1998~2010	1998~2010	
참여 학교 수	346	113	368	826
NSOC((①))	58	15	54	127
SSOC((②))	102	40	62	204
합계((①+②))	160	55	116	

* NSOC=National School of Character(국가 인성교육 우수학교), SSOC=State School of Character(주(州) 인성교육 우수학교).

표 12-2 연도별 NSOC(국가 인성교육 우수학교) 수상 통계

연도 \ 학교	초등학교	중학교	고등학교	합계
1998	–	1	1	2
1999	3	1	7	11
2000	8	–	3	11
2001	5	1	3	9
2002	3	–	7	10
2003	3	1	5	9
2004	3	–	7	10
2005	7	1	2	10
2006	7	–	2	9
2007	3	2	5	10
2008	3	5	3	11
2009	5	1	4	10
2010	8	2	5	15
합계	58	15	54	127

표 12-3 연도별 SSOC(주 인성교육 우수학교) 수상 통계

연도 \ 학교	초등학교	중학교	고등학교	합계
2006	2	3	–	5
2007	11	8	7	26
2008	20	7	15	42
2009	30	8	16	54
2010	39	14	24	77
합계	102	40	62	204

앞에서 나타나듯이 국가 수준에서뿐만 아니라 주 수준에서 인성교육 우수학교를 선정하여 시상함으로써 기존의 인성 우수 실천학교를 중심으로 지역의 인성교육을 확대하려는 미국 교육계의 의지를 읽을 수 있다. 이 가운데는 앞 통계에 나오지는 않지만 외국에 있는 미국의 국제 초·중·고등학교도 다수 참여하고 있다. 1998년부터 2010년까지 연도별로 13년간 계속하여 인성교육 우수학교를 선정하는 지속적 노력을 하는 것이 미국의 인성교육을 활성화하는 데 큰 역할을 하고 있다. 이는 우리 교육이 본받아야 할 점이다.

4) 인성교육의 목표

미국의 대표적 프로그램인 '인성교육 파트너십(Partnerships in Character Education)'의 목표는 주요 덕목을 강조하는 점에서 다른 국가의 인성교육과 공통점을 갖는다. 그럼에도 학교에서 제시하는 덕목의 세부 내용을 보면 인성교육이 목표하는 덕목이 모호하지 않고 구체적 실천을 할 수 있게 제시되고 각 학교의 실정에 맞게 추가로 필요한 덕목을 선정할 수 있다는 점에서 실천을 위해서 매우 실용적 고려를 하여 다양한 내용이 제시되었다는 것을 알 수 있다.

제시된 주요 덕목은 배려(caring), 시민 의식 및 시민성(civic virtue and citizenship), 정

의와 공정성(justice and fairness), 존경(respect), 책임(responsibility), 진정성 혹은 신뢰성(trusty or worthiness), 베품(givnig), 그 외의 필요하다고 여기는 덕들을 추가로 선정할 수 있다고 「아동낙오방지법」(NCLB, Subpart 3 Partnerships in Character Education)에서 제시하고 있다.

다음으로, 학교에서 실시하는 인성교육의 세부 내용을 보면 매우 구체적이고 실질적인 교육 목표를 아홉 가지로 제시하고 있다.

① 인성교육을 받는 학생의 지식, 태도, 신념, 행동의 변화를 추구하는 것
② 학교에서 실행하는 훈육(discipline)과 관련된 사고를 감소하는 것
③ 학업 성취도를 개선하는 것
④ 단위학교의 분위기를 개선하는 것
⑤ 인성교육에 지역사회의 참여를 증대하는 것
⑥ 인성교육에 학부모의 노력과 지원 그리고 인성교육을 가정과 연결하는 노력으로 가족의 참여를 확대하는 것
⑦ 학교 환경을 더 안전하고, 더 친근하고, 더 적극적으로 학생 친화적으로 만들어서 학생의 출석률을 높이는 것
⑧ 학생이 실제 삶의 상황에서 인성교육 개념을 선택하고 실천하는 사회봉사 프로그램에 참여할 기회를 확대하는 것
⑨ 교사와 교장의 인성교육에 대한 지식, 태도, 신념 행동의 변화를 추구하는 것

이처럼 세부적으로 정밀하게 제시한 실질적 목표를 보면 미국의 인성교육은 기본적으로 인성을 잘 발달시키기 위해서 교육을 할 때 학생이 학교, 가정 및 사회 생활에서 부딪히는 어려움과 그로 인한 부적응을 잘 해결할 수 있도록 교육하는 것임을 알 수 있다. 이를 위해서는 학생과 교사, 교장 등 학교의 인적 구성원들의 지식, 태도, 신념, 행동의 총체적 변화가 필수적이다. 또한 인성교육이 잘 되면 학생이 학교에서 받는 훈육과 관련된 사고를 미연에 방지하고 감소하는 효과가 있으며, 학업 성취도가 높아지고, 단위학교의 분위기가 좋아지며, 인성교육에서 지역사회의 참여가 증대되어 학교와 지

역이 혼연일체가 되어 상호 발전하게 되며 지역사회의 안정을 가져온다고 본다.

인성교육을 성공적으로 이끌기 위해서는 학부모와 지역사회의 노력과 지원 그리고 인성교육을 가정과 지역사회와 연결하는 활동에 의해서 가족과 지역사회의 참여를 확대하는 것이 필요함을 강조한다. 인성교육은 이와 더불어 학교 환경을 더 안전하고, 더 친근하고, 더 적극적으로 만들어서 학생으로 하여금 학교의 출석률을 높일 수 있으며, 사회봉사 프로그램을 통하여 인성교육에서 배운 덕목인 배려, 시민 의식 및 시민성, 정의 및 공정성, 존경, 책임, 진정성 혹은 신뢰성, 베풂 등을 실천하고 반성하며 동시에 미래의 직업과 관련하여 자신의 적성을 확인하는 기회까지도 얻을 수 있다. 이처럼 미국의 인성교육은 핵가족화로 인한 인성의 부정적 측면을 해소하고, 학교에서 훈육이 부족해서 일어나는 생활지도의 문제를 해결할 수 있을 뿐만 아니라 미래의 자신의 직업, 가정의 단합 등을 이룰 수 있는 총합적 시너지 효과를 낼 수 있는 윈윈(winwin) 교육이 되는 데 중요한 역할을 한다.

따라서 인성교육이 제시된 목표를 성취하기 위해서는 지역사회의 참여, 인성교육 자료 개발, 지역 교육청의 선도적 역할, 학교와 가정과 지역사회와의 연계 속에서 인성교육을 폭넓게 실시하는 것, 꾸준한 지원, 학생의 참여 증대, 교사와 교장의 리더십을 화합적으로 잘 이끌어 실행하는 것이 무엇보다 중요하다. 이런 다양한 요소가 화합적 총화를 이룰 때 인성교육은 성공한다.

5) 효과적인 인성교육을 위한 열한 가지 법칙

미국 교육부는 인성교육 파트너십 프로그램에서 인성교육의 아홉 가지 목표를 달성하기 위해서 효과적 인성교육을 위한 열한 가지 법칙(Eleven Principles of Effective Character Education; Lickona & Lewis, 1995)을 제안한다.

① 학교 공동체는 핵심 윤리와 실천 가치를 인성의 근본으로 삼는다.
② 학교는 인성을 지성, 감성, 행동을 포함하는 포괄적인 것으로 정의한다.
③ 학교는 인성 발달을 위해서 종합적 · 의도적 · 행위 중심적 접근을 활용한다.

④ 학교는 배려의 공동체를 만들어 간다.

⑤ 학교는 학생에게 도덕적 행위를 위한 기회를 제공한다.

⑥ 학교는 학습자를 존중하는 의미 있고 도전적인 학구적 교육과정을 제공한다.

⑦ 학교는 학생의 자기존중감을 함양한다.

⑧ 학교 경영진은 인성교육에 대한 책임을 함께 나누고 학생을 인도하는 공동의 핵심 가치를 실천하는 윤리적 공동체를 만들어 간다.

⑨ 학교는 인성교육을 실천하기 위하여 공동의 리더십과 장기적 지원을 한다.

⑩ 학교는 인성을 함양하는 노력을 위해서 가족과 지역사회 공동체 구성원들을 파트너로 만든다.

⑪ 학교는 교사와 경영진 모두를 인성교육자로서 간주하고 학교 문화와 분위기를 만드는 데 기여하는 바를 평가하고, 동시에 학생의 인성의 성취 정도를 평가한다.

앞의 열한 가지 효과적 법칙은 인성교육의 지침으로서뿐만 아니라 인성교육을 계획하고 그 결과를 평가하는 프로그램을 만드는 지침으로서도 유용하게 활용된다. 실제로 인성교육 파트너십 프로그램에서는 이 법칙을 활용하여 필요한 평가 요소를 구성하고 평정의 등간척도 등을 개발하고 활용하여 평가를 할 수 있다. 그 평가는 다음과 같이 활용할 수 있다. '학교 공동체가 핵심 윤리와 실천 가치를 인성의 근본으로 삼는' 경우이다. 먼저, 학생, 학부모, 교사, 교장, 전문가, 지역 공동체 인사 등이 참여하는 학교 공동체는 핵심 윤리와 다양한 실천 가치인 배려, 시민성, 정의 및 공정성, 존경, 책임, 진정성 혹은 신뢰성, 베품 등을 협의해서 정한다. 이것이 첫 번째 평가 요소가 될 수 있다. 둘째, 이처럼 결정된 핵심적 윤리 덕목이나 실천 가치가 학생의 학교생활을 얼마나 잘 이끌어 가는지를 평가 요소로 할 수 있다. 셋째, 학교 공동체는 인성과 관련된 구체적 목표와 예상되는 효과를 핵심적 윤리 덕목이나 실천 가치 속에 포함시킨다. 이렇게 구체적으로 진술된 목표와 덕목 및 가치는 각각의 평가 요소가 되어 증거 기반(evidence-based) 평가를 하는 데 활용하도록 한다.

6) 인성교육의 평가

「아동낙오방지법」(이하 NCLB)'에 의하면 주 교육부와 지역 교육청이 주체가 되어 미국 교육부가 발주하는 인성교육 프로젝트 학교지원 기금을 신청할 수 있다. 단, 교육부의 지원 기금을 받은 학교는 그 프로젝트가 끝나는 시점에서 과학적으로나 경험적으로 인정할 수 있는(증거 기반) 연구 결과나 프로젝트 결과를 최초의 연구 기금 신청 시 제출하였던 계획서에 따라 평가하고 보고서를 제출하여야 한다. 이 보고서는 앞의 방식에 따라 구체적 평가 결과를 제시하여야 한다(NCLB, Section 5431[e][2][A]). 연구 기금은 또한 인성교육을 교과 교육과정과 통합하기 위한 프로그램이나 교수·학습 방법과도 연계할 수 있다.

그러나 교육부의 이 같은 인성교육에서의 증거 기반 평가 시도는 책임자나 교사의 인성교육에 대한 개입으로 비춰질 수도 있어서 주의를 요한다. 그 이유는 다음과 같다. 첫째, 인성교육이 증진시킨 결과를 평가한다는 것은 평가 관점에서 보면 그 선례가 거의 없다. 둘째, 평가에서 사용하는 각종 통계 지표, 숫자, 방법론 등이 인성교육의 결과인 용기, 성실, 예절, 배려 등을 평가하는 실질적 덕목을 표현하는 용어와 충돌을 일으킬 수 있다. 셋째, 비록 통계 수치, 지표, 방법론 등이 인성교육의 결과를 표현하는 데 적절하지는 않을지라도 많은 인성교육학자나 교사는 과학적이고 경험적인 평가가 인성교육을 강화하고 정보를 줄 수 있다는 데에는 동의한다. 이런 주의점을 고려해서 조심스럽게 실천하고 평가하는 경우에도 여전히 어떻게 일반적 평가의 수치화된 용어로 인성교육의 주요 가치나 덕목을 정확하고 공정하게 측정할 수 있는가 하는 것에 대한 의문은 여전히 문제로 남는다.

7) 인성교육 기관 및 연구소

NCLB 제3조에서는 인성교육을 대학에 위탁하여 운영하는 경우, 연구소와 교육 기관을 겸하는 사설 기관과 협동하여 인성 관련 교육, 교육 프로그램, 교사 연수, 학부모 연수, 교육행정가 연수, 인성교육 자료 개발, 인성교육과정 개발, 인성교육 평가 프로그램 개발 등을 협력해서 공동으로 실행할 수 있도록 허용하고 있다. 단, 인성교육을 위한 대학 기관이나 사설 연구 기관은 영리 기관이 아닌 비영리 기관이라야 한다. 미국에서 인성교육을 연구하거나 실천하는 사설 비영리 기관은 이런 방식으로 미국의 인성교육에 많은 기여를 하고 있다.

8) 인성교육의 사례

미국은 인성교육을 위한 법을 제정하여 재정적·행정적으로 지원할 뿐만 아니라 지역마다 주별로 인성교육 혹은 윤리교육을 주법으로 제정하여 실시하고 있다. 공립학교는 주로 연방법과 주법에 따라서 시범학교들이 자율적으로 인성교육을 실시하고 있다. 또한 미국 전역의 사립학교도 이에 동참하여 우수한 인성교육을 하는 사례가 많다.

(1) 워싱턴 예수회 중학교

① 워싱턴 예수회 중학교(WJA)[2]의 연혁과 교육 목적

WJA는 2001년 워싱턴 DC에 설립되었다. 설립 당시부터 WJA는 도시 지역의 경제적으로 어려운 저소득층 가정의 아동을 위하여 봉사한다는 예수회(Society of Jesus) 정신으로 2002년 개교하였다. 이 학교는 출발 때부터 인성교육을 강조하여 지역사회의 관심을 받았다. 2005년에 첫 졸업생을 배출하였고 최단 기간에 해당 지역사회의 적령기 학생들이 가장 가고 싶어 하는 학교가 되었다. 교육을 잘하자, 학년과 학급을 더 신설하라는 지역사회의 요청이 너무 강해서 현재 6~8학년에 더하여 2012년에 5학년을 개설하기 위하여 준비 중이다. 현재 학생은 3개 학년에 71명(6학년 27명, 7학년 26명, 8학년 18명)이고, 교사는 11명이고, 교사 대 학생의 비율은 6.45명이다. 교사 1명이 7명을 가르치는 셈이다. 사립학교이지만 학생 전원의 학비는 학교가 장학금을 지불하여 무

---

2) 워싱턴 예수회 중학교(The Washington Jesuit Academy)의 Marcus C. Washington 수석 교사(the head master)의 도움에 감사한다. 그는 업무로 바쁜 중에도 많은 시간을 할애해서 WJA에 대한 자료, 정보, 학교 인성교육과 운영 현황 등을 자세히 설명해 주었다.

료이고, 등교는 오전 7시 30분이고 하교는 오후 7시 30분으로 하루 12시간을 학교에서 지내며,[3] 학교에서 하루 세 끼 아침, 점심, 저녁 식사와 간식을 모두 무료로 제공한다. 음식은 전부 유기농으로 친환경 먹거리를 제공한다.

WJA가 추구하는 교육의 목적은 '남을 위해 봉사하는 학생을 양성하기 위하여 학교는 훈육과 엄정한 교육 환경을 제공한다. 봉사에 참여하는 학생은 정신적·지적·정서적·신체적으로 자신감을 가져야 한다. 이를 위해서 학교는 학생들이 고등학교와 대학을 거쳐 사회의 지도자가 될 수 있도록 교육한다는 것이다(WJA Mission Statement).' 이 같은 교육 목표를 실현하기 위해서 학교는 인성교육 계획을 세워서 실천하고 있다. WJA는 어린 학생들에게서 가장 중요한 것은 어떤 상황에서도 흔들리지 않는 튼실한 인성의 계발이라는 점을 강조한다. 학교는 이를 위해서 교사, 학교 경영진, 교장, 행정 직원까지 모두를 엄선해서 채용하였다. 이들은 모두 학교 공동체 안에서 도덕적·인격적으로 학생들의 모범이 될 것을 강조하고 실천한다.

② 인성교육의 실천 계획

인성교육 계획은 다양한 프로그램으로 구성하여 하나의 체제를 이룬다. 인성교육 프로그램의 목표는 학생들로 하여금 일상생활에서 건전한 판단을 하고, 가정과 친구와 이웃과 사회가 학생에게 기대하는 바를 이해하고 실천하도록 하는 것이다. 학교, 가정, 지역 공동체, 사회에서 행동할 때 학생은 책임 있는 자유로운 선택과 실천을 하여야 한다. 이를 위하여 학생은 어떤 행동이 학생으로서 그리고 사회의 일원으로서 적절한 행동인지 또는 적절하지 못한 행동인지를 구분하고 실천하여야 한다. 학교는 인성교육을 성공으로 이끌기 위하여 종합적이고 투명하고 효과적인 계획을 세우고 실천한다. 다음은 인성교육의 실천과 이를 학교생활에 적용하기 위하여 만든 다양한 체제를 자세히 제시하고 살펴본다.

---

3) 하루 일정표 예시: 07:30(등교 후 아침 식사), 08:00(아침조회: 그날 배울 것 확인, 복장 체크, 전달 사항 등), 08:15(읽기), 09:05(수학), 09:55(아침 휴식과 교사의 그룹별 학생지도), 10:35(과학 탐구), 11:25(사회 탐구), 12:15(점심 식사), 13:05(종교 사상), 13:55(국어, language arts), 14:45(수학/읽기 보충 혹은 선택과목), 3:20(운동을 포함한 동아리 활동), 17:00(저녁 식사), 17:30[전원 학습관(study hall)에서 자율학습], 19:30(하교).

◆ 정신점수 체계(Spirit Point System)

이 제도는 '타인을 위한 봉사(Men for Others)' 정신을 실천한 학생에게 보상을 하고 충언을 해 주기 위하여 만들어진 체계이다. 학교 안과 밖에서 타인을 돕고, 잘못을 시인하고 고치며, 남보다 앞서서 선행을 실천하며, 책임감을 갖고 행동하는 등의 모범적 행동을 보인 학생에게 '정신점수'를 주는 것이다(〈표 12-4〉 참조).

표 12-4 정신점수 체제

〈정신점수 체제(Spirit System) 및 평가〉
행동 개선 보고서에서 나타난 바람직한 행동에 대한 인정 및 상점 부여
점수(Points Awarded For):
• 명예 행동 등재-1점(학생당)
• 금주의 학생-2점
• 가장 개선됨-2점
• 벌점 없음-3점
• 쉬는 시간 벌점 없음-1점(학생당)
• 행동 개선 리포트제출-1점(학생당)
• 행동 개선 적용과 행동 개선 실천보고서-1점(학생당)
• 무결석 - 1점(학생당)
• 충고 담당 교사 점수-1점(담당 교사 그룹의 투표로 점수 부여)
• 기타 가능한 인성 포인트 점수
  - 스포츠맨 정신-1 점
  - 청결 행동(담당 교사 판단)-1 점
  - 안 알려진 친절/도움 행동-1 점
  - 숙제 다 해 오기(3주간)-1 점
  - 학습관 우수 학습(학습담당 교사)-1 점
  - 봉사-1 점

◆ 행동패턴 점수 체계(Behavior Pattern Point System)

이것은 학생의 선한 행동과 나쁜 행동에 대한 행동 패턴을 점수로 기록하는 체계이다. 학생의 행동을 점수로 기록함으로써 학생의 좋고 나쁜 행동에 대한 기록을 유지·보관한다. 학생의 행동에 대한 기록은 학부모, 교사, 교장, 행정 직원 등이 학생과 소통하거나 지도할 때 유용한 자료를 제공할 뿐만 아니라 학생 지도에 대해 교장과 교사

와 학부모 사이에 협의를 할 때도 필요한 자료가 된다. 또한 학교와 가정이 학생 패턴에 대한 최소한의 근거를 가지고 지도할 수 있어서 효과적이다. 학생이 학교에서 일탈 행동을 하였을 때 그 학생의 행동이 일시적인 것인지, 아니면 그런 성향을 가지고 한 행동인지를 판단할 때 행동패턴 점수는 좋은 의미에서든 그렇지 않은 의미에서든 상대적이지만 정확하게 학생의 행동을 평가하는 데 도움이 된다. 학생이 학교에서 용인할 수 없는 일탈된 행동을 하였을 때 교사는 학생에게 방과 후 학교에 머무르는 벌 (detention)을 준다. 예를 들면, 상스러운 말, 의복 규칙(dress code) 위반, 무단조퇴, 학교와 학교 주변에서 행한 거칠거나 폭력적인 행동(roughhousing), 교실에서 수업 시간에 음식을 먹거나 껌 등을 씹는 행위, 욕이나 성적으로 야비한 언어 사용, 수업 방해, 그 외의 교실 규칙 위반 등을 하면 방과 후 학교에 머무는 벌을 받는다.

또한 숙제를 제출하지 못한 학생, 숙제를 완성하지 못한 학생, 숙제를 엉터리로 한 학생 등은 방과 후 학교의 학습관(Study Hall)에 머물면서 벌점을 받는다. 방과 후 학교에 머무르는 벌은 20점이 부과되고, 방과 후 학교의 학습관에 머무르는 벌은 10점이 부과된다(〈표 12-5〉 참조).

표 12-5 벌의 내용과 벌점

벌점 종류	내용	벌점
방과 후 학교에 머무는 벌	• 건방진 말과 행동 • 의복 규칙 위반 • 무단조퇴 • 학교와 학교 주변에서의 거칠거나 폭력적 행동	20점
	• 교실에서 수업 시간에 음식을 먹거나 껌 등을 씹는 행위 • 욕하거나 성적으로 야비한 언어 사용 • 수업 방해 • 그 외의 교실 규칙 위반	20점
방과 후 학교의 학습관에 머무르는 벌	• 숙제를 제출하지 못함. • 숙제를 완성하지 못함. • 숙제를 엉터리로 함.	10점

무단결석과 무단조퇴는 엄하게 처벌받는다. 무단결석을 한 학생은 예외 없이 방과 후 학교에 머무르는 벌로서 정학(suspension)을 받고 20점 벌점이 부과되고, 무단조퇴는 수차례 반복될 경우 방과 후 학교의 학습관에 머무르는 벌과 함께 정학을 받고 벌점은 1회에 5점이 부과된다(〈표 12-6〉 참조).

표 12-6 무단 결석과 조퇴 시 벌점

벌점 종류	내용	벌점
정학	무단결석	20점
	무단조퇴	5점(1회)

또한 학생은 학교에서 옷을 의복 규칙에 따라 입지 않고 위반 정도가 심할 경우 부모와 후견인에게 이를 알리고 항상 등교 시 의복 상태를 점검하도록 부탁한다. 그런 후에도 계속하여 위반할 경우 방과 후 학교에 머무르는 벌이 부과되고, 더 심하면 정학을 받는다.

학생이 심한 신체적 폭력이나 행동을 하면 정학이나 퇴학을 명한다. 정학은 학교 내 정학과 학교 외 정학으로 나눈다. 정학을 받는 학생은 벌점 200점을 받는다. 정학이나 퇴학에 해당하는 행동은 신체적 폭력이나 위협, 무기 소지, 위험한 약물이나 흉기 소지, 금지된 약물(마약, 알코올, 담배 등) 소지, 싸움, 언어적 · 신체적 괴롭힘/폭력, 훔치기, 타인이나 학교의 재산상 피해와 파괴(vandalism), 시험 부정행위, 허락 없이 학교 이탈, 지속적 거짓말 혹은 부정직, 비스포츠맨 행위 등이다(〈표 12-7〉 참조).

이상에서 보듯이 WJA는 상당히 구체적이고 엄격한 규정을 두고 그에 따라 벌점을 부과하고 그것을 학기, 학년 단위로 합산하여 점수가 높아지면 정학 혹은 퇴학 등을 명시하여 학생의 인성교육과 올바른 도덕교육을 실시하는 것으로, 주변 지역에서도 명성이 자자하고 좋은 학교로 소문이 나서 많은 학부모와 학생이 학교에 입학하거나 전학하고 싶어 하고 실제로 대기 리스트에 등록한 학생이 엄청나게 많았다.

표 12-7 정학 혹은 퇴학에 해당하는 행위와 벌점

벌점 종류	내용	벌점
정학/퇴학	• 물리적 상해 위협 • 무기, 위험 약물, 위험 물질 소지 • 마약, 알코올, 담배 사용 혹은 소지 • 싸움 • 욕설이나 신체 오남용 • 훔치기 • 타인의 재산의 파괴나 의도적 손괴	200점 혹은 그 이상
정학/퇴학	• 부정행위 • 허락 없이 학교 이탈 • 지속적 거짓말 혹은 부정직 • 비스포츠맨 행위	200점 혹은 그 이상

◆ **행동 한계**

학교에서 지속적으로 부적절한 행동을 하여 '행동 한계(Behavior Thresholds)'에 해당하는 학생의 경우, 교사는 수석 교사에게 학교 축출(dismissal)인 퇴학을 요청할 수 있다. 6학년은 1,250점이 넘을 경우가 이에 해당하고, 7학년은 1,000점, 8학년은 750점으로 한정해서 매년 학년이 올라갈수록 점수가 적어진다(〈표 12-8〉 참조).

표 12-8 학년 말의 퇴학 벌점

학년	벌점	징계
6학년	1,250점 이상	퇴학
7학년	1,000점 이상	
8학년	750점 이상	

이는 고학년이 될수록 학교는 학생의 학교생활에서 폭력적이거나 일탈 행동을 허용하지 않고 더 엄격한 기준을 요구한다는 학교의 의지와 인성교육적 단호함을 보여 주는 것이다. 벌점이 높은 학생은 학교와 행동계약서(behavior contract)를 작성한다. 이를 통해서 학생은 자신의 잘못을 반성하고 스스로 학교생활을 잘할 수 있는 계기를 마

련한다(〈표 12-9〉 참조). 학교는 학생에게 행동계약서를 작성하고 난 후에 지속적으로 학생의 생활을 관찰하여 주 단위로 점검하고 개선을 위한 도움을 준다. 이 과정에서 해당 학생은 법과 규칙을 엄격히 지키는 것이 자신의 인성 계발과 미래의 삶에 긍정적 효과를 준다는 것을 깨닫게 된다. 왜냐하면 옳지 않은 일을 하고 싶지만 그것을 하는 것은 자신이나 사회에 모두 해롭다고 판단하여 인내심을 갖고 절제하면 극복하게 되고 그 과정에서 스스로 성숙해지기 때문이다. 이 같은 벌점제와 행동계약서는 교육적으로 찬반 논의의 소지가 있지만, WJA는 상당히 자세하고 구체적이고 엄격한 규정을 두고 그에 따라 벌점을 객관적이고 공정하게 부과하고 그것을 학기, 학년 단위로 합산하여 점수가 높아지면 정학 혹은 퇴학 등을 명시하고 엄격하고 공정하게 실시함으로써 학생의 인성교육과 올바른 도덕교육을 실시한다. 이는 해당 학생에게 유익할 뿐만 아니라 다른 학생들의 면학 분위기와 안정적이고 편안한 학교생활을 제공하기 위해서 고안한 제도이다. 이로 인해 학생과 학부모 모두가 자발적으로 그것의 유지를 원하고 있으며 인성교육적으로 상당한 효과가 있다고 한다.

표 12-9 행동계약서

Contract to Remain at Washington Jesuit Academy

I, _____, agree to all of the following as a condition of my continued enrollment at Washington Jesuit Academy:

1. I will be respectful of the faculty and staff at all times. Failure to do so will result in me earning a detention or suspension _____

2. I will be respectful of my peers at all times. Failure to do so will result in my earning a detention or suspension. _____

3. I currently have 590 points. I will not earn more than 100 points for the rest of the school year. Should I earn 100 more points, I will be dismissed from WJA._____

I understand fully that my enrollment at WJA will be reviewed on a week-to-week basis and that if I fail to meet any conditions mentioned above, I will be asked to leave the school.

Student Signature _____ Date _____
Guardian Signature _____ Date _____

◆ **모범적이고 양심적으로 착한 행동(Exemplary and Consistently Good Behavior)**

학교는 벌점만을 부과하는 것이 아니라 모범적 행동이나 착한 행동은 포상을 하고 점수를 가산해 준다. 행동, 학업 태도, 성적 등이 향상되었을 때 점수를 가산한다. 훌륭한 인성적 행동이나 학업 성적이 향상되었을 때 20점을 가산한다(⟨표 12-10⟩ 참조).

표 12-10 가장 뛰어난 인성적 행동을 위한 표창장

The Faculty of the Washington
Jesuit Academy

certify to all that
<u>student name</u>
has been named Most Improved Student
For the Week ending April 1, 2011

또 매주 모범적 학생을 선발하여 35점의 가산점을 주고, '남을 위한 봉사'를 한 학생은 50점의 가산점, 매 학기 말에 성적이 향상된 명예학생(Honors)은 20점, 더 많이 향상된 우수명예학생(High Honors)은 30점 그리고 가장 많이 향상된 최우수명예학생은 50점의 가산점을 준다(⟨표 12-11⟩ 참조). 벌점을 가장 적게 받은 학생과 가산점을 가장 많이 받은 학생은 각각 '톱 10'으로 선정되어 학기 말과 연말에 시상한다.

표 12-11 상점을 받는 모범적이고 착한 행동과 점수

상점 종류	내용	상점
모범적이고 착한 행동	가장 모범적으로 발전한 학생	20점
	매주 모범학생 선정(Student of the Week)	35점
	남을 위한 봉사(Man for Others)	50점
	명예학생(Honors at end of a marking period)	20점
	우수명예학생(High Honors at the end of a marking period)	35점
	최우수 명예학생(Highest Honors at the end of a marking period)	50점

* 상점은 벌점을 상쇄할 수 있음.

③ 인성교육을 위한 '인성발달등급'

WJA는 학교 설립 이래 그동안의 인성교육 성과를 분석한 결과를 활용하여 체계를 더 효과적으로 만들기 위하여 2009∼2010학년도부터 '인성발달등급(Character Development Grades)' 체계를 고안하여 학교 성적표에 성적과 함께 인성 등급을 병기하기로 결정하였다. 인성 발달의 범주를 6개(타인 존중, 행동수정 요청 수용, 정직, 학교생활 준비성, 최선의 결정하기, 타인을 위한 봉사)로 정하고 교사는 담당 학생을 인성등급 평가표에 따라 평가하고 기록한다(〈표 12-12〉 참조).

표 12-12 담당교사별 인성등급 평가표

담당교사 이름	학생 1	학생 2	학생 3	학생 4	학생 5
타인 존중					
행동수정 요청 수용					
정직					
학교생활 준비성					
최선의 결정하기					
타인을 위한 봉사					
점수 계					

표 12-13 인성발달등급

종류	범주의 내용	등급
인성발달등급	• 타인 존중 • 행동수정 요청 수용 • 정직 • 학교생활 준비성 • 최선의 결정하기 • 타인을 위한 봉사	1-우수(일관성과 지혜로운 성숙) 2-만족(규칙에 따라 행동하기) 3-보완 필요(때때로 문제 일으킴) 4-불만족(수용 불가한 행동)

* 각각의 항목에 대해서 4등급으로 구분하여 성적표에 제시함.

담당교사는 범주별로 4등급(우수, 만족, 보완 필요, 불만족)을 부과한다(〈표 12-13〉참조). 학교는 학업 성적뿐만 아니라 학생의 행동을 등급으로 표시하여 학부모가 학업 성적은 물론이고 자식이 학교생활에서 어떻게 행동하고 사회관계를 맺어 가는지를 알게 한다. 이 같은 결과를 바탕으로 학부모는 교장이나 수석 교사에게 자식의 학교생활에 대한 면담을 요청할 수 있다. 또한 면담을 통해서 학부모는 자식이 더 높은 수준의 인성을 발달시키는 데 무엇이 필요한지 이해하게 되고, 학교, 교사, 교장, 학교행정가들과 적극적으로 협력하여 인성을 발달시키는 데 관심을 갖고 협력할 수 있다.

④ 인성교육과 연계된 생활지도

◆ 의복 규칙

벌점 부분에서 언급했듯이 의복 규칙은 학교의 학업 성적과 인성교육과 연계해서 매우 중요하게 다루는 부분이다. 이를 위해서 단정한 외모를 갖추는 데 필요한 의복의 일부는 학교가 제공한다(WJA 로고가 있는 셔츠, 윈드브레이커, 재킷 등). 그 외의 소소한 것(적절한 길이의 바지, 청색 · 카키색 · 검정색 · 짙은 고동색 · 짙은 색 허리띠, 고동색이나 흑색 신발과 양말 등)들은 학부모가 마련한다. 만약 학부모가 학교 지침에 이견이 있을 때는 학교장이 최종적으로 판단한다. 매일 학교에 오는 학생은 정갈하고 단정하게 옷을 입어야 한다. 학생은 스니커즈나 부츠 등을 신고 학교에 올 수 있지만, 학교 내에서는 반드시 학교가 지정한 신발로 바꿔 신어야 한다. 또한 학생들은 월요일부터 목요일까지 체육복을 지참하여야 한다. 모자, 외투, 귀걸이, 목걸이, 팔찌, 더러운 옷은 학교와 교실에서는 착용할 수 없다.

◆ 단정한 외모와 깨끗한 학교 환경 유지

머리는 단정하게 빗어야 한다. 머리는 항상 청결하고 짧게 깎는다. 머리 염색은 허용되지 않는다. 단 머리가 긴 경우에는 단정하게 동여매어야 한다. 학생들은 학교의 환경을 청결하게 유지하기 위하여 순번을 정해서 차례대로 학교 내외를 깨끗하게 청소하고 청결을 유지한다. 청결의 유지는 학생, 교사, 교장, 행정 직원 등 모든 학교 구성원이 참여한다. 쓰레기는 눈에 보이는 대로 주워 버린다.

◆ 전화와 휴대전화 관리

전화는 학교에서 공중전화를 이용할 수 있다. 전화 사용은 특별히 필요한 경우가 아니면 사용하지 않는다. 불필요한 경우에 전화를 사용하는 것은 엄격히 규제된다. 휴대전화는 등하교 시 위험 상황에 대비하기 위하여 휴대를 허락한다. 학교에서 학생들에게 휴대전화를 노출하지 말고 벨소리는 진동으로 한다. 부득이 학교에서 사용할 경우 먼저 교사의 승인을 받아야 한다. 학생이 이 같은 사용 지침을 위반하면 휴대전화는 즉시 압수된다. 압수된 휴대전화는 학부모나 후견인이 올 경우에만 돌려준다.

◆ 컴퓨터 사용 지침

- 컴퓨터 보안을 해치는 어떤 행위도 허용되지 않는다.
- 폭력, 인종주의, 성, 약물 남용 등과 관련된 컴퓨터의 사용을 금지한다.
- 컴퓨터 관리자의 허가 없이 타인의 컴퓨터 계좌 사용을 금지한다.
- 컴퓨터를 훼손하거나 훔치는 행위를 엄격히 금한다.
- 컴퓨터에 바이러스, 훼손 프로그램 등을 이식하는 것을 금한다.
- 정당하게 지적재산권을 획득하지 못한 컴퓨터 프로그램 설치를 금한다.
- 타인의 파일이나 자료를 함부로 복사하여 사용하지 않는다.
- 컴퓨터를 활용한 모든 불법적 행위를 금한다.
- 컴퓨터 네트워크 혼란이나 오작동을 하게 하는 어떤 행위도 금한다.
- 타인을 비난하거나 폭력적 언어 사용을 금한다.
- 컴퓨터를 이용하여 자료를 표절하거나 사기에 이용하는 것을 금한다.
- 컴퓨터로 정치적·상업적·재정적 이득을 취하기 위한 사용을 금한다.
- 컴퓨터로 타인의 ID를 도용하여 이익을 취하는 것을 금한다.
- 컴퓨터로 타인의 개인 정보 제공이나 이익을 목적으로 사용하는 것을 금한다.
- 컴퓨터를 활용하여 약물이나 물질적 피해를 주는 것을 금한다.

◆ 여름학교 프로그램

여름방학이 시작되는 시점에서 '여름학교(Summer School)' 프로그램을 실시한다. 여름학교는 크게 여섯 가지 주제를 중심으로 진행한다. 첫째, 여름학교의 학칙과 규정에 대한 설명을 한다. 둘째, 여름학교의 조직과 체제를 설명한다. 셋째, 시민성 교육을 실시한다. 넷째, 학습법을 설명한다. 다섯째, 에티켓을 설명하고 실천한다. 여섯째, 자신의 목표를 설정하고 실천한다. 일과는 오전 8시에 시작해서 오후 4시에 끝나고 6월 방학과 동시에 시작해서 7월 말까지 진행한다. 주요한 일정을 보면 앞에서 설명한 여섯 가지 주제를 중심으로 세부 실천 항목을 다음과 같이 정한다. ① 학부모, 학생, 교사 협의회, ② 일반계 고등학교(Prep High School)의 진학상담 및 학교설명회 참석, ③ 교과서, 독서 목록, 라커 이용에 대한 설명, ④ 책임감, 타인에게 친절하기, 실수에 대한 책임감 등을 토의하고 실천하기, ⑤ 역할극 해 보기, ⑥ 시험 부정행위와 표절에 대해서 토의하고 실천하기, ⑦ 휴대폰 예절을 배우고 실천하기, ⑧ 대화의 기술 익히기, ⑨ 장기적이고 단기적인 목표와 꿈을 정하고 장애물을 확인한 후 실천 방법 찾고 실천 계획 세우기, ⑩ 리더십을 위한 교육 및 실천하기.

이상에서 보았듯이 WJA는 학생들의 학교생활의 세밀한 부분까지 고려한 자세한 체크리스트를 만들고 학생들이 학교생활에서 필요한 행동과 그것을 위해서 함양해야 할 인성을 계발하는데 많은 노력과 시간을 투입한다. 앞에서 언급했듯이 교사와 학생이 하루 12시간 함께 생활하면서 학생들이 하루 종일 학습과 동아리 활동, 식사까지 함께하는 생활을 한다. 또한 재학생을 중심으로 고교 진학을 위한 프로그램도 운영하고, 고등학교 진학을 고려한 고등학교 인성교육 프로그램도 함께 운영한다. 건강을 위하여 종합 플랜을 만들고 학생의 영양 상태를 좋게 하기 위해서 영양 프로그램을 운영한다. 특이한 것은 여름방학 중에도 다양한 프로그램을 활용하여 학생을 지도한다는 것이다. 결과적으로 일 년에 거의 11개월을 학교에 나와서 공부하고 각종 학교 활동을 한다.

학교는 이상의 인성교육 계획을 실천하기 위해서 학교 내에서 가능한 모든 자원을 동원하는 것은 물론이고 나아가서 직접적으로 교사와 대화하고 간접적으로 각종 가정통신문이나 인성교육등급 등의 자료를 매개로 학생의 인성 발달에 대한 협의를 학부모와 긴밀하게 해 나간다.

이처럼 학생, 학부모, 교사, 수석 교사, 교장 등의 교육과 협동으로 이루어진 인성 교육의 결과는 학업 성취도에서 잘 나타나고 있다. 워싱턴 DC의 고교 진학률은 평균 50% 정도인 데 비해서 WJA는 100%이다. 또 지역 학생의 42%가 읽기에 합격하는 데 비해서 WJA는 72%가 합격한다. 학생의 41%가 수학에 합격하는 데 비해서 WJA는 67%가 합격한다. 21세기 지식사회에서 읽기와 수학 같은 지적 능력이 부족하면 대학에 가기 어렵고 이것은 결과적으로 사회에서 살아가기 어려워지는 것을 의미한다. 그러나 WJA 학생들은 인성교육으로 자아정체성을 찾고, 자신이 공부하는 이유를 알고 학업에 몰두할 수 있어서 학업 성취도가 높아진다. 이런 점에서 WJA 학생들은 미래에 대한 희망을 가진다. 이는 WJA가 인성교육을 통하여 지식교육에도 의미 있는 성과를 내고 있다는 것을 실증적으로 보여 준다.

(2) 첼튼햄 고등학교(The Cheltenham High School: CHS)

첼튼햄 고등학교(CHS)는 일반계 고등학교(Preparatory High School)로서 학생들은 대부분 대학 진학을 목적으로 하고 있다. 이 학교가 속한 첼튼햄 지역 교육청은 인성교육을 강조하지만 CHS는 특별히 인성교육 프로그램을 운영하지는 않았다. 그래서 고등학교 11학년 학생과의 인터뷰를 통해서 인성교육에 대한 생각과 학교에서의 인성교육 체험을 들어보았다.

CHS는 문화적 풍부함, 창의성, 학문적 우수성의 전통을 바탕으로 학교와 지역사회가 상호 협력하여 전인교육(whole child education)을 실시한다. 이 학교의 교육은 학교를 넘어서 세계 속에서 창의적이고 생산적이며 의미 있는 삶을 살아갈 수 있는 능력을 가진 인재를 양성한다. 21세기 세계와 학교의 연계는 학생의 지역, 국가, 지구촌의 도전에 원칙적이고 지성적으로 대응하는 능력을 계발하도록 영감을 주는 것이다. 또한 지적·사회적·도덕적 교육을 위하여 학부모의 적극적 참여를 권장한다. 이를 위하여 우리는 모든 학생을 평등하게 대우하며, 법적·도덕적으로 개인의 권리를 존중하고, 지역사회의 참여를 장려한다. 교육은 학교만의 노력이 아니라 학부모, 학생, 교사, 학교, 지역 공동체의 상호 협력으로 가능하다는 점을 인식한다. 교육은 공통의 목적을 위한 것이다.

CHS는 1905년에 설립되었다. 현재 교장은 루이스 박사(Dr. Elliott Lewis)이다. 9학년에서 12학년까지 약 1,500명의 학생이 있다. 2009~2010년에 405명이 졸업하였다. 졸업생 가운데 78명이 학업 성적 우수상을 받았다. 47명은 대학 장학금을 받았고, 7명이 국가 우수 장학금을 받았으며, 11명은 국가 우수 장학재단(National Merit Scholarship Foundation)에서 상장을 받았다. 또한 2명은 국가 학업성취도 우수 장학금(National Achievement Scholarship)을 받았고, 35명은 국가명예위원회(National Honor Society)의 회원이 되었으며, 46명은 운동 우수학생으로 선발되었다. 졸업생의 95%가 상급학교인 대학으로 진학하였다. 3%의 졸업생은 직장을 잡아 사회로 진출했으며, 1%는 군에 입대하였고, 나머지 1%는 대학에 진학했지만 자신이 원하는 체험을 하기 위해서 입학을 1년 연기하였다. CHS는 현재 26과목(English, Math, Science, Social Studies, World Language, Psychology, Economics, 2 and 3 Dimensional Arts and Music Theory 등)을 포함해서 30개의 Advanced Placement(AP)반을 개설하고 있다. 2009~2010학년도의 AP 과목은 20개였다. 지난해에 421개의 AP 테스트에 응시하였고, AP 수강생의 91%가 합격하였다. 올해에는 '보편적 속진 프로그램(Universal Acceleration Program)'도 시험적으로 개설하였다. 그리고 65개의 각종 동아리 활동이 방과 후 특별활동으로 제공되고 있다.

9) 미국 인성교육의 시사점

미국의 인성교육은 매우 활발하다. 그 이유는 미국이 폭력, 성, 약물(마약 등), 거짓말, 총기 사건, 갱 문제, 인터넷에서 베껴서 레포트 작성하기(표절) 등으로 학교에서조차도 비도덕적이고 사회적인 문제로 교육에 막대한 지장을 주고 있는 현실을 외면하기 어려운 실정이기 때문이다. 이와 같은 문제를 해결하기 위한 방안의 하나로 인성교육을 활발히 전개하고 있다. 이를 위하여 이미 언급했듯이 최근에 「미국학교개선법」에서 주 수준의 인성교육 파트너십의 파일럿 프로젝트를 시작하였다. 이는 미국의 45개 주와 워싱턴 DC가 참가하는 국가 수준의 사업이었다. 이 프로젝트를 통하여 미국은 인성교육을 전국으로 확산하려고 한다.

또한 2001년에는 NCLB가 의회에서 통과되었다. 이 법안에서 인성교육과 관련해서 주요 덕목, 인성교육을 위한 지원금, 평가 방법 등을 구체적으로 제시하고 있다. 먼저 인성교육을 위한 주요 덕목으로 배려, 시민 의식 및 시민성, 정의 및 공정성, 존경, 책임, 진정성 혹은 신뢰성, 봉사 등을 제시하였다, 교육부와 단위학교는 필요시 추가로 덕목을 선정할 수 있다. 다음으로 주의 교육부와 지역 단위학교와 같이 연방정부로부터 인성교육 지원금을 받은 기관은 대학이나 비영리 기관과 협약하여 인성교육의 발달을 위한 교사 교육, 교재 개발, 인성교육 계획 및 실천 등을 공동으로 실시할 수 있다. 또한 인성교육에서 학교, 학부모, 지역사회 등으로 구성된 협조 체제를 활용할 수 있게 하였다.

미국의 연방정부가 인성교육을 법으로 정해서 실시하려고 하는 것은 바람직한 현상이다. 왜냐하면 현대 사회의 변화 속도가 빨라지고 자본주의와 시장경제가 급격히 확산되고, 지식 변화도 빠르게 진행되면서 가치의 아노미 현상이 심화되고, 인성의 중요성이 간과되고 있고 각종 사회 문제가 발생하는 상황이어서 이에 대한 해결책의 하나로 도덕과 인성 교육의 필요성이 증대되고 있기 때문이다. 세계화로 인터넷과 시장경제의 변화 속도가 빨라질수록 사회는 인성을 갖춘 인간이 서로 협조하고 책임감을 갖는 것이 필요하다. 이런 이유로 최근에 인성교육의 필요성이 더욱 절실해지면서 오히려 기업에서조차도 기업의 사회적 책임(corporate social responsibility)을 강조하고 있는 실정이다. 이 같은 사회적 요구에 따라 사회 전체적으로 종합적 안목에서 인성교육을 연구하고 실천할 수 있는 방안을 찾아 제시할 필요가 있고 그 주체는 국가가 되어야 한다는 책임감의 결과로 만들어진 것이 미국 연방정부의 인성교육 강화 법안이라고 할 수 있을 것이다.

한편, 미국의 인성교육에 대한 동향으로부터 다음의 몇 가지로 시사점을 요약할 수 있다.

- 인성교육은 지식사회와 과학기술의 발달이 첨예하게 발달할수록 그 필요성이 더욱 증대하고 있다.
- 미국 사회는 기존의 인성교육과 도덕교육이 그리스도교를 중심으로 이루어졌지만 현재는 특정 종교가 그 역할을 하기 어렵게 세속화되어 있다. 따라서 세속적 도덕,

윤리, 인성교육이 필요하다. 그 일부를 인성교육이 담당하고 있다.

- 현실적으로 폭력, 성, 약물(마약 등), 거짓말, 총기 사건, 갱 문제, 표절 등의 비도덕적 문제를 해결하기 위해서 인성교육을 하고 있다.

- 인성교육은 학교가 중심이 되어야 한다. 학교가 구심점 역할을 하기 위해서 가정의 학부모, 인접한 지역사회가 삼위일체가 되어야 효과적 인성교육이 가능하다는 점을 시사한다.

- 미국은 법(NCLB)으로 인성교육을 제시하고 지원한다. 이 법은 주요 덕목으로 배려, 시민 의식 및 시민성, 정의 및 공정성, 존경, 책임, 진정성 혹은 신뢰성, 봉사, 그 외의 필요하다고 여기는 덕목들을 선정할 수 있음을 명시하고 있다. 이는 국가가 인성교육에 있어서 덕의 중요성과 정부의 행정적·재정적 지원을 한다는 의지를 확실히 보여 준다. 우리도 정책으로 강조하는 것은 물론이고 구두선으로만 강조하기보다는 법으로 인성교육을 실질적으로 뒷받침할 필요가 있다.

- 정부가 국가 차원의 인성교육 연구원(재단)을 설립하고 장기적 안목을 가지고 인성교육을 체계적으로 지원하고 장려할 필요가 있다. 또한 다양한 인성교육 기관(대학 부속 및 민간 연구소) 등도 직간접적으로 활용할 필요가 있다.

2. 프랑스의 인성교육

1) 인성교육의 현황

프랑스의 교육은 1789년 프랑스 대혁명으로 성립된 공화국(republic)의 정신인 자유, 평등, 박애에 바탕을 두고 이루어진다. 프랑스 교육은 이 세 가지 보편적 가치를 실현하기 위해서 노력해 온 과정이라고 해도 지나치지 않다. 이 세 가지 보편적 가치는 현재뿐만 아니라 미래를 위한 것이기도 하다. 프랑스는 교육을 통해서 공화국의 명예로운 시민을 양성한다. 프랑스 시민은 개인의 자유와 교육 기회의 평등을 통해서 바람직한 시민으로서 살아갈 권리를 보장받는다. 그럼에도 프랑스의 교육은 급변하는 시대가 요구하는 인재 양성의 필요성과 건전한 시민 양성의 요구를 동시에 추구해야 하는 상황에서 고민한다. 쉽지 않은 길이지만 프랑스 교육은 지속적으로 시대의 변화를 수용하면서 건전한 시민을 성공적으로 양성하여 왔다. 같은 이유로 프랑스의 인성교육은 공화국의 명예로운 시민을 양성하기 위하여 교육적 노력을 충실히 하고 있다.

프랑스의 교육은 명예로운 시민이자 인간으로서 세상에서 살아가기 위한 기능적 또는 기술적 능력을 함양하는 것에 만족하지 않고 그 이상의 것을 추구한다. "인간의 교육을 단순히 기술적·기능적·실용적·관료적 능력의 배양이나 훈련으로 축소하면 인간의 원천적 생명의 힘, 인간에게 없어서는 안 될 힘은 자동적으로 자유로운 몽상이라는 야생적 지평으로 전이되어 버린다."(Durand, 1998: 57) 뒤랑(Durand)의 이 같은 교육에 대한 관점은 현대의 세계화 필요성을 인정하면서도 교육이 단지 현실적 경제적 논리에 함몰되어 기술적·기능적·실용적·관료적 능력의 배양이나 훈련을 필요 이상으로 강조하면서 인성교육을 소홀히 해서는 안 된다는 경계의 의미를 함축한다. 아탈리(Jacques Altali)는 초·중등교육이 아닌 고등교육에서조차 세계화가 가져올 교육적 공황에 대해 경고한다. "세계화의 논리가 교육에 적용될 경우, 그것은 전 세계적으로 규격화된 고등교육 모델로 귀결될 것이다. 그 안에서 국가의 역할은 사라지고 시장이 교과과정과 교육 활동을 결정하게 될 것이다. 대학은 각자의 발전 수단을 극대화하기 위하여 세계 시장에서 가장 우수한 '생산 요소들(교수진과 재정)'을 유치하기 위한 (무한)경쟁을 벌일 것이다. 그 결과, 대학은 사기업의 영역으로 귀속될 수 없는 교육의 본원적인 임무들의 중요한 부분으로부터는 멀어지고, 너무 비용이 많이 들거나 직접적인 사용처를 갖지 못하는 교과과정을 폐지하며, 본질상 직접적인 수익을 내지 못하는 교육 활동조차도 점점 더 기업들의 후원에 종속되는 것을 보게 될 것이다."(원윤수, 류진현, 2004: 4-5)

프랑스 교육은 대혁명의 자유, 평등, 박애의 정신에 따라서 실시한다. 여기서 프랑스 교육의 '평등'은 교육 기회의 평등을 통하여 '머리와 재능의 평등'을 강조하는 것이 아니라 자아실현 기회의 평등을 추구하는 것을 의미한다. 인간이 모두 우수한 머리와 재능을 똑같이 가지고 있는 것은 아니다. 이 점에서 인간의 재능은 불평등하게 개인에게 주어진다. 따라서 개인에 따라 고유한 머리와 재능을 가지고 있고, 그것을 개인적 차원에서 교육을 통하여 실현해 나가면 그것이 곧 평등한 자아실현이 되는 것이다. 물론 이 과정에서 개인은 소유한 능력과 노력의 정도에 따라서 사회적 임무와 책임이 달라지고 차이가 나게 된다. 프랑스 교육은 자신의 능력과 노력에 따라 특정 개인의 자아실현을 중시한다. 이런 의미에서 평등은 단순히 양화된 수치적 평등이 아니라 기하학적 중심을 찾는 입체적 평등이다.

2) 인성교육의 사례[4]

(1) 학교에서의 인성교육

다음에서 논의하는 프랑스의 인성교육은 서울에 있는 프랑스 학교 하비에르 국제학교(Lycee Interna-tional Xavier)의 인성교육 사례를 중심으로 조사 연구한 것이다.

한국의 하비에르 국제학교는 프랑스의 다니엘루 교육원(Centre Madeleine Daniélou)에 속한다. 이 교육 재단은 1907년 교육사상가 마들렌 다니엘루(1880~1956)가 파리에 설립하였다.[5] 이 학교의 교육 목표는 다니엘루 여사의 교육 이념에 기초를 두고 지성, 인성, 영성 교육이 조화를 이룬 세계화 의식을 지닌 사람을 양성하는 데 있다. 이 학교에서 구체적으로 실현되고 있는 인성교육 사례는 인성교육의 특성을 네 가지 차원에서 설명한다. 교육은 교사의 역할, 학생의 몫, 학부모의 역할, 지역사회의 협력이 유기적으로 이루어져서 한 방향, 즉 창조적 약동을 존중하는 길로 나아가야 한다.

① 교사의 인성교육

교육자의 역할은 인간 안에 내재된 창조적 약동인 진·선·미·성을 파악하고 존중하며 학생의 개성 계발과 동시에 사회, 국가, 인류의 발전에 기여함으로써 자기 능력을 최대한 발휘하고 자아실현을 하도록 돕는 데 있다.

---

4) 이 절의 내용은 하비에르 프랑스 국제학교의 교감 문명숙의 워크숍(2011. 5)과 면담 자료를 활용하여 작성하였다.

5) 파리 7구에서 초등 교육자 양성을 위해 사범대학(Ecole Normale Supérieure)을 설립한 이래 파리와 파리 근교 그리고 아프리카의 아이보리코스트에서 초·중·고 그리고 고등교육 기관(Classe préparatoire)을 현재 운영하고 있다. 한국의 하비에르 국제학교는 2002년에 서울에서 개교하여 현재 초·중·고 총 12학년으로 구성된 프랑스계 외국인 국제학교이다.

◆ 교사에 의한 학생의 지성 및 인성에 대한 평가 회의(conseils de classe)

매학기(3학기제) 말에 각 교과 담당교사, 담임, 교장, 교감이 모여 학생 한 명 한 명의 학습 영역과 생활 영역(지성, 인성, 감수성, 학생의 공부 방법, 습성, 개인적인 관심사, 심리적인 측면 등)에 대한 각자의 의견을 제시하는 종합평가회를 개최한다(연 3회). 이 과정을 통하여 교과 담당교사, 담임, 교장, 교감은 학생에 대해 몰랐던 점을 발견할 수 있고 학생에 대한 선입견, 편중된 생각이나 이해를 수정할 수 있으며 그 학생을 지도하고 교육해야 하는 방법, 진로 방향 등을 공동으로 모색하는 좋은 기회를 갖는다.

학교는 지성과 사회성을 양성하는 첫 교육을 담당하는 장소이다. 따라서 인성교육은 학생을 지적 및 사회적 가치와 태도에 도전하도록 이끌어야 한다. 자기 일과 공부에 책임을 지지 않는 학생은 이 평가회에서 때로는 권고나 경고를 하기도 한다(유급제, 진로 방향 변경 등). 경고는 주로 자기 행위의 결과에 대해 책임 의식을 갖도록 하기 위한 교육 차원에서 이루어진다(이는 앞에서 언급한 미국의 Washington Jesuit Academy의 경우도 마찬가지임). 숙제를 제때 하지 않았거나 품행에 문제가 있을 때 모든 교사는 학생에게 벌칙 카드를 부과할 수 있다. 이 카드에 의해서 심한 경고를 받은 학생은 벌로 과외시간(토요일)에 학교에 나와서 공부하거나 근로 활동(청소, 미화 작업 등)을 해야 한다. 이때는 교장이 학생의 벌칙을 직접 감독한다. 교장은 학생이 공부에 제대로 집중하도록 하면서 또한 지적이고 도덕적인 면에서도 책임 의식을 지니도록 교육하며, 때로는 자기를 위해서가 아니라 남에게 도움이 되는 구체적인 일을 하게 함으로써 스스로 남에게 필요한 존재가 될 수 있다는 것을 의식하게 하여 자신의 존재의 의미를 깨닫게 한다(예: 저학년 공부 지도, 미화 작업 등).

사례를 보면, 한 유급생은 "유급을 하면서 저는 첫 학기에 깨달은 바가 있어요. 작년에는 제가 무엇을 아는지, 무엇을 모르는지 잘 몰랐어요. 올해는 제가 무엇을 아는지 그리고 무엇을 모르는지 잘 알게 되었어요."라고 하면서 스스로 성장한 모습을 담담하게 진술하였다. 이 학생은 유급이 자랑스러운 일은 아니지만 자기발전의 기회로 삼았고 학교의 유급 결정은 교육적 차원뿐만 아니라 인간적 차원에서도 유효한 결정이었음을 입증한다. 유급하고 학교에 다니는 것이 개인적으로 힘들지만 이 과정을 통하여 자신을 이전보다 더 엄격하게 다루면서 한편으로 과거에 자신에게 부정적으로 집착하던 것으로부터 자유로워졌다. 그는 유급 과정을 겪으면서 스스로 정체성과 안정을 찾았고 학습과 일상생활에서 자신감을 얻었다. 이 학생의 유급 사례는 우리 교육에 시사점을 준다. 유급을 통해서 자신이 각 교과목에서 어떤 부분을 잘하고 못하는지를 파악하고, 자기주도적인 학습을 할 수 있게 되었으며, 자신의 공부에 스스로 책임을 지는 것이 얼마나 정신적으로 안정을 가져오고 바람직한 것인지를 확실히 알 수 있게 해 주었다. 그리고 자기의 적성과 능력을 유급 전보다는 더 객관적으로 바라볼 수 있어서 진로에 대한 방향을 개인적으로 생각해 보는 귀중한 기회가 되었다. 이는 인성적인 측면에서 자신을 아는 것뿐만 아니라 다른 사람들과 관계할 때도 자신의 자질의 장점과 단점을 파악하고 인정하는 성찰적 자세, 타인을 수용할 줄 아는 관용의 자세의 계발도 함께 이루어져서 인성교육이 자연스럽게 이루어진 것임을 알 수 있다. 이는 가능한 한 유급을 시키지 않으려는 우리나라의 교육 상황과 매우 다르고 비교된다. 우리는 현재 유급의 효용성보다는 부정적 영향을 고려하여 대부분 상급학년으로 진급시킨다. 그러나 하비에르 국제학교에서 보듯이 학생의 부적응이 단기적으로 나타난다 할지라도 아무런 조치 없이 학년 진급을 시키기보다는 1년을 유급하여 자신을 돌아보고 자신감을 갖는 기회로 활용하면 오히려 인성교육뿐만 아니라 지식의 기초를 튼튼히 쌓는다는 점에서 바람직한 측면이 있다는 것을 교육적으로 고려할 필요가 있다.

◆ 쉬는 시간에 교사가 학생들과 함께하기

교과목 담당 교사는 학습 지도에 거의 대부분의 시간을 투입하지만 학생들과 자연스럽게 만나는 시간도 있다(쉬는 시간은 오전, 오후 각각 20분간 그리고 점심 식사 후에도 20분 1회가 주어짐). 쉬는 시간은 학생들의 가장 자연스러운 모습을 볼 수 있는 기회이자 시간이다. 학생의 인성이 표현되는 것은 교실에서보다 놀이를 통해서 자주 일어난다. 왜냐하면 학생 여럿이 함께 노는 놀이에 쉽게 동화되는지 여부(사회성 문제), 선택하는 놀이의 종류(개별 및 집단), 교사들과의 자연스러운 대화 여부, 교사와 함께 운동하는지 등을 살펴서 학생을 파악할 수 있기 때문이다. 그렇게 함으로써 하비에르 국제학교는 쉬는 시간을 학생이 어른인 교사와 함께 하는 자연스러운 인성 함양의 기회로서 중요시한다.

② 학생의 활동을 통한 인성교육

하비에르 국제학교는 지식으로 머리를 꽉 채우는 지식인보다는 여유 있는 사고와 건전한 상식으로 판단하고 행동하는 프랑스 공화국의 시민성을 가진 지성인 양성을 선호한다. 지식인과 달리 지성인이란 습득한 지식을 현실에 적용하여 주어진 문제의 해결책을 모색하고 실천하며 남을 배려하는 사람이다. 이로부터 학생의 창의적인 사고가 나온다. 미성년자 학생들의 교육에서는 여유가 중요하다. 왜냐하면 시간적·정신적 여유가 있을 때 학생들은 뭔가 생각하고 만들려고 노력하며 잠재된 창의력을 발휘하기 때문이다.

◆ 그룹으로 협동 학습, 연극, 놀이를 통하여 학생들의 책임감, 창의력, 협동력, 순발력 육성

개교기념일을 축하하는 행사를 겸한 학교 축제는 교사와 학생 그리고 학생들(초·중·고)이 함께 어우러지는 날이다. 이 날은 초·중·고 전교생이 학년과 반의 구별 없이 다 함께 하면서 서로 알 기회를 마련하고 친교한다. 고등학교 2·3학년이 그룹의 책임을 맡아서 다양한 주제의 놀이(운동, 언어, 요리, 음향, 즉흥극, 만들기 등. 이때 놀이의 제작은 교사들이 함)를 하면서 선의의 경쟁과 협력의 소중함을 배운다. 학생들이 개교기념일 축제를 즐겁고 성과 있는 행사로 만들기 위하여 스스로 잠재되어 있는 독창적인 활동을 하고, 무엇인가를 이루어 내려는 내적 창조력이 얼마나 역동적으로 표현되는지를 보면서 인성교육을 통하여 학생들이 능동적 활동을 발휘하는 것이 얼마나 교육적으로 값진 것인지를 알 수 있다.

◆ 학년말 발표회

학년말 발표회에서는 학급 전체가 연극을 선정하고 배역을 정하고 연습하는 과정에서 인성교육을 보다 적극적으로 할 수 있는 기회가 만들어진다. 교사는 학생의 개성과 그들의 관심사를 잘 알고 있기 때문에 이를 살려 학급 전체가 조화를 이루도록 배역을 설정할 수 있게끔 배려한다. 예를 들면, 초등 2학년의 연극 상연[예: 퐁텐느(Fontaine)의 우화『개미와 베짱이』]은 한 작품을 만들기까지 각 학생의 개성과 서로의 협력이 잘 표현된다. 또한 내용 면에서도 현대적인 감각으로 해석을 했는데, 예를 들면 게으르다고 낙인찍힌 베짱이가 자기 재능을 살려 남에게 유용한 존재가 될 수 있다는 교훈을 남겼다. 학생들은 남의 의견이 어떻든 자기주도적인 삶을 건설하기를 포기하지 않는 베짱이의 자세와 외향적인 모습을 통해 사람의 인격을 보이는 것만으로 쉽게 판단할 수 없다는 것을 보여 준 교훈적 연극의 주제를 표현하면서 이해하고 그만큼 성숙해지는 것을 볼 수 있었다. 연극 속 이야기를 우리의 현실과 연결시켜 자선 활동(파리의 무료 식당 '마음의 식당'과 관계)으로 현실화하면서 학생과 교사는 교과 지식으로는 경험할 수 없는 값진 협력과 공동체 의식을 배운다. 이 같은 활동이 학생의 인성을 함양하는 데 많은 도움이 된다.

중학생은 문화적인 주제로서 창작극을 선택한다. 그들이 주도하여 창작극을 언어권별(스페인어, 중국어, 영어, 불어, 한국어)로 소개하고 열심히 연습해서 발표하면서 서로 돕고 이해하고 배려하면서 연극을 성공적으로 끝내는 과정에서 협력, 배려, 공감, 성실의 덕목을 배우고 익히고 실천하면서 인성을 함양하는 좋은 사례를 보여 주었다. 저들에게는 점수 경쟁과 과외 · 학원을 떠도는 한국 중학생의 일그러진 모습이나 '중 2병'으로 힘들어하는 현상은 볼 수 없다.

◆ 학생들의 공동 · 협동 연구 과제

학생들의 협동 연구 과제는 중 2 · 3학년의 IDD(Itinéraire de la découverte, 발견의 여정)과 고등학교 2학년의 TPE(Travaux Personnels Encadrés, 개인 및 공동 연구 프로젝트)가 대표적이다. 이를 실천하기 위해서 교과 계열별로 지도 교사가 있지만 실제로는 학생들이 공동 연구 과제를 주도적으로 한다. 스스로 선택한 주제를 중심으로 학생들은 정기적으로 모임을 갖는다. 중학교 연구 프로젝트는 학생들이 주제를 자유롭게 선택할 수 있지만 고등학교의 공동 연구는 프랑스 교육부에서 정해진 영역 중에 선택하도록 되어 있다. 예를 들면, 환경 문제(예: 4대 강에 대하여), 과학 및 문화적인 주제(예: 한류), 다문화 가정, 여성의 지위, 교육, 사회 문제(예: 시위의 긍정적 측면과 부정적 측면) 등을 학생들이 협의하여 자율적으로 선정할 수 있다.

연구 방향 설정 및 주제에 대한 토론, 연구 방법에 대한 논의, 자료 찾는 방법, 연구 분담하기 등 매회의 때마다 진행 상황을 기록하여 보고하고 점검하면서 공동으로 연구를 진행(연구 일지 쓰기)한다. 이 연구 과정은 학생들의 협동정신, 책임 의식, 추진력, 배려 등을 증진할 수 있는 좋은 기회이다. 한 학기 이상 연구 과정을 거쳐 검시관 앞에서 연구에 대해 발표한다.

◆ 현장 체험

고1 학생에게 자신의 관심사에 대한 이론적 학습뿐만 아니라 실제 현장에서 구체적인 상황에 직면하는 체험을 학교에서 제안한다. 회사, 은행, 다양한 연구소, 갤러리, 변호사 사무실, 학교, 병원 등 진로 방향에 따라 또는 체험해 보고 싶은 영역에서 직업적인 체험을 하도록 시도한다. 방학 중 2~3일 또는 일주일 동안 현장에 가서 체험한 후개인적으로 보고서를 작성하여 학교에 제출한다. 이를 통하여 자신이 꿈꾸는 직업이나 좋아하는 일 등을 체험하면서 미래를 생각해 보고 경험을 반성하고 정리해서 미래의 직업 등을 경험을 바탕으로 합리적으로 판단하고 선택할 수 있다.

◆ 틴스타(Teen star, 성교육)

사춘기 학생들에게 성을 다양한 접근 방식(생물학적 · 사회적 · 문화적 · 지적 · 영성적인 차원)을 통해 이해하도록 한다. 인간은 왜 몸을 아끼고 존중해야 하는가를 생각하고, 몸의 신비(사춘기의 신체 변화와 상황에 따른 반응 등)와 생명의 신비를 발견하도록 권장한다. 하비에르 국제학교에서는 중학교 2학년과 4학년(고등학교 프로그램으로 진행)을 대상으로 실행한다. 남 · 여성 호르몬에 따른 느낌과 감정 상태의 변화를 주의 깊게 관찰하고, 남 · 여성에 대한 공감과 타자성을 이해하고 인정하는 법을 배운다. 또한 모녀, 부자 관계에서 대화로써 상호 이해하는 데 도움을 줄 수 있다.

나아가 우리 사회의 성과 관련된 문제를 은폐하지 않고 직시하면서 생명에 대한 외경심은 물론이고 성에 대한 보다 합리적이고 바람직한 시각을 갖게 한다. 사생아로 태어난 어린이 입양원 방문, 미혼모 쉼터에 관한 사례 들려주기, 이후 학생들과 개별적또는 집단적으로 이와 관련된 대화를 통하여 성의 문제와 생명 존중, 신체의 신비와 아름다움 등을 이해한다.

③ 학교 공부 중심의 학습을 통한 인성교육

하비에르 국제학교는 학생과 학부모에게 사교육이나 과외를 하지 말도록 적극 권장한다. 프랑스는 교육의 관점에서 선행 학습이 학생의 지적 성장과 인성적 성장에 도움이 되지 않는다고 판단한다. 프랑스 학교교육의 분위기는 학교교육 외의 선행 학습을 권장하지 않고 학교의 교육 상황의 의미와 가능성을 매우 중시한다. 어린 학생이 교실에서 집중하여 교육을 받을 때 스스로 배움에 대한 자신감과 학문에 대한 개방된 자세를 키울 수 있고, 이 학습 과정이 인생의 전 과정에서 독립심, 자립심, 창의성을 키우는 교육의 기초를 갖추게 한다. 이를 통해서 프랑스 학생은 공부는 학교에서 하는 것이 가장 바람직하고 중요하다는 의식을 갖게 되고, 자연스럽게 교사의 중요성을 인식하고 존중하게 된다. 한국처럼 학교 밖의 과외수업이 마치 교육처럼 인식되고 학생생활의 일상이 되는 것은 상상할 수 없고 매우 비교육적이고 비효율적이다. 학원 강의나 과외 같은 선행 학습은 학생이 학교의 수업에 집중하지 못하게 하기 때문에 공교육 체제를 허무는 단초가 되며, 중복학습을 함으로써 교육의 효율보다는 손실이 크며, 학생은 학원의 비교육적 상황을 당연한 것으로 받아들이면서 학교교육에 대하여 왜곡된 인식을 하게 된다. 하비에르 국제학교에서는 숙제의 교육 효과를 높이 평가한다. 학생이 스스로 숙제를 하는 것은 곧 스스로 공부하는 것이다. 숙제는 교실에서 배운 학과의 내용을 단순하게 복습하면서 동시에 아는 것과 모르는 것을 스스로 깨닫게 되고 이를 통하여 지식의 습득은 물론이고 스스로 학교에서 배운 것을 성찰함으로써 생각하는 능력을 함양하게 된다. 학원 강의나 과외처럼 수동적 수업으로 문제 풀이를 하는 것은 학생의 지적 발달이나 비판적·창의적 능력 향상에 거의 도움이 되지 않고 시간 낭비가 된다.

하비에르 국제학교는 공부의 내용과 습득의 정도와 수준에 대한 자기평가를 강조한다. 학습은 학습자가 각 과목의 내용 이해를 바탕으로 과목 간의 관계를 살피고 사고의 수준을 높이는 것이 중요하다. 학습을 하면서 지식 습득의 정도를 외형적으로 수치화한 시험 점수만으로 다른 학생과 비교하는 것은 학생의 지적 능력을 향상하는 것이 아니다. 따라서 학교는 시험 점수만으로 학생을 평가하는 것을 가급적이면 하지 않고, 학생의 전반적 지적 능력을 향상하는 방향으로 평가하도록 유도해야 한다. 성적 평가도 월말은 개인 평가이고, 다른 학생 및 학급 전체와 상대적으로 비교하는 것은 학기 말 성적 산출 때 한 번뿐이다. 이 점은 학교생활에서도 마찬가지이다. 다른 학생들과의 관계에서 오해나 불미스러운 일이 발생했을 경우 집단적인 책임을 묻기보다는 학생과의 개인적 대화를 통해서 해결하려고 노력한다. 학생 면담 시에는 개인의 진실한 생각과 의견을 표현할 수 있도록 장을 마련하고, 필요하다면 수차례 개인적으로 대화하여 문제를 해결하려고 시도한다(담임, 교감, 교장이 이 대화에 참여한다). 이 과정이 학생의 소외감을 없애고 교사와의 대화를 통하여 문제를 해결하고 인성을 계발하는 데 많은 도움이 된다. 교사와의 대화를 통해서 학생은 상호존중이 인간 이해와 문제해결에 얼마나 도움이 되는지를 깨닫게 된다.

◆ 자율 학습 시간

중학교 1학년과 2학년 학생을 대상으로 학년 초에 담임교사는 하비에르 국제학교 정규시간표에 있는 자습 시간의 의미와 중요성에 대해서 설명한다. 이 시간은 학생이 수업을 받을 때 공부의 주체가 항상 학습자 자신이었는지를 경험적으로 느끼고 생각하는 기회를 마련하는 소중한 시간이다. 수업 시간에 들었던 내용을 자기화하는 자습 시간에는 다음과 같은 사항을 준수하도록 요구한다. 이는 학습에 대한 흥미와 관심, 자신감과 자기관리 능력을 향상하는 데 많은 도움이 된다.

첫째, 자습에 대한 자기결심과 타인의 결심, 타인의 학습을 존중하기 위해서 자신이 조용히 해야 하는 이유와 타인이 자신의 학습을 방해하는 것의 잘못도 알게 되는 값진 경험을 한다. 이 시간을 통하여 자기가 학습이나 학교생활에서 생각하는 노력을 해 보지 않고 쉽게 교사나 친구의 도움으로 해결하려는 불성실한 생각을 단절하고 스스로 노력하여 극복하는 경험을 한다. 모르는 문제에 직면해서 해결하는 방법에 대해 남(학원, 과외교사, 부모, 친구)에게 의존하기 전에 자기가 그 문제를 스스로 해결할 방법들을 먼저 찾아서 생각하고 실천하는 능력은 독립된 자기발전을 위해서 필수적인 과정이다. 잘 이해하지 못하는 문제의 내용을 이해하기 위해서 다시 읽고, 배운 학과나 노트를 다시 보고, 사전이나 인터넷 등을 활용해서 스스로 학습하는 능력을 높인다. 이는 학교생활에서뿐만 아니라 사회생활에 적용할 수 있는 매우 소중한 경험이고 미래 지향적이며 동시에 매우 교육적이다. 새로운 문제 앞에서 당황하거나 피하지 않고 직시하며 해결책을 연구하고 찾아서 스스로 해결하려는 태도가 학생에게 매우 중요하다. 이 과정에서 학생은 스스로 통찰력과 자신감을 얻는다. 예를 들면, 철학, 사회, 역사 교과 학습을 통해서 사실이나 논리 추구에 근거한 판단이나 가치판단을 하는 훈련을 하고, 수학의 경우에도 형식적 추론 과정이 올바른 것이고 가치 있고 의미 있는 것이라고 판단할 수 있게 된다. 수학의 문제 풀이 과정이 맞더라도 계산을 잘 못해서 답이 틀려도 점수를 받는 것이 왜 정당한지를 이해하게 된다. 교사는 이런 학습과 교육과정에서 단순한 수학 문제 풀이를 넘어서 학생 스스로 하는 사고 과정이 중요하다는 것을 배우고 깨닫도록 유도하는 과정에서 지식교육과 인성교육을 동시에 할 수 있다.

둘째, 자기 학습에 몰입하는 게 중요하다. 이를 위한 예비 단계로 스스로 자기규칙을 세우도록 한다. 그리고 생활 태도도 스스로 정리하는 기회를 갖는 것이 필요하다. 책상 위에는 잡다한 것을 올려놓기보다 자기가 공부하려고 선택한 과목에 필요한 학습 자료와 도구만 놓아두면 집중하는 데 도움이 되고 다른 생각을 하지 않을 수 있다.

셋째, 자기 자신과 타인에게 정직한 태도를 가져야 한다. 과제물이나 숙제와 같은 지적인 작업을 할 때 인터넷에서 남의 글이나 내용을 도용하지 않았는지 스스로에게 묻고 답하도록 한다. 그 외에도 학교생활에서 친구나 교사에게 정직하게 행동했는지 등을 항상 되돌아보게 함으로써 정직한 행동과 태도를 함양한다. 이런 과정을 통해서 인성과 도덕적 덕목을 함양할 수 있다.

넷째, 시간을 관리하는 것이다. 학생이 어려서부터 자신의 시간을 관리하는 것을 잘 배우는 것은 인성교육에서 매우 중요하다. 학생의 시간 관리는 시간을 관리하는 것에 그치지 않고 자신의 행동에 대한 명확한 목표 의식, 그를 통한 자기책임감과 자아의 절제 및 통제를 배울 수 있고 목표를 달성하려는 의지와 실천을 유도한다는 점에서 매우 필요하다. 학생은 한 교과에 대한 개인 공부 시간을 스스로 배정하고 실천한다. 자습을 할 때 어떤 과목의 연습 문제를 푸는 데 소요되는 시간을 측정하고, 그 시간을 고정하여 정기적으로 실천하고 숙제를 할 때도 같은 방법을 사용한다. 각 과목에 필요한 시간을 스스로 배분하고 그 시간에 집중하고 시간이 되면 마무리하고, 다음 시간에 정해진 것을 하는 데 익숙해지면 시간 관리를 잘하게 된다. 다시 말하면, 시간을 잘 관리하는 것은 학습에 대한 자기통제와 스스로 한 것에 대해서 자기평가를 할 줄 알게 되는 것이다. 이를 통해서 자기통제, 책임감, 학습에 집중하는 태도를 갖게 된다.

다섯째, 학생은 과목을 스스로 이해하기 위해 노력하는 방식과 주의를 기울이는 노력이 필요하다는 것을 스스로 깨닫는 것이 필요하다. 스스로 이해하는 것은 중요하다. 그 이유는 우리나라처럼 학원 및 과외가 지나치게 많아서 학생은 타율적 공부에 익숙하고 스스로 하는 공부에는 취약하기 때문이다. 그러다보니 주의를 집중하며 공부하는 능력도 부족하다. 학습은 집중과 자율성을 가지고 할 수 있다는 자신감을 가질 때 효과적이다.

자율 학습에 담긴 이 같은 의미를 총체적으로 이해하고 실천한다면 학생의 지적 능력 향상은 물론이고 인격 형성에 많은 도움을 준다. 나아가서 사회생활에서 훌륭한 시민으로서 자질을 함양하는 데 기여할 수 있을 것이다. 자율 학습을 통해서 학생은 책임감, 절제, 배려, 존중, 정체성, 집중력, 자율성, 정직, 자신감, 개방성 등을 함양할 수 있다.

교사는 자율 학습을 관찰하고 감독하면서 학생들이 학교의 다양한 활동 중에서 무엇을 잘하는지, 무엇을 어려워하는지 등을 알게 되고 자신의 수업 방법에 대해 재고하는 긍정적 효과를 얻게 된다. 교사는 이를 통해서 학생이 스스로 공부할 줄 아는지 또는 모르는지를 관찰할 수 있고, 학습 도구(사전, 전자사전, 계산기 등)를 적절하게 사용할 줄 아는지 등도 살펴볼 기회를 갖게 된다. 이런 일련의 과정을 통해서 하비에르 국제학교는 모든 학생과 교사가 인성교육을 하게 되고 이를 통해서 인격적 · 도덕적 · 정신적으로 성장하는 계기가 된다.

④ 직접적인 학교생활과 인성교육

하비에르 국제학교의 인성교육은 학교생활 전반에서 직간접적으로 스며들어 있지만 이 아비(Avis) 시간은 보다 직접적으로 인성교육을 하는 데 기여한다. 예를 들면, 학급생활 규칙을 담임교사의 제안으로 학생들과 함께 의논하여 만들기, 학교와 사회생활에 대비한 인성을 양성하기 위한 다양한 주제(감동, 공감, 다름의 인정, 차이, 신뢰, 개인 공부에 대한 책임 등) 다루기, 학생들의 시사 문제에 대한 발표, 자원 활동(개별 또는 단체)에 대한 토론 및 선택, 멘토링 문제 등을 '아비' 시간에 직접적으로 논의하고 생각하는 시간을 갖는다.

(2) 교과 교육을 통한 인성교육

하비에르 국제학교의 교사들은 교과를 통한 인성교육을 너무 당연한 것으로 보았다. 이는 한국이나 미국의 교사와 크게 다르지 않다. 어느 나라의 교사든 교과 교육을 통한 인성교육은 당연한 것으로 간주한다. 다만 세부적으로 볼 때 교과 교육을 통한 인성교육의 성취는 교사의 의도적 노력이 필요하다는 점을 의식하고 어느 수준에서 어느 정도 이해하고 실천하는가에 달려 있는 것으로 나타난다.

◆ 수학을 통한 인성교육[6]

학교는 학생들이 학교교육을 넘어 삶의 여정에서 필수적인 다양한 능력을 성취하는 장이다. 학교는 학생이 자기발전을 계속하도록 개인의 미래와 직업적인 차원에서 인간을 형성하고 사회생활에서 성공하며 자유 시민으로서의 자질을 실현하도록 하는 것을 목표로 한다. 학생은 자율성, 책임감, 개방적인 자세, 자존감과 타인 존중, 비판정신의 실행 등을 익히고, 또한 민주적이며 공화적인 사회에서 함께 살아가는 법을 배워야 한다. 프랑스는 1789년 이래 공화정을 지켜 온 민주공화국이다.

프랑스는 학교교육을 통해서 습득해야 할 기초적인 사회의 공통 자질을 사회 · 시민적인 역량의 함양으로 보고 다음과 같이 제시한다.

- 대화의 감각, 협상하는 능력, 합의를 끌어내는 능력, 협동 학습에 대한 의식
- 학급의 운영 또는 기관 내부의 규칙 등 단체생활에서의 규칙 존중
- 안전, 건강, 성 문제에 있어서 개인 및 집단적 책임감
- 다른 사람에 대한 존중, 문화시민 의식, 고정된 틀과 차별에 대한 거부

(프랑스 교육부 교육과정 공식문서에서 발췌)

---

6) 하비에르 국제학교의 수학 교사 J. Y. Labouche와의 면담(2011. 5.)을 근거로 작성하였다(미출판).

교과 교육은 여러 과목과 함께 개별 학생의 인성 함양에 기여한다. 수학 교과 고유의 지식과 가장 관계 있는 능력의 특성은 숙고, 분석정신, 추론 능력, 엄밀성, 논리, 자율성, 주체성(주도성), 단체(조별)로 연구하는 협동 학습 능력, 교양 그리고 표현과 의사소통 같은 다양한 능력이 있다. 이 같은 덕목은 무엇보다도 먼저 한 개인을 시민으로 양성하는 과정에서 필요한 것이고 또한 민주시민 양성에서는 필수적 요소이다. 그러나 교과 교육이 인성교육에 지대한 공헌을 할 수 있다고 단언적으로 말하기보다는 오히려 인간성의 함양을 위해 수학 영역에서 제한적인 영향을 발휘한다고 생각하는 것이 더 타당할 것이다. 각 교과는 다른 과목과 유사한 목표도 갖고 있지만 그 외에도 특정 교과에 고유한 인성교육적 특성이 있다. 다른 과목과 유사한 인성교육의 목표는 지속적인 학습 과정에서 자연스럽게 이루어진다. 인성이 교과 교육을 통해서 양성될 수 있다는 사실은 중요하지만 그것은 언제나 직접적이기보다는 간접적이라 할 수 있고, 그래서 제한적이다. 왜냐하면 교과가 매개는 될 수 있지만 그 자체는 지식과 지적 능력 함양에 초점을 두고 있기 때문이다. 또한 다른 여러 과목의 교사들은 자기의 담당 과목은 물론이고 그것을 넘어 다른 과목과 연계하고 정기적으로 서로가 가지고 있는 인성교육의 경험과 정보를 교환할 때 진정한 의미에서 교과를 통한 통합적 인성교육을 할 수 있다.

(3) 교사와 학부모의 만남을 통한 인성교육

하비에르 프랑스 국제학교는 교과 담당교사와 학부모와의 만남(중고등학생의 경우 연 2회)을 정기적으로 실시한다. 이를 통하여 학부모와 함께 학생의 수업 태도, 학생의 관심사, 학습 방법, 숙제, 독서, 생활(수업 시간과 가정에서의 수면 문제) 등을 폭넓게 협의한다. 이를 통해서 학생/자식의 장단점에 대한 교사와 학부모의 이해의 폭을 넓히고 학생 지도에 활용한다. 특히 초등학생은 교육의 기본 방향, 기본 생활 습관, 학교생활의 세부 지침 등에 대해 부모와 담임교사가 같은 생각으로 자신을 돌본다는 생각이 들 때 혼돈에 빠지지 않고 자신감을 갖게 되며, 학교와 가정의 학습 및 인성교육의 효과는 더욱 높아진다.

① 가정에서의 인성교육

학생의 학교생활과 학업 스트레스를 없애려고 부모는 온갖 방법을 동원하는 경향이 있다. 그러나 무엇보다도 중요한 것은 스트레스가 전혀 없이는 자녀가 발전할 수 없다는 것을 부모가 이해하는 것이다. 긍정적 의미의 스트레스는 성숙한 인간이 되는 전제 조건이고 불가피한 것이다. 학부모는 아이에게 스트레스가 부정적인 측면만 있는 것이 아님을 잘 이해하도록 알려 줄 필요가 있다. 인간은 성인이든 청소년이든 누구나 새로운 환경에 적응할 때 기본적으로 알지 못하는 것에 대한 불확실성과 두려움으로 인해서 거부하거나 부정적인 반응을 하는데, 이는 지극히 정상적인 것이다. 따라서 부모는 자식이 새로운 환경에 적응하는 방식을 모색하는 과정에서 발생하는 부정적인 자신의 반응으로부터 긍정적인 에너지를 끌어낼 수 있는 충분한 능력이 자기 내부에 잠재해 있음을 인식하도록 도와주어야 한다. 그렇게 해서 부정적 학생의 태도를 스스로 변화시킬 수 있도록 있도록 해야 한다. 오히려 학생의 학교생활에서 이런 일련의 과정이 곧 생소함, 학생 사이의 다른 생활 패턴, 학습 방식의 차이, 인간관계로부터 오는 긴장감, 문화적인 갈등 등에서 자기를 지키고 발전시키는 단련을 할 수 있는 좋은 기회이다. 스트레스 없는 생활에는 참된 자유도 없다는 사실을 부모가 이해하고 자식을 교육할 필요가 있다.

② 교사와 학부모의 협조를 통한 인성교육

교사는 대부분의 학부모로부터 "집에서 어떻게 우리 아이 학습을 도와줘야 할까요?"라는 질문을 자주 받는다. "자녀를 세심하게 살펴보고 도움이 꼭 필요할 때만 도와주십시오."라고 부탁한다. 한국의 부모는 자식을 위해 좋은 과외나 학원 프로그램을 짜는 것이 어머니의 참된 역할이라고 믿는 경향이 있다. 학습 및 생활 지도를 할 때 부모는 자녀의 한계나 제재의 불가피성을 설정하고 이해하도록 설명할 필요가 있다. 오히려 부모가 차분하게 설명할 때 아이는 당황하고 스트레스를 받기보다는 부모의 세심한 관심과 사랑과 선의를 이해하면서 성장하고 성숙해진다. 부모 위주로 아이를 교육하는 것이 아니라 자녀와 눈높이를 맞춰서 자녀의 마음과 생활을 이해하고 일관성 있게 태도를 지키면서, 필요할 때 지원하고 제재해야 할 때 제재하면서 그 이유를 잘 설명하고 이해하도록 하는 것이 중요하다. 부모가 자식을 가르치면서 쉬운 길(신체적 채벌이나 물질적 보상 같은 단순한 방법)을 선택하거나 대신해 주는 것으로 부모의 역할을 다 했다고 생각하면 안 될 것이다. 예를 들면, 학생이 숙제를 끝까지 풀지 못할 때나 수행평가용 탐구 과제 등을 도와주기 위해서 부모가 가족이나 과외 교사(재정적 보상을 해서라도)를 동원하여 반드시 완성된 숙제나 탐구 과제를 만들어서 학교에 보낸다면 아이에게 부모 스스로 거짓과 기만과 지적인 부정직함을 행동으로 가르치게 되는 것이다. 아이는 이 과정에서 문제가 있지만 이렇게 살아도 된다는 것을 무의식적·의식적으로 인식하며 자라게 된다. 이것은 아이의 지적 발전과 인성적 혹은 도덕적 발전에 전혀 보탬이 되지 않고 오히려 해가 된다. 그래서 하비에르 국제학교 교사들은 학생이 노력했으나 다 할 수 없을 경우 미완성된 숙제를 제출하라고 말한다. 교사는 학생의 숙제 상태를 보고 그의 학습 진도와 상태를 파악할 기회를 갖게 되고 부족한 부분을 한 번 더 점검하고 학생들에게 설명하여 이해시키고 발전할 수 있도록 도와줄 수 있다.

자녀가 학교나 가정에서 학습 또는 생활 중에 부딪히게 되는 어려움을 겪는 것은 학교뿐만 아니라 사회에 나가서도 마찬가지이다. 학교에서의 교육은 그런 힘든 시기를 기회로 삼는 계기를 마련하는 데 의미가 있는 것이다. 부모가 미리부터 불가피하게 일어나는 다양한 학교나 사회의 상황을 앞장서서 대신하며 인위적으로 없애려고 하는 것은 오히려 학생의 지적·정신적 발전과 성숙에 방해가 된다. 부모가 자식의 숙제나 과제(봉사 학습 등)를 대행하면서 학생의 어려움을 도와주면 자녀는 어려운 상황이 닥치면 그때마다 독립적으로 해결하기보다는 부모나 타인에게 의존하려고 할 수밖에 없게 된다. 이런 방식은 부모의 사랑이 자식의 발전을 방해하는 역설이 되게 한다. 자식에 대한 과도하고 빗나간 부모의 사랑에 익숙해진 자식이 학교나 사회생활에서 정신적으로나 신체적으로 어려움 또는 장애물을 만날 때 극복하려고 스스로 노력해서 해결하려고 하기보다는 피하고 남에게 의존하려는 자아정체성 상실과 자신감 상실의 심각한 문제에 직면하게 된다. 이렇게 자란 아이는 어려운 상황에 부딪히면 정면으로 맞서기보다는 피해 가려 하거나 부모가 대신 해 주기를 바라고, 자기 스스로 극복하는 힘을 키우지 못할 것이다. 자녀가 스스로 '나는 어떻게 무엇을 할 수 있는가?'를 묻고 답을 찾는 생각과 기회를 갖도록 유도하는 것이 인성교육의 핵심 중의 하나이고 중요한 이유이다.

③ 균형 잡힌 인간으로 교육하기

학부모가 학교에서 돌아온 자식에게 말을 걸 때 어떤 주제로 어떻게 아이에게 다가가야 하는지는 매우 중요하다. 부모는 학교에서 배운 공부와 관계된 질문으로 대화를 시작해야 하는지, 아니면 다른 무엇으로 대화를 시작해야 하는지를 스스로에게 물어야 한다. 학부모는 이 점을 신중하게 고려해야 한다. 부모가 학교에서 돌아온 아이에게 오직 학교에서 무엇을 배웠는지만 묻는 것은 학생의 생각이나 감정을 전혀 배려하지 않는 것이다. 부모와 자녀 사이가 공부를 감시하거나 감독하는 관계로 맺어지는 것은 바람직하지 않다. 가정에서 부모는 공부와 관계된 것뿐만 아니라 학생의 학교생활, 친구관계와 같은 인성적 측면을 항상 고려하고 지도해야 한다. 그렇지 않을 경우 부모와 자식의 관계가 친밀한 사랑의 관계보다는 계산 내지 협상적인 관계로 변하는 것은 아닌지 고민해 보아야 한다. 가정에서 부모와 자식이 공부를 사이에 두고 이런 삭막한 감시와 감독의 방식으로 맺어진다면 자녀는 학교에서나 가정에서 학습과 시험의 부정적 스트레스로 긴장된 생활의 연속 속에서 살게 된다. 그로 인해서 자식의 인성이 자유롭게 발달하거나 열린 마음과 여유를 갖지 못하게 될 것이다. 자녀는 부모와의 관계조차도 학교에서 서먹서먹한 교사와의 관계처럼 자기방어 위주로 하게 되고, 그도 통하지 않으면 거짓말을 하면서까지 부모에게 자기의 성적이나 공부에 대한 상황을 과장하여 정당화하거나 벗어나려고 애쓰게 된다.

따라서 학부모의 가정 지도에서 중요한 것은 자녀가 정신적·지성적·신체적으로 균형 잡힌 인간으로 성장하고 있는가에 신경을 쓰는 배려의 마음이 중심이 되어야 한다. 이를 위해서는 아무런 전제 조건이 없는 상황에서 대화와 교육을 위한 부모·자녀 간의 배려관계가 형성되어야 한다. 이런 배려 상황에서 관계가 출발해야 자녀의 지성, 감성, 의지적 차원이 자연스럽게 표현될 것이다. 뿐만 아니라 부모와 자식 간에 긴밀한 신뢰를 구축하게 되어 올바른 인성을 형성하는 데 기여할 수 있다. 부모가 자녀에게 던지는 질문이나 내용이 특정한 주제나 영역(공부나 진학 등)에 치우쳐 있지는 않은지 항상 신중하게 생각해야 한다. 아이가 삶에 대하여 균형 잡힌 인간으로 성장할 수 있도록, 다시 말하면 부모의 대리만족이나 과욕을 충족하기 위해서 자식에게 과도한 압박을 하는 것이 아니라 자녀를 행복하게 하기 위해서 관심과 배려와 도움의 의지를 갖고 질문을 하고 있는지 항상 자문할 필요가 있다.

④ 생활·생명 중심의 인성교육

가정에서 아동이나 청소년이 성인과 함께 지내고 생활하며 소통하는 시간이 부족한 것이 현대 생활의 현실이다. 아이는 가정에서 부모와 함께 생활하면서 사회생활의 기본을 배운다. 아이가 가정에서 부모와 함께 하는 시간 없이 정체성을 갖고 스스로 학교 안팎에서 생활하는 능력을 함양하기는 어려울 것이다. 하비에르 국제학교는 졸업생들에게 항상 가정에서 학교와 사회에서 생활하기 위한 생활력을 배우는 것이 매우 중요하다고 가르치고 강조한다. 한국의 하비에르 졸업생들이 외국 대학으로 진학해서 타국 생활을 하면서 깨닫게 된 것은 외국의 학생들은 자기 일상에 관계되어 있는 것을 스스로 다 처리하면서 동시에 학교 공부에 성공하는데 한국 학생들은 일상생활의 삶을 감당하기가 너무 힘겹다는 것이다. 왜냐하면 외국 유학 중인 졸업생은 대부분 한국에서 학교에 다닐 때는 부모가 일상생활과 관계되는 잔잔한 일을 모두 다 해 주고 자기는 공부만 하면 됐는데 외국에서는 부모가 그런 일을 해 줄 수 없기 때문이다. 이는 한국 학생들이 가정에서 일상생활을 하면서 스스로 자기 일을 생각하고 판단하고 행동하며 처리하거나 살아 보지 않고 부모의 도움에 너무 의존해서 살았기 때문이다. 일상생활을 하기 위해서 부모나 그 외의 사람들과 어울려야 삶을 관리하는 법, 삶의 실체를 익히고 자기가 해야 할 일이 무엇인지를 알고 실천할 수 있다. 그런데 한국 학생들은 일상생활에서 부모가 작은 일부터 큰일에 이르기까지 모두 대신 해 주기 때문에 간단한 일상생활조차 처리하는 데 힘들어하고 당황하며 제대로 처리하지 못한다. 이는 학생도 문제지만 부모가 학생들에게 일상생활을 스스로 하도록 하는 기회를 주지 않았기 때문이기도 하다. 일상생활은 누구나 해야 하는 과정이기 때문에 부모가 매일의 삶에서 자녀와 같이 일상생활에서 일어나는 일을 함께 고민하고 함께 하는 시간을 가능한 한 많이 가지는 것이 아이에게는 살아 있는 교육이고 귀중한 교감을 나눌 수 있는 기회이다. 뿐만 아니라 아이가 일상생활에서 스스로 일을 함으로써 자신감과 독립심과 책임감을 가질 수 있고 책에서는 배울 수 없는 것을 배울 수 있어서 매우 중요한 일상 교육의 장이 된다. 일상생활에서 생활력을 키우는 일이 바로 국제화와 세계화된 세계에서 생존하기 위한 생활력을 강화하는 지름길이다.

3) 시사점

프랑스의 인성교육은 1789년의 자유, 평등, 박애의 정신에 근거하여 '공화국의 훌륭한 시민'을 양성하기 위해서 새로이 시작한 교육이다. 하비에르 프랑스 국제학교의 인성교육이 우리에게 시사하는 바는 다음과 같다.

첫째, 프랑스 학교에서 인성교육은 교과 교육, 특별활동, 휴식 시간, 가정, 지역사회에서 지속적이고 입체적이고 전 방위적으로 시행된다는 점이다. 학교에서 이루어지는 작은 행동이나 한마디 말이 모두 인성교육의 의미를 가진다. 예를 들면, 휴식 시간에 모든 교사가 함께 운동장이나 실내에서 학생들과 어울리면서 관찰하고 그들에게 도움을 주는 것도 인성교육이 된다.

둘째, 학교교육이 중심이 되는 인성교육을 한다. 우리는 예로부터 밥상머리 교육이 있었지만 현대는 가정과 학교가 협조하고 학교가 중심이 되는 인성교육이 필요하다. 과외나 사교육보다는 학교 중심 교육을 학부모와 협력하여 이끌어 감으로써 학생과 학부모가 학교교육을 신뢰할 뿐만 아니라 교사의 권위를 인정하고 협력하여 교사가 학생의 인성 함양에 최선을 다할 수 있다.

셋째, 한 학생의 지식과 인성을 평가하기 위하여 학교에서 모든 교사가 최선을 다한다. 하비에르 국제학교는 매 학기(3학기제) 말에 각 교과 담당교사, 담임, 교장, 교감이 모여 학생 한 명 한 명의 학습 영역과 생활 영역(지성, 인성, 감수성, 학생의 공부 방법, 습성, 개인적인 관심사, 심리적인 측면 등)에 대한 각자의 의견을 제시하는 종합평가회를 개최한다(연 3회). 이를 통하여 교과 담당교사, 담임, 교장, 교감은 학생에 대해 몰랐던 점을 발견할 수 있고 학생에 대한 선입견, 편견이나 오해를 수정하며 학생을 지도하고 교육해야 하는 방법, 진로 방향 등을 공동으로 모색하는 기회를 갖는다. 또 잘못한 학생을 훈육하기 위하여 토요일에 교장이 학생과 함께하는 등 최선의 노력을 하고 있다.

넷째, 모든 교과에서 인성교육을 하기 위한 교사의 준비와 태도가 잘 되어 있다. 수학 교육에서 보듯이 숙고, 분석정신, 추론 능력, 사고의 엄밀성, 논리, 자율성, 주도성(주체성), 협동 능력, 자기표현과 의사소통, 교양을 갖춘 시민 등의 덕목을 함양한다. 이는 프랑스 교육이 단지 지식인을 양성하는 교육이 아니라 지식, 교양, 도덕성을 갖춘 시민이자 지성인 양성을 지향하고 있음을 보여 준다는 점에서 우리 교육에 시사하는 바가 크다.

3. 독일의 인성교육

1) 인성교육의 현황

미국과 프랑스의 인성교육에서 보았듯이 독일의 인성교육도 학교의 전 교과를 통해서 이루어지는 통합적 인성교육을 중시한다. 독일의 인성교육은 Charakterbildung(혹은 Charaktererziehung)이고, 그 의미는 '사람됨'이다.

독일에서는 정규 교육 외의 별도 정책이나 프로그램을 실시하지 않고 교육 전체에 스며드는 인성교육을 한다. 이런 점에서 독일의 인성교육은 통합적 인성교육이라 할 수도 있지만 극단적으로 보면 의도적 인성교육이 없다고 할 수도 있다. 독일은 논술 시험 위주의 평가로 경쟁을 지양하는 교육, 예의 중시 교육, 훈육, 교양시민 교육 등을 통해서 인성교육을 간접적으로 실시한다.

(1) 경쟁 지양 교육

독일 교육은 한마디로 경쟁 지양(止揚) 교육(low competitive education)이다. 경쟁 지양 교육은 평가 방식과 긴밀히 연계되어 있다. 독일 학교의 평가 척도는 5~6단계로 나뉜다. 학교별로 차이가 있지만 기말고사에서는 1단계(sehr gut, very good), 2단계(gut, good), 3단계(befriedigend, satisfactory) 4단계(ausreihend, sufficient), 5단계(mangelhaft, deficient), 6단계(ungenügend, failed)로 나누어 평가한다. 5단계 이하면 진급이 제한되

고 유급된다. 평가는 담당교사가 한다. 등간척도에 따른 평가는 우리나라처럼 과열된 점수 따기 경쟁으로 야기되는 지나친 스트레스를 받지 않아도 된다는 점에서 긍정적이다. 시험은 대부분 논술형으로 치르며 논리력, 분석력, 이해력, 창의적 사고를 평가한다. 논술형 평가의 경우 평정자인 교사의 공정성과 권위가 전제되어야 하는데, 독일은 비교적 이 점에서 안정적이고 암묵적인 사회적 합의가 있다고 할 수 있다.

　프랑스 교육에서 이미 지적했듯이 독일도 학생 간의 비교 우위의 상대적 경쟁보다는 학생 자신의 능력 계발을 중심으로 평가한다. 우리처럼 무한대의 무의미한 상대적 경쟁을 하는 게 아니라, 독일의 경쟁 지양 교육은 선행 학습과 사교육이 불필요한 자기 자신의 능력 계발을 평가하고 약점을 극복하는 교육을 실천한다는 점에서 의미를 갖는다. 초등학교에서의 학습량은 많지 않으며 기초 교육에 충실하려고 한다. 경쟁 지양 학교교육은 학생에게 다양한 교육 활동에 참여할 많은 기회를 만들어 준다. 교사는 학생들의 시험 성적에 대한 부담 없이 교육하고 평가하며, 다양한 방식의 교수·학습 방법을 시도한다. 교수·학습 방법으로는 현장 방문, 박물관 학습, 역할놀이, NIE, 토론 수업, 야외 활동 등을 다양하게 선택할 수 있다.

　주당 시수는 우리나라보다 적고, 고등학교 수업이 45분으로 조금 짧지만 교과의 주제는 우리와 별반 다르지 않다. 고학년이 되어도 국어, 영어, 수학의 비중이 상대적으로 높아지지 않으며, 고학년에서 예체능 비중이 낮아지지 않는 것도 우리와 다른 점이다. 10학년까지 수업 편제표가 제공되고, 11~13학년은 학교가 자율적으로 작성해서 시행한다. 이는 고등학교 3학년까지 국가 교육과정에 공식적으로 포함되어 재제를 받는 우리의 교육과정과는 사뭇 다르다. 독일은 이런 교육과정 체계 속에서 간접적이고 통합적인 인성교육을 한다.

표 12-14 10학년까지 주당 총 수업 시간

교과	초등				중학		고등학교			
	1	2	3	4	5	6	7	8	9	10
총 시간	20/21 1	21	24	27	30	31	33	33	33	34

(2) 평가와 연계된 인성교육

독일의 교육 평가는 논술 시험 중심으로 이루어진다. 초·중등학교의 평가는 대부분 논술로 진행된다. 중등학교 졸업 자격 시험인 아비투어(Abitur)도 논술식 평가를 한다. 객관식 선다형 시험으로 이루어지는 우리의 교육이 교육과정 운영을 왜곡하는 현상을 낳는다는 비판을 받는 것과는 상당히 다르다. 우리 교육의 평가 방식이 개 꼬리가 개를 흔든다는 말과 달리 논술식 경쟁 지양 평가는 독일 교육의 정상적 운영을 방해하는 주된 요소가 되지 못한다.

고등학교 11학년 1학기 중간고사의 수학 시험 문항을 살펴보면 평가로서의 논술 시험이 어떻게 출제되는지 알 수 있다(박성숙, 2010: 56-60).

[문제] 다음처럼 관상대 측정값이 신문에 발표되었다(자료 생략).
1. 다음 3개의 상관계수 r=0.974, r=0.911, r=0.126은 각각 어느 그래프에 해당하는지를 정하고 그 이유를 쓰시오.
2. 다음 코멘트에 대한 자신의 의견을 쓰시오.
"기대한 것과 같이 기온은 일조 시간과 강수량에 영향을 받지만, 놀랍게도 계절과는 관계없다."

제시한 문항의 답을 찾기 위해서는 상관계수의 개념과 분포 패턴이 상관계수를 어떻게 높이는지를 이해하고, 두 번째 답을 쓰기 위해서는 제시된 세 가지 종류의 그래프의 변수 변화를 알고 있어야 할 뿐 아니라 변수의 시간 척도, 변수의 자료가 수집된 시간 범위 등에 대해서도 알고 있어야 한다. 이에 더하여 논술 능력, 이해력, 종합적 판단력이 요구된다. 수학이 세계를 양적인 관계로 표현하는 방법이라는 것을 전제하여 수식으로 문제를 푸는 것에만 집중하지 않고 수학적 접근 방법을 이해하도록 하여 수학의 지식과 이해력을 활용하여 판단하고 실천하는 교육에 초점을 두고 논술 평가를 하는 것을 알 수 있다. 독일 학생들은 논술식 평가를 통하여 수식에 국한된 문제를 푸는 것이 아니라 현실 세계에 대한 이해와 수학의 실용적 가능성을 염두에 둔 이론과 실천을 종합하는 실용적 수학 교육을 실시한다.

고등학교 12학년 1학기 국어(독일어) 기말고사 시험 문제의 예시에서도 논술식 평가 방식은 마찬가지이다(pssyyt.tistory.com, 2011. 6. 30.).

[지문] 아르투어 슈니츨러의『꿈의 노벨레』의 일부 지문(1.2)(생략)

[문제]

1. 예문(생략함)에 나타난 피아니스트 나흐티갈의 인물 묘사를 하고,『마리오와 마술사』에 등장하는 취폴라와 비교하시오. 이때『마리오와 마술사』에서 해당 페이지를 찾아 표시하시오.

2. 예문 1의 끝 부분과 예문 2에 묘사된『마리오와 마술사』의 주인공 치폴라의 반응과『꿈의 노벨레』의 내가 주인공 프리돌린에게 한 반응을 상호 비교하시오.

3. 수업 시간에 배운 니체와 쇼펜하우어의 주장에 근거한 인간 분류의 방법으로 문제 1과 문제 2에서 살펴본 4명의 인물을 다시 분류하고 이를 근거로 이 작품이 전하고자 하는 메시지가 무엇인지 쓰시오. 또 이 책이 독자에게 어떤 영향을 줄지에 대한 당신의 생각을 서술하시오.

독일의 아비투어는 주별로 실시하며, 통상 고등학교 12학년에서 13학년 1학기까지 총 3학기 동안 수업 시간에 배운 것을 출제한다. 앞 사례에서의 학생이 속한 주에서는 시험 범위, 즉 공부할 내용이 이미 정해져 있는데, 그것은 다음의 다섯 문학 작품이다.

괴테(Goethe)의『타우리스섬의 이피게니(Iphigenie auf Tauris)』

뷔히너(Buechner)의『보이체크(Woyzeck)』

토마스 만(Thomas Mann)의『마리오와 마술사(Mario und der Zauberer)』

슈니츨러(Schnitzler)의『꿈의 노벨레(Traumnovelle)』

쾨펜(Koeppen)의『풀밭 위의 비둘기(Tauben im Gras)』

그러므로 학생이 속한 주의 고등학교에서는 독일어 아비투어를 위해서 위 문학 작품들을 중심으로 국어(독일어) 수업이 이루어지며, 학교 내에서의 기말고사 등의 출제도 이처럼 고등학교 시험 유형에 맞추어 출제한다. 그러므로 앞의 문제는 공식적 아비투어 문항은 아니지만, 아비투어와 매우 유사한 유형의 문항이라고 볼 수 있다.

문항의 수준은 거의 우리나라 대학 국문과 전공 학년 수준이다. 해당 작품에 대한 문학적 이해력, 감상력은 물론이고 그 작품의 의의를 당시의 사회사상사적 맥락에서 파악하는 고차원의 종합적 판단 능력까지 요구한다. 이 같은 논술 평가를 통하여 자신의 생각을 바탕으로 하여 논리적으로 답안을 작성하고 체계적으로 표현하는 능력까지 요구한다. 객관식 선다형 시험으로 실시하는 우리의 수능 언어 영역 문항과 독일 고등학교 논술식 국어 시험 문항을 단순하게 표면적으로 비교하는 것과는 차원이 다르고 종합적 사고의 판단을 요구한다. 학생은 이 문항에 대한 답안지로 A4 용지 10장 분량의 답안을 수기로 작성했으며, 그 결과로는 합격점(gut, 2점)을 받았다.

[채점표]

1번 문제에 대한 답은 좋았지만 2번에서 한 가지 중요한 포인트를 간과했고 3번은 전체적으로 잘했지만 니체와 쇼펜하우어의 인간의 성향에 대한 분류를 잘못 이해한 부분이 유일한 실수였다.

학교 정규 시험과 마찬가지로 아비투어 시험 역시 논술 시험이며 채점은 동일 지역의 고등학교 교사들이 교차 채점한다. 단, 자신이 가르친 학생에 대한 답안은 공정성을 위해서 채점하지 않는다. 교사들의 채점의 공정성은 존중된다. 경쟁이 치열할수록 채점자의 권위에 대한 존중은 높아져야 하고 공정성 관리는 더욱 철저해야 한다. 독일의 논술 시험이 오랜 전통으로 정착된 데에는 교사에 대한 신뢰와 권위, 그리고 경쟁 지양 교육이 시행착오를 거듭하며 개선되고 제도화된 결과이다.

영어 시험 문제 역시 독일어 시험과 비슷한 유형이다. 우리의 영어 시험이 TOEFL이나 TOEIC처럼 객관식 5지 선다형을 닮아가고 있는 것과는 달리 영문학 스타일의 논술 시험 형식을 취한다. 독일어와 마찬가지로 영어 아비투어 역시 미리 시험 범위와 내용이 주어진다. 2012년에 치러진 아비투어 영어의 주제와 작품은 다음과 같다.

1. American Dream
    - 로레인 핸즈베리(Lorraine Hansberry)의 『태양 속의 건포도(A Raisin in the Sun)』
    - 테네시 윌리엄스(Tennessee Williams)의, 『욕망이란 이름의 전차(A Streetcar Named Desire)』
    - Inauguratin Speeches by Some Presidents, Obama, Jefferson, Lincoln, Carter
2. Globalization
    - Some short stories about globalization
    - Some poems about globalization
3. 윌리엄 셰익스피어(William Shakespeare)
    - Macbeth
    - Romeo and Juliet
    - Hamlet
    - Shakespear in Love
4. Commonwealth
    - ex. 살만 루슈디(Salman Rushdie's)의 short stories
5. Utopia, Distopia
6. 돈 드릴로(Don Delillo)의 9 · 11 Terror and Falling Man
7. UK and USA, the complex relationship

영어 시험 역시 해당 주제를 가지고 학교 수업이 이루어지며, 1학기 수업 중 절반은 American Dream이었고 제시된 두 작품과 몇몇 대통령 취임사 연설문이었다. 나머지 절반의 학기는 영국 Commonwealth에 관한 주제였는데, 기말고사는 이 주제를 출제했다. 기말 시험의 문항은 다음과 같다(pssyyt.tistory.com. 2011. 7. 9).

[지문] 영국 언론인 야스민 알리하이-브라운(Yasmin Alihai-Brown)의 2009년 7월 7일자 「뉴스위크(Newaweek)」 기고문 'The Color of Great Britain'.

[문항]

1. 백인과 유색인이 다양성과 다문화 시대에 갖는 생각에 대해 논술하라.

2. 이 글의 작가는 어떤 표현 방법으로 독자에게 영향을 주고 있는지에 대해서 논술하라.

3. a. 이 글에 등장하는 보수적인 백인 테빗 경의 작고 하얀 꿈에 대한 당신의 생각을 비판적으로 서술하시오.

   b. 이 글에 대한 당신의 견해를 저자 야스민 알리하이-브라운에게 보낼 편지글 형식으로 쓰시오.

사례 학생은 3시간 동안 A4 용지 7장의 답안지를 작성하였고, 결과는 만족스러운 Sehr gut(1점)이었다. 답안은 물론 영어로 쓰는 논술식이었다. 영어 시험을 단어나 문법으로 보는 것이 아니라 영어로 자신의 생각을 논리적으로 표현하는 것이므로, 수준 높은 작문 실력을 측정할 수 있다. 영어의 회화 기능이나 단어의 의미나 독해 수준에 맞추어 가는 우리의 경우와 달리 문학적 소양과 작문 능력 계발에 맞추어 가는 독일의 경향이 극명하게 대비되어 나타난다.

2) 인성교육의 사례

(1) 칼 프리드리히 고등학교(고등학교)

만하임의 칼 프리드리히 고등학교는 1664년 설립되어 333년이 넘는 역사를 지닌 고등학교로, 만하임 지역에서는 가장 오래된 전통을 가진 고등학교이다. 학생은 950여 명이고 교사는 100여 명이다. 독일 대부분의 학교가 그렇듯이 라틴어 문법학교로 시작한 전통에 따라 인문주의 전통이 강하며 언어 교육을 중시하고 있다. 이 고등학교의 요람(Leitbild, www.kfg-mannheim.de)을 보면, 영어 이외에도 프랑스어, 스페인어, 라틴어, 그리스어, 아랍어, 이탈리아어, 중국어 등 다양한 언어를 가르친다. 그뿐만 아니라 라틴어를 초등학교 때부터 가르친다. 인문교육을 표방하는 이 고등학교는 인성 함양을 위해서 학생들, 학생과 교사, 학교와 학부모 사이의 상호 신뢰

(Vertrauen), 책임 있는 시민성(mündigen Bürgern), 상호 존중(respektvollem Umgang), 사회적 책임(sozialer Verantwortung), 개방성(Offenheit), 지적 능력(geistige Leistung)을 배양하려고 의도적으로 공들여 교육한다.

이 학교의 인성교육은 인간으로서 어떻게 살아야 하는가를 간접적으로 강조한다. 그에 따라서 상호 신뢰와 자율성, 시민으로서의 책임 등을 중요시한다. 인성교육은 특정 과목에서 하는 것이 아니라 일반적으로 학교교육 전체에서 하는 것이기 때문에 그를 위한 개별적이거나 구체적 프로그램은 별도로 실시하지 않는다. 그럼에도 인성교육과 유사한 과목이나 프로그램을 들자면 그것은 종교와 철학 교육이다. 종교 교육은 필수로서, 주당 2시간씩 성당이나 교회에 가서 해당 종교를 실천하고 배운다. 그렇지만 종교를 갖지 않은 학생에게 강요하지 않으며, 가능한 한 다양한 종교적 체험을 권장한다. 독일 역시 산업화 직후에는 우리와 유사하게 지식 위주의 교육을 했지만 지금은 인성교육을 교육의 중심에 둔다. 그 일부로서 문제 또는 일탈 행동을 하는 학생에 대해서는 처벌도 하지만 학부모를 소환하여 함께 고민하고 상담한다. 교칙이 엄하여 무단결석을 2번 하면 정학이다. 고등학교는 매년 과테말라 노숙 어린이 돕기 행사를 통해 세계와 어려운 이웃에 대한 배려를 실천하며 인성을 함양한다.

학교생활 가정통신문(Hausordnung)을 보면 학교의 등교와 하교, 시간표, 생활 수칙 등에 대한 규칙이 자세하게 제시되어 있는데, 학교와 가정이 이를 공유한다. 등교 시간, 교실의 학생 자리, 교실 수업이 끝난 후 정리하는 학생의 임무와 교사의 임무, 학교가 끝난 후 의자를 올리고 교사가 확인한 후 하교하도록 하는 것, 금역 구역, 건물 내 정숙 등에 대한 세세한 규칙을 적고 있다. 이러한 규칙을 위반하는 경우 학부모 면담이 즉각 시행되도록 한다. 이로써 독일의 학교교육에서의 인성교육은 가정과 지역사회의 긴밀한 연계로 이루어짐을 알 수 있다.

실제 수업의 예를 보면, 10학년 정치 수업(Hillemann Roh) 시간에 학생은 30명이었고 주제는 유럽연합에 대한 것이었다. 수업은 처음부터 끝까지 토론으로 진행되었다. 교사는 질문하고, 학생들은 의견을 개진한다. 학생들은 너나없이 손을 들고 의견을 내고, 다른 학생들과 토론을 했으며, 자신의 의견을 말하였다. 참여도가 높은 학생이 있었고 참여도가 낮은 학생이 있었지만, 대부분의 학생이 적어도 한 번은 손을 들고 의견을 말하였다. 학생들은 복장이며 태도가 자유로웠다. 수업 시간 도중 음식을 먹기도 하는 건 마치 우리나라 대학의 강의실 같았다. 수업을 시작하기 전에 학생들은 자기들 끼리 이야기한다. 교사가 입실하고, 뭔가 종이를 준비하며 숙제나 과제물을 검토하는 시간에는 학생들은 전반적으로 떠들었다. 그러나 교사가 사전 업무를 마치고 수업을 시작하면서 말을 시작하자 학생들은 갑자기 조용해졌다. 교사가 "Bitte."라고 한 후 자신의 수업을 이어 나갔을 뿐이다. 학생들은 경청했다. 수업 중간에 교사는 'Bitte'라는 주의 환기용 발언을 한 차례 더 하였다. 전체적으로 학생들은 교사의 말을 잘 따르고 있었다. 수업 후 담당교사에게 지속적이고 참여도가 높은 이런 토론수업이 언제나 가능한가라고 물었다. 교사는 의외로 오늘 수업은 학생들의 수준이 낮은 편이어서 상대적으로 비효율적 수업이었다고 말했다. 수업 참여도는 평가에 반영된다고 하였다. 학생들의 폭력 사건은 자주 일어나지 않는다고 한 교장의 말처럼, 학생들은 수업 시간에 잡담은 별로 하지 않았다.

(2) 괴테 고등학교(고등학교)

카를스루에의 괴테 고등학교(김나지움)는 20세기 초인 1908년 설립된 110년의 역사를 지닌 고등학교로 학생 900여 명, 교사 85명이다.

괴테 고등학교의 요람(Leitbild, www.goethe-gymnasium-karlsruhe.de)을 보면, 학교 공동체의 구성원(학생, 교사, 학부모)은 이 요람을 존중하도록 요구하고 있다. 그 첫 부분에 "학부모와 교사는 자신의 교육적 소명을 공동으로 준수해야 한다."라고 하여 학교가 교육을 독점하는 것이 아님을 명시하고 있다. 학생의 인격과 개성의 존중, 학생 상호 간의 존중, 규칙 준수, 자선 등의 덕목을 강조하고 있다. 합리적인 의사결정, 지식과 다양한 기능 계발, 상호 협력 활동과 여가의 중요성 등을 강조하고 있다.

괴테 고등학교 요람의 첫 부분은 학생들의 학교 수업 출석의 의무를 명시한다. "학생은 주어진 수업 시간에 출석한다. 결석을 할 때는 학교에 보고하며, 학생은 미성년이므로 학부모는 결석의 사유를 학교에 보고해야 한다. 성인이 된 학생의 경우는 스스로 통보할 수 있다. 무단결석인 경우는 ungenügend(6점)을 받아 유급된다. 이 결과는 졸업장에 기록된다."라고 하여 출결에 관해서는 엄격하게 다룬다. 제5항은 수업과 관련해서 학생과 교사가 지켜야 할 항목인데, 제시간에 수업에 참여할 것, 교사가 5분이 지나도록 안 오면 학급 대표가 교무실에 보고할 것, 수업이 끝나면 창문과 의자는 제자리에 돌려놓을 것 등이다. 교사는 수업 종료 후 문을 닫고 잠근다. 그 외에도 쉬는 시간의 행동 규정, 학내에서 음주 및 흡연 금지, 휴대전화 사용 금지 등을 상세히 규정하고 있다. 기타 자판기 활용 규정 그리고 학내 폭력에 대한 규정이 있다. 학교 재물의 손상이나 파괴는 변상해야 하며, 창밖으로 물건을 던지는 것은 엄격히 금지된다. 어떤 종류의 무기도 학교에 가져와서는 안 된다. 이러한 규정을 위반했을 때는 엄격하게 처벌한다.

괴테 고등학교는 기본적으로 인성교육을 중시한다. 인성은 도덕성보다는 넓은 품성을 의미하며 지적인 역량을 포함한다. 바덴-비텐베르크 주는 주 교육법에 인성교육을 명시하고 있다. 괴테 고등학교는 인성교육을 강조하고, 비공식이지만 인성교육의 성과를 기록하고 매주 교사 회의에서 보고한다. 그러나 기록을 공개하지는 않는다. 학생들에게 특별히 강조하는 덕목은 관용(tolerance)과 자율성(Autonomie)이다. 관용은 글로벌 다문화 사회에서 필수적이고 세계화된 사회에서 필요한 것이다. 자율성은 스스로 자신의 삶을 개척해 나가는 능력으로 중요시한다. 타인에 대한 배려도 강조한다. 역사적으로 독일 학교는 학교는 20세기 초중반에는 주요 덕목으로 정확성이나 성실을 강조하였다. 현재 독일 교육이 인성교육 위주로 변화하게 된 시점은 제2차 세계대전 후 경제부흥 시기와 1970년대의 사회운동의 결과이다. 경쟁을 지양하고 인성교육을 강조하는 사회 분위기가 되었다. 그러나 인성교육을 위한 특별한 프로그램을 별도로 운영하지는 않는다. 다만 학생의 인성교육을 위한 교재를 개발하고 인성교육 교과에 주당 6시간 정도를 할애하고 있다. 주로 할당된 교과는 종교와 정치이다. 종교는 개인적 인성을 함양하는 데 유용하며, 정치는 사회적 시민성을 함양하는 데 초점을 둔다. 학교에는 다수의 동아리 활동이 있는데, 5개의 전통적 동아리(Aktiengesellschaft) 중심으로 활동하고 있고, 활동은 자율성을 강조한다. 기악 합주단인 Big-Band, 학생 신문사인 Füller-Die Schülerzeitung, 합창부인 Schulchor, 체조부인 Turn-AG, 뮤지컬 동아리인 Unterstufenchor 등이 있다.

영어는 주당 4시간이다. 수업은 영어로 진행한다. 발표는 준비된 학생이 살만 루슈디에 대하여 영어로 진행했고, 학생들이 질의응답을 하였다. 학생들은 적극적으로 참여하였으며, 참여 정도에서는 차이가 있었지만, 2/3 정도의 학생들은 적어도 한 차례 이상은 손을 들어서 질문하였다. 이러한 수업 후에 교사는 학생들에게 두 그룹으로 모일 것을 요청했고, 학생들은 두 그룹으로 나뉘었다. 한 그룹은 대화적이고, 다른 한 그룹은 비대화적이었다. 교사는 학생에게 역할이 부여된 카드를 나누어 주고, 자신의 역할에 맞는 대화를 유도했다. 상황은 결혼이었고, 부자인 남자와 부자는 아니지만 다른 가치가 있는 남자 사이에서 고민하는 젊은 여성에 관한 것이었다. 역할로는 젊은 여성, 어머니, 아버지, 삼촌, 친구 등 해당 여성과 관계된 인물들이 등장하고, 각자가 자신의 가치관의 관점에서 대화를 하는 방식이었다. 대화는 자유로웠고, 학생들의 참여는 적극적인 편이었다.

전반적으로 학생들은 교사의 말을 잘 따랐으며, 소란스러웠지만 교사가 말할 때는 경청하였다. 소란스러움을 방지하기 위한 교사의 발언은 없었으며, 교사는 수업 중에 두 번 손가락을 입에 갖다 댔다. 학생들은 소란스럽게 대화하다가도 교사가 조용히 하라는 사인을 주면 잘 따랐고, 수업은 교사의 주도로 진행되었다. 학생들은 전체적으로 칼 프리드리히 고등학교에서처럼 절제된 편이었다.

3) 시사점

독일은 구체적 교과에 치우친 교과 중심의 직접적 인성교육을 하는 것이 아니라 간접적으로 교육을 한다. 급속하게 변화하는 세계와 다문화 시대를 살아가는 주체로서 교양시민의 양성, 후기 산업화 단계에서 사회복지 체제의 확대 등 사회적·문화적·전통적 특성을 고려하는 맞춤형 인성교육을 실시한다. 국가적으로 제1·2차 세계대전을 일으킨 당사국으로서 독일은 교육을 통해서 직업 교육의 강조, 소득 재분배를 통한 경쟁 지양 사회, 교사의 권위 확립을 위한 인문적 교양과 인성교육을 강조한다. 인성교육은 나라별로 고유한 전통, 문화, 사회, 종교 등을 고려한 독특한 고유의 특징을 살리고 고려할 필요가 있음을 알 수 있다. 이로부터 교육이 긴 안목을 가지고 해야 하듯이 인성교육도 급하게 이루어지는 것이 아니라 충분한 시간을 가지고 지속적으로 실천할 때 가능하다는 것을 독일의 인성교육은 보여 준다.

4. 요약

지금까지 미국, 프랑스, 독일의 인성교육을 차례로 살펴보았다. 학교에서의 인성교육은 크게 세 가지 방법이 가능하고 그에 따라 유형을 세 가지로 나눌 수 있다.

첫째, 학교의 전 교과에서 인성교육을 실시하는 형태이다. 이는 범교과 통합적 인성교육이라 할 수 있다. 미국, 프랑스, 독일의 초·중·고등학교에서 실시하는 형태이다. 세 국가의 인성교육의 공통점은 전 교과 영역과 활동에 깊숙이 스며드는 통합적 방법을 사용하여 범교과적 인성교육을 하고 있다는 것이다. 이는 인성교육과 지식교육을 구분해서 행하는 것이 아니라 지식교육 속에 인성교육을 할 수 있고, 인성교육 속에서 지식교육을 할 수 있다는 전제를 바탕으로 하는 교육 방식이다. 따라서 인성교육을 특정한 교과 내에서 정해진 주제와 방식으로 하는 게 아니라 전 교과에 걸쳐서 하면서도 각 교과의 특성과 내용을 반영하는 다양한 방법을 가능한 한 최대로 동원하는 방식이다.

둘째, 특정 교과를 정해서 인성교육을 하는 것이다. 특정 교과는 도덕 교과나 종교 교과 같은 유사한 교과가 주로 인성교육을 담당하는 형태이다. 도덕을 교과로 가르치는 우리나라, 일본, 아시아 국가 일부에서 주로 활용하는 방법이고, 유럽의 기독교, 중동의 이슬람교를 인성교육에 활용하는 교육이다.

셋째, 개별 교과 전체에서 동시에 혼합적으로 인성교육을 하는 경우이다. 이는 최근의 우리나라에서 실시하는 인성교육이 그 예이다. 우리나라는 과거에는 도덕 교과에서 인성교육을 주로 담당했는데, 2011 개정 교육과정을 실행하는 단계에서 창의적 체험활동을 이용해서 별도로 인성교육을 하면서 동시에 전 교과에서 인성교육을 강조하여 실시하고, 도덕 교과는 종전의 교과 교육의 역할을 하면서 인성교육을 이전보다 더 강조하는 형태로 포용적으로 실행하고 있다. 이상의 세 가지 인성교육 유형 중 어느 것이 더 낫고 바람직하다고 판단하기보다는 셋 중 어느 것을 택하더라도 인성교육은 가능하고, 각 국가가 처한 상황과 전통과 문화 관습에 따라 특정 유형을 선택해서 인성교육을 하는 게 바람직하고 열린 접근이며 효과적일 것이다.

미국, 프랑스, 독일뿐만 아니라 유럽의 대부분의 국가는 앞에서 살펴보았듯이 주로 첫번째 유형을 채택하고 있다. 하지만 이들 국가도 엄밀한 의미에서 자세히 들여다보면 그렇게 일도양단식으로 쉽고 단순하게 인성교육을 하나의 범주나 유형으로 나눌 수 있는 것은 아니다. 건국 때부터 다문화 이민 국가로 출발한 미국은 국민의 통합성과 정체성을 위하여 용광로 이론을 거쳐 오늘날은 샐러드볼 이론, 무지개 이론, 모자이크 이론 등으로 불리는 다양한 통합정책을 펴며 효과적 인성교육을 연방정부 차원에서 강조하고 확대하려고 노력 중이다.

프랑스는 전반적으로 학교별로 학교교육 내에서 인성교육을 착근 융합시켜서 통합적으로 실시하며 학교에 따라 자율적으로 인성교육 프로그램을 운영하고 있는 경우가 많다. 여기서 소개한 하비에르 국제학교가 그 예이다. 그럼에도 인성교육은 교과 중심으로 운영하고 있다.

독일은 주에 따라 조금씩 다르지만 미국이나 프랑스와 크게 다르지 않다. 여기서 소개된 카를스루에 지역에 있는 괴테 고등학교는 바덴-비텐베르크 주에 속해 있는데 이 주는 인성교육을 강조하는 정책을 실시한다. 그렇다고 학교 교과 중심의 인성교육을 경시하거나 무시하지 않고 여전히 학교교육을 중심으로 통합적 인성교육을 하고 있다. 그러면서 종교와 정치 교과에서 개인 차원의 인성교육과 시민 차원의 인성교육을 동시에 강조하고 있는 점이 특이하다.

이들 세 국가는 인성교육의 중심이 학교에 있고, 전 교과를 통해서 실행하는 예를 보여 주지만 그 외에도 가정과 연계하는 다양한 방법을 선택해서 인성교육을 실행하고 있다. 인성교육의 필요성은 전 세계 어느 국가도 부인하지 않는다. 다만 나라마다 정치, 경제, 사회, 문화의 특이성을 가지고 있어서 인성교육의 유형은 앞에서 언급한 세 가지뿐만 아니라 그 이상의 다양한 유형으로 구분될 수도 있다. 따라서 이전 구분이 완전하지 않고 부족한 부분이 있더라도 큰 틀에서 인성교육을 이 세 가지 유형으로 분리하고 세세한 부분이 다른 것은 차이로 이해하고 포용한다면 글로벌한 세계의 인성교육을 이해하는 기본 틀로서 세 가지 유형을 적용하는 데 큰 어려움이 없을 것이다.

참고문헌

박성숙(2010). **독일 교육 이야기**. 서울: 21세기북스.

이명준, 진의남, 서민철, 김정우, 이주연, 김병준, 박혜정(2011). 교과교육과 창의적 체험 활동을 통한 인성교육 활성화 방안. 서울: 한국교육과정평가원.

원윤수, 류진현(2004). **프랑스의 고등 교육**. 서울: 서울대학교 출판부.

Attali, J. et al. (2004). **프랑스의 고등 교육**(*Pour un delele europeen d'enseignement superieur Misnistere de L'Education nationale*). (원윤수, 류진현 역). 서울: 서울대학교 출판부. (원전은 1997년에 출판).

de Crèvecœur, J. (1782). *Letters from an American Farmer*. London: Davies and Davis

Dewey, J. (1922). *Human Nature and Conduct: An introduction to social psychology*. NewYork: Henry Holt and Company.

Durand, G. (1998). **신화비평과 신화분석−심층사회학을 위하여**(*Introduction a la mythodologie*). (유평근 역). 서울: 살림. (원전은 1996에 출판).

Lickona & Lewis (1995). *Elevon Principles of Effective Charador Education*. Washington D.C.: Character Education Org. Phamplet.

Ministry of Education USA. (1994). *The Improving America's Schools Act of 1994*.

Ministry of Education USA. (1995). *Partoner Ships in Character Education State Pilot*.

Ministry of Education USA. (2001). No Child Left Behind(NCLB) Act of 2001.

Leitbild, www.goethe-gymnasium-karlsruhe.de

pssyyt.tistory.com, 2011. 6. 30. 인출

pssyyt.tistory.com, 2011. 7. 9. 인출

Chapter 13
인성교육에 대한 정책적 접근

한석훈

학습목표

- 인성교육을 정책적으로 실행하는 데 대한 반대 논리들의 근거를 이해한다.
- 인성과 역량을 통합하라는 사회적 요구가 일어난 배경을 이해한다.
- 인성교육을 학교 현장에서 실행하는 활동이 수반하게 되는 다양한 매개 변인을 인식한다.
- 인성교육의 성과에 대한 찬반 양론 각각의 논거를 인식한다.
- 우리나라의 「인성교육진흥법」의 주요 내용을 식별한다.
- 우리나라의 인성교육정책의 전개 과정을 교육자적 견지에서 비판적으로 분석한다.

학습개요

인성과 역량을 연계하는 교육과정의 변화를 정책을 통하여 실행할 때 어떤 가능성이 있고, 또 유념해야 할 제약이나 어려움은 무엇인지 비판적으로 고찰해 본다. 교육 당국이 인성교육을 정책적으로 실행할 때 얼마나 합리적인 성과를 기대할 수 있을지 토론해 보고, 토론 과정의 인식을 바탕으로 우리나라의 「인성교육진흥법」의 제정과 그에 따른 국가 교육정책의 전개 과정을 분석해 본다.

토의질문

- 인성교육을 정부 주도 정책으로 추진할 때 가능성과 제약은 무엇일까?
- 인성과 역량은 왜 통합되어야 할까?
- 인성교육의 성과에 대한 가장 신뢰할 만한 근거는 무엇인가?
- 우리나라의 인성교육정책의 장점과 단점에 대하여 토의하라.

1. 인성교육정책론[1]

우리나라에서 인성교육을 국가정책으로 시행하게 된 데에는 국내의 교육적·사회 문화적 문제들의 대두뿐만 아니라 앞에 제시된 국제적 교육 변화의 움직임도 함께 작용했을 것으로 볼 수 있다. 이제는 인성교육의 정신과 내용, 교육적 적용 방도 등에 대해 학자와 교육자들이 연구하고 실천해야 할 것이고, 국가의 교육정책도 이를 효과적으로 지원해 줄 수 있는 방향으로 틀을 잡아야 하겠다. 그런데 인성교육을 정책적으로 실행하는 것은 인성교육을 정의하고 학교 차원에서의 실행 방안을 논의하는 것만큼이나 찬반 양론이 무성한 영역이다. 우리는 정부와 교육 당국의 인성교육정책을 어떻게 이해하고 어떻게 바람직한 방향으로 이끌어야 할지 숙고하지 않을 수 없다.

인성교육의 실행에 대한 비판론 토의

다음 내용은 위키피디아(Wikipedia) 영문 페이지에 수록된 인성교육(character education)에 대한 다양한 비판이다. 어느 비판이 설득력이 있고, 어느 비판은 그렇지 않은지, 특히 우리나라의 교육 현실과 관련하여 토의해 봄으로써 인성교육을 공동체 차원이나 학교 또는 학급 차원에서 실행할 때 유념해야 할 사안들을 짚어 보자.

- 몇몇 아동 혹은 모든 아동의 '인성'에 문제가 있다는 가정
- 어떤 것이 인성의 달성인지에 대한 합의의 부재
- 특정 정책이 표방하는 바를 달성한다는 주장에 대한 증거의 부재
- 좋은 인성에 대한 정의와 그 인성을 가르치겠다는 방식 사이의 불일치
- 방법을 정하고 목표를 설정함에 있어 적용되는 상이한 기준들, 필요와 결과를 평가하는 데 사용되는 상이한 기준들

---

[1] 이 절과 다음 절의 내용 일부분은 필자가 한국교육개발원의 공동 연구에 참여하여 집필한 장의 내용을 바탕으로 수정·확장한 것임을 밝힌다. 정미경 외(2016). 인성교육정책 성과평가 모형 개발 연구. 서울: 한국교육개발원.

- 연구의 성공을 기대하는 연구 참여자들로부터 수집된 주관적인 응답에 과도하게 의존하는 함량 미달의 연구
- 이념적·종교적 목적을 이루기 위해 제작된 프로그램들
- 도덕성을 사회적 순응과 혼동하는 고질적 문제
- 상이한 인성교육 프로그램들 간의 공통적인 목표 부재. 서로 다른 인성교육 프로그램들이 표방하는 가치들이 보이는 차이로 인하여 인성교육이 학생이나 사회에게 기본적으로나 보편적으로 필요한 무언가를 함유하고 있는가에 대한 회의가 일어남.
- 대개 핵심가치로 꼽지 않지만 현대의 민주사회에서 성공적인 삶을 영위하기 위해 꼭 필요한 다음과 같은 가치들이 종종 누락되고 있다. 독립성, 창의성, 호기심, 비판적 사고, 회의심, 절제, 그리고 심지어 '저지르고 실수하며 엉망을 만들기'(인기 아동용 애니메이션 〈매직 스쿨버스〉의 구호) 등까지.

1) 역량과 인성

11장에서 제시된 해외 사례에서 볼 수 있듯이 적어도 OECD 국가들의 산업계는 인성의 의도적 형성에 대해서 매우 전향적인 태도를 보여 주고 있다. 기업군을 아우르는 산업계 또는 경제계가 공교육의 개혁을 요구하고, 이것이 정부가 교육정책을 만드는 과정에 영향을 끼치는 경우는 발달된 산업국가들의 사례에서 쉽게 찾아볼 수 있다(Schoppa, 1991). 산업계는 초·중등 공교육과 고등교육이 공히 산업 현장의 인력에게 필수적으로 요구되는 기능과 역량을 배양해 주지 못한다는 불평을 지속적으로 표출해 왔고, 이러한 배경하에서 결국 교육계는 인적 자원의 역량 함양을 인성교육 차원에까지 확장시키게 되었다. 역량과 인성을 연계시키는 논의 속에서 OECD의 DeSeCo 프로젝트의 결론이 도출되었고(OECD DeSeCo, 2003), 결국 이러한 전개의 연장선상에서 세계가 목도하게 된 것이 이를테면 최첨단 산업을 선도하는 미국 구글의 직원을 위한 '내면 검색 프로그램(Search Inside Yourself)'과 같은 종합적인 인성·역량 배양 프로그램이다(Tan, 2012). 이와 같은 해외 동향을 참고하여, 유사한 산업 발달 및 인적자원 개발의 국면에 접어든 우리나라에서도 인성교육의 범주 속에 직업 세계에서 요청되는 역

량을 포함시키게 되었고, 여기에는 시대적 요청에 부응하는 측면이 있다.

그럼에도 산업계의 요청에 부응하여 IT 기술과 더불어 의사소통 능력, 문제해결 능력, 창의력 등을 주요 역량으로 선정한 OECD가 대표하는 21세기적 입장 역시 인간을 오직 경제 활동의 가담자로만 보고 인간 삶의 폭넓은 영역을 간과한 기능적 시각에 머무르고 있다는 비판도 제기된다. 즉, 유네스코가 1972년에 『Learning to Be』에서 제기했던 바와 같은(Faure et al., 1972) **전인적 성장**과 고양된 인격이라든가, 사회 발전에 적극적으로 참여하는 민주시민 의식보다는 소극적 조직 순응성과 공손함 따위나 강조함으로써 기업 친화적 편향성에 사로잡혀 있다고 비판할 소지가 있는 것이다. 그러나 바로 『되기 위한 배움(Learning to Be)』에서 재천명하였듯이, 과도하게 주지적 영역으로 경도된 20세기 식 교육을 전인교육으로 '정상화'하기 위하여 학교교육에서 인성교육의 영역을 적극적으로 키우고자 하는 노력은 인류 문명의 전통적 교육관이었던 '전인적 인격 성숙'이라는 목적을 복원하려는 문명사적 시도로 바라볼 소지 역시 상존한다.

어쩌면 세계적으로 유례가 없는 중앙정부 차원의 인성교육의 법제화라는 상황을 **전인교육**의 본령을 회복하는 기회로 만들 수 있지 않을까? 바로 이 점을 유념하며 필자가 강조하고 싶은 것은, 교육정책의 효과성에 아무런 의문도 갖지 않고 성급하게 가시적 성과를 거두기 위하여 전시행정식으로 인성교육 프로그램을 밀어붙이기보다는, 장기적으로 우리의 아동과 청소년이 건강한 전인적 인성을 갖추는 데 도움을 줄 수 있는 학교교육의 기본적이고 본질적인 부분에 지속적이고 일관성 있는 투자와 지원을 제공하는 방향으로 정책 개발의 방향을 잡아야 할 것이라는 점이다.

2) 인성교육과 정책

교육행정이 주축이 되어 인성교육을 학교 현장에서 실행한다는 것은 어떤 실제적 함의를 지닐까? 20세기 후반부터 꾸준히 인성교육의 기치를 내건 미국의 교육계는 교육의 행정이 인성교육을 추진하고 학교 현장에서 실행함에 있어서는 매우 조심스럽고 신중한 태도를 견지해 왔다. 미국의 대표적인 인성교육 민간단체인 Character.org는 성공적인 인성교육을 위하여 개별 학교가 준수해야 할 열한 가지 원칙을 제시하고 있는데, 이를 요약하자면 학교 공동체가 진정성 있고도 일관성 있는 태도를 유지하며, 포괄적이고도 성실하게 인성교육의 실현을 위하여 학교의 모든 노력을 집중해야 한다는 것이다. 물론 이는 대단히 가치 있고 바람직한 제언이지만, 우리의 학교교육 현실에서 실천하기에는 지나치게 이상적인 요구가 아닐 수 없다. 무엇보다도 우리의 교육 현실에서는 인성이 가장 중요한 교육 목표의 지위를 차지하지는 못하기 때문이다. 인성 말고도 학업 성취도, 진학률, 정책적 과제, 교직원 문화 등 학교 현장에서 노력을 기울여야 할 중요한 문제들은 매우 많다. 그러나 지금까지 여러 가지 새로운 시도를 감행해 온 이 단체의 제언을 한 번 제대로 살펴보지도 않은 채 너무 이상적이라며 치워 버리는 것은 너무 고답적일 수 있겠다. Character.org에서 인성교육의 성공적인 실행을 위하여 제시하고 있는 열한 가지 원칙은 다음과 같다.[2]

① 학교 공동체는 좋은 인성의 기초로서 핵심 윤리 및 수행 가치를 활성화한다.

② 학교는 '인성'에 사고, 감정, 행위가 폭넓게 포함되도록 규정한다.

③ 학교 차원에서 포괄적 · 의도적 · 적극적 방식으로 인성 함양을 지도한다.

④ 학교는 돌봄 공동체를 구축한다.

⑤ 학교는 학생에게 도덕적 행위를 위한 기회를 제공한다.

⑥ 학교는 모든 학습자를 존중하고, 학습자들의 인성을 함양하며, 그들이 성공적으로 이수할 수 있는 의미 있고 도전적인 학업 커리큘럼을 제시한다.

⑦ 학교는 학생이 스스로 동기 유발되도록 도와준다.

⑧ 교직원들은 인성교육에 대한 책임감을 갖고, 학생들이 따르는 것과 동일한 인성 가치를 준수하는 윤리적 학습 공동체이다.

⑨ 학교는 인성교육적 노력에 대하여 리더십을 공유하고 장기적으로 지원한다.

⑩ 학교는 가정과 지역 공동체를 인성 형성을 위한 노력의 동반자로서 이끈다.

⑪ 학교는 그 문화와 분위기, 교직원들의 인성교육자로서의 역량, 또 학생들이 드러내는 좋은 인성의 정도 등에 대하여 정기적으로 평가한다.

---

2) 11 principles of character education (http://character.org/more-resources/11-principles, 2016. 9. 1. 인출)

학교 현장에서 교사들이 힘을 합쳐 모든 학생의 학업 성취를 끌어올리면서 인성 또한 키워 줄 수 있는 효과적인 교육과정을 구축하고 또 이를 실행하려 할 때, 그 과정이 함의하는 고충이 어떤 것일지 모를 교육자는 우리나라에는 없을 것이다. 열한 가지 원칙이 아니라 그중 단 몇 가지만이라도 실행해 내는 것이 대단히 어려운 과업이라고 여겨질지도 모르겠다. 그러나 교육 현장에서 학생들의 인성, 즉 사람됨을 공동체에 바람직한 방향으로 변화시킨다는 것이 단순히 새로운 교육과정을 개발하여 적용함으로써 달성할 수 있을 것으로 예상한다면, 이는 사안을 지나치게 단순화하는 오류가 아닐 수 없다. 그러므로 Character.org가 제시하는 열한 가지나 되는 요구 사항을 우리가 고려해야 한다는 도덕적 당위를 부정하기는 어렵다.

우리나라에는 앞의 열한 가지 원칙을 학교 현장에서 실현해 낼 수 있는 학교가 과연 얼마나 있을까? 우리가 의도적이고 계획적인 교육정책의 추진을 통하여 인성교육의 성과를 거두기 위해서는 열한 가지 원칙과 같은 특별한 노력을 학교 공동체가 총체적으로 추진해야 할 것이라는 점을 염두에 두어야 할 것이다.

3) 인성교육 성과의 문제

국내의 경우에는 인성교육이 법제화되어 본격적인 정부정책으로 추진되기 이전에 이명준 등(2011), 현주, 이혜영, 한미영, 서덕희, 류덕엽(2013), 강현석 등(2015)이 수행한 정부 주도하의 연구에서는 인성교육의 성과에 대한 낙관적 전망이 주류를 이루었다. 또한 이 연구들에서는 인성교육에 대한 교육학적·윤리적 당위를 강조하며 인성교육을 정책적으로 실행함으로써 교육적 성과를 거둘 수 있었던 특정 사례들을 제시하고 있는데, 인성교육을 표방한 정책이 실제로 어떤 성과를 도출했는지에 대한 충분한 경험적 근거를 내놓지는 않고 있다. 정창우(2015)는 미국의 각 주정부가 1990년대 이래로 인성교육에 방점을 찍은 법령들을 발표하였고, 클린턴과 부시 대통령 등 당파를 달리하는 국가 지도자들이 인성교육의 기치를 내걸고 정책적 의지를 표명했음을 보여 주고 있다. 그러나 미국의 학교교육에서 인성교육이 실제로 얼마나 활성화되었고 얼마나 성과를 거두었는지에 대해서는 뚜렷한 결론을 내리기가 어렵다(Berkowitz &

Bier, 2007). 미국에서는 인성교육의 성과에 대하여 아직 이렇다 할 합의가 이루어지지 않고 있는 상황이다.

해외에서 인성교육의 효과를 검증하기 위하여 본격적으로 전개한 경험적 연구로, 미국 연방정부의 교육부가 발주하고 유수의 교육 연구소들과 대학들이 구성한 컨소시엄이 캘리포니아 등지의 84개 초등학교 학생들을 대상으로 3년 동안 실행한 대규모 연구 프로젝트를 들 수 있다. 이 연구의 2010년 보고서에는 미국 내 인성교육 프로그램들의 효과에 대한 다음과 같은 부정적인 결론이 게재되어 있다.

> 연도별 분석과 성장곡선 분석에 의하면 7개의 사회성 및 인성 교육 프로그램들이 전체적으로든, 개별 프로그램 수준에서든, 또는 특정 하위 집단에 대해서든 학생의 성과를 향상시켰다는 점을 발견하지 못하였다. 프로그램들을 조합한 분석에서는 연도별 분석에 의하면 우연의 결과로 예상되는 바를 뛰어넘는 유의미한 효과는 거의 없었으며(추정했던 육십 가지 효과 중 두 가지 효과에 그침), 성장곡선 분석은 유의미한 영향을 찾지 못하였다. 개별 프로그램 분석에서는 연도별 분석에 의하면 우연의 결과로 예상되는 바를 뛰어넘는 유의미한 효과는 미미했으며(추정했던 사백이십 가지 효과 중 열여섯 가지 효과에 그침), 9개 프로그램은 유익한 효과를 끼친 데 비하여 7개 프로그램은 유해한 효과를 끼친 것으로 드러났다. [중략] 결론적으로, 사회성 및 인성 교육을 위한 프로그램들을 조합하여 평가한 바에 의하면, 7개의 보편적이고 전 학교 차원에서 실행된 프로그램들이 학생들의 사회성과 인성을 함양했다는 증거는 나타나지 않았다(The Institute of Education Sciences, 2010: li)

연구의 주체인 컨소시엄의 보고에 따르면, 조사 대상이었던 7개의 프로그램이 행위 이론에 근거하여 논리적으로 통합되고 조직되었고, 학교 자체의 인력이 학교 단위에서 직접 실행했으며, 해당 학교의 전체 학급의 학생들 전원에게 보편적으로 적용되는 등 프로그램으로서의 효과성을 기대하기 위한 필요조건을 타당한 수준으로 구비하였다. 그럼에도 인성교육 프로그램들이 가시적인 효과를 보여 주지 못했다는 것이다.

이 컨소시엄의 보고서가 인성교육에 헌신하는 미국의 교육자들에게 상당한 실망감을 안겨 준 것 같다. 교육 관련 기사를 싣는 보도매체인 Education Weekly에는 컨소시엄의 연구 기간이 '단지 3년만'으로 너무 짧았다는 비판이 올라왔고, 얼마 시간이 지나지 않아 인성교육을 지지하는 미국 교육계의 의지가 반영된 특별 기획문서인 Nuts and Bolts of Character Education가 발표되었다. 이 문서는 여러 지역의 학교에서 거둔 소박한 성공 사례들을 열거하고 있다.[3]

대체로 해외의 연구에서는 인성교육의 효과나 성과에 대하여 긍정적인 평을 찾기가 어렵다. 이 책의 제1장에서 언급한 데이비스(Davis, 2003)의 연구에서는 인성교육을 '단순한 도덕교육' '정의로운 공동체 교육' '단순한 인성교육'의 세 부류로 나누며 이 중 '단순한 도덕교육'이 그나마 학생의 인성에 미약한 영향을 끼칠 수도 있다고 평했다. 그런데 이것은 여러 연구자가 콜버그의 수업 방식 및 이를 계승한 가치 명료화(values clarification) 수업의 성과를 냉혹하게 평가절하한 것에 비하면 그래도 꽤 관대한 평가라고 할 수 있다(Molnar, 1997; Robin-Lee, 2008). 또한 데이비스는 '정의로운 공동체 교육'이 교육적 영향력을 발휘하지 못하며 도리어 학생들에게 피해를 입힐 위험성을 내포하고 있다고 비판했다. 나아가 '단순한 도덕교육'을 거부했는데, 이는 다음과 같은 세 가지 결격 사유를 근거로 삼는다. 첫째, 경험적 결격 사유로는 도덕교육이 모종의 성과를 거두었다는 주장에 대한 증거가 존재하지 않는다. 둘째, 개념적 결격 사유로는 좋은 인성을 정의하는 작업에서 합의에 도달하지 못하고 있으며, 좋은 인성을 학생들에게 가르치겠다는 '단순한 인성교육'의 방법들에 결점이 많다. 셋째, 도덕적 결격 사유로는 도덕교육이 실제로 도덕적인 성과를 거두는 데 성공하지 못했다는 사실 자체가 문제이다. 예컨대, 도덕성을 함양하려는 목적으로 실행하는 '선행일기'식의 과제를 부과받은 학생들이 종종 거짓 일기를 형식적으로 쓰게 되는데, 이는 도덕교육이 오히려 부도덕한 거짓을 초래한 경우라 하겠다.

인성교육정책이 궁극적으로는 학교 수준에서 교육 활동을 통하여 실행하게 되는 수밖에 없을 것이라는 점에서 미국의 연구 결과는 우리가 인성교육을 추진하는 과정에 대한 중요한 시사점을 제시해 준다. 무엇보다도, 정책의 효과성을 당연시하는 태도를

---

3) Character first. (www.characterfirst.com, 2016. 9. 1. 인출)

경계해야 할 것이라는 교훈을 얻을 수 있다. 전술한 이명준 등(2011), 현주 등(2013), 강현석 등(2015), 정창우(2015) 등이 수행한 국내 연구에 의하면 2001년에 제정된 미국의 「아동낙오방지법(No Child Left Behind: NCLB)」이 강화된 인성교육 내용을 포함하고 있는 것으로 나타나지만, 사실 이 법령은 학업 성취도와 표준화된 시험을 강조한 행정적 움직임의 대표 사례로 꼽히며, 인성교육을 본격적으로 추진한 정책으로 평가하기는 어렵다. NCLB는 정기적인 시험을 강조함으로써 오히려 학생들의 인성에 해를 끼쳤다는 보고 역시 제시된 바 있다(Schrobsdorff, 2016).

실로 어떤 교육 활동이라 하여도 그 성과를 단기간 내에 가시적으로 입증하는 것이 대단히 어려운 일이라는 것은 현대의 교육학계에서 보편적으로 정립된 일종의 통설이다. 특히 인지적 영역에 국한하지 않고 감정, 정서, 의지, 태도, 덕성 등을 포괄하는 인성 영역에서 거둔 성과를 양적인 지표로 명확하게 제시하려는 정책적 시도는 교육 전반에 득보다 실을 안겨 줄 가능성이 높다. 인성의 성숙과 심화의 과정 속에는 아직 과학이 충분히 계량적으로, 경험적으로 설명해 주지 못하는 복잡성이 내재되어 있기 때문이다. 인간성의 복잡성에 대하여 현대 학문이 다다른 지점을 잠시 살펴보자.

20세기에 인간발달론의 기본 틀을 제시한 정신분석학자 에릭슨(Erikson, 1950)은 아동의 생물학적 본능과 사회적 규범 사이의 갈등을 매개하며 성장하는 자아의 기저에는 무의식이 작동하고 있으며, 이는 행동주의적 조사 방식이나 계량적 평가만으로 파악되기 어려움을 보여 주었다. 또, 심층심리학적 이론을 바탕으로 **전인적 인격론**을 설파한 융의 분석심리학파는 인간의 선천적이거나 후천적인 환경의 변인들의 영향하에 한 개인의 인격이나 인간성이 형성된다는 기존의 관점을 넘어서서, 인격이란 그 자신의 완성이라는 규정 불가능한 궁극의 목적과 쉬지 않고 상호작용하는 생성체라는 시각을 제시하고 있다(이부영, 2011). 그리고 유명한 TED.com의 강연을 통해서 대중적으로 널리 알려지게 된 관점이지만, 영국의 교육학자 켄 로빈슨(Ken Robinson)은 인성이란 일련의 특정 변인들에 의해 직선적(linear)으로 형성된다기보다는 유기적(organic)으로, 아직 자연과학적 방법으로 완전히 입증할 수 없는 방식으로 성장한다는 점을 강조하였다. 그러므로 특정 방식을 채택하는 정책적 시도가 '좋은' 인성의 형성이라는 성과를 보장할 것으로 기대하는 것은 지나치게 단순한 단정이다. 그렇기 때문에 우리는 우리에 비해 인성교육을 정책적으로 앞서 실행해 온 미국의 교육계가 오늘날 인성교육의 실천 과정에서 보여 주는 신중함과 머뭇거림을 실패로 보기보다 귀감으로 여기는 편이 바람직하다.

사실, 미국의 학계에서 인성교육의 성과를 두고 과학적·경험적 근거가 미흡하다는 지적과 함께 열띤 논쟁이 일어나고 있는 배경에는, 인성교육을 실행하는 주체가 누가 되었든지 간에 자라나는 세대의 인간성을 특정 방향으로 형성시키려는 의도적 활동에 대하여 미국 사회가 품고 있는 뿌리 깊은 의혹이 깔려 있음을 볼 수 있다. 미국의 공교육 체계는 독특한 방식으로 지방분권화되어 있어 중앙 연방정부의 독주를 견제하는 역사적 분위기를 유지해 왔고, 또한 단시일 내에 아주 다양한 이민족 집단 간의 갈등을 치열하게 경험하면서 특정 민족 집단의 지배력 강화를 경계하여 통합된 다문화사회에 적합한 인성과 덕목을 규정하려 애써 왔다(Spring, 1990). 그러므로 인성교육의 정책을 거론할 때 미국의 경우를 보편타당한 사례로 여기기는 어렵다. 우리나라는 미국과는 판이한 사회문화적 조건을 갖고 있으므로 여타 국가의 사례에서 우리에게 적합한 모델을 찾기가 수월할 수 있다. 앞에 언급한 국내의 기존 연구 보고서들에서도 미국 이외에 독일, 프랑스, 핀란드, 일본 등의 인성교육정책을 소개하고 있는데, 이들 국가의 정책적 노력과 경험이 우리나라에게 보다 적절한 관점과 유익한 정보를 제공해 줄 수 있을 것이다(강현석 외, 2015; 이명준 외, 2011; 현주 외, 2013).

그런데 일본을 제외한 독일, 프랑스, 핀란드 등 유럽 국가들의 경우에는 상대적으로 **통합된 문화**적·정서적 기반 위에 인성교육의 전통이 일관되게 형성되어 오는 과정에서 교육 당국이 별도의 인성교육정책이라고 할 만한 특별한 시도를 보여 주지는 않았다. 독일의 경우를 보면, 여러 단위학교에서 학교 교육과정 전반에 스며들어 있는 통합된 형태의 인성교육을 실행하고 있다. 물론 이런 시도가 우리나라에서 인성교육을 실천할 때 주목해야 할 측면이기는 하지만, 독일의 이 같은 현재의 성과가 국가 차원에서 정책적으로 추진한 과업의 산물이라고 보기는 어렵다. 그보다는 제2차 세계대전의 패전이라는 절박한 사회적 분위기 속에서 독일인이 국가를 복원시키는 힘겨운 과정이 시작되었고, 세월의 축적을 통하여 공동체 내에서 차츰 형성된 가치 체계가 독일의 학교 교육과정 전반에 반영되어 있음을 볼 수 있다(Tent, 1982).

프랑스 또한 프랑스 대혁명 이래로 발전한 민주공화정의 전통과 이를 동반한 시민사회의 민주주의적 가치관이 19~20세기를 거치며 학교 체계 전반에 뿌리내리게 된 과정을 엿볼 수 있다(이기라, 2015). 독일과 프랑스와는 대조적으로, 유명한 핀란드의 교육행정가 에르키 아호(Erkki Aho)가 20년 이상 국가 수준에서 강력한 교육개혁의 기조를 밀어붙이며 결국 비경쟁적인 전인교육의 터전을 창조해 낸 사례가 우리와 같이 정책 차원에서 인성교육에 접근하려는 상황에 보다 적절한 모델이 되어 줄 수도 있다(Finnish lessons 2.0). 또한 소위 느슨한 '유토리 교육'정책을 철회하며 학생들의 학업 성취도 개선을 다시금 강조하게 된 일본 문부과학성의 움직임도 긍정적으로든 부정적으로든 우리에게 다양한 시사점을 제공해 준다. 그러나 전술한 국내의 기존 연구서에서는 미국 이외의 이러한 4개국의 경우에 대해서도 특정 인성교육정책과 프로그램의 효과에 대한 경험적 근거를 합당하게 제시하고 있지는 않다.

2. 우리나라의 인성교육정책

1) 인성교육에 대한 요구

우리나라에서는 「인성교육진흥법」이 2015년에 제정됨으로써 국가적으로 공교육 전체에서 인성교육을 의무적으로 실행하게 되었는데, 이처럼 거국적으로 법이 제정되기까지 사회의 여러 분야에서 인성교육에 대한 필요성이 제기되었다. 정부는 적극적으로 인성교육에 대한 목소리를 냈는데, 2010년 한국교육개발원의 교육여론조사에서는 초등학교와 중학교에서 가장 중시되어야 할 교육의 내용으로 인성교육이 지목되었다(한국교육개발원, 2010: 53).

또 2013년에 실시한 여론조사에서는 정부가 가장 시급히 개선해야 할 교육 현안 문제로 '학생의 인성·도덕성 악화'가 꼽혔고, 우리나라의 초·중·고등학교 학생들의 인성·도덕성 수준이 낮다는 인식이 큰 것으로 나타났으며, 현재보다 중시해야 할 교육 내용으로 인성교육이 가장 많은 선택을 받았다(한국교육개발원, 2013). 동시에 이명

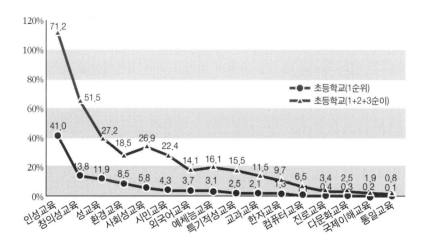

그림 13-1 현재보다 더 중시해야 할 교육 내용(초등학교)

출처: 한국교육개발원(2010), p. 53.

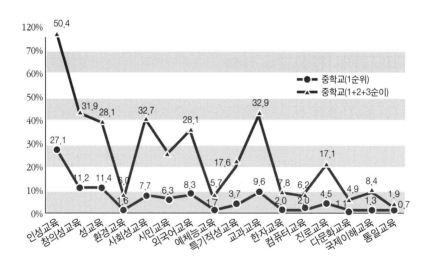

그림 13-2 현재보다 더 중시해야 할 교육 내용(중학교)

출처: 한국교육개발원(2013), p. 56.

박 정권의 인성 및 학교폭력 정책이 비효과적이라는 비판이 부각되었으며, 당시 정권인 박근혜 정부의 인성교육 중심의 수업강화정책에 70% 이상의 응답자들이 동의하는 것으로 나타났다.

구분	초등학교				중학교				고등학교			
	전체		초등학교	학부모	전체		초등학교	학부모	전체		초등학교	학부모
	1순위	1+2+3순위	1순위	1+2+3순위	1순위	1+2+3순위	1순위	1+2+3순위	1순위	1+2+3순위	1순위	1+2+3순위
2013년												
창의성교육	80(15.9)	64.3	25(14.8)	68.6	69(13.7)	43.8	18(15.9)	44.2	53(10.6)	37.7	17(13)	39.7
인성교육	327(65.1)	88.2	118(69.8)	88.7	293(58.4)	79.9	64(56.6)	81.4	209(41.6)	65.9	58(44.3)	65.7
진로교육	16(3.2)	16.5	4(2.4)	15.4	29(5.8)	28.7	12(10.6)	38.0	104(20.7)	56.6	27(20.6)	60.3
특기적성교육	20(4)	34.9	6(3.6)	39.1	25(5)	39.9	6(5.3)	40.7	51(10.2)	45.3	13(9.9)	45.0
민주시민교육	32(6.4)	41.3	8(4.7)	39.6	39(7.8)	37.5	4(3.5)	28.3	32(6.4)	33.3	9(6.9)	32.1
성교육	7(1.4)	19.1	3(1.8)	16.0	21(4.2)	28.9	6(5.3)	24.8	19(3.8)	19.3	3(2.3)	15.3
환경교육	8(1.6)	9.4	3(1.8)	5.4	3(0.6)	7.2	1(0.9)	9.7	3(0.6)	5.8	1(0.8)	7.7
국어교육	6(1.2)	9.0	1(0.6)	7.7	8(1.6)	6.8	1(0.9)	7.1	8(1.6)	6.4	2(1.5)	5.3
외국어교육	3(0.6)	5.0	0(0.0)	3.6	5(1)	11.4	0(0.0)	8.8	13(2.6)	15.0	1(0.8)	15.3
수학교육	1(0.2)	1.8	1(0.6)	2.4	2(0.4)	3.6	0(0.0)	3.5	10(2)	6.8	0(0.0)	3.1
과학교육	0(0.0)	0.6	0(0.0)	0.6	3(0.6)	3.2	0(0.0)	1.8	0(0.0)	2.4	0(0.0)	3.8
예체능교육	2(0.4)	7.0	0(0.0)	8.9	3(0.6)	5.4	0(0.0)	4.4	0(0.0)	4.0	0(0.0)	4.6
한자교육	0(0.0)	3.0	0(0.0)	4.1	2(0.4)	4.9	0(0.0)	6.2	0(0.0)	1.8	0(0.0)	2.3

그림 13-3 현재보다 더 중시해야 할 교육 내용

출처: 한국교육개발원(2010), 교육여론조사: 53.

이처럼 정부 주도의 교육여론조사를 통하여 공교육 과정에서 인성교육을 정책적으로 실행해야 할 당위성을 보강해 주는 한편, 한국교육개발원과 한국교육과정평가원은 꾸준히 인성교육을 주제로 연구 사업을 전개하면서 학교 현장에서 구체적으로 실행 가능한 인성교육 방식을 논의해 왔다(강현석 외, 2015; 이명준 외, 2011; 현주 외, 2013). 이러한 과정 속에서 교육부 주도하에 학계와 교육계 인사들의 인성교육 실천에 대한 합의를 모아 결성된 '인성교육범국민실천연합'은 2012년에 다음과 같은 선언을 천명하였다.

우리는 인성교육 강화를 위해 정부와 함께 다음과 같이 실천하고자 합니다.

첫째, 추상적으로 제시되어 온 인성 덕목을 구체화하고, 기존 지식 위주의 교육에서 실천·체험을 통해 역량을 키우는 학교교육으로 재구성하겠습니다. 이를 위해 예술·체육 교육을 활성화하고 독서 교육을 강화하여 소통, 공감 능력을 향상시키겠습니다.

둘째, 학생이 참여하는 자치 활동을 활성화하고, 학생·교사가 함께 행복할 수 있는 학교 문화를 만들어 나가겠습니다. 이를 위해 언어 문화를 개선하고, 주변 학생을 돌보는 위기학생 대책을 수립하고, 학생으로부터 신뢰받는 교사 문화를 만들겠습니다.

셋째, 범사회적 캠페인을 통해 국민적 공감대를 형성하고, 학교-가정-사회의 총체적 협력을 유도하겠습니다. 이를 위해 학생-학부모-교사가 서로 믿고 대화할 수 있는 유기적 협력 관계를 구축하고, 모든 국민이 동참할 수 있는 다양한 인성교육 프로그램을 개발하고 확산하겠습니다.

넷째, 우리 사회에 '인성이 진정한 실력'이라는 새로운 인재 패러다임을 정착시키겠습니다. 이를 위해 대학 진학 및 취업 시 인성 수준을 중요한 요소로 반영하는 제도를 마련하겠습니다(교육부, 2014: 57).

정부 주도의 적극적인 움직임에 발맞추어 민간 부문에서도 특히 언론과 대학이 인성교육의 필요성에 대한 주장을 강화해 나갔다. 2013년 9월에는 중앙일보와 경희대학교가 16개 시·도의 2,171명의 중학생을 심층 조사하고 10개 지표를 만들어 인성을 측정하여 인성 수준에 대한 기획기사 '대한민국 중학생 리포트'를 연재하였다. 이 리포트

대한민국 중학생 인성 수준

※ 100점 만점. 80점 이상이면 양호
67점 이하면 미흡

정직	61.7
정의	81.3
법준수	68.8
책임감	74.5
공감	76.4
소통	75.0
배려	63.6
협동	69.5
자기이해	69.9
자기조절	64.3
전체 평균	69.8

그림 13-4 대한민국 중학생 리포트

출처: 중앙일보(2013. 9. 24.). 대한민국 중학생 리포트(2), 아이는 어른의 거울.

는 우리의 중학생들이 정직, 배려, 자기조절이 부족하여 '사람됨의 위기'를 맞고 있다고 밝히면서 아이들이 어른의 편법을 그대로 닮아 가고 있다고 지적하기도 하였다.

이와 같은 민·관 합동의 노력을 바탕으로 하여 마침내 2014년 12월 29일, 국회는 「인성교육진흥법」을 통과시킴으로써 공동체의 후대의 의식과 가치관에 국가사회가 공식적이고 제도적인 영향을 끼칠 수 있는 법적 기반을 마련하게 되었다.

2) 「인성교육진흥법」의 제정

「인성교육진흥법」은 다음과 같은 과정을 거쳐 시행에 이르게 되었다.

• 2014. 5. 26. 국회 교육문화체육관광위원회 「인성교육진흥법」 제안(정의화 의원 등

102인)

- 2014. 12. 29. 국회 만장일치 통과
- 2015. 1. 20 제정(법률 제13004호)
- 2015. 7. 21 시행

담당부서: 교육부 인성체육예술 교육과

「인성교육진흥법」은 제정 이유를 다음과 같이 명기하고 있다.

- 오늘날과 같은 과학기술, 정보화 시대에 진정한 경쟁력은 인성
- 인성교육은 학교, 사회 차원에서 종합적 · 상호 유기적 · 체계적으로 실시되어야 하며, 사회의 노력과 지원이 필요
- 인성교육을 활성화할 수 있는 국가 · 사회적 기반을 구축
- 인성교육의 틀을 가정-학교-사회가 협력하는 구조로 개편
- 장기적 비전과 일관성 있는 인성교육정책을 추진
- 인성 중심의 미래사회 핵심 역량을 강화

「인성교육진흥법」의 주요 내용은 다음과 같다.

제1조(목적)

이 법은 「대한민국헌법」에 따른 인간으로서의 존엄과 가치를 보장하고 「교육기본법」에 따른 교육이념을 바탕으로 건전하고 올바른 인성(人性)을 갖춘 국민을 육성하여 국가사회의 발전에 이바지함을 목적으로 한다.

제2조(정의)

이 법에서 사용하는 용어의 뜻은 다음과 같다.

1. '인성교육'이란 자신의 내면을 바르고 건전하게 가꾸고 타인 · 공동체 · 자연과 더불어 살아가는 데 필요한 인간다운 성품과 역량을 기르는 것을 목적으로 하는 교육을 말한다.

2. '핵심 가치·덕목'이란 인성교육의 목표가 되는 것으로 예(禮), 효(孝), 정직, 책임, 존중, 배려, 소통, 협동 등의 마음가짐이나 사람됨과 관련되는 핵심적인 가치 또는 덕목을 말한다.

3. '핵심 역량'이란 핵심 가치·덕목을 적극적이고 능동적으로 실천 또는 실행하는 데 필요한 지식과 공감·소통하는 의사소통 능력이나 갈등 해결 능력 등이 통합된 능력을 말한다.

제4조(국가 등의 책무)

① 국가와 지방자치단체는 인성을 갖춘 국민을 육성하기 위하여 인성교육에 관한 장기적이고 체계적인 정책을 수립하여 시행하여야 한다.

② 국가와 지방자치단체는 학생의 발달단계 및 단위 학교의 상황과 여건에 적합한 인성교육 진흥에 필요한 시책을 마련하여야 한다.

③ 국가와 지방자치단체는 학교를 중심으로 인성교육 활동을 전개하고, 인성 친화적인 교육 환경을 조성할 수 있도록 가정과 지역사회의 유기적인 연계망을 구축하도록 노력하여야 한다.

④ 국가와 지방자치단체는 학교 인성교육의 진흥을 위하여 범국민적 참여의 필요성을 홍보하도록 노력하여야 한다.

⑤ 국민은 국가 및 지방자치단체가 추진하는 인성교육에 관한 정책에 적극적으로 협력하여야 한다.

제5조(인성교육의 기본 방향)

① 인성교육은 가정 및 학교와 사회에서 모두 장려되어야 한다.

② 인성교육은 인간의 전인적 발달을 고려하면서 장기적 차원에서 계획되고 실시되어야 한다.

③ 인성교육은 학교와 가정, 지역사회의 참여와 연대하에 다양한 사회적 기반을 활용하여 전국적으로 실시되어야 한다.

제9조: 인성교육진흥위원회 관련 사항
제12조: 인성교육 프로그램의 인증 관련 사항

제15조: 인성교육 예산 지원—국가, 지방자치단체 관련 사항

제16조: 인성교육의 평가 등 관련 사항

제17조: 교원의 연수 등 관련 사항

3) 인성교육정책의 전개

「인성교육진흥법」에 의거하여 전국의 각급 학교 현장에서 인성교육이 의무적으로 시행되기 시작한 2015년 7월 이전인 2013년 이래로, 매년 정부는 '인성교육 강화 기본계획'을 수립해 왔다. 그 주요 내용은 다음과 같다.

- 2013년 인성교육 강화 기본계획
- 교육부 창의인재정책관 발표
- 비전: 배려와 나눔을 실천하는 행복한 개인, 행복한 사회
- 목표: 소통과 존중으로 꿈과 끼를 키우는 행복한 학교
- 추진 과제
  1. 학교: 실천적 인성교육 중심의 학교 문화로 개선
  2. 가정: 가정에서 시작하는 인성교육 체제 구축
  3. 사회: 인성을 중시하는 범사회 분위기 조성

- 2014년 인성교육 강화 기본계획
- 교육부 창의인재정책관 발표
- 비전: 소통과 존중으로 꿈과 끼를 키우는 행복한 사회
- 목표: 배려와 나눔을 실천하는 인성교육 확산
- 추진 과제
  1. 학교: 실천적 인성교육 중심의 학교 문화 개선
  2. 가정: 가정에서 시작하는 인성교육 체제 구축
  3. 사회: 인성을 중시하는 범사회 분위기 조성

• 2015년 인성교육 강화 기본계획

- 교육부 인성체육예술 교육관 발표

- 비전: 인성이 중심이 되는 따뜻한 사회 구현

- 목표: 범사회적 인성교육 지원 체제 구축 및 확산

- 추진 과제

  1. 법-제도 기반: 인성교육을 위한 법적 · 제도적 기반 구축

  2. 학교: 인성교육 중심의 학교 문화 정착

  3. 가정: 가정의 인성교육 역할 강화

  4. 사회: 인성을 위한 범사회적 협력체제

이처럼 2015년에는 2013년과 2014년도 기본계획과 달리 '법-제도 기반'의 요소를 포함시킴으로써 정책이 재정비되었다. 2016년 1월에는 향후 5년간(2016~2020)의 인성교육 5개년 종합계획이 발표되었는데, 그 내용은 다음과 같다.

• 2016년 인성교육 5개년 종합계획

- 교육부 발표(문체부, 복지부, 여가부 협조)

- 비전: 미래 사회가 필요로 하는 인성 역량을 갖춘 민주시민 육성

- 목표: 공동체와 더불어 살아가는 데 필요한 성품과 역량을 갖춘 인재 양성

    : 가정, 학교, 사회와 함께 '인성을 깨우치는 교육' 실현

- 추진 과제

  1. 학교교육 활동: 학교교육 활동 전반을 인성 친화적으로 변화

  2. 교육 콘텐츠: 학생의 인성을 깨우치는 교육 활성화

  3. 교사: 교원의 인성교육 역량 확산 · 지원

  4. 가정 · 학교 · 사회 연계: 가정 · 학교 · 사회의 연계 지원 체제 구축

  5. 대국민 인식: 대(對)국민적 인식 제고 및 공감대 확산

  ※ 인성교육 추진 체계 구축

2016년의 인성교육 5개년 종합계획은 기존의 인성교육 강화 기본계획을 재정비하는 동시에 각 추진 과제의 하위 영역인 세부정책 과제를 보다 구체화하고 현실화하였다고 평가할 수 있다. 또한 실제 학교 현장에서 인성교육의 목표를 달성하기 위해서는 예컨대 가정과 사회 등 다양한 배경 요인을 통합해야 하는데, 종합계획은 이런 면에서 이전의 기본계획들에 비하여 개선되었다고 볼 수 있다. 종합계획의 개선은 특히 학교의 제도적 부분뿐 아니라 학교의 문화적 차원의 변화를 강조하였고, 교육 활동을 위한 콘텐츠의 확충을 기획하였으며, 교원이 주체적 역할을 담당해야 함을 천명한 점 등에서 두드러진다. 덧붙여 '교육 현장의 부담 최소화 및 학교 자율권 부여' '교사 업무 부담 완화' 등의 요소에서 공교육 현장의 실상을 진지하게 고려했다는 점을 엿볼 수 있다. 나아가 가정과 사회의 역할을 다루고 있는 세부 정책 과제들 속에서는 이전의 기본계획에서 제시된 사항들이 충실히 보전됨으로써 정책의 일관성과 지속성이 확보되었다.

2013년 이래로 정부가 발표한 인성교육정책의 흐름을 조감해 보면, 2014년 「인성교육진흥법」 제정 당시의 덕목 중심의 접근으로부터 차츰 정책적 내실을 기하여, 2016년의 5개년 종합계획에 이르러서는 공교육 현장의 현실적 어려움과 「교육기본법」에서 표방하고 있는 이상적인 목표 양자를 통합해 보고자 하는 접근 방식이 엿보인다. 5개년 종합계획은 학생의 역량 제고와 실천적 인성 함양을 추진할 정책의 지원·조정 기능을 강조함으로써 공교육 환경 전반을 통틀어서 **전인적 성장**을 추구하고 있는데, 이는 학교 교육이 학생의 인성 함양을 포함한 전인적 교육을 중시하여 이루어져야 한다는 「교육기본법」 제9조에 부합한다.

그런데 정작 2016년에 교육부가 시·도 교육청의 인성교육 실행의 방향을 잡기 위하여 발표한 인성교육 시행계획은 여러 면에서 종합계획의 '현실과 이상의 통합'이라는 지향성과는 동떨어진 모습을 보여 주었다. 첫째, 학교 교육과정 부분에서 인성교육과 창의적 체험활동을 연계시킨다는 내용을 포함시키지 않았고, 둘째, 교원을 인성교육의 선도적 주체로 규정하여 교원의 자긍심을 제고시키겠다는 종합계획의 세부 과제 대신에 교원의 인성교육 전문가 양성 과정 참여를 유도하는 소극적인 안을 제시했으며, 셋째, 결과적으로 학교교육 전반을 인성교육의 장으로 변화시키려는 원대한 실천은 보이지 않고 프로그램과 지도 자료의 개발 및 보급과 같은 지엽적인 방안이 부각되는 등 미흡한 양상이 나타났다. 장기적 교육정책이 상당히 교육 본연의 이상에 대한 추상적인 요구들을 표방할 수 있는 데 비하여 매년 실제로 이행해야 할 실행계획이 이러한 이상을 담기는 결코 쉬운 일이 아니겠지만, 같은 해에 발표된 장기 정책과 단기 실행안이 이와 같은 괴리를 보이는 것에 대해서는 반성적 점검이 필요하겠다.

4) 미래의 인성교육정책 발전을 위한 제언

우리의 공동체는 윤리적이고 사회정의적 차원에서 인성교육정책을 적극적으로 추진할 필요가 있음을 부인하기 어렵지만, 인성교육을 정책적으로 추진하고 공교육 현장에서 실행하는 것이 구체적으로 어떤 성과를 낼 것인지에 대해서는 아직껏 그 과학적·경험적 근거가 미흡하다. 근거가 불충분함에도 정책적으로 인성교육을 실행하기만 하면 모종의 가시적인 성과를 거둘 수 있으리라고 낙관하는 것은 온당치 못하다. 그러므로 비록 경험적 근거는 불충분하지만 인성교육의 중요성에 대한 교육자적 신념을 가지고 이를 교육 현장에서 실천하려면, 정책적인 신중함을 견지하는 한편 혁신적 시도에 대한 개방성을 잃지 않음으로써 **신중과 혁신 양자 사이에서 중용**을 꾀하기 위하여 끊임없이 노력해야 할 것으로 조망된다.

우리나라의 인성교육정책도 법 제정과 함께 출범한 이래로 사회의 다양한 관점을 수용하면서 수정과 가감의 어려운 기간을 거쳤는데, 2015년에 발표한 2016~2020년도 대상의 5개년 종합계획은 인성교육의 본질을 상당히 잘 짚어 내어, 학교생활의 전반에서부터 사회문화적 지원까지 통합적으로 인성교육의 방향성을 제시했다고 평가된다([그림 13-5]의 동그라미 부분 참조). 비록 이후 정부에서 시·도 교육청 차원의 실행을 위하여 발표한 세부 시행계획은 종합계획의 본령에서 벗어나 과거의 '전시 행정적' 요소들을 답습하는 부분을 담고 있으나, 우선은 5개년 종합계획의 기본 틀을 충실히 유지하며 장기적 관점을 갖고 앞으로 나아가는 것이 중요할 것이다. 아무리 훌륭한 정책이나 계획도 급변하는 세계 환경에 유연하게 대응해야 할 것이며, 인간의 마음의 성장을 기하는 어떤 교육적 기도도 단기적 성과 달성에 연연해서는 안 될 것이다.

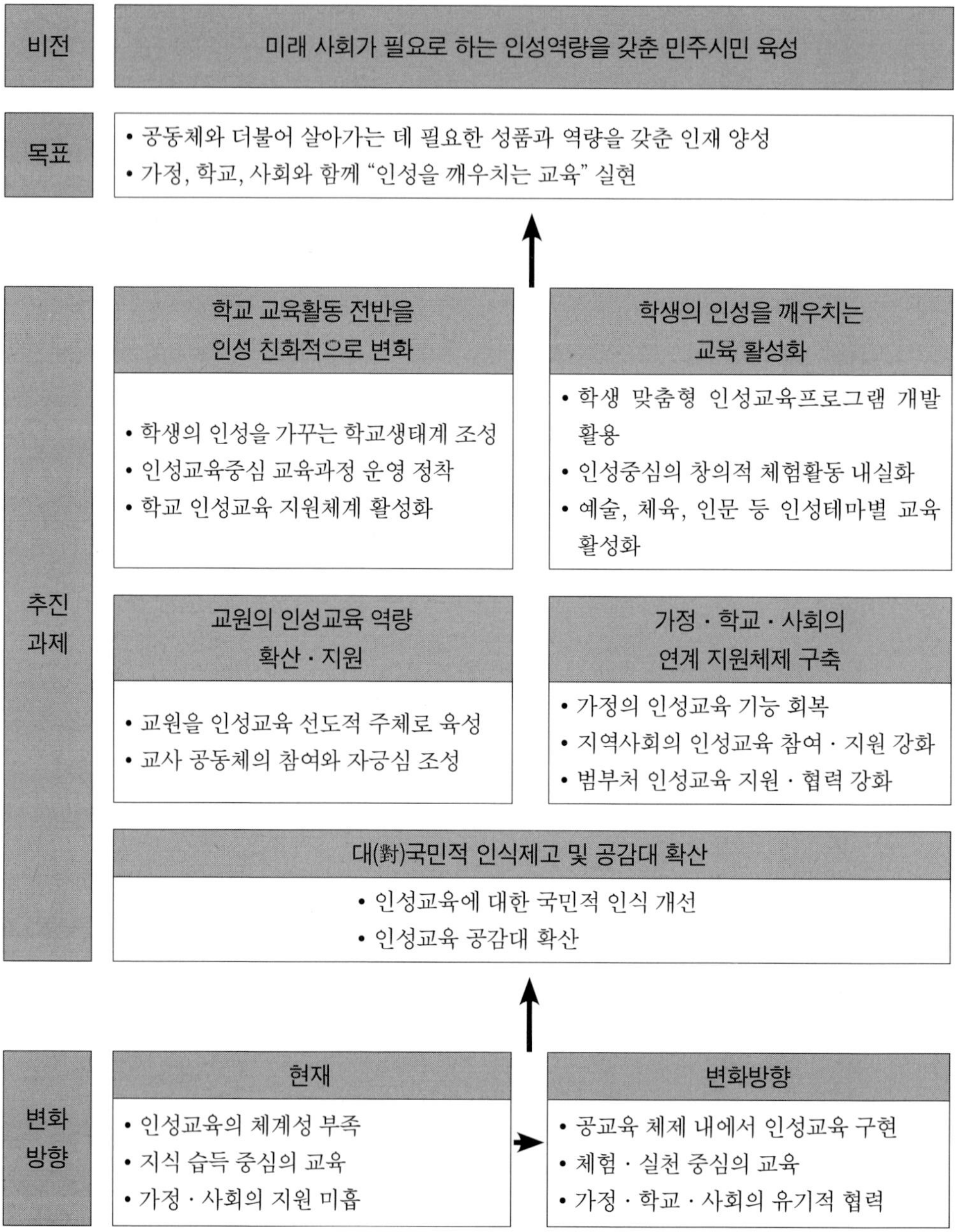

비전	미래 사회가 필요로 하는 인성역량을 갖춘 민주시민 육성

목표	• 공동체와 더불어 살아가는 데 필요한 성품과 역량을 갖춘 인재 양성 • 가정, 학교, 사회와 함께 "인성을 깨우치는 교육" 실현

추진 과제

학교 교육활동 전반을 인성 친화적으로 변화
- 학생의 인성을 가꾸는 학교생태계 조성
- 인성교육중심 교육과정 운영 정착
- 학교 인성교육 지원체계 활성화

학생의 인성을 깨우치는 교육 활성화
- 학생 맞춤형 인성교육프로그램 개발 활용
- 인성중심의 창의적 체험활동 내실화
- 예술, 체육, 인문 등 인성테마별 교육 활성화

교원의 인성교육 역량 확산·지원
- 교원을 인성교육 선도적 주체로 육성
- 교사 공동체의 참여와 자긍심 조성

가정·학교·사회의 연계 지원체제 구축
- 가정의 인성교육 기능 회복
- 지역사회의 인성교육 참여·지원 강화
- 범부처 인성교육 지원·협력 강화

대(對)국민적 인식제고 및 공감대 확산
- 인성교육에 대한 국민적 인식 개선
- 인성교육 공감대 확산

변화 방향

현재
- 인성교육의 체계성 부족
- 지식 습득 중심의 교육
- 가정·사회의 지원 미흡

변화방향
- 공교육 체제 내에서 인성교육 구현
- 체험·실천 중심의 교육
- 가정·학교·사회의 유기적 협력

그림 13-5 2015 인성교육 5개년 종합계획의 주요 내용

참고문헌

강현석, 윤미선, 안양옥, 신재한, 정성수, 이지은, 조정민(2015). **인성교육중심수업강화 정책의 효과성 분석 및 성과지표 개발 연구**. 세종: 교육부.

교육부(2014). **인성교육 비전 수립 및 실천 방안 연구**. 서울: 진한엠엔비.

이기라(2015). 프랑스 교양 교육의 역사와 이념: 인문교양에서 시민 교육으로. **한국 교육**, 42(4), 5-28.

이명준, 진의남, 서민철, 김정우, 이주연, 김병준, 박혜정(2011). **교과 교육과 창의적 체험 활동을 통한 인성교육 활성화 방안**. 서울: 한국교육과정평가원.

이부영(2011). **분석심리학-C.G. 융의 인간심성론**. 서울: 일조각.

정미경, 백선희, 김성기, 한석훈, 박희진(2016). **인성교육정책 성과평가 모형 개발 연구**. 서울: 한국교육개발원.

정창우(2015). **인성교육의 이해와 실천**. 서울: 교육과학사.

중앙일보(2013. 9. 24). **대한민국 중학생 리포트(2)**, 아이는 어른의 거울.

한국교육개발원(2010, 2011, 2012, 2013, 2014, 2015). **교육여론조사**. 서울: 한국교육개발원.

현주, 이혜영, 한미영, 서덕희, 류덕엽(2013). **초·중등학생 인성교육 활성화 방안 연구(1): 인성교육 진단 빛 발전 과제 탐색**. 서울: 한국교육개발원.

Berkowitz, M. W., & Bier, M. C. (2007). What Works in Character Education? *Journal of Research in Character Education, 5*(1).

Davis, M. (2003). What's Wrong with Character Education? *American Journal of Education,* 110(1), 32-57.

Erikson, E. H. (1950). *Childhood and Society.* New York: W.W. Norton & Company.

Faure, E. Herrera, F., Kaddoura, A., Lopes, H., Petrovsky, A., Rahnema, M., & Ward, F. (1972). *Learning to be: The world of education today and tomorrow.* Paris: UNESCO.

Molnar, A. (Ed.). (1997). *The Construction of Children's Character: Ninety-sixth Yearbook of the National Society for the Study of Education.* Chicago: University of Chicago Press.

Robin-Lee, W. (2008). *A Framework for Understanding Character Education in Middle Schools.* ProQuest. Doctoral Dissertation, Walden University.

Schoppa, L. J. (1991). *Education Reform in Japan: A Case of Immobilist Politics*. London: Routledge.

Schrobsdorff, S. (2016). The Kids Are Not All Right. *TIME, November 7*, 32–39.

Spring, J. (1990). *The American School, 1642–1990* (2nd ed.). New York: Longman.

Tan, C-M. (2012). *Search Inside Yourself*. New York: HarperOne.

Tent, J. F. (1982). *Mission on the Rhine: Reeducation and Denazification in American-Occupied Germany*. Chicago: University of Chicago Press.

The Institute of Education Sciences, US Department of Education. (2010). *Efficacy of Schoolwide Programs to Promote Social and Character Development and Reduce Problem Behavior in Elementary School Children* (http://ies.ed.gov/ncer/pubs/20112001/pdf/20112001.pdf).

OECD DeSeCo(Definition and Selection of key Competencies). (2003). *Executive Summary* (www.oecd.org/edu/statistics/deseco).

11 principles of character education http://character.org/more-resources/11-principles (2016. 9. 1. 인출)

Character first www.characterfirst.com (2016. 9. 1. 인출)

Finnish Lessons 2.0. http://pasisahlberg.com/finnish-lessons/about-finnish-lessons (2016. 10. 22. 인출)

Leitbild www.goethe-gymnasium-lcarlsruhe.de

찾아보기

ㅁ

ㅂ

ㅅ

저자 소개

도승이(Do, Seung Lee)
The University of Texas(교육심리학 전공)
현 성균관대학교 교육학과 교수
　　한국교육심리학회 감사

이명준(Lee, Myung Joon)
Marquette University(교육철학 전공)
현 명지대학교 사회교육대학원 객원교수
전 한국교육과정평가원 대학수학능력시험 연구관리 처장

조영하(Cho, Young Ha)
The University of Iowa(교육행정 전공)
현 경희대학교 교육대학원 교수
전 한국교육개발원 부연구위원

지은림(Chi, Eunlim)
The University of Chicago(교육평가 전공)
현 경희대학교 교육대학원 교수
　　한국교육평가학회 부회장

한석훈(Han, Suk Hoon)
The University of Chicago(교육사 전공)
현 경희대학교 교육대학원 객원교수
전 한국교육개발원 부연구위원

인성교육의 이론과 실제

Character Education: Theory and Practice

2018년 8월 10일 1판 1쇄 인쇄
2018년 8월 20일 1판 1쇄 발행

지은이 • 도승이 · 이명준 · 조영하 · 지은림 · 한석훈
펴낸이 • 김진환
펴낸곳 • (주) **학지사**

　　　　　04031 서울특별시 마포구 양화로 15길 20 마인드월드빌딩
대표전화 • 02)330-5114　　　　팩스 • 02)324-2345
등록번호 • 제313-2006-000265호

홈페이지 • http://www.hakjisa.co.kr
페이스북 • https://www.facebook.com/hakjisabook

ISBN 978-89-997-1595-2 93370

정가 20,000원

이 도서의 국립중앙도서관 출판시도서목록(CIP)은 서지정보유통지
원시스템 홈페이지(http://seoji.nl.go.kr)와 국가자료공동목록시스템
(http://www.nl.go.kr/kolisnet)에서 이용하실 수 있습니다.
(CIP 제어번호: CIP2018023533)

교육문화출판미디어그룹 **학지사**

심리검사연구소 **인싸이트** www.inpsyt.co.kr
원격교육연수원 **카운피아** www.counpia.com
학술논문서비스 **뉴논문** www.newnonmun.com
간호보건의학출판 **학지사메디컬** www.hakjisamd.co.kr